律媒桥智库丛书

集资型犯罪
理论与实务
问题研究

唐新波 / 著

JIZIXING FANZUI
LILUN YU SHIWU
WENTI YANJIU

辽宁人民出版社

©唐新波 2019

图书在版编目（CIP）数据

集资型犯罪理论与实务问题研究／唐新波著.—沈阳：
辽宁人民出版社，2019.10

ISBN 978-7-205-09676-2

Ⅰ.①集… Ⅱ.①唐… Ⅲ.①金融诈骗罪—研究—中国
Ⅳ.①D924.334

中国版本图书馆 CIP 数据核字（2019）第145822号

集资型犯罪理论与实务问题研究

唐新波　著　　　　　　　　　　　　　版权所有　侵权必究

出版发行：辽宁人民出版社
　　　　　地址：沈阳市和平区十一纬路25号　邮编：110003
　　　　　电话：024-23284321（邮　购）　024-23284324（发行部）
　　　　　传真：024-23284191（发行部）　024-23284304（办公室）
　　　　　http://www.lnpph.com.cn
印　　刷：北京金康利印刷有限公司
幅面尺寸：170 mm×230 mm
印　　张：26.25
字　　数：387千字
出版时间：2019年10月第1版
印刷时间：2019年10月第1次印刷
责任编辑：凌　之
封面设计：棋　锋
版式设计：大名文化
责任校对：王洪强
书　　号：ISBN 978-7-205-09676-2

定　　价：92.00元

前　　言

　　本书共分为三个部分：第一编理论篇、第二编实务篇、第三编法院对集资型犯罪的倾向性判决。

　　第一编分为六章：集资型犯罪概述，集资型犯罪的立法沿革，集资型犯罪的危害与预防，集资型犯罪的犯罪构成，互联网视域下集资型犯罪问题——以网络借贷为例，集资型犯罪中的刑事处罚问题。分析集资型犯罪的26个罪名，并考察刑法对集资型犯罪的立法规制路径；分析当下集资型犯罪的危害并给出预防的策略，重点分析集资型犯罪的犯罪构成，从主观方面、主体、客观方面、客体四个大的方面进行论述。针对当下犯罪多发的网络借贷案件以专章论述，最后一章对集资型犯罪的刑罚问题进行了研讨。

　　第二编分为四章，将集资型犯罪的26个罪名根据犯罪时点的不同划分为：准备类集资型犯罪，行动类集资型犯罪，完结类集资型犯罪，其他类集资型犯罪。每章对每个罪名结合案例进行独立分析，明确个罪的罪状和犯罪构成。

　　第三编以司法实践中的案例为线，结合集资型犯罪的犯罪特点，找寻代表性的案件，梳理法院在认定相关案件时的判决倾向，为司法实践提供借鉴。该部分分为四章：此罪与彼罪的认定，犯罪主体认定，主犯与从犯的区分、认定、刑罚，P2P网络借贷案件的司法认定。

目　　录

第二编　实　务　篇

第三编　　法院对集资型犯罪的倾向性判决

附　　录

第一编　　理　论　篇

　　本编旨在梳理集资型犯罪理论知识，着眼于刑法体系中集资型犯罪的特点，总结集资型犯罪罪名设立、犯罪构成、危害与预防、单位犯罪、共同犯罪、犯罪认定、刑罚设定等多方面问题，集中分析探讨。

第一章　集资型犯罪概述

伴随我国经济发展、金融行业的兴盛，经济犯罪渗透到人民生活的各个角落。特别是在金融犯罪中，以集资为特征的犯罪能够影响到社会各个层级，造成重大社会影响。据报道，河南一个国家扶贫开发重点县的16个乡里，有14个乡被非法集资洗劫，其中一个村被骗800多万元，致使很多村民连医保都交不起。[1] 此外，自2013年起日益火爆的网络借贷（P2P）市场，由于监管无序、信用缺失等多方面原因造成很多投资人血本无归，仅e租宝一家P2P网络借贷公司在短短一年半的时间内吸收资金高达500亿元。[2] 集资型犯罪问题在网络环境下越来越突出，该类犯罪一直为理论界尤其是金融刑法研究者所关注。明晰集资型犯罪的概念、特征以及种类，有利于有效识别集资型犯罪，有效预防该类型犯罪。

第一节　集资型犯罪的概念

一、非法集资行为的缘起与规制

集资型犯罪是以非法手段吸收公众资金为特点的犯罪行为的统称。非

---

[1] 孙爱林："河南扶贫县遭非法集资洗劫，村民被骗交不起医保"，载http://news.sina.com.cn/s/wh/2016-07-26/doc-if×uhukv7460247.shtml，2016年8月11日访问。

[2] 白阳："'e租宝'非法集资案真相调查"，载http://news.×inhuanet.com/fortune/2016-01-31/c_1117948306.htm，2016年8月11日访问。

法集资是市场经济下的产物，是伴随着金融经济日益发展而滋生的一种金钱犯罪。市场经济发展较早的英美国家最早发生该种犯罪，其中以"金字塔欺诈"为特点的"庞氏骗局"❶是非法集资行为的始祖。非法集资行为在最初以"小恩小惠"博得投资人的信赖，之后失去戒心的投资人的巨额钱款被非法集资人劫走。非法集资能够吸引大量民间资本的原因之一便是集资行为具有暴利性。在金钱的诱惑下，无知、无畏的民众落入了集资人精心设计的陷阱。

犯罪是受时间、空间等外在环境限制的，相当程度上是外在因素决定了犯罪的有无。集资型犯罪在英美等国家首先发生，源自其国家内部经济、政治、文化等多方面因素的塑造，最大的原因来自经济行为的盲目性。集资行为想要达到吸收巨额资金的目的，首先必须存在大量的资金处于闲置状态，一个温饱都无法解决的国家，其国民面对再大的金钱诱惑也会"噤若寒蝉"；其次，集资人允诺的返利条件能够吸引持有闲置资金人群的目光，这便要求集资人的"项目"回报率要高于银行的一般储蓄等其他已有的理财产品的利率；最后，资金市场存在"不对等"问题，即资金需求方、资金供给方不能自由地实现资金供给。简而言之，金融市场中制度缺失、监管缺失、民间资本大量储蓄、企业资金需求不能得到满足、信用制度不健全等诸多原因共同为集资型犯罪的产生"添砖加瓦"。

我国经济体制的变动使整个国家的经济日益活跃，活跃的经济之下是不安分的"民心"。计划经济体制下，行为主体想从其他主体手中集资是难以想象的，况且民众手中也没有闲置资金，有的只是体现计划经济特点的各种票据。改革开放为国家经济助力，但同时也使犯罪分子有了可乘之机，原本只在英美国家才能见到的犯罪行为在我国也日渐猖獗，而且改革开放打开国门，在全球化氛围中中国的经济体也受到来自国外犯罪行为的

---

❶ 意大利投机商查尔斯·庞兹1919年在美国波士顿通过向虚构的企业投资，许诺投资人将在3个月内得到40%的利润回报，然后将新投资者的钱作为快速盈利付给最初投资的人，以诱使更多的人上当。由于前期投资人回报丰厚，他在7个月内吸引3万名投资人投资达1500万美元，直到1920年8月破产，其被判处5年有期徒刑。此后，"庞氏骗局"成为一个专有名词指称用后来投资者的钱给前面的投资者以回报。

冲击，20世纪末的亚洲金融危机虽未将中国国内经济打垮，但也让民众认识到金融的巨大力量。中国对集资行为打击的起源是北京长城公司沈太福非法集资案，该案促使中国开始通过金融立法对集资行为进行管制；而江苏无锡邓斌非法集资案则创下高达33亿元的非法集资记录。❶ 进入21世纪，最引人瞩目的是孙大午案，即大午农牧集团有限公司创始人孙大午自1996年始以"职工入股"的方式融资，后逐渐扩展至临近村村民，徐水县人民银行发觉后多次"责令停止吸储"未果；2003年9月，孙大午被徐水县人民检察院逮捕并起诉；10月，徐水县人民法院以非法吸收公众存款罪判处单位罚金30万元，孙大午个人有期徒刑3年，缓刑4年，并处罚金10万元。❷

　　为满足打击经济犯罪的需要，1997年修订刑法时便对集资型犯罪加大了打击力度。1998年，国务院专门颁发《非法金融机构和非法金融活动取缔办法》，明确且具体地规定了非法集资行为是一种非法金融活动。此后中国人民银行、银监会等部门颁发了数十个文件，刑法也在此后数次修订中不断完善对集资型犯罪的规制方式。2015年《刑法修正案（九）》增加资格刑，取消集资诈骗罪在内的数种经济类犯罪的死刑，体现了刑法对经济犯罪的打击走向文明化、规范化。自2007年起，经国务院批准成立的处置非法集资部际联席会议在国务院的组织领导下，协调相关部门、省级人民政府，建立"疏堵并举、防治结合"的综合治理长效机制，落实打击集资型犯罪的方针、政策。2015年7月，为规范互联网金融领域中网络借贷诱发的诸多非法集资案件，中国人民银行、银监会、保监会等10部委发起成立国家级互联网金融行业自律组织，即中国互联网金融协会。2016年3月25日，协会正式成立。该协会通过自律管理和会员服务，规范从业机构市场行为，保护行业合法权益，推动从业机构更好地服

---

❶ 处置非法集资部际联席会议编：《打击非法集资典型案例汇编》，中国金融出版社2012年版，第5~13页。

❷ 刘媛媛：《现代刑法中的危险问题研究》，法律出版社2013年版，第184~185页。

务社会经济发展，引导行业规范、健康运行。

二、集资型犯罪的概念界定

随着规制非法集资行为的法律、法规日益完善，在法律体系中规制非法集资行为的法律条文画出了一个犯罪圈，凡是该范围之内的集资行为都属于非法集资，且在民事、行政、刑事三种法律中均有规制。民事法律大多规制的是集资纠纷、企业等民事主体之间的借贷关系；行政法律则大多规制前犯罪行为，列述不同部门在集资活动中的职权以及审核经营权限等问题；而刑事法律则规制集资型犯罪行为，即集资型犯罪以刑法分则条文规范，且以刑法总则中的相关规定合理、合法打击非法集资型犯罪。

现行刑法中规制非法集资型犯罪以及在非法集资活动过程中可能触犯的罪名共计26个，分列在《刑法分则》第三章破坏社会主义市场秩序罪下第三节妨害对公司企业管理秩序罪、第四节破坏金融管理秩序罪、第五节金融诈骗罪、第八节扰乱市场秩序罪以及第五章侵犯财产罪之中，具体罪名如下：（1）第158条虚报注册资本罪；（2）第159条虚假出资、抽逃出资罪；（3）第160条欺诈发行股票、债券罪；（4）第174条擅自设立金融机构罪；（5）第174条第2款伪造、变造、转让金融机构经营许可证、批准文件罪；（6）第175条高利转贷罪；（7）第176条非法吸收公众存款罪；（8）第178条伪造、变造国家有价证券罪；（9）第178条第2款伪造、变造股票、公司、企业债券罪；（10）第179条擅自发行股票、公司、企业债券罪；（11）第181条第2款诱骗投资者买卖证券、期货合约罪；（12）第187条吸收客户资金不入账罪；（13）第188条违规出具金融票证罪；（14）第191条洗钱罪；（15）第192条集资诈骗罪；（16）第193条贷款诈骗罪；（17）第194条票据诈骗罪；（18）第194条第2款金融凭证诈骗罪；（19）第197条有价证券诈骗罪；（20）第222条虚假广告罪；（21）第224条合同诈骗罪；（22）第224条之一组织、领导传销活动罪；（23）第225条非法经营罪；（24）第229条提供虚假证明文件罪；（25）第229条第3款出具证明文件重大失实罪；（26）第

266条诈骗罪。26个罪名所规制的犯罪行为并非全面地表现为非法集资行为，而是非法集资过程中可能涉及的罪名，如集资人为获取投资人的信任伪造银行等金融机构的相关证件，在集资之前被抓获的便会受到《刑法》第174条的规制；集资人设立公司的过程中存在虚假出资等行为，且存在集资型犯罪行为，当被查处时其虚假出资行为可能面临刑法的规制，同时集资人以虚假出资设立单位以期非法集资的也可能触犯《刑法》第158条、第159条所规制的犯罪。综合分析上述26个罪名的罪状，分析其各自的行为特点，集资型犯罪是指发生在金融业务领域中，违反金融管理法律法规，以各种合法或非法手段占用、骗取被害人钱款，危害货币经营管理秩序，情节严重，依法应当受刑法处罚的行为。

集资型犯罪不是一个独立的罪名，而是金融犯罪之中的一个类型罪名，其定义应该明显区别于其他金融犯罪罪名，且应符合界定概念的基本原则。首先，符合下定义的一般要求。理论上普遍认为一个法律概念的定义必须具备三个要素：一是定义的准确性，即概念被定义之后应当准确，通过阅读定义可以知悉其指称的是哪一个概念，定义缺失准确性便失去其存在意义。二是合理性，即法律概念的定义必须符合法律规定。法律概念不能任意而为，必须做到与法律文本的规定相符合，符合立法者在表述条文时所指称的具体概念。三是定义的概括性，即定义的外延与内涵要将该概念所指的所有行为、物涵盖其中；具体而言，概念要有概括性，但不能是所有特征的罗列，应当简洁、明了，而且要做到周延，将所有的情形包含在该概念之中。其次，集资型犯罪要符合金融犯罪的特点。金融犯罪是侵害国家金融管理制度、金融管理秩序的群罪名，所有的金融犯罪都属于刑法中的行政犯，集资型犯罪也均应为行政犯，即只有刑法规定了某种非法集资行为属于犯罪，该概念才能将其纳入集资型犯罪的范畴中。同时应当注意，给集资型犯罪下定义时必须紧密结合集资型犯罪所侵害的主要客体，某种非法集资行为可能在集资过程中侵害了其他刑法所保护的法律关系，当其侵害的主要客体是对集资型犯罪规制时应当纳入集资型犯罪之中的，在集资型犯罪的定义中应当有所体现。

第二节　集资型犯罪的特点

一、非法集资行为的特征

集资型犯罪的概念是对非法集资罪名群的简要概括，但其概念之中难以具体而详细地明述各种具体的非法集资行为。2010年12月13日，最高人民法院颁布的《关于审理非法集资刑事案件具体应用法律若干问题的解释》（以下简称《非法集资司法解释》）第1条对非法集资行为的特征具体化为非法性、公开性、利诱性、社会性四个方面，即"违反国家金融管理法律规定，向社会公众（包括单位和个人）吸收资金的行为，同时具备下列四个条件的，除刑法另有规定的以外，应当认定为《刑法》第一百七十六条规定的'非法吸收公众存款或者变相吸收公众存款'"的四个要件：（一）未经有关部门依法批准或者借用合法经营的形式吸收资金；（二）通过媒体、推介会、传单、手机短信等途径向社会公开宣传；（三）承诺在一定期限内以货币、实物、股权等方式还本付息或者给付回报；（四）向社会公众即社会不特定对象吸收资金。《非法集资司法解释》关于非法集资行为的规定与2007年国务院办公厅颁发的《关于依法惩处非法集资有关问题的通知》（以下简称《国务院2007通知》）中"非法集资的主要特征：一是未经有关监管部门依法批准，违规向社会（尤其是向不特定对象）筹集资金。如未经批准吸收社会资金；未经批准公开、非公开发行股票、债券等。二是承诺在一定期限内给予出资人货币、实物、股权等形式的投资回报。有的犯罪分子以提供种苗等形式吸收资金，承诺以收购或包销产品等方式支付回报；有的则以商品销售的方式吸收资金，以承诺返租、回购、转让等方式给予回报。三是以合法形式掩盖非法集资目的。为掩饰其非法目的，犯罪分子往往与受害者签订合同，伪装成正常的生产经营活动，最大限度地实现其骗取资金的最终目的"的规定有三点不同：（1）《非法集资司法解释》抛弃了《国务院2007通知》中"以合法形式掩盖非法集资目的"的表述，但《解释》的四要件并不意味着对此种行为不予以规制，而是该"以合法形式掩盖非法集资目的"所表述为非法集资行为的特征并没有准确的定位非法集资行为的特点，且在非法集资活动无一例外的都签订合同，在认定非法集资过程中有无合法形式并非必要条件。（2）《非法集资司法解释》对社会性要件更加明确为"社会公众即社会不特定对象"，而《国务院2007通知》则含糊其辞，其对象范围似乎更加广泛，即"向社会（尤其是向不特定对象）筹集资金"。《非法集资司法解释》第1条第2款规定："未向社会公开宣传，在亲友或者单位内部针对特定对象吸收资金的，不属于非法吸收或者变相吸收公众存款。"将该类行为主体排除在外，一定程度上《非法集资司法解释》的规制范围要小于《国务院2007通知》。（3）《非法集资司法解释》增加了公开性的表述，明确了非法集资行为在具体行为过程中必须具有"宣传性"特征，也应合了《非法集资司法解释》第1条第2款的规定。

《解释》对"非法吸收公众存款或者变相吸收公众存款"行为特征的综合，事实上是所有非法集资行为在吸收存款这一行为过程中所不能缺少的行为特征，具体而言非法集资行为的特征如下：

第一，非法性。非法性是指非法集资行为是违反国家金融法律法规的行为。《刑法》第96条规定："本法所称违反国家规定，是指违反全国人民代表大会及其常务委员会制定的法律和决定，国务院制定的行政法规、规定的行政措施、发布的决定和命令。"具体到非法集资行为中，则表现为集资行为违反了公司法、证券法、银行法、商业银行法以及相关的行政解释、司法解释和刑法规定。部门法规定了相关的非法行为而刑法对此类行为并未禁止时，只能属于行政违法的"非法性"而不能纳入刑法非法性之中。行为特点主要存在以下几种：（1）未经批准或未经申请批准前非法设立金融机构；（2）在合法设立的金融机构、非金融机构中经营涉及货币经营业务；（3）金融机构吸存存款过程中存在违规、违法行为；（4）非合法主体擅自从事金融机构特许的业务等。

第二，公开性。公开性是指集资人为达到吸收更多资金的目的，最大限度地让更多的受害人知悉其集资项目而借助媒体、推介会、传单、手机短信等途径向社会公开宣传，但公开的渠道并不仅限于此四种方式。该处的"等"并非语气助词，而是对其他宣传方式的省略表述。如举办乡村商场销售专场，向农村居民尤其是老年人推销商品，以达到吸收钱款的目的；举办各种类型的讲座，向听众传达一种"致富捷径"；通过拉条幅、贴标语向社会群众宣传……公开性并不排除"点对点"式的宣传，如通过熟人之间的相互告知，以发邮件的方式"一对一"的宣传等，看似非公开的方式也属于该公开性特征所要求的行为；公开性并不要求范围的限制，而是对宣传对象的一种公开，不要求被宣传人员之间是否相互知悉对方知晓了该宣传的内容；此外，公开宣传并不意味着宣传的内容必须是虚假宣传，即不限于虚假宣传，也即欺骗性并不是非法集资的必要特征。❶

第三，利诱性。利诱性是指集资人通过许以高回报获取被害人的资金。详言之，被害人之所以会选择将资金放置在集资人处，是因为被害人看到了"投资"利益。集资人通过各种方式夸大其本身的经营，以超出正常范围的高回报率吸引不明真相的群众，当然也包括一些职业投资人基于"艺高人胆大"的优势意图获取高利益，也不乏精明的资深投资人被集资人"套住"。❷ 据报道，2016年艺人田亮、金巧巧分别投入六宝基金5000万元和700万元，后该基金出现兑付困难。

第四，社会性。社会性是指集资人向社会不特定的对象吸收资金。换言之，集资人的集资对象如果特定，则其集资行为便脱离非法性，也不会被纳入刑法规制范围。在亲友之间的小范围、小数量的集资，《解释》认为此种行为"不属于非法吸收或者变相吸收公众存款"。

---

❶ 卢勤忠：《非法集资型犯罪刑法理论与实务》，上海人民出版社2014年版，第5页。
❷ "霍英东之子涉嫌20亿元基金黑幕，田亮被套5000万金巧巧被套700万元"，载http://www.askci.com/news/hlw/20160622/10095132236.shtml，2016年8月11日访问。

二、集资型犯罪的特征

集资型犯罪中伴随着金融活动所具有的高风险性。当然在"与虎谋皮"的同时，存在既得利益的巨大性。集资型犯罪以可预期或不可预期的高收益性作为诱饵，投资人或理性或盲目地参与其中。在我国经济水平发展有限、金融管理制度尚不完善、民众观念比较淳朴以及经济犯罪指数较高的情况下，非法集资型犯罪是十分猖獗的，浙江丽水"小姑娘"杜益敏案、安徽亳州吴尚澧案、河南安阳刘洪飞案、浙江东阳吴英案就是例子。❶数据显示，2005～2010年，我国公安机关立案的非法集资案件超过1万起，涉案金额过亿元的频频可见，涉案总金额高达1000多亿元，每年约以2 000起、集资20亿元的规模快速增加。❷网贷之家《7月月报》显示，2016年7月，我国P2P网贷行业单月成交量达1 829.73亿元，较上月环比增加了6.77%，离单月2 000亿元大关仅一步之遥。截至2016年7月底，P2P网贷行业历史累计成交量达23 904.79亿元。数据同时显示，2016年1～7月累计成交量达10 252.58亿元，这是第一次自然年内累计成交量突破万亿元，也是上年1～7月累计成交量3 831.28亿元的2.68倍。数据所统计的平台数量变动显示：2016年7月停业及问题平台达101家，其中，问题平台51家（跑路30家、提现困难20家、经侦介入1家），占比为50.5%；停业平台50家（停业43家、转型7家），占比为49.5%；截至2016年7月底，累计停业及问题平台达1 879家，P2P网贷行业累计平台数量达到4 160家（含停业及问题平台）。2015年4月公安部经侦局副局长表示："据不完全统计，截至目前，公安机关已对约70个P2P平台立案侦查，涉案金额约60亿元。"此数字与平台数目的增长呈现正相关性，也在翻倍的增长。

有学者根据《国务院2007通知》认为国内非法集资问题存在四方面

❶ 魏东、白宗钊主编：《非法集资型犯罪司法审判与刑法解释》，法律出版社2013年版，第209~210页。
❷ "最高人民法院出台司法解释，明确非法集资法律界定及适用"，载《人民法院报》2011年1月5日。

的特征，即债权型、股权型、商品营销型和生产经营型，分别论述不同类型的集资型犯罪存在的问题，并以相关案例、数据作为支撑其论点的材料。❶ 此种论述似乎过于应合《国务院2007通知》的文字表述，并不能真实反映社会现实；但其结论并未受到该种现状的"蒙骗"，"种种数据及举措，均直观显现出非法集资型犯罪已经给人民群众的财产造成重大损失，也严重扰乱了金融管理秩序，影响了社会的和谐稳定"❷。了解集资型犯罪的特征需要对非法集资行为的现状有一个整体的把握，钟凯博士根据其课题组调研的数据分析认为我国目前非法集资型犯罪的现状存在三个基本特点❸：（1）作案方法多样，犯罪手段不断翻新。1999年中国人民银行《关于进一步打击非法集资等活动的通知》概括了8种非法集资行为，《国务院2007通知》中列述4大类12种非法集资行为的常见形式，2013年之后借助于互联网新型的非法集资行为手段更加变化多端。（2）隐蔽性强，证据收集难度大，司法认定困难。非法集资的过程中被害人最初都是集资过程的受益人，被害人存在侥幸心理或者认为其投资行为是合法、真实的行为，尽管有一定的风险性，却在金钱的诱惑下顶风而上。既得利益群体一般不愿意透漏事情的真实情况，只有当风险出现，既得利益乃至本金不能赎回时，才知悔恨，但此时非法集资人早已逍遥法外。而且在集资过程中，集资行为人往往存在违规操作，难以形成有效的非法集资认定，如集资人以投资建厂或销售返购等形式操作，在司法认定时难以判定其为非法的集资行为。（3）案件涉及面广，政府、法院压力巨大。非法集资案件的社会影响存在两个显著特征：一是涉案人数尤其是被害人人数众多，被害人群体包括中老人、下岗工人、退休人员、农民等，而且存在向白领、学生、公务员等群体渗透的现象；二是涉案金额巨大。非法集资行为往往存在事先预谋，一旦风险暴发会导致资金难以追回，非法集资

---

❶ 卢勤忠：《非法集资型犯罪刑法理论与实务》，上海人民出版社2014年版，第8~11页。

❷ 卢勤忠：《非法集资型犯罪刑法理论与实务》，上海人民出版社2014年版，第11页。

❸ 魏东、白宗钊主编：《非法集资型犯罪司法审判与刑法解释》，法律出版社2013年版，第210~213页。

人已经将钱款挥霍、转移。

上述三个基本特点反应了非法集资型犯罪的现状，但对一些问题还没有准确把握。首先，非法集资过程中的被害人并不是单纯的被害人，其在被害过程中往往扮演着其他角色，有的被害人最初为集资人打工，享受了很多的利益，而最新加入的在风险暴发时的被害人才是纯正的被害人。被害人群体较为复杂，应该具体分析。其次，最初非法集资活动中集资人的身份很有"惊诧感"，往往是学历不高、知识水平一般、财力较少的无业人员，完全是"空手套白狼"，如"小姑娘"杜益敏、吴英，她们本身并没有出色的履历，只不过经过非法集资才不断"洗白"。互联网金融下犯罪主体日益职业化、智能化，犯罪人通常为高学历、高智商的优秀企业家。最后，非法集资行为在合法与非法之间游荡，很大原因在于民间借贷法律法规的不完善，随着相关法律法规的完备、互联网监管的详备，非法集资行为从长远来看会慢慢减少，当前的高峰期只不过是"明日黄花"。

第三节　集资型犯罪的范围与分类

一、集资型犯罪的范围

正如前述，有关集资型犯罪分别规定在《刑法分则》多个章节中。由于刑法对同一类型的犯罪进行了不同的归类，且归类的标准又不甚统一，其保护的主要客体存在细微的不同。在现代社会中，集资型犯罪作为一种新型的犯罪模式，涉及的面相当广泛，导致刑法条文的开放性分布存在一定的合理性。不同学者基于不同的视角对集资型犯罪做不同的划分，其划分的范围也有较大的差别。卢勤忠教授认为刑法中涉及非法集资型犯罪的罪名共计7个❶，分别是《刑法》第160条欺诈发行股票、债券罪，第174条擅自设立金融机构罪，第176条非法吸收公众存款罪，第179条擅自发

---

❶　卢勤忠：《非法集资型犯罪刑法理论与实务》，上海人民出版社2014年版，第6页。

行股票、公司、企业债券罪，第192条集资诈骗罪，第224条之一组织、领导传销活动罪，第225条非法经营罪。而魏东教授在其编著的《非法集资型犯罪司法审判与刑法解释》一书中认为非法集资型犯罪包括：集资诈骗罪，非法吸收公众存款罪，欺诈发行股票、债券罪，擅自发行股票、公司、企业债券罪，非法经营罪，虚假广告罪，擅自设立金融机构罪，组织领导传销活动罪8个罪名。上述认定是对非法集资型犯罪做了最狭义的界定，《刑法》规制非法集资行为的罪名远远多于前述的7种或8种，而是包括：（1）第158条虚报注册资本罪；（2）第159条虚假出资、抽逃出资罪；（3）第160条欺诈发行股票、债券罪；（4）第174条擅自设立金融机构罪；（5）第174条第2款伪造、变造、转让金融机构经营许可证、批准文件罪；（6）第175条高利转贷罪；（7）第176条非法吸收公众存款罪；（8）第178条伪造、变造国家有价证券罪；（9）第178条第2款伪造、变造股票、公司、企业债券罪；（10）第179条擅自发行股票、公司、企业债券罪；（11）第181条第2款诱骗投资者买卖证券、期货合约罪；（12）第187条吸收客户资金不入账罪；（13）第188条违规出具金融票证罪；（14）第191条洗钱罪；（15）第192条集资诈骗罪；（16）第193条贷款诈骗罪；（17）第194条票据诈骗罪；（18）第194条第2款金融凭证诈骗罪；（19）第197条有价证券诈骗罪；（20）第222条虚假广告罪；（21）第224条合同诈骗罪；（22）第224条之一组织、领导传销活动罪；（23）第225条非法经营罪；（24）第229条提供虚假证明文件罪；（25）第229条第3款出具证明文件重大失实罪；（26）第266条诈骗罪在内的26个罪名。

二、集资型犯罪的分类

上述26个罪名在《刑法分则》中的分布不同，其所保护的主要客体存在差异。但毋庸置疑的是，在非法集资过程中或多或少地会触犯此26个罪名所保护的客体的一种或多种，为便于分析不同集资型犯罪的特征，需要通过分类的方式对上述26种集资型犯罪进行划分。由于集资型犯罪属于金融犯罪，而后者的犯罪域又过于复杂，且受到来自立法等多方面因素的影响，学界对金融犯罪的理论分类存在较大的分歧。比如，有的按照犯罪手段的不同，把金融犯罪分为欺诈型、伪造和变造型、渎职型以及其他方式型四大类别；有的根据犯罪主体是否具备特殊身份对金融犯罪作出划分；还有论者基于金融犯罪的罪过形式认为，将金融犯罪划分为金融故意犯罪和金融过失犯罪。❶ 而对于集资型犯罪的划分大致存在三种类别：一是分别论述集资型犯罪所包涵的各种罪名，而不对罪名再作出具体的划分，如卢勤忠教授的著作中对7种集资型犯罪单独论述并未进一步将其划分类别。二是大致将集资型犯罪划分为三个不同的类型：（1）集资诈骗罪；（2）非法吸收公众存款罪；（3）其他集资类犯罪。魏东、白宗钊主编的《非法集资型犯罪司法审判与刑法解释》一书中也采用了此种方式。三是大多数论著对集资型犯罪并未作出划分，也并未在众多罪名中单独列出，而是在论述金融犯罪时，以现行刑法立法所排列的顺序划分集资型犯罪的类别，如刘宪权教授将集资型犯罪的个罪分别纳入"危害金融机构存贷管理秩序犯罪""危害金融机构设立管理制度犯罪""危害金融票证、有价证券管理制度犯罪""危害金融业务经营管理制度犯罪"；❷ 胡启忠等人合著的《金融犯罪论》中也采用了类似的体例编排。❸

上述论者对集资型犯罪的划分存在一定的合理之处，但根据其划分的种类并不能有效地在集资型犯罪内部做到详细的区分。尤其是基于金融犯罪大类罪名审视集资型犯罪时更难以明确集资型犯罪与其他非集资型犯罪的区别，如果为了迎合金融犯罪划分罪名的需要而划分集资型犯罪的罪名无异于"蚊蝇扑火"。此外，因对集资型犯罪罪域划分尺度的不同，在是否需要划分类别上存在不同的认识，或许正是因为认识到区区不足10个罪名的集资型犯罪群无分类必要，卢勤忠教授才未采取分类的策略。而本

---

❶ 胡启忠等：《金融犯罪论》，西南财经大学出版社2001年版，第32页。

❷ 刘宪权：《金融犯罪刑法学专论》，北京大学出版社2010年版，第18~19页。

❸ 胡启忠等：《金融犯罪论》，西南财经大学出版社2001年版，（目录）第4~6页。

书中划分的集资型犯罪群多达26个，如果不对其分类，则难以准确地认定、划分不同集资型犯罪的特征。正如刑法根据犯罪客体的不同分为10类罪名群，集资型犯罪也需要根据某种特定的标准对该群体内的罪名作出一个基本的划分。

集资型犯罪所涵盖的罪名都存在"集资性"的特征，是在非法集资过程中可能触犯的罪名。换言之，它们所保护的客体在本质上是一致的，尽管不同的罪名在保护集资型犯罪所侵犯的客体上存在主次不同。正因为集资型犯罪在本质上具有同一性的特征，所以可以基于犯罪时点的不同对各种罪名做进一步划分。具体而言可做如下分类：

（1）准备类集资型犯罪。这类犯罪是从事非法集资型犯罪的准备工作，主要包括：虚报注册资本罪，擅自设立金融机构罪，伪造、变造国家有价证券罪，伪造、变造股票、公司、企业债券罪，违规出具金融票证罪，提供虚假证明文件罪，出具证明文件重大失实罪，虚假广告罪。

（2）行动类集资型犯罪。此类犯罪是已经或正在实施非法集资所需着手的行为，主要包括：非法吸收公众存款罪，擅自发行股票、公司、企业债券罪，集资诈骗罪，贷款诈骗罪，票据诈骗罪，金融凭证诈骗罪，有价证券诈骗罪，组织、领导传销活动罪，非法经营罪，欺诈发行股票、债券罪，诱骗投资者买卖证券、期货合约罪。

（3）完结类集资型犯罪。这类犯罪只有洗钱罪。

（4）其他类集资型犯罪。这类犯罪不能单独被前述三种的任何一种单独包含，其行为所侵害的客观具有多重性，主要包括：伪造、变造、转让金融机构经营许可证、批准文件罪，虚假出资、抽逃出资罪，吸收客户资金不入账罪，高利转贷罪，合同诈骗罪，诈骗罪。

第二章　集资型犯罪的立法沿革

　　金融活动是现代社会市场经济的核心，货币业务则是核心中的核心。《刑法分则》第三章第四节最先规范的是货币类犯罪，可见国家对货币犯罪的重视程度，非法集资也泛属货币犯罪，只不过不是侵犯货币铸造与流通，而是对货币经营业务的侵害。计划经济体制导致非法集资行为在我国出现较晚，且存在规制不一的弊端。分析集资型犯罪的立法沿革，无疑对于我们认定、完备市场经济条件下的集资型犯罪的法律体系有重大意义。

第一节　集资型犯罪的立法历史

　　新中国成立后走社会主义道路，与资本主义社会相关的各种制度被弃置于国门之外，在社会主义体制中实行计划经济，经济行为在国家严格管控之中，并无非法集资的余地。1951年4月颁发的《妨害国家货币治罪暂行条例》，被认为是"新中国成立后第一部系统规定惩罚金融犯罪的法规"❶，但其并无规范集资行为的条款。此后的立法中并无对集资行为的规范，十年动乱期间"无法无天"也难谈对非法集资的规制。

　　犯罪是伴随着社会发展而发展的，当社会中并不存在或者只是小范围存在违规行为，法律并不干涉，尤其是刑法。刑法的谦抑性也要求刑法在惩治犯罪的手段中趋后，唯有当其他法律手段难以规制，社会对此种行

---

　　❶ 刘宪权：《金融犯罪刑法学专论》，北京大学出版社2010年版，第59页。

为已经难以忍受时才能运用最严厉的刑法。十年浩劫之后，百废待兴。废除"六法全书"之后新中国一直未颁发刑法典，直到1979年颁发刑法。但当时金融业发展不快，相关金融活动在社会生活中并不是很突出，金融犯罪在整体刑事犯罪中占比并不高，1979年刑法未单独设立金融犯罪的单章或单节，能够与非法集资行为沾边的行为可以通过"投机倒把罪"规制。而当时规制的投机倒把行为大多为异地买卖等如同现今已经允许的合法商业行为，与非法集资相关的只有高利贷行为、擅自设立金融机构行为等。

此后国家经济政策发生巨变，改革开放使中国走向世界，对于市场经济制度的相关因素不再一味排除，而是"为我所用"。社会主义市场经济体制的改革使市场因素进入，计划经济的氛围渐渐消散。金融行业逐渐兴盛，金融市场的形成也催生了各个金融领域中风险的爆发。改革之初，各种制度、法规不健全，人们法律意识淡薄，在市场经济冲击之下各种新型的犯罪行为此起彼伏，金融领域的犯罪便是"起"的一支。正是基于现实社会的金融犯罪突出的现象，一系列法律、法规出台：1982年3月8日，全国人大常委会通过《关于惩治严重破坏经济的犯罪的决定》；1988年1月21日，全国人大常委会通过《关于惩治走私罪的补充规定》；1995年2月28日，全国人大常委会通过《关于惩治违反公司法的犯罪的决定》；1995年6月，全国人大常委会通过《关于惩治破坏金融秩序犯罪的决定》；1997年，全面修订《中国人民共和国刑法》标志着现行刑法规制集资型犯罪的框架基本形成。此后《关于惩治骗购外汇、逃汇和非法买卖外汇犯罪的决定》和九个刑法修正案对集资型犯罪的罪名、罪状、法定刑等内容进行了修改和补充，使这一框架逐步完善。

第二节　集资型犯罪的立法现状

金融犯罪在《刑法》中主要分布于第三章破坏社会主义市场秩序罪中，在其他章节中也有涉及对金融犯罪的规制，但其所着重保护的客体并不是金融制度、金融秩序，而是对应所在章节所要保护的主要社会关系。就本书所讲的集资型犯罪而言，其所维护的社会关系是货币经营管理秩序，该犯罪群之下的罪名所规制的犯罪行为都存在对货币经营管理秩序的侵害，其犯罪对象或直接指向货币经营管理秩序，如非法吸收公众存款行为；或者犯罪对象间接包含货币经营管理秩序，如虚假宣传理财产品以达到吸收公众存款的目的。

《法国新刑法典》第131~47条规定："禁止公开募集资金，即告禁止借助信贷机构、金融机构或证券交易公司以及采用任何广告手段推销任何证券。"德国、日本刑法中也有关于非法集资行为的法律条文。而在英美法系国家中则多分布在金融法规之中，如美国1933年颁发《美国证券法》后次年通过《美国证券交易法》，1984年《美国内幕交易制裁法》和1988年《美国内幕交易与证券欺诈实施法》等金融法规规制非法集资类行为。而我国采用的是刑法典与附属刑法相结合的模式，简言之，所有的金融犯罪都是行政犯，所以每个金融犯罪罪名都存在"违反国家有关法律法规"的表述，而此表述指向金融法律法规等附属刑法，刑法典中规定了需要刑法规制的非法集资行为。并非所有的被附属刑法所指为"违法"的集资行为都是刑法意义上的非法集资行为，只有刑法规定具体的法定刑与罪名之后才为刑法所规制的非法集资行为才是，也即属于本书所言的集资型犯罪。

现行刑法中集资型犯罪包括26个罪名，分布在刑法分则的各个章节：在《刑法分则》第三章第三节妨害对公司、企业的管理秩序罪中有3个罪名，第四节破坏金融管理秩序罪中有11个罪名，第五节金融诈骗罪有5个罪名，第八节扰乱市场秩序罪有6个罪名，第五章侵犯财产罪有1个罪名。从章节分布上可知集资型犯罪所侵害的法律关系包括：公司、企业管理秩序，金融管理秩序，公私财产所有权，市场秩序。四种法律关系均关涉货币问题，只不过货币占有主体不同，保护的关系不同，管理层级不同，维护的秩序不同。但是该26个罪名所规制的犯罪行为却与集资行为有莫大的关系，或者规制前非法集资行为，即宣传、设立避人耳目的集资机构，伪造相关文件；或者规制即时的非法集资行为，如非法吸收存款行为、骗购票据证券行为；或者非法集资之后将集资款"洗白"；再或者在集资前和集资时都存在诈骗当事人的行为。处在非法集资行为不同的时点，刑法对它们的态度也不同，体现在刑罚设置上也存在较大的差异。

26个罪名中除第193条贷款诈骗罪、第197条有价证券诈骗罪、第266条诈骗罪3个罪名以外，其他23个罪名的犯罪主体既可以是自然人，也可以是单位，而且对单位犯罪主体的刑罚设置条文表述上趋向一致，即"单位判处罚金"。但对单位判处罚金的数额并未作出具体的规定，而且23个犯罪主体可以是单位的罪名中，均采用的是双罚制，即对单位判处刑罚的同时对单位的直接负责的主管人员和其他直接责任人员也适用相应的法定刑，但是双罚制的形式存在差异。23个罪名中有13个罪名在对待单位的直接负责的主管人员和其他直接责任人员时，刑罚设定上采用自然人犯罪标准，即此种情形下对直接负责的主管人员和其他直接责任人员作为独立自然人，适用自然人独立犯罪时的法定刑，该类罪名包括：第174条擅自设立金融机构罪，第174条第2款伪造、变造、转让金融机构经营许可证、批准文件罪，第176条非法吸收公众存款罪，第178条伪造、变造国家有价证券罪，第178条第2款伪造、变造股票、公司和企业债券罪，第187条吸收客户资金不入账罪，第188条违规出具金融票证罪，第222条虚假广告罪，第224条合同诈骗罪，第224条之一组织、领导传销活动罪，第225条非法经营罪，第229条提供虚假证明文件罪，第229条第3款出具证明文件重大失实罪。有10个罪名采用的是非独立自然人犯罪标准，与单独自然人犯罪法定刑相比，此种设置下的法定刑相对轻缓，以明确本罪属于单位犯罪，在单位犯罪法定刑之后列明单位的直接负责的主管人员和其他直接责任人员所需适用的法定刑，并且10个罪名之中前6个罪名以限制法定最高刑的方式规定，后4个罪名以两级或三级刑罚梯度形式规定单位的直接负责的主管人员和其他直接责任人员的法定刑，该类罪名包括：第158条虚报注册资本罪，第159条虚假出资、抽逃出资罪，第160条欺诈发行股票、债券罪，第175条高利转贷罪，第179条擅自发行股票、公司和企业债券罪，第181条第2款诱骗投资者买卖证券、期货合约罪，第191条洗钱罪，第192条集资诈骗罪，第194条票据诈骗罪，第194条第2款金融凭证诈骗罪。

就单个罪名的刑罚梯度上，5个罪名仅规定了1个法定刑幅度，8个罪名设置了3个刑罚梯度，剩下的13个罪名均为2个刑罚梯度，可以认为对集资型犯罪的法定刑设置上较为严厉。在具体的刑罚种类以及刑罚期限上，26个罪名法定最低刑均有拘役刑的规定。在《刑法修正案（九）》颁布后，废除经济犯罪的死刑设置使集资型犯罪的法定最高刑仅剩无期徒刑，26个罪名中有8个罪名的法定最高刑可以适用无期徒刑，且在8个罪名中均有没收财产这一附加刑，而其他罪名中并无规定。没收财产这一附加刑是否与无期徒刑的适用存在关连？抑或是没收财产的适用以法定刑设置为10年以上有期徒刑为基点？本书认为，集资型犯罪属于贪利型犯罪，罚金刑、没收财产刑均是为打击贪利犯罪的，与罚金刑相较，没收财产刑显得更加严厉，但没收财产包括部分没收和全部没收，在实际司法适用中并不意味着没收财产刑一定重于罚金刑，而在上述8个集资型犯罪中的法定刑附加适用罚金刑或没收财产刑时采用了链接词"或"，以达到最大限度剥夺行为人的金融犯罪能力。换言之，没收财产刑与主刑之间并无必然的联系，主刑越重附加刑越重这一基本逻辑也并未被打破。没收财产刑之所以会规制在8个罪名之中，原因在于此8个罪名所规制的犯罪行为较为严重，当罚金刑难以剥夺其金融犯罪能力时，单独适用或合并适用没收财产刑能够有力地规避、打击集资型犯罪。

26个罪名中除违规出具金融票据罪未规定对自然人犯罪主体适用罚金以外，其余罪名均设置罚金刑作为附加刑，但是罚金刑具体规定存在不同。刑法分则对罚金刑的设置上存在4种类型：限额罚金刑（如"5万元以上50万元以下罚金"）、倍比罚金刑（如"违法所得1倍以上5倍以下罚金"）、百分比罚金刑（如"非法募集金额1%以上5%以下罚金"）、无限额罚金刑（如"并处罚金"）。❶ 在集资型犯罪中有5个罪名采用百分比罚金刑，它们分别是虚报注册资本罪、虚假出资、抽逃出资罪、欺诈发行股票、债券罪、擅自发行股票、公司、企业债券罪、洗钱罪。12个罪名采用限额罚金刑：擅自设立金融机构罪、伪造、变造、转让金融机构经营许可证、批准文件罪、非法吸收公众存款罪、伪造、变造国家有价证券罪、伪造、变造股票、公司、企业债券罪、诱骗投资者买卖证券、期货合约罪、吸收客户资金不入账罪、集资诈骗罪、贷款诈骗罪、票据诈骗罪、有价证券诈骗罪、金融凭证诈骗罪。2个采用倍比罚金刑：高利转贷罪、非法经营罪。6个罪名采用无限额罚金刑：虚假广告罪、合同诈骗罪、组织和领导传销活动罪、提供虚假证明文件罪、出具证明文件重大失实罪、诈骗罪。此外，所有对单位判处的刑罚均为无限额罚金刑。

第三节　集资型犯罪的刑事立法完善

我国现行法律中关于集资型犯罪的立法还是比较全面并且具有一定的科学性的，特别是在金融机构的设立、从业管理等方面有效地规避了集资型犯罪的发生。但是，我国集资型犯罪的刑法规制中还存在一定的不足，需要在理论上加以研究，并适时完善。当前的集资型犯罪的刑法完善主要应从以下几个方面入手。

一、集资型犯罪罪名体系的完善

集资型犯罪包括26个罪名，但此26个罪名并非是纯正的规制集资型犯罪的罪名，有相当部分罪名属于边缘化的集资型犯罪罪名，如诈骗罪、合同诈骗罪、虚假广告罪等，该类罪名主要规制的还是其所在分则章节下所要保护的客体。之所以将其纳入集资型犯罪之中，只是因为在集资活动中行为主体往往有触犯该类罪的行为，非法集资的手段行为侵害了该类罪

---

❶　刘宪权：《金融犯罪刑法学专论》，北京大学出版社2010年版，第144页。

所保护的利益，进而将其纳入集资型犯罪之中。从严格意义上讲，此种罪名不能属于集资型犯罪，只能将其归入牵连犯、吸收犯或者类比罪名中，以明确集资行为确实存在了侵害了该类所保护的客体且也符合该类罪的构成要件。鉴于在集资型犯罪过程中必然会触犯此类罪名，且此类罪名也并非与集资行为没有丝毫关系，所以本书将其纳入集资型犯罪。但是从立法论的角度考虑，似乎可以对集资型犯罪罪名体系做更为完善的修订，即增加部分罪名、合并部分罪名、减少部分罪名。

（一）增加罪名

集资型犯罪属于刑法理论中的行政犯，也意味着在刑法规制某种集资行为之前相关的金融法规应当已经做了某种规定。现有的金融法律体系中所规范的种种公司等单位违规行为并非全部进入了刑法的规范领域。当然不排除某些行为的危害性本身不需要刑法的介入，但是有相当一部分违法的金融行为已经碰触了刑法的禁律，且在危害性上与某些成为集资型犯罪的罪名等同，将此种行为排除在刑法打击范围之外是非常不合适的。如证券法将"建议他人买入证券"的行为明确规定"构成犯罪的，依法追究刑事责任"，但是在刑法条文中并没有"建议他人买入证券罪"；此外修订后的证券法对某些行为的行为主体作出了修改而刑法却没有变动，如诱骗投资者买卖证券、期货合约的行为主体增加了"证券登记结算机构、证券服务机构及其工作人员"而刑法没有变动，在公司法、期货等法律法规中也有相关的规定，而刑法却一直"置若罔闻"。此外，随着互联网技术的发展、互联网金融的崛起，应当考虑专门针对互联网金融中的集资型犯罪行为增加相当的罪名。

（二）合并、减少罪名

减少罪名是指现有刑法中关于集资型犯罪罪名群有所重复，对某种行为同时有多个罪名可以共同规制，如此则导致司法资源的浪费。集资活动的复杂性、手段的多重性导致了集资型犯罪在规制过程中有所偏爱。如擅自设立金融机构罪、非法吸收公众存款罪之间存在顺承关系，擅自设立金融机构罪与非法吸收公众存款罪之间只是一个行为展开程度的问题，后罪的行为过程中必然有一个设立金融机构的过程，如此将前罪的行为列入后罪行为的准备行为之中即可，无需再设立一罪。此外，在金融法规出现修改时，刑法条文应当作出同步的修订，如证券法对诱骗投资者买卖证券、期货合约罪中的行为主体"证券监督管理机构工作人员"做了删除，而刑法中并未改动，这是立法的缺陷，需要完善。

二、集资型犯罪司法解释的完善

刑法条文是对某种犯罪行为的具体抽象化，条文所规范的行为是一种类别而非某个具体的犯罪行为，故需要进行解释。学理上的解释方法或技巧有平意解释、扩张解释、限缩解释、历史解释、体系解释等，但理论上解释技巧的运用在不同的司法者看来可能存在不同的处理结果。即便是同一个司法人员，在前后两个相似的案件中也可能出现不同的解释结论。鉴于司法统一性的要求，需要面对同样情形的案件得到同等或大致相同的处理结果，便需要最高一级的司法解释或立法解释。我国的政治体制决定了通过全国人大常委会以立法解释方式统一司法适用，难以适应日益变动的社会与不断翻新的犯罪种类与犯罪方法，且立法者解释自己制定的法律在法理上也存在一定的缺陷。当立法者的不能作为或不适当作为解释的主体时，寻求次级的解释机关便成了最佳选择。在我国，司法解释即最高人民法院和最高人民检察院联合或单独颁发的司法解释具有最高的法律效力，在某种程度上司法解释已经与刑法条文处于同一个法律位阶。

集资型犯罪中的司法解释不可谓不多，即便如此，也难以满足惩治犯罪的需要。飞速发展的市场需求和日新月异的科技进步使相当一部分集资型犯罪的罪名在修正之后与原有条文不协调，如《刑法》第177条伪造、变造金融票证罪将伪造信用卡的行为作为该罪的一种表现形式，但《刑法修正案（五）》通过后专门设立的妨害信用卡管理罪与前罪之间的规范行为样态之间形成复杂、模糊的关系，导致条文之间的不协调，在司法适用中必然会出现不均衡问题。此种情形在刑法修订之后短时间内无法再次修订，只能通过司法解释的方式以规避司法实践中出现用刑不一、不均衡。另一需要司法解释进行规范的情形是对集资型犯罪的目的因素的详细规定。集资型犯罪中多为诈骗类犯罪行为，其行为特点要求该类犯罪中主观上都存在一定的犯罪目的，但是刑法条文之中明确以"某某为目的"规定的罪名仅有4个，即合同诈骗罪、贷款诈骗罪、集资诈骗罪、高利转贷罪，而其余的故意犯罪却未能将目的纳入规范。即便是在该4个明确目的的罪名中也不能定位目的的具体内容，2010年《解释》中列举了"可以认定为以非法占有为目的"的8种行为，以便准确地打击集资诈骗行为。但是其他犯罪目的却未得到司法解释的解读，为了准确、统一地打击犯罪行为，需要司法解释作出对目的内容的解释。

三、集资型犯罪法定刑的完善

定罪的前提是刑法对某种行为规定为犯罪且明确了其法定刑的幅度，集资型犯罪对法定刑的规定与其他经济犯罪之间的规定没有很大的差异，法定刑的种类涉及拘役、有期徒刑、无期徒刑、没收财产、罚金。此外，《刑法》第31条规定的"予以训诫或者责令具结悔过、赔礼道歉、赔偿损失，或者由主管部门予以行政处罚或者行政处分"等非刑罚性处置措施也可以运用到集资型犯罪的处罚之中。《刑法修正案（九）》新增的第37条之1款规定的禁业规定也将在集资型犯罪中"大有作为"。《刑法修正案（九）》还废除了集资型犯罪中某些罪名的死刑条款，如集资诈骗罪的死刑被废除，最高的法定刑为无期徒刑。种种法定刑条款着刑法对集资型犯罪的刑罚设置变得更加合理、充满人性关怀。但是即便如此，现有的刑法规定中仍然存在一些不足。

集资型犯罪中所规制的行为与金融法律法规中规制的同类行为在处罚程度上不协调。刑罚是最终、最严厉的处罚手段，触犯刑法的法律后果应当是最为严重的，但是对集资型犯罪所规范的行为的处罚力度小于金融法规对违法金融行为的处置力度。如《刑法》第174条规定："未经国家有关主管部门批准，擅自设立商业银行、证券交易所、期货交易所、证券公司、期货经纪公司、保险公司或者其他金融机构的，处三年以下有期徒刑或者拘役，并处或者单处两万元以上二十万元以下罚金；情节严重的，处三年以上十年以下有期徒刑，并处五万元以上五十万元以下罚金。"而《证券法》第197条规定："未经批准，擅自设立证券公司或者非法经营证券业务的，由证券监督管理机构予以取缔，没收违法所得，并处以违法所得一倍以上五倍以下的罚款；没有违法所得或者违法所得不足三十万元的，处以三十万元以上六十万元以下的罚款。对直接负责的主管人员和其他直接责任人员给予警告，并处以三万元以上三十万元以下的罚款。"很明显，集资型犯罪中擅自设立金融机构罪与证券法的对擅自设立证券公司的行为罚金（款）处罚力度不一：前者第一格法定刑的罚金范围是"并处或者单处两万元以上二十万元以下罚金"，第二格法定刑的罚金犯罪是"五万元以上五十万元以下罚金"；后者分为两种情况；（1）有违法所得，"并处以违法所得一倍以上五倍以下的罚款"；（2）"没有违法所得或者违法所得不足三十万元的，处以三十万元以上六十万元以下的罚款"，且两种情况下对直接负责的主管人员和其他直接责任人员"并处以三万元以上三十万元以下的罚款"。由上述条文中可以计算得出，证券法对擅自设立证券公司的行为处罚单位罚款最低是30万元，最高是违法所得的5倍或60万元；而对于单位的直接负责的主管人员和其他直接责任人员最高的罚款是30万元，最低是3万元。反观刑法规定，对单位判处罚金最低2万元，最高50万元。最低罚金数额远远低于证券法的规定，最高数额也远低于证券法的规定。但是由于刑法中对单位和自然人的法定刑条款一致，所以刑法对个人的处罚程度要高于证券法。笔者认为既然刑法作为最严厉的刑罚手段，是其他法律的保护法，是在其他法律无能为力时运用的最后法律手段，那么刑法便应当体现其最后法的作用。罚款的性质虽不同于罚金，但在数额的剥夺程度上与罚金是等同的，罚款20万元和罚金20万元对受责主体而言只意味着罚金是刑法责难，对其现金的持有量并未更多地剥夺。上述规定中刑法条文的规定明显轻于证券法，应当作出修订，加重罚金刑的力度，至少比证券法的规定要重。

《刑法》第37条第1款规定："因利用职业便利实施犯罪，或者实施违背职业要求的特定义务的犯罪被判处刑罚的，人民法院可以根据犯罪情况和预防再犯罪的需要，禁止其自刑罚执行完毕之日或者假释之日起从事相关职业，期限为三年至五年。"学界认为此为职业禁止条款，该规定的入刑使资格刑不再是妄想。但是该条规定是位于《刑法》第37条之后，即该条是非刑罚处置措施而非刑罚的主刑或附加刑。在金融法律法规中已有关于此种处罚手段的规定，如《公司法》第146条规定："有下列情形之一的，不得担任公司的董事、监事、高级管理人员：（一）无民事行为能力或者限制民事行为能力；（二）因贪污、贿赂、侵占财产、挪用财产或者破坏社会主义市场经济秩序，被判处刑罚，执行期满未逾五年，或者因犯罪被剥夺政治权利，执行期满未逾五年；（三）担任破产清算的公司、企业的董事或者厂长、经理，对该公司、企业的破产负有个人责任的，自该公司、企业破产清算完结之日起未逾三年；（四）担任因违法被吊销营业执照、责令关闭的公司、企业的法定代表人，并负有个人责任的，自该公司、企业被吊销营业执照之日起未逾三年；（五）个人所负数额较大的债务到期未清偿。"该条是关于职业禁止的规定，但其禁止的范围仅限于从事公司的董事、监事、高级管理人员，且在禁止事由上该条规定要比刑法中的禁业条款更为准确、清晰。该条第（二）款的规定类比《刑法》第37条之一所规定的内容，无疑公司法的禁业条文要比刑法的禁业条文更加严厉，似乎只需要扩大公司法中禁业条款的"人"的身份即可，无需在刑法中再次规定同样的条款。此外，集资型犯罪的行为主体往往是无业游民，其非法集资之前并没有"案底"，从业禁止的规定只能限制企业等单位的集资型犯罪问题，对于自然人非法集资的禁业条款的刑罚功用能有多大需要深入思考。作者认为，对于禁业条文可以将其纳入刑罚附加刑之中，而且在《刑法分则》之中对各罪是否适用禁业条款作出明确的规定。此外对于集资型犯罪而言，单位适用资格刑或者自然人主体适用资格刑对限制非法集资活动的意义不大，应加强监管制度，以预防集资型犯罪而非重在惩罚。

第三章　集资型犯罪的危害与预防

　　加入WTO、经济全球化、金融风险、科技发展等因素使各种金融犯罪问题日渐凸显，金融犯罪在犯罪群体中异军突起，并且表现得更加高智能、危害性越来越大、波及面越来越广。2008年由美国次贷危机引发的新一轮全球金融危机还未渡过，各国的经济出现"疲软"，给金融犯罪以可乘之机。经济的不景气、企业借贷困难、银行利率低下、制度变更滞后于社会经济发展，也给经济犯罪提供了温床。集资型犯罪作为金融犯罪中的"大哥大"，其发生原因及现状与国家金融体制的不完善有很大的关系。但是任何犯罪的发生都有深刻而复杂的原因，在集资型犯罪中，既有金融资源分配不均、金融秩序不健全、金融政策不健康等因素，也有市场经济本身的原因，以及金融法律法规不完备、犯罪主体的主观能动、被害人的主动被害等因素。宏观与微观、制度与社会等造就了集资型犯罪。探寻集资型犯罪的原因、了解集资型犯罪的危害，有利于有效地应对集资型犯罪的发生，预防集资型犯罪。

第一节　集资型犯罪的成因

　　在金融日益发达的当今社会，金融犯罪尤其是非法集资行为引发的犯罪日渐猖獗。通过宏观与微观方面、制度层面与社会层面、被害与侵害两方主体等诸多因素的综合分析，我国集资型犯罪的发生存在以下几个方面原因。

一、社会制度缺失、政策不健全

（一）信用体系未建立

从经济学角度分析，金融是货币流通和信用活动以及与之相关的经济活动的总称，信用是银行等金融机构开展业务的基石。金融交易的基石是信任，而信任的来源或者是对对方所持有的资产的肯认，或者是对对方基于交易习惯的认同，而这均是基于一种信用关系。以信用卡业务为例，商业银行之所以会发送给某些主体信用卡，任由其负债，是因为商业银行信赖该信用卡持卡人的信用，相信其在消费后的一定时间内可以将货币归还。与此相关，金融借贷、信用借贷、信用交易等均是以信用为基石的。我国尚未建立起基本的信用体系，信息公开制度不健全，致使监管不到位、权力任意而为的空间很大、公务行为难以公开化、造假欺诈问题严重、道德滑坡等，诸多的诚信问题在很大程度上导致我国金融体系出现借贷问题。商业银行愿意贷款给国有企业或者大型企业，而对小型企业则置若罔闻，只因不信任其还款能力。没有国家背书，贷款无望的中小企业和急需资金的个体难以通过合法渠道获取资金，从而滋生了地下融资市场，而后者是一个信用不完善、完全以私力救济的群落，产生非法集资等犯罪行为在所难免。

（二）综合治理存在漏洞

社会整体立场中所指的综合治理要求调动社会各方面的力量来有力、有效地打击犯罪行为，但是在金融犯罪中由于经济业务的专业化，加上高科技的发展、网络化日益平民化，综合治理走向绝境。而在行政体系之内，即国家行政机关之间的综合管理存在权力交叉，存在"有利争着上，无利不起早"的现象。各级国家权力机关、各级不同权力部门之间在金融管理上存在权力重叠，重叠的后果并不是无缝隙的监管，而是相互推诿，导致监管不力，各部门在各自的职权之内有限地行使权力，难以形成一个有效打击集资型犯罪的合力。而且，由于非法集资型犯罪往往存在一个相对漫长的萌芽、发展、蔓延过程，若是各部门对此类案件缺乏必要的敏感性，未能及早发觉和处置，到后期事态扩大之时再进行处理，就可能无法发挥社会治理的综合效用。● 由银监会牵头并经国务院成立的处置非法集资部际联席会议，在规格上到达了最高，但在规范、打击非法集资问题上还有待发挥应有的效用。

二、金融制度不完备、金融法律不规范

（一）金融制度供给不足、监管不到位

国内经济走向趋向"维稳"，金融创新乏力，不能对有益的金融创新积极地引导、总结、推广，而是简单地否定，以集资型犯罪之名予以打压。金融制度的供给不足与中国经济正在转型有关，原有的计划经济以及带有计划经济特征的经济制度在新时期已经不能满足社会调节的需要，而新制度还在建立之中，现实经济处于"无法无天"状态。值得强调的是，现有的银行体系中并没有针对中小企业提供融资的金融机构，而中小企业却占据了GDP的重要分量。中小企业在拼命拉动经济增长的同时却遭遇到借贷的寒流，"想马儿跑，却不给马儿吃草"的现状在中小企业的金融融通中成为普遍现象。中小企业借贷难也反映了国家紧缩银根的稳健经济政策，而另一方面民间资本却出现大量累积，如等待开闸的大坝。大量的民间资本出于"待借"状态，中小企业处于"需借"状态，银行等金融机构"冷眼旁观"，导致资金融通出现供需矛盾。企业为了生存，民间资本为了谋利，"一拍即合"。而在法律之外的资本借贷难以得到法律的有效保护，非法集资型犯罪就顺势而为。

大型企业在银行等金融机构的关照下"不缺钱"，但难以实现更好的盈利，而中小企业在铤而走险的过程中也日渐出现更多的问题。经济领域的这一现象在某种程度上反应出整个政府的基本权力运作模式，权力集中在"大集体"，而"小群体"在权力之外游荡。无论是经济发展规划、产

● 魏东、白宗钊主编：《非法集资型犯罪司法审判与刑法解释》，法律出版社2013年版，第216页。

业调整政策、项目开发审批还是宏观经济调控，金融权与行政权合二为一是政府意志实现的重要保障。❶ 金融集权具体表征为限制个人或者企业使用非金融体系内部资本，致使市场主体难以从金融机构得到合法融资；同时，银行存款利率低、能够供给社会公众的理财产品种类少且收益低，导致大量的民间资本游离于金融体系之外。❷

由于信用体系的缺失，商业银行在信贷管理上存在较大风险问题。同一个借款人的信息分布在不同的部门，没有一个统一的征信系统可以提供借款人完整、可靠的信用信息。银行和客户之间缺乏有效的信息疏导，银行基于信贷风险而减少、缩减贷款的输出，借款人也就难以借到钱款。银行小心谨慎的借贷依然出现呆账、坏账、死账，缺少债务追缴部门和有效的追款机制以及来自第三方的监督，使银行"得过且过"。简而言之，银行等金融机构及其相关部门在管理方面"轻"，即对于机构的资产管理、事物管理缺乏应有的制度化机制；在业绩、业务能力方面"重"。此外，银行等金融机构的从业人员素质参差不齐、水平高低有别，对于贷款材料的审查也往往专注于形式审查、书面审查，更有甚者与犯罪合谋共同骗取机构的存款，而政府对于民间借贷也不重视，只注重招商引资，使本土资源难以有效地发挥效用。

（二）金融法律法规体系未建成

20世纪90年代，我国开始制定公司法、票据法、商业银行法等法律法规，时至今日相关的金融法律体系并未建成。金融法律分布在不同的部门法之中，难以形成有效的金融法体系，且不同的部门法之间还存在或多或少的对立之处。规范民间借贷、民间集资的法律法规少之又少，再加上自古以来的人情社会对私人借贷的"无契约"传统，致使集资行为存在很大的隐患。刑事法律是最后法，只有当事情发展到一定程度才会发挥其作用，但此时往往犯罪事实已经出现、犯罪结果及危害已经造成；民事法律

---

❶ 靳立新："非法集资背后的金融难题"，载《中国社会导刊》2006年第20期。

❷ 卢勤忠：《非法集资型犯罪刑法理论与实务》，上海人民出版社2014年版，第21页。

在乡土社会难以为继，条文的约束力也难以到达民间融资的范围之中，相关法律法规的缺失无疑更放纵了民间借贷行为，滋生了非法集资型犯罪。民间借贷没有法律管辖，存在犯罪化的危害，而这又打击了民间经济的发展，使民间资本走上绝境。

除了金融法律法规不健全，立法经验不足、形势判断不到位等原因，使得我国金融刑事法律始终存在落后于经济发展的情况，主要表现在两个方面：（1）金融法律与刑法不协调，刑法对金融犯罪的打击滞后于金融法律。如对P2P之类的新型借贷形式难以合理、合情的规范。再如对提供金融中介服务、收取高额佣金的行为缺乏必要的回应。（2）刑法规定得过于笼统、模糊，司法解释难以明确相关罪名的适用对象，司法适用不统一。如《刑法》第192条集资诈骗罪，在非法占有目的、犯罪金额的认定、被害人范围等问题上难以明确，刑法条文与司法解释均未给出明确的答案。❶ 此外，刑法稳定性较强，但变动性不足，对于包括集资型犯罪在内的金融犯罪到底采用何种立法模式也存在争议。如行政刑法模式即将金融犯罪的法定刑、罪状等因素规定在金融法律中，刑法典不再规定则能保证实时的修订对金融犯罪的罪名，有效打击犯罪。但是此种模式与我国刑法典的立法传统不合，而我国现有的立法模式即刑法典+附属刑法模式，在打击金融犯罪上综合了多种立法模式的特征，但由于立法技术所限，相关的金融犯罪法律并不完备。

三、非法集资过程中各方参与人（单位）的问题

（一）犯罪主体贪利、侥幸

企业在经营过程中存在的资金问题是绕不过而又必须面对的问题，当通过正常渠道难以获得资金支持时，企业便转向非官方的民间借贷市场。而民间借贷市场法律、法规的不完善和国家紧缩的经济政策，企业或个

---

❶ 魏东、白宗钊主编：《非法集资型犯罪司法审判与刑法解释》，法律出版社2013年版，第217页。

人在资金借贷过程中必然触犯国家的金融法律法规。也有行为主体看到资金借贷中存在的巨大利益而专职做起吸收钱款、发放贷款的业务，充当银行角色，如地下钱庄、行会等。经济犯罪的趋利性使犯罪人迷失了本性，其心存侥幸，认为非法集资的行为虽然存在一定的风险，但自己不一定被捉住，也不一定会成为非法集资活动过程中的"蚂蚱"。犯罪人强烈的金钱欲望驱使其走向犯罪的磁力场，一次尝试之后再也难以自拔。非法集资的犯罪采用"拆东墙补西墙"的方式，并未投入分厘却可以牟取多达百万、千万的利益，怎么能让头脑不清醒的人不心动？

集资人通过虚构建设项目、商品回购等形式吸引投资人，将钱款投入其虚构的项目之中。集资人往往用较长的时间慢慢吞噬投资人的戒心，等投资人对集资人完全信任时，集资人已经携款潜逃，如辽宁蚁力神案件。科技的发展使集资型犯罪趋向高科技化、高智能化，集资人组织程度更高，犯罪手段隐蔽性更强，犯罪证据的收集变得更难。随着互联网技术的发展，非法集资手段也日益翻新，通过理财产品、基金等形式，许诺给投资人高回报，骗得投资人的钱款。由于刑法中的罪名与合法的民间借贷之间存在交叉，在追究犯罪上增加了难度，也使集资人的侥幸心越发膨胀。

（二）被害主体盲目、功利

根据国家有关法律规定，民间借贷的利率不得高于36%，但是集资人为了吸引足够的投资人，会承诺更高的利息，如"北京鑫世伟博公司集资诈骗案"中"刘某某、崔某某二人对外宣传许诺，支付林木投资月息为4%~10%，介绍购买林地的则可获得18%的高额提成"。❶在如此丰厚的回报面前怎么能使普通民众"脸不红，心不跳，手不动"？大多数被害人受到高回报率的诱惑，防范意识下降，投资风险意识迷茫，最终成为犯罪主体的非法集资行为的帮凶，成为主动的"被害人"。

此外，不排除有相当一部分的被害人存在"理性"投资，他们心存侥

---

❶ 处置非法集资部际联席会议编：《打击非法集资典型案例汇编》，中国金融出版社2012年版，第66~67页。

幸，认为即使投入的资金被"套住"，也有政府出面为自己拿回损失，而此期间获取的高利息则收入囊中。新型互联网时代中，P2P借贷中的被害主体有相当一部分属于有侥幸心的职业投资人，他们在集资人集资过程中可能充当了宣传助手，为网贷平台"站台"。他们是否属于被害主体，尚存在争议。

（三）大众法律意识、规范意识淡薄

金融知识泛属一种专业性较强的学科领域，普通民众对金融知识、金融法规存在一定的认识盲区，对于在经济领域中不法行为的社会危险性缺乏必要的认识，往往充当了非法集资活动的宣传员。此外，"法不责众"的心理使投资人对政府抱有幻想，认为政府会在犯罪之后保证投资的钱款追回，因为他更加毫无顾忌地进行投资活动。

第二节　集资型犯罪的危害

金融活动是市场经济不可或缺的组成，而金融犯罪"隐形犯罪"的"美誉"反映出着其造成的危害要远远高于其他种类的犯罪。市场经济下资源存在利益优化的问题，资本积聚得越多，在以后的积累中必然占据更多的资源，出现严重的贫富分化。如在货币供应市场中，资金持有者、资金需求者难以在同一时间、同一条件实现资源的置换，即企业在需求资金时却难以获得足够的资金供给，以致于企业的运营出现阻滞，而资金借贷机制的出现，如民间借贷、金融机构借贷的资金借贷形式，缓解了资金持有者与资金供给者的供求矛盾，便利了资金的最大化。国家机器出现之后，国家必然要求掌控关系国家命运的金融行业，金融的国有化、国家控股成为一种趋势。在此种情况下，"国进民退"导致民间资本难以发挥应有的效应。随着市场的不断发展，中小企业占据GDP主力时却难以通过金融机构获得贷款，只能铤而走险，牺牲更多的利益获取民间借贷。通过社会资源的合理优化才能使企业将货币机能转化为生产机能，带动经济发展。企业借贷难、资金供求矛盾、资本市场巨大的利差等因素引诱集资型犯罪的产生，而集资型犯罪的产生必然危及经济、社会乃至政治生态的稳定。具体表现在以下几个方面。

一、造成直接或间接的巨大经济损失

金融犯罪是涉及金融领域的犯罪，其犯罪必然是"贪利型"，犯罪对象直接指向金钱等经济因素，在危及经济制度时也必然引发次生灾害，造成的间接损失也难以估计。例如安徽阜阳旺达公司集资诈骗案，阜阳市旺达农业发展有限公司法定代表人王某某从某村庄租用4亩地，作为仙人掌种植基地示范园，又从另外一村庄租用40余亩土地作为种植仙人掌生产基地，进而开展非法经营、非法集资行为，先后以高达投资额30%和50%的利息向社会募集资金，截至2006年7月，该公司非法集资6 500多万元，涉及2 600名参与者，案发时未归还本金2 700余万元，2006年旺达公司账面经营收入只有265万元，而各类费用支出就有1 370万元，账面累计亏损高达1 100余万元。另该公司通过网上传销的方式实现非法经营额1 500万元。❶ 该案件不但导致大量参与者投入的本金无法追回，而且因种植仙人掌而导致土地的原本用途难以发挥，减少了粮食作物的产出；大量的劳动力用于种植仙人掌，不能外出打工从而难以维系家庭支出；此外参与者的资本大量汇聚到某一小部分非金融机构，危害了国家金融秩序的稳定。非法集资过程中上千万元乃至上亿元的犯罪数额不再少见，被害者的数量也有多达数百乃至数千、数万，给他们造成巨大的经济损失。

二、危害金融秩序，破坏金融安全

集资型犯罪所侵害的主要客体是国家金融管理秩序，而金融是国家的经济命脉，金融秩序是经济发展的必要环境。一个稳定的和平的国家才

---

❶ 处置非法集资部际联席会议编：《打击非法集资典型案例汇编》，中国金融出版社2012年版，第41~43页。

会有经济的快速发展，迄今为止的国家发展史上还未有哪个国家在战乱中实现经济的腾飞、在金融危机中实现经济的跨越，唯有稳定的经济环境才能造就经济的蓬勃发展。而经济环境的稳定意味着国家的金融体制是稳定的、金融秩序是稳定的，反过来，金融秩序的稳定必然促进经济的发展，经济秩序的稳定使社会创造力"使劲"之处，因而才能更好地推动经济发展。而金融秩序的稳定可以表现为三个方面：（1）金融市场规则有序化。市场经济中市场主体都在逐利，但并非盲目地只追逐利益而不顾其他，要求企业要有社会责任感也是此种考虑，市场主体要有责任心、道德感、规范性，市场主体不能任性而为，必须在已有的市场规则之下运行，不能违反规范。例如不能有垄断行为，存在垄断时需要报请国家相关部门的批准。（2）金融市场要有均衡的结构。简言之，市场主体不能都是"供体"，或者都是"需体"，市场之中必然要有供求双方以及中介机构，此外还要有市场内外的监管者。市场主体的运营者、参与者、管理者要有一个权利平衡的架构，管理者不能管得太宽，运营者也不能经营的太随意，参与者要有合理、规范、有效的诉求机制，便于不同机构之间协调、制约。（3）金融市场稳定性、可预期性。银行等金融机构吸收了大量存款，它们不能吸完存款就申请破产。应该保护存款人的合理预期，让存款人感受到存款是安全的。经济主体之间的交易必须有信用、诚信的支撑，货到付款后发现是假货或者假币，这就难以维持经济活动的稳定性、可预期性。如果经济主体人人自危，便难以信任交易对象，市场经济将走向衰落。

集资型犯罪可以说是触犯了金融秩序稳定的"众怒"。在非法集资过程中，集资人不是银行等金融机构，其可信度低，在可预见的未来有较大的不确定性；在原有的金融秩序之下异生出另类的非法集资主体对原有市场的机构造成了影响。或者说，非法集资是没有制度管束的，其游离在法律之下、在法律的阴暗处谋生。即使刑法等法律对其行为予以禁止，但在未被发现、查处之前，它们仍会在"无法无天"的状态下吸收存款；金融的至关重要性决定了国家对其的重视，非国家认可、批准的主体擅自经营金融业务，是对国家金融法律法规的违反。

集资型犯罪以向公众募集资金的方式绕开银行等金融机构，擅自经营货币，使国家正常的资金流转与回笼出现异常，缩小了银行等金融机构可吸收存款的数额，限缩了国家金融机构资金的来源，使得大量资金流出金融体制之外，成为社会的不稳定因素。集资型犯罪所造成的非物质性损害与危险往往重于直接经济损失等物质损害，集资型犯罪的不良影响使经济道德堕落、诚信原则受到破坏，最终导致人这一最基本社会单元的沦落。

三、涉案范围广，破坏社会稳定

金融领域是社会的一部分，金融秩序的失稳必然对整个社会秩序造成影响。尤其货币是每个人生活、工作难以回避的工具，金钱更是个体、家庭、企业得以维系生存的必需品，一旦缺失，影响恶劣。非法集资活动的欺骗性使大量不明真相、贪利、心存侥幸的民众陷入其中，并以被害群体为中心成波浪状散发出去，更多的群体或个人参与到被害群体之中，对社会造成了潜在的危害。集资人集资成功便意味着数百个家庭的数以千万元计的资金被集中于少数不法分子手中，他们不是用钱投资、用钱生钱，而是将集资款挥霍、隐匿、转移，使血本无归的被害人遭受灭顶之灾。被害人投出的可能是家庭的所有钱款，从而难以维系生活。当某一地区出现大量衣食无着的集资被害人时即对当地政府提出了严峻的考验。穷困潦倒之时也是违法现象多发、易发、必发之时，社会面对流民也需要更多的金钱和相应的制度予以维护。河南一个国家级扶贫开发重点县的16个乡，有14个乡被非法集资洗劫，其中一个村被骗800多万元，致使很多村民连医保都交不起。❶ 当地政府本已是"穷乡僻壤"，再次雪上加霜，只能求助于民众的自治和其他地域的扶植，而民众一无所有之后将希望寄托于政府，等待救济，还可能滋生一些犯罪、违法行为，由此使当地政府面临巨

---

❶　孙爱林："河南扶贫县遭非法集资洗劫，村民被骗交不起医保"，载http://news.sina.com.cn/s/wh/2016-07-26/doc-if×uhukv7460247.shtml，2016年8月11日访问。

大的社会压力。

此外，投资人敢于将钱款投入集资人的手中，主要在于他们心中存有这样一个信念：没事，即便是集资人跨台了政府也不会不管我们的，集资人集资的款项政府会退还、补发给我们的。因而当非法集资案件案发时，便有大量的被害人聚集在政府、法院、检察院等门前"讨说法"，而他们则并未意识到政府不会为被害人自己的过错买单，由此社会也会成为一种失稳的状态，到处"风声鹤唳"。

四、引发一系列的副作用

集资型犯罪除了危害经济制度、破坏经济秩序、使大量民众的集资款不翼而飞之外，还会产生一系列的副作用。金融犯罪本身并非一个孤立的犯罪现象，而是常常伴生着大量的"附随犯罪"，如诈骗、行贿、受贿等。❶ 例如，为促进当地的经济发展，使自己在任期间有一个良好的政绩，政府官员有时急功近利，不认真地审查相关企业的经营资质。特别是面对投资规模大、见效快的企业，当地政府重在"招商引资"，而对于"引资"的质量则往往难以做到"严把关"，反而会给予很多的发展政策，政府的"站台"行为存在迷惑性，使民众难以深度地检查此种企业是否合格、正规。此外，在招商引资过程中，也难以避免虚假的企业为了达到其犯罪目的，收买、贿赂相关官员，甚至以"干股"等方式拉当地的官绅入股，形成品牌效应。在信息不公开的情形下，民众易于受骗。而在此过程中，政府或者存在监管失职，或者存在与集资人的合谋，不管哪一种情形都造成了对政府的负面影响，也腐蚀了干部队伍。此外，政府在"为自己行为买单"出钱补偿、安抚受害群众的过程中，进一步负债，从而无力在更多福利性、公益性项目中为民谋利，也放纵、助长了非法集资者的嚣张气焰。

非法集资活动的集资人有相当一部分主体并非是为了非法集资而是为

---

❶ 李永生主编：《金融犯罪研究》，中国检察出版社2010年版，第54～55页。

了企业的生存，企业因为借贷难而求助于非法集资时可以解决企业一时的资金困境，而长久为之则会使企业走向破产。企业借款之后经营顺畅当然不存在非法集资的问题，但是经营失败、资金链断裂、借款资金难以回归就有沦入刑法审判之域的危险。企业在借款与不借款之间进退维谷的困境使其背负了沉重的负担，不易于企业的发展、经济的稳定。

第三节　集资型犯罪的预防

惩罚并不是刑法的主要目的，刑法的目的是改造犯罪人以预防此种犯罪行为的再次发生。刑罚不外是社会对付违反它的生存条件的行为的一种自卫手段。[1] 孟德斯鸠也认为，在政治宽和的国家，一个良好的立法者所关心的预防犯罪多于惩罚犯罪。[2] 贝卡里亚也认同预防刑理念，刑罚的目的既不是摧残折磨一个感知者，也不是消除业已犯下的罪行。刑罚的目的仅仅在于：阻止犯罪重新侵害公民，并规戒其他人不要重蹈覆辙，刑罚就是制造一种阻力，以抵消犯罪的引力。[3] 集资型犯罪作为众多刑事犯罪的一种应以预防的理念对其有效地制约。作为行政犯在预防集资型犯罪时不应仅仅局限于刑罚的预防作用，而应着眼于前刑法领域如行政法、金融法律等非刑法法规之中。此外，金融政策上也应给予民间资本"搞活"的空间，放开金融管制，制定合理的民间借贷法律法规，使其有效运行。

一、塑造和谐环境，引导主流社会因素建设

最好的社会政策就是最早的预防犯罪政策。不论是金融犯罪还是其他领域的犯罪，加强社会文化的引导形成主流的文化价值因素，在社会中塑造和谐的文化是预防、减少犯罪的首要因素。在社会中形成一种无罪文

---

[1] 中央编译局编：《马克思恩格斯全集（第8卷）》，人民出版社1961年版，第579页。
[2] [法]孟德斯鸠：《论法的精神（上册）》，张雁深译，商务印书馆1961年版，第42页。
[3] [意]贝卡里亚：《论犯罪与刑罚》，黄风译，中国大百科全书出版社1993年版，第42页。

化，将犯罪引诱因素减少到最少，犯罪欲望、犯罪机会、犯罪动机消失了，也就在源头上消减了犯罪，得到了犯罪预防的积极效果。社会政策是对犯罪的积极预防，在犯罪形成之前、危害结果产生之前将犯罪打压才是真正的预防。犯罪之后才运用行政法律、刑事法律等法律规制是消极的预防，但危害后果一旦形成就难以挽回了。尤其在金融犯罪中，金融犯罪的辐射效应、巨大的经济波动可能会将整个国家带入经济危机之中，国家破产也可能在所难免。

就整体社会而言，塑造和谐的环境需要从两方面入手，"物质文明与精神文明两手都要抓，两手都要硬"。要加强物质文化建设，即要发展经济，提高人民的工资收入、生活水平，为完善社会保障制度提供有力的经济支持，简言之就是要完善社会分配制度。在工资稳定、生活水平有保障的前提下，实施犯罪行为的成本就会加大，犯罪所得的预期收益也会减少，从而抑制了犯罪动机。此外，经济的发展带动了相关产业、技术的进步，为司法部门提供更优良的侦查工具，如DNA收集与识别技术、网络技术等，提高了打击犯罪的效率。就金融领域而言，经济发展也意味着与之相关的金融产业（如金融机构、金融衍生品等因素）的进步，金融机构内部管理的加强和金融产品的日新月异使人民在认识与防范金融犯罪中得到更多的保护。

物质是基础，精神是引导。如果说经济基础决定上层建筑，那么没有上层建筑的反馈，经济基础永远是在做资本的原始积累。在金融犯罪中所需的预防犯罪的"上层建筑"与众多的其他犯罪并未有何不同，它们均要求的是社会中的人对法律的遵守、有一个道德自律。一个遵守道德规范的人，法律对他而言也是必要的。法律在惩罚犯罪的时候也保护了未犯罪之人，使其免于被违规者触害。但是一个道德高尚的人、一个道德品质优良的人，他们甘于"贫苦"，纵使有巨大的利益诱惑也不会去犯罪。道德是最低限度的法律，法律源自道德自律，也只有符合道德的法律才是为人们所愿意普遍遵守的"良法"。社会经济的发展需要道德的"返补"，个人的行为不能离开其人格品质，否则人类社会便回到了原始时代。道德内在于法律与经济之中，即"德主刑辅"，主张德治与法治的结合，在金融犯罪尤其是集资型犯罪的预防中，建立适应社会主义市场经济的新道德，形成良好的金融伦理、金融文化和金融秩序才是治本之道。❶ 建立以诚信为中心的市场经济伦理是预防集资型犯罪的重中之重。

二、完善金融政策，完备金融法律法规

政策是法律的先导，有良好的社会政策才能有一个制定法律的良好环境。金融政策的完善不应仅仅局限于金融领域，而应针对整个经济领域。经济政策、经济改革需要政治改革作为基点，唯有积极推进改革开放，我国政治体制改革不断前进，发展社会主义民主、法治，改革政府管理机制，才能对促进生产力的解放和发展、推进经济发展和社会进步发挥重要的作用。党的十八大以来，确定市场因素在经济发展中的基础地位，意味着社会主义市场经济体制改革进入深水区，其他各项改革也进入攻坚期，唯有不断铲除各种经济犯罪产生的权力土壤、堵塞制度漏洞，才能有效地规范金融行为。

加强金融系统管理是当前预防金融犯罪的主要措施。在良好的金融改革政策之下，金融体系内部也要进行革新，金融管理制度、金融监管制度的健全是防范金融犯罪尤其是集资型犯罪的有效手段。大致在两个方面同时进行：一是加强金融监管制度建设；二是建立平等信贷制度。就加强监管而言，金融机构在监管上分为两个层次：内部监管和外部监管。内部监管的因素在"制度人"，要培养优质的金融从业人员，加强金融从业人员的职业道德感，提高他们的业务素质和思想素质。秉持"好的制度使坏人变好"的理念使制度无漏洞，集中监管、科学管理、过程管理，在内部监管中引入"互联网+"的因素，加强金融机构的硬件设施，如金融电子化等，强化预防金融犯罪的能力，使集资型犯罪的行为主体难以勾结金融从业人员。外部监管的因素是"制度平衡"。不能任由金融机构自我审查，

---

❶ 胡启忠等：《金融犯罪论》，西南财经大学出版社2001年版，第493页。

要引入金融机构之外的监管因素，如现有的银保监会、证监会等专门的监督机构。在市场经济日益发达的今天，现代专业的行政化的监督机构似乎难以满足行业发展需求。市场的日新月异使居于庙堂之上的行政监督机构难以及时、快速地发现金融机构的问题，而金融行业的自律组织却可以弥补这一缺陷。换言之，现在社会需要的金融监管需要加强预防性因素的引入，这也应合了预防集资型犯罪的需要，金融监管应该向预防性监管、行业自律性监管、科学监管倾斜。

建立平等信贷制度需要注意两方面的问题：一是建立社会信用制度，由专业的信用评级机构收集社会全员的信用信息。信用制度的建立可以使民众、投资人、金融机构便利地查询相关企业或相关项目营运人的信用信息，以便决定是否投资、是否放贷，可以有效地规避非法集资。二是使信贷平等化，金融机构不再歧视中小企业，金融机构也不能肆意地压低存款人的利益，理财产品等应该多样化，金融机构设立非垄断化。

刑法谦抑性要求刑法的手不能伸得过长，只能在其他法律难以维继时才可发挥作用，刑法是替补而非打击集资型犯罪的专业工具。相对于刑法而言，商业银行法、保险法、证券法等经济或民商事法律法规直接调节各种具体的金融活动，因而对于预防金融犯罪有更直接的意义。❶ 就防范非法集资型犯罪而言，它们所要求的金融法律、法规的完备需要的是货币供求调节方面的法律、法规，如对于民间借贷合法化的认同、如何规范民间资本的有序借贷、借贷程序的合法化、信贷资格的评级如何确定等等。还应注意使金融法律与现有的刑法罪行相协调，发挥刑法的威慑作用，抑制集资大案的发生。

三、完善集资型犯罪的刑法规定

刑法在预防犯罪中所体现的作用表现为积极预防与消极预防，前者是刑法通过惩罚犯罪人而威慑包括犯罪人在内的其他潜在犯罪主体所体现的

---

❶ 刘宪权：《金融犯罪刑法学专论》，北京大学出版社2010年版，第45页。

预防作用，后者则是刑法通过惩罚犯罪人起到的个别预防，在犯罪结果出现之后惩治犯罪人。毫无疑问，积极预防所具有的功用是刑法所提倡的，也应该发扬其效能。在集资型犯罪的预防中应坚持积极预防的理念，具体而言，在现有刑法规定之中集资型犯罪所需要改进的地方有两个方面：一是集资型犯罪法定刑的幅度需要调节；二是集资型犯罪的法定刑的刑种设置需要改进。

　　首先，我国刑法对集资型犯罪法定刑设置时采用了自由刑为主、罚金刑为辅的立法模式。该种模式占据金融犯罪和贪利型犯罪刑罚模式的主体，顺应自由刑作为刑法中法定刑的主要刑罚种类。集资型犯罪中的行为人是为了谋取经济利益，限制其人身自由之后对其牟利手段能否做到有效规制存在一定疑问。科技的发展使犯罪人即便在监狱中也可以遥控集资行为，自由刑为主体的刑罚体系或许不再适应贪利型犯罪的预防模式，况且犯罪人刑满释放后完全可以重操旧业，自由刑并未完全剥夺其犯罪能力，预防效果也并未达到。重视预防理念的刑罚设置时应加强刑罚的惩罚力度，即增加犯罪的成本，降低入罪要求，更多地设计刑法层级。在注重犯罪数额的同时考虑其他犯罪影响因素，使罪行平衡，具体而言是设置多个刑罚梯度。以集资诈骗罪为例，在其刑罚梯度中增加两级梯度，更加详细地划分不同梯度的刑罚。其他的集资型犯罪也应在原有的刑罚梯度中划分更多的层级，至少保证三个层级的刑罚梯度，以有效划分不同程度的危害行为。同时要提高罚金刑的预防效应，重视罚金刑在贪利型犯罪中所具有的预防犯罪的高效性，犯罪人高额的罚金刑，能够剥夺其再犯能力，即便不将其放入监狱中，该犯罪人也难以再实施类似的集资型犯罪。

　　其次，在刑种设置上重视资格刑的效能。2015年《刑法修正案（九）》第1条规定："因利用职业便利实施犯罪，或者实施违背职业要求的特定义务的犯罪被判处刑罚的，人民法院可以根据犯罪情况和预防再犯罪的需要，禁止其自刑罚执行完毕之日或者假释之日起从事相关职业，期限为三年至五年。被禁止从事相关职业的人违反人民法院依照前款规定作出的决定的，由公安机关依法给予处罚；情节严重的，依照本法

第三百一十三条的规定定罪处罚。其他法律、行政法规对其从事相关职业另有禁止或者限制性规定的，从其规定。"这一规定被认为是职业禁止条款，但其并未列入法定刑的种类之中，而是作为《刑法》第37条之一。《刑法》第37条规定的是非刑罚性处置措施，也就是说职业禁止是一种非刑罚措施。相较刑法修改之前刑法中没有职业禁止条款而言，《刑法修正案（九）》的规定无疑是进步的，防止了相关金融从业人员再次进行集资型犯罪。但是职业禁止并未被规定为一种刑罚手段，它的效能在预防犯罪时便得不到完全的发挥。《刑法修正案（九）》颁发前，在公司法、证券法等金融法规中已有对职业禁止的规定，《刑法修正案（九）》的规定只不过是重述，并不能在预防集资型犯罪中更多地发挥效能。建议将职业禁止这种资格刑划归为一种法定刑，并明文规定其适用于集资型犯罪之中。

第四章　集资型犯罪的犯罪构成

我国目前沿用的占据主导地位、被官方所认同的犯罪构成体系是来自前苏联的被称为"耦合式犯罪构成体系"，也被称为平面的四要件犯罪构成体系。尽管德日犯罪构成体系的呼声日渐高涨，其支持者也越来越多，然而通说仍采用四要件犯罪构成体系，以"犯罪客体、犯罪客观方面、犯罪主体、犯罪主观方面"作为入罪考量形式要件的因素，同时以社会危害性、刑事违法性、刑罚可罚性作为出入罪行的实质要件因素。司法实务部门基于知识传承的原因、历史因素等也以通说作为判罪入刑的标尺。本书基于此也采用四要件犯罪构成体系分析集资型犯罪的犯罪构成要素。集资型犯罪是关于非法集资型犯罪这一类犯罪的总称，本书在分析其犯罪构成时主要分析其同类性、同质性要件，而将具体各罪留待第二编中讨论。

第一节　集资型犯罪的客体

犯罪客体是指为刑法所保护而为犯罪行为所侵犯的社会关系。集资型犯罪的客体是指刑法保护的为犯罪所侵害的货币经营管理关系。本书中所指集资型犯罪共包含26个罪名，分为4个类别，即准备类集资型犯罪、行动类集资型犯罪、完结类集资型犯罪、其他类集资型犯罪。其中行动类集资型犯罪是集资型犯罪的典型代表，该类所涵盖的罪名有：欺诈发行股票、债券罪，非法吸收公众存款罪，擅自发行股票、公司、企业债券罪，诱骗投资者买卖证券、期货合约罪，集资诈骗罪，贷款诈骗罪，票据诈骗罪，金融凭证诈骗罪，有价证券诈骗罪，组织、领导传销活动罪，非法经营罪。此11个罪名之中非法集资行为特点最为明显的是非法吸收公众存款罪和集资诈骗罪。破坏社会主义市场经济秩序罪除诈骗罪外，所有罪名均隶属于《刑法分则》第三章，它们所侵害的客体在根源上或广义上都是对社会主义市场秩序的破坏。但仅此不能够区分第三章所规定的其他罪名与集资型犯罪所涵盖罪名之间的差异，集资型犯罪有它们独特的犯罪客体。26个罪名都存在侵犯国家货币经营管理制度、秩序的行为特征。但是刑法条文将它们列属在刑法分则第三章的4个部分，则表明了各个罪名侵害的客体还是有较大差异的。

26个罪名根据顺序排列，前3个罪名位属《刑法分则》第三章第三节，即第158条虚报注册资本罪，第159条虚假出资、抽逃出资罪，第160条欺诈发行股票、债券罪，3个罪名主要侵害的客体是公司、企业的管理秩序，但是行为主体在触犯该罪名时存在非法集资型犯罪的趋向，或者集资型犯罪过程中可能以该种犯罪所辖的行为为犯罪手段。

26个罪名中第4~14个罪名位属《刑法分则》第三章第四节，即第174条擅自设立金融机构罪，第174条第2款伪造、变造、转让金融机构经营许可证、批准文件罪，第175条高利转贷罪，第176条非法吸收公众存款罪，第178第1款条伪造、变造国家有价证券罪，第178条第2款伪造、变造股票、公司、企业债券罪，第179条擅自发行股票、公司、企业债券罪，第181条第2款诱骗投资者买卖证券、期货合约罪，第187条吸收客户资金不入账罪，第188条违规出具金融票证罪，第191条洗钱罪，11个罪名所侵害的主要客体是金融管理秩序。但是金融领域中存在众多次级领域，也体现在该节有数十个罪名中，这些罪名在个体上有差异。这11个罪名的确定主要是保护金融秩序中货币经营管理秩序，而不对货币的真假与否作出干涉。

26个罪名中第15~19个罪名位属《刑法分则》第三章第五节，即第192条集资诈骗罪，第193条贷款诈骗罪，第194条票据诈骗罪，第194条第2款金融凭证诈骗罪，第197条有价证券诈骗罪。5个罪名均具有诈骗行为的特征，体现在非法集资型犯罪中表现为行为主体骗取被害主体的"信任"，使后者基于高回报等动机而支配自己的钱款，最终"被骗"。可见这5个罪名以集资诈骗罪为首，它们或许本意上不是非法集资，但在行为过程中却实实在在的是侵犯了货币经营管理秩序。

26个罪名中第20~25个罪名位属《刑法分则》第三章第八节，即第222条虚假广告罪，第224条合同诈骗罪，第224条之一组织、领导传销活动罪，第225条非法经营罪，第229条第1款、第2款提供虚假证明文件罪，第229条第3款出具证明文件重大失实罪。6个罪名主要危害的客体是市场秩序，该市场秩序与第三章社会主义市场秩序之间不能具体划分哪个范围更为具体。通常认为该章第八节是该章的一个兜底性罪名群，它们负责把守那些未被明确规定为犯罪行为，但仍具有较大社会危害性的行为类型。如此，前述诸多罪名仍未能规制的非法集资行为则可以通过本节的罪名予以规范。具体到集资型犯罪所涵盖的这6个罪名可以是非法集资行为的前行为类型，也可以是非法集资行为的后行为类型，但有一点是共同的，即在非法集资过程中都存在触犯6个罪名的行为。

第26个罪名是《刑法分则》第五章侵犯财产罪所规定的第266条诈骗罪，该罪在具体行为上可能不能准确地识别行为所具有的非法集资性。事实上，所有的非法集资行为均具有欺骗性质，这也是该罪之所以可以归入集资型犯罪之中的原因。诈骗罪是其他诈骗类小罪的上级罪名，当其他罪名不能规范某种非法行为且刑法又不能不作为时，便可以通过本罪规制，毫无疑问的是，它存在侵害货币经营管理关系的特点。

第二节　集资型犯罪的客观方面

犯罪客观方面又称为犯罪客观要件，指犯罪活动在客观上的外在表现，其中主要包括危害行为、危害结果、因果关系等。集资型犯罪的客观方面的危害行为表现为非法集资性行为特征，该特征是集资型犯罪的核心。现代刑法理念已经抛弃了处罚思想犯的做法，惩罚的所有犯罪类型都是现实的行为犯，思想不属于刑法所规范的范围。

非法集资的行为和方式是多种多样的，但是根据已经掌握的集资型案件的特征及其犯罪实际可以总结出一些基本的共同特征。

一、违反金融管理法律法规

金融犯罪都是行政犯，属于金融犯罪的集资型犯罪也都应是行政犯，当然存在个别例外，如《刑法》第266条诈骗罪。《刑法》第96条规定：违反国家规定，是指违反全国人民代表大会及其常务委员会制定的法律和决定，国务院制定的行政法规、规定的行政措施、发布的决定和命令。集资型犯罪所要求的金融法律、法规包括：（1）全国人大或全国人大常委会通过的法律，如《中华人民共和国中国人民银行法》《中华人民共和国商业银行法》等；（2）国务院制定的行政措施、发布的决定和命令，但不包括国务院部委发布的行政性法律文件，如《金融机构管理规定》《非法金融机构和非法金融业务取缔办法》等；（3）最高人民法院、最高人民检察院颁发或联合颁发的司法解释，严格而言司法解释不属于"违反国家规定"所包含规范文件，但是源于国情、司法实际等因素，"两高"的司法解释存在立法的问题，在实践中也有较高的执行度，故而此处将其列举，如《最高人民法院关于审理民间借贷案件适用法律若干问题的规定》《最高人民检察院、公安部关于公安机关管辖的刑事案件立案追诉标准的规定（二）》等。

二、实施了破坏货币经营管理秩序的行为

行为人（集资人）擅自设立金融机构侵害了货币经营的专营性，也是对国家审批制度的违反；集资人擅自吸收公众存款或者合法金融机构擅自变更吸收存款条件或者其他变相吸收存款的行为，是典型的对国家货币经营管理秩序的侵害；集资人在吸收存款过程中或者在准备设立金融机构、准备更广泛地吸收公众存款时，必然要求有所许诺，以博得人们的认同，它们通过欺诈性的行为获取人们的存款，并将吸收的存款挥霍一空或者

"洗白"，使被害人遭受巨大的损失，使国家金融秩序遭受巨大的冲击。具体表现为以下行为特征。

（一）以高额回报为诱饵

我国银行属国家控股经营，银行的盈利模式是，以最小吸存代价、最大放贷利益获取经营资本。银行储蓄存款利率一般活期为0.35%，定期为一年3%。在经济紧缩时存款利率更低，活期利率最多0.275%。集资型犯罪的集资人为吸引公众参与，往往会许诺给予投资人高额利率，不少存款人难以抗拒诱惑。例如，从2012年开始，王某就虚构工程项目，以每月6%~10%的高额利润为诱饵，先后诱骗邝先生等30多名投资人进行集资投资，收取本金合计约2 000万元，得手后，除了将部分资金用于偿还集资人的本金和利息外，剩余的资金用于自己挥霍。由于每月要支付的利息越滚越多，王某的资金链开始断裂，2016年初，大部分投资者开始收不到利息，本金也无法收回，王某只能到处躲避投资者，直至东窗事发。❶

（二）多以单位名义进行非法集资行为

26个罪名中除去诈骗罪、贷款诈骗罪以外，其余24个罪名的犯罪主体既可以是单位，也可以是自然人。而在非法集资活动过程中，犯罪主体多以单位的面貌出现，民众对于单位的信任度要高于对个体自然人的信任度。这类犯罪往往以合法的外衣掩盖其非法的性质，大多借合法企业面目出现，营业证照齐全，迷惑性强。❷ 在签订合同过程中，单位名义的存在使被害人认为即便该集资人存在问题，"跑得了和尚，跑不了庙"，人跑了还有公司，只要有公司，投出去的钱就能回来，所以被害人在单位面前胆子也就大了。陕西尤湖塔园公司非法吸收公众存款案、陕西众奥公司非法吸收公众存款案、浙江世纪黄金公司非法经营黄金期货案、新疆HBL公司集资诈骗案等，都是以单位名义从事非法集资活动，其危害性、涉案

---

❶ 李栋、许自强、张毅涛："女子非法集资近二千万元　为购奢侈品专骗亲友"，载http://policewomen.cpd.com.cn/n25693749/c34082701/content.html，2016年8月11日访问。

❷ 卢勤忠：《非法集资型犯罪刑法理论与实务》，上海人民出版社2014年版，第41页。

金额、涉案人数都远远高于以个人名义实施的非法集资型犯罪。

（三）虚假宣传、营造美好形象

以北京鑫世伟博科贸有限公司集资诈骗案为例，刘某某与无业人员崔某某通过中介公司虚假出资500万元注册成立北京鑫世伟博科贸有限公司。2004年12月～2005年6月，两人在北京朝阳区承租写字楼，虚构投资合作托管林业项目，骗取70余人投资1 029万元，签订了560亩林地托管合同。2005年6～11月，刘某某以其实际控制的北京万森源科贸有限公司的名义，谎称购买该公司的成品林、投资该公司的煤炭物流等项目可以获取远高于银行利息的高额回报，骗取20余人投资款84万元。此后其又利用相同的方式骗取30余人投资款196万元。[1] 集资人本身没有任何家产，也没有任何实际、真实的经营项目，完全凭借其大力宣传，展现其雄厚的经济实力，以骗取投资人的信任，进而骗得投资款。

（四）通过"拆东墙补西墙"的方式营造资金丰厚的假象

假使行为主体拥有大量的资金，那么他又为何借贷资金？行为人之所有借贷资金，就是因为本身资金存量不足，既然自有资金不足以维持经营，又有何资金给投资人高额回报？集资行为人是以"非法占有为目的"而实施集资行为，其在资金不足的情况下继续给予前期的投资人高额回报，只不过是希望麻痹、诱引更多的潜在投资主体参与投资，当其集资规模达到一定程度或者资金链条断裂时，真相必然大白。如辽宁营口东华集团蚂蚁养殖集资诈骗案中，汪某某2002年5月～2004年12月利用虚假出资成立的空壳公司盖州市宇晨养殖场、营口东华生态养殖公司等企业，在无实际资金保障的情况下，以高额利息为诱饵，采取用后笔集资款兑付前笔集资款本息的手段，诱骗投资者与其签订蚂蚁养殖购销合同。两年多时间里，汪某某通过这一手段与投资人签订10万多份合同，非法募集

---

[1] 处置非法集资部际联席会议编：《打击非法集资典型案例汇编》，中国金融出版社2012年版，第66页。

资金29.95亿元，其中有14.76亿元和7.21亿元分别偿还了投资者本金和利息。❶

（五）集资对象不确定，被害者众多

非法集资行为是针对社会公众群体，集资行为的被害主体不特定，不受阶层限制。对象的不特定使集资指向的范围不再局限于某一地域或某个群体之中，包含熟人与非熟人社群，通过"蝴蝶效应"不断辐射。在互联网环境下，被害主体的范围更加扩散，更难以确定。即便投资人与集资人居住于一个小区之内，现实中也难以发现，而下一个投资人可能在千里之外。被害人在知识阶层上也并无明显的区分，被害主体中既有农民、打工者，也有学生、白领阶层，即便是熟悉金融的人也难免成为被害人。积小成大的效应使集资款"滚雪球"般增长，动辄百万元、千万元，给被害人造成了巨大的经济损失。

三、侵害了公私财产所有权

集资型犯罪在犯罪过程中以非法吸收投资人的钱款为主要目的，在行为过程中间也有可能危害其他公私财产所有权。集资人如果是单纯通过虚假宣传等手段而并未借助于真实单位的背书从事非法集资行为，则集资人侵害的主要是被害人的私有财产权，但即便在此种情况下，集资人在未经批准、未获许可从事货币经营管理项目，使原本应该进入合法金融机构的钱款未能进入合法金融机构，原本储蓄在金融机构中的钱款被动流出，一进一出，金融机构吸收的存款数额减少，相对而言缩减了其盈利，间接地造成了金融机构的损失。《刑法》第91条第2款规定："在国家机关、国有公司、企业、集体企业和人民团体管理、使用或者运输中的私人财产，以公共财产论。"所以集资行为间接地侵害了公有财产权。

当行为主体是通过先虚假注册公司、虚假宣传，然后虚假发行股票、

---

❶　处置非法集资部际联席会议编：《打击非法集资典型案例汇编》，中国金融出版社2012年版，第50~53页。

债券等行为集资，或者通过非法手段"洗钱"，该类行为表面上是对某公司财产的侵害，实际在行为过程中间接地侵害了社会经济秩序造成公有财产的损失。此外，"洗钱"等行为更是直接地侵害国有财产或者直接破坏国家、金融机构良好的形象，造成无形损失，而名誉也是刑法保护的对象同样也会为集资型犯罪所侵害。

第三节　集资型犯罪的主体

集资型犯罪所涉的26个罪名中，除去诈骗罪、贷款诈骗罪以外的24个罪名的犯罪主体，既可以是自然人，也可以是单位。

一、自然人主体

刑法规定实施犯罪的行为主体默认为是自然人。"法是人类共同的规范，只有人的行为存在违法与否的问题。"❶ 在集资型犯罪中所要求的自然人主体需具备一般要件，即年满18周岁、刑事行为能力正常，但在某些身份犯中要求行为人需具有特殊身份。

26个罪名中的诱骗投资者买卖证券、期货合约罪、吸收客户资金不入账罪、违规出具金融票证罪、虚假广告罪、提供虚假证明文件罪、出具证明文件重大失实罪等罪名中要求的犯罪主体为特殊主体，只有相关的工作人员才能成为本罪的实行犯，其他主体在该工作人员的参与下可以成为本罪的实行犯或者帮助犯、教唆犯。其余的罪名均为一般自然人主体便可成为其犯罪主体。集资型犯罪列属经济犯罪，经济犯罪往往具有复杂性、专业性特点，通常情况下犯罪主体不是单兵作战，而是有组织、有预谋的数人共同作案。数人共同作案就涉及主犯与从犯、正犯与共犯的问题，如何区分主犯与从犯，判处的刑罚如何相适应？对于身份犯中的主犯与从犯如何确定？在共同犯罪之中实行犯、帮助犯、教唆犯在法定刑上如何区

---

❶　张明楷：《刑法学》，法律出版社2011年第四版，第134页。

分？身份犯中如何识别实行犯（正犯）与共犯？

（一）共同犯罪

非法集资型犯罪的涉众性特点决定了该类型的犯罪不是一次性、独立性的"小众型"犯罪。犯罪对象即被害主体的庞大对犯罪行为主体的犯罪能力提出了较高的要求，单一的行为主体难以在集资型犯罪中做大。集资型犯罪行为人往往是团伙作案，有组织、有计划地实施集资行为，且能够在短时间内营造、维持合法的假象，因而在追究集资型犯罪时共同犯罪成了难以忽视的刑法理论问题，也是在司法实践中必然面对的审理环节。

认定共同犯罪并不困难，只要证明两人以上以相同的犯罪故意共同实施犯罪行为即可成立共同犯罪。司法机关认定同一案件之中的犯罪人是否成立共同犯罪，是为了解决同一案件中不同行为人的归责问题。共同犯罪的成立意味着该共同犯罪中的行为人须共同担负犯罪结果，而犯罪结果要想归属于行为人或者说要证明犯罪结果来自行为人的犯罪行为，需要证明行为与结果之间的关系。在同一犯罪行为中可分为实行行为和帮助行为，前者对犯罪结果的作用是主要的、巨大的；后者对犯罪结果的作用是次要的、辅助的。犯罪人虽然都参与实施了犯罪行为，但在具体犯罪中的作用大小是不同的，享受到的犯罪利益也必然不同，那么刑罚对不同的犯罪人也必然施以不同的责罚。特殊情形下，虽然不能区分具体的犯罪结果归属于哪一个行为人，但是可以认定该犯罪结果是共同犯罪所致，那么即便不能查明具体的结果由谁的行为直接造成，只要能够证明参与者的行为与结果之间存在物理或心理的因果性，就可以肯定所有参与者的行为都是结果的发生原因。如，甲、乙二人商议将丙杀死，商议后的第二天，甲、乙两人各备一支型号完全相同的枪支在丙必经的路段埋伏；当丙经过时甲、乙两人同时开枪致丙死亡，事后查明丙身体只有一个弹孔，但是无法查明是谁开枪击中了丙。此时，甲、乙有共同杀人的故意且实施了共同杀人的行为，事实上也造成了丙死亡，甲、乙成立共同的故意杀人罪。

在分析共同犯罪时需要注意两个问题：一是有无共同的故意；二是有

无共同的行为。在共同犯罪中，故意要素和行为要素缺一不可，《刑法》第25条第2款规定："二人以上共同过失犯罪，不以共同犯罪论处；应当负刑事责任的，按照他们所犯的罪分别处罚。"过失的共同行为不能认定为共同犯罪，且在刑事责任上与故意犯罪存在不同的处置规则。集资型犯罪中共同犯罪问题鲜明，集资行为人"不能大包大揽"，只能通过招兵买马的方式不断地扩大犯罪面。首先是在某一个小团体内或者熟人之间吸收存款，之后发挥广告效应扩大投资人范围，从熟人到非熟人、团体内部到团体外部。随着犯罪影响范围的不断扩展，少数人员已无力实施全部犯罪行为，必然要求其他犯罪人辅助。"其他犯罪人"，包括在犯罪之初便已经参与合谋的犯罪团体成员，也包括在犯罪过程中加入的投资人。对于后者，其身份认定较为复杂。一方面投资人是集资活动的受害主体；另一方面其帮助、煽动了更多的投资人参与集资，参与了犯罪行为的实施并造成了犯罪结果，成为犯罪主体。该部分群体是否构成集资型犯罪的共同犯罪人？以非法吸收存款罪为例，非法吸收存款过程中加入的投资人是否为集资行为的被害人，他们能否被认定为共同犯罪人？

犯罪过程是犯罪人与被害人的互动过程，"在某种意义上说，被害人决定并塑造了犯罪……被害人与犯罪人之间具有深刻的互动作用，直至该戏剧性事件的最后一刻，而被害人可能在该事件中起决定性作用"。❶ 当被害人在某次犯罪案件中起决定作用时，其被害人身份就丧失了，被害人不再是被害人，而成为犯罪人。在非法吸收公众存款罪中存在两个行为：吸收存款行为和存款行为。两个行为共同塑造了非法吸收存款行为，缺少任一个行为，整个吸收存款行为将丧失构成要件，非法吸收存款行为必然是一个互动的过程。有学者认为：绝大多数犯罪中都存在被害人，且犯罪人与被害人处于相伴始终的关系之中，犯罪人与被害人的互动关系可以分为：对立相向关系、逆向转化关系、同向衍生关系。其中，对立相向关系根据被害人在犯罪过程中的不同作用又可分为受动被害、触发被害、主动

---

❶ 郭建安：《犯罪被害人学》，北京大学出版社1997年版，第154页。

被害；逆向转化关系中出现犯罪人与被害人角色的互换；同向衍生关系可分为两种类型：犯罪人与被害人的行为方向是相同的，或者犯罪所指向的对象是在犯罪行为侵害其他法益时衍生的。❶被害人与犯罪人互动理论以全新的视角揭示了犯罪的本质，犯罪不是孤立的个人对社会的反抗，而是在两方乃至多方主体互动下造成的。非法吸收公众存款行为本就是一种存款与吸收存款的互动，两种行为从侵害法益角度看是同向的，即存款行为与吸收行为都对本罪所保护的法益造成损害或威胁。同时在一些具体案件中出现逆向转化关系，存款人兼有吸收存款与存款两种行为，此种情形下就不能认定被害人。非法吸收存款行为在对立相向关系中存在较为明显的"主动被害"特点：作为供给方的存款人，以谋求超法规的利益通过其持有的资金及便利的借贷条件吸引资金需求方。吸储人即需求方，在面临正规手段不能及时取得而民间资金又可以满足其资金需求时，在双方互动下促成了整个行为。非法吸收公众存款行为是存款人与吸储人互动的行为过程，两种行为对犯罪最终结果的发生担负相当大的责任，各自的行为人应当在自己行为后果中承担相应的责任。存款行为一定程度上促成了犯罪结果的发生，存款人也不是非法吸收公众存款罪的被害人。在责任分担理论支持下，罪责自负原则与罪责刑相适应的刑法原则要求，不能过分地苛责吸储人，不能将犯罪后果全部归咎于吸储人，存款人的行为也对犯罪结果的发生起了"积极"作用，当然罪责自负，为自己的行为承担后果，同时相应的减轻吸储人的罪责。从两个行为方向全面、合理、公平地分配两者的行为责任。

存款行为与吸储行为一样或者说两种行为在本质上是等同的，都侵害了非法吸收公众存款罪所保护的法益，而不是仅有吸储行为侵害了本罪的法益。作为对向犯的非法吸收公众存款罪在仅存有一方当事人时，没有对向的行为者则本罪就不再成立，进而吸储行为也不构成犯罪。非法吸收存款行为是一种互动行为，其行为过程必然表现为存款行为与吸储行为，

❶ 刘军：《刑法学中的被害人研究》，山东人民出版社2010年版，第30~34页。

两种行为几乎是没有时间间隔先后发生，很难想象在非法吸收存款行为中仅有吸储行为或者仅有存款行为。既然两种行为都侵害了本罪所保护的法益，在刑事司法中只追求吸储行为的法律责任，而把存款行为的支配者存款人作为被害人，既没有在刑事犯罪中合理分配刑事责任，有悖于刑法面前人人平等原则，也破坏了刑事法治。并且把本该作为犯罪人的存款人赋予被害人身份，使其在以后及其他行为人在选择是否存款时必然选择存款行为，以获取较大的非法利益，从而使真正的犯罪人逃避法律的制裁，也纵容了犯罪。

非法吸收公众存款罪中的存款人与吸储人是共同的犯罪人，其行为具有对象性特征，缺少任何一种行为都难以完成本罪所要求的行为方式，也就难以成立本罪。存款行为与吸储行为共同侵害了本罪所保护的法益，拆分之后的存款行为同吸储行为一样，也是对国家金融秩序的破坏，都对本罪的法益造成损害或者威胁。存款人与吸储人在互动的行为中，各自相互隐藏其犯罪行为，促成、加剧了本罪所造成的后果。如果仅评价吸储人的行为，无异于放纵存款行为，但是两种行为是不可分开的，就像硬币的两面，缺一不可。换言之，存款人被害人身份是虚假的，是受到质疑的，存款人不是非法吸收公众存款行为的受害人，其真实身份应当是犯罪人，即非法吸收公众存款罪中存款人是犯罪人。可以认为在集资行为过程中加入的被害人已经丧失了被害人身份，不应当再受到刑法保护，而应该以犯罪人身份定位。并且在集资型犯罪中加入的投资人与集资人之间存在一定的共同非法集资故意，尽管其行为的可责性相对而言远远小于原始集资人，其行为的可责性却难以磨灭。换言之，共同犯罪的分析应该对故意要素和行为要素同等重视，不能厚此薄彼。故意要素决定了共同犯罪存在前提要件，只有行为主体有犯罪的合意，不管合意的范围是否一致，不能否认共同犯罪故意的成立，只不过共同犯罪故意范围不同对行为指向不同、对共同犯罪可成立的范围不同有影响。犯罪故意并不是决定因素，而是参与因素，只有与行为因素结合，才能确定是否存在共同犯罪以及共同犯罪的范围。

　　将共同犯罪的落脚点放在犯罪之上，则是否存在多个集资行为人单独犯罪，进而整体上成立集资型犯罪的共同犯罪？或者说，集资行为人合谋实施非法集资行为，各自实施不同的行为，构成不同的犯罪实施部分行为的主体与其他主体之间是否成立共同犯罪？或者存在这样一种情况，集资行为主体是一个有组织的犯罪团伙，他们在决定实施非法集资之前已经将所有的将要实施的行为分配给了不同的团伙成员，在团伙内部有明确的分工，在后来具体实施非法集资行为时不同分工的不同成员有着不同的任务，有的负责宣传，有的负责招揽新人员，有的负责储存吸收的钱款，有的负责将吸收的钱款转移"洗白"等。若该组织领导者领导、指挥了两种或多种行为，该领导者与具体的行为者之间是成立共同犯罪还是说行为者是领导者的工具。换言之，领导者是否成立不同类别集资型犯罪的间接正犯？本书认为，集资型犯罪中的集资型犯罪人分为两种情况：（1）集资人为个体。单独的集资人也可以构成集资型犯罪的某一种或某几种犯罪，但毫无疑问的是，单独集资型犯罪的危害要远远小于集团型集资型犯罪，即便在个体型集资型犯罪中也存在共同犯罪的疑问。个体集资人最初是独立实施非法集资行为，在集资过程中随着集资规模的不断扩大，集资层级的不断加深，必然出现次级犯罪主体帮助、辅佐原始集资人实施集资型犯罪。作为后来者的辅佐集资型犯罪主体与原始的犯罪主体之间有成立共同犯罪的可能，但是往往在个体集资型犯罪中集资人身兼数职，在非法集资过程中会实施不同类型的犯罪行为。如王某某集资诈骗案中，犯罪人王某某通过私刻公章、伪造工程规划许可证、合作协议等文书，编织了工程改造项目、投资原始股、收购宁夏石嘴山煤矿等谎言，并以15%~100%的高额回报率为诱饵，先后骗取60余名温州同乡2.8亿元。王某某除将部分集资款用于公司正常项目、支付投资人高额回报之外，其余1.8亿元用于赌球，并挥霍一空。❶（2）集资人为数人或组织体。集资人为数人或者为

---

　　❶ 处置非法集资部际联席会议编：《打击非法集资典型案例汇编》，中国金融出版社2012年版，第94~96页。

组织体时，非法集资活动已经越过了个体集资的最初阶段，意味着此种类型的集资活动的破坏力、影响力是巨大的。集资人为数人是指单独的自然人之间或自然人与单位之间合谋决定实施非法集资活动；而集资人为组织体是指行为主体是单位或者非单位的但有组织性的团体，如犯罪集团。两种情况之下只是在人员构成上存在或多或少的区分，就本节所分析的共同犯罪而言没有太多的差异，因而可以称为非个人型集资型犯罪。在非个人型集资型犯罪中因为团体之间存在组织性、预谋性、策略性，它们的犯罪目标明确，有合理的犯罪分工，团体内部的不同成员有工作分工且有负责指挥的人员。以单位为例，单位直接负责人直接指挥单位的整体非法集资活动，单位的会计等财务人员负责资金的收存、转出、"洗白"，单位策划、文案人员负责广告、公关、宣传等工作，使具体的集资活动被社会公众所知。在单位犯罪的情况下，具体的操作人员可能只作为执行者，不存在犯意或者刑法对该类人员不予以评价，而相关部分的负责人员则要承担刑事责任。在最终责任认定时也会存在不同，尽管单位的负责人均会受到集资型犯罪规制，但在罪名上却因职务差异会刑责不同、罪名不同。

此外，刑法理论上将共同犯罪分为任意的共同犯罪和必要的共同犯罪，前者指一人可以实施的犯罪，也可以由两个以上行为主体共同实施。如甲、乙两人商议共同盗窃，任意的共犯及其处罚原则由刑法总则规定；后者指只能由两个以上行为主体共同实施的犯罪，其处罚原则由刑法分则在具体罪名中规范。必要共犯有三种类型：（1）对向犯，指以存在两人以上的互相对向的行为为要件的犯罪，如重婚罪、行贿者与受贿罪等；（2）聚众共同犯罪，指由首要分子组织、策划、指挥众人所实施的共同犯罪，如聚众持械劫狱罪、聚众扰乱公众场所秩序、交通秩序罪等；（3）集团共同犯罪，指三人以上有组织地实施的共同犯罪，如组织、领导、参加恐怖活动组织罪，组织、领导、参加黑社会性质组织罪等。但在集资型犯罪中不存在必要的共同犯罪，所有的集资型犯罪均是任意的共犯。换言之，集资型犯罪的行为主体既可以是一个人、一个犯罪团伙（集团），也可以是多个人或团伙。值得注意的是，共同犯罪是一种违法形

态，各参与人的行为对法益侵害（危险）结果所起的作用可能不同，责任程度与范围也会不同，需要区别对待。❶

（二）正犯（实行犯）与共犯（帮助犯、教唆犯）

此处所说的共犯仅指帮助犯与教唆犯，而与共犯相对的一个概念正犯即为实行犯。刑法理论上认为共同正犯、教唆犯与帮助犯一起被称为广义的共犯，共同正犯指的就是实行犯，而帮助犯与教唆犯是狭义的共犯。我国刑法中的共犯是《刑法》第25条第1款规定的"二人以上共同故意犯罪"所指涉的内容，而并没有专门适用"正犯""狭义的共犯"这样专业的术语。但不管是理论研究还是司法实践，区分正犯与共犯对于解决共同犯罪的相关问题有实际意义。

1.正犯。正犯是与共犯相对的概念，字义上难以准确地理解该词的含义，但正犯是与实行犯几乎等价的概念。实行犯，顾名思义，是指实施犯罪行为的行为主体，那么正犯则可以认为是实施主要犯罪行为的行为主体。根据正犯的人数、有无意思联络，可以将正犯划分为不同的类别：（1）单独正犯，指一个行为主体实施犯罪的情形；（2）同时正犯，指两个以上行为主体在没有意思联络的情况下，同时对同一客体实施同一犯罪的情况，如甲、乙两人先后对丁实施强奸行为，但甲、乙并没有共同强奸的故意，甲、乙是同时正犯，分别成立强奸罪；（3）共同正犯，指两个行为主体基于共同犯罪故意实施犯罪行为的情形。另一种区分方法是以"行为主体是否以自己的身体动静实现犯罪构成要件"为依据，分为两种：（1）直接正犯，指行为主体以自我的身体动静实施犯罪行为，即行为主体不借助于第三方独立物或人实施犯罪行为，与犯罪客体存在直接的关联关系；（2）间接正犯，指行为主体不是通过自身的身体动静实现犯罪行为，而是借助独立的第三方物或人的动静实现犯罪。如智力正常的成年人甲诱骗弱智儿乙男对丁女实施猥亵，以满足其变态心理。该行为过程

---

❶ 张明楷：《刑法学》，法律出版社2011年第四版，第350页。

中，乙男无法辨识行为的合法与违法性，而甲则不同，甲借助于乙男的行为实现了他所想达到的犯罪目的，该过程中甲便是间接正犯。

2.间接正犯。根据正犯限所说的观点，"以自己的身体动静直接实现分则规定的构成要件的是正犯，此外的参与者都是共犯"，据此理论，分则刑法中只有共犯与正犯而不存在间接正犯。但是间接正犯是不同于共犯的一个犯罪概念，而是属于正犯的一个概念。间接正犯不是指以自己的身体动静直接实现刑法分则规定的构成要件的正犯，而是利用他人或他物实现犯罪的情况。通常认为，对犯罪实施过程具有决定性支配作用的人是正犯；其中行为主体不在犯罪现场出现，不直接参与实施犯罪行为，而是通过武力或其他欺骗性、胁迫性手段支配第三方主体或物直接实施犯罪行为，从而完成犯罪行为的主体，是间接正犯。间接正犯与正犯等价在接受刑责时并无差异的原因在于其支配了犯罪过程，间接完成了犯罪行为，只不过间接正犯的操控性特征使其表面上与直接正犯有感触上的差异。如甲男强奸乙女案件中，甲男应当承担强奸罪的刑事责任；丙用引诱精神病患者丁男强奸戊女，则丙成立强奸罪。两个案件中，甲男与丙均成立强奸罪，但是犯罪行为过程不同，甲男自身直接实施强奸行为，而丙通过"犯罪工具"丁男实施犯罪行为，但丙对丁男的行为具有直接支配性和主导性。就两种正犯造成的危害结果而言，可能间接正犯造成的恶果更大，不能否认其正犯性。

间接正犯的类型大概包括四种：（1）利用无辨别能力者的身体活动。有未成年人、限制责任能力的精神病患者并不必然都是"被利用者"，只有在支配犯罪行为者排他性的支配犯罪过程时，才有成立间接正犯的可能。（2）利用他人无意识行为的身体动静，如利用他人梦游后的行为。（3）强制第三人实施犯罪行为。强制方式包括物理强制和心理强制，当支配行为者的强制使被强制者失去意志自由时，被强制者无需对自己的被强制行为负责，但被强制者并未丧失意志自由的犯罪不能免责，如甲用枪强迫丁强奸乙，丁顺从，此时甲成立强奸罪，丁也应该成立强奸罪，但丁的刑事责任需要具体分析。（4）利用他人的不知情行为。支配行为者通过利用不知情第三人的行为实施一定的犯罪行为，这种类型的犯罪行为受到第三人行为的限制。当第三人存在一定识别义务时，犯罪结果将使第三人承担相应责任；反之则无需担负责任。如，医生甲意图谋杀患者丁，便在其用药中加入某致命物质，并让值班护士乙为丁注射。在此过程中，护士乙有审查用药的责任，但这种审查只限于形式审查而不能苛责护士乙检查药物的成分，甲医生利用了护士乙正常的不知情行为实施了犯罪行为，是间接正犯。

在诈骗类集资型犯罪中存在间接正犯的某些行为特点，该特征系属诈骗类犯罪共有的犯罪属性，行为主体通过某种方式获取第三人的信任，进而使其支配财物，从而实施犯罪行为。但是从严格意义上讲，这并不是间接正犯的犯罪模式，只不过在行为过程中有些类似。就具体的犯罪而言，间接正犯似乎可以存在于任何犯罪之中，而不限定是何种犯罪，因此在集资型犯罪中存在构成间接正犯犯罪的可能性。例如，承担资产评估、验资、验证、会计、审计、法律服务机构的主要责任人员强迫组织内部的人员故意提供虚假证明文件，成立提供虚假证明文件罪。

3.共犯。本书中所说的共犯仅指帮助犯与教唆犯。在非法集资活动中承担共犯责任的有帮助非法集资活动做宣传的人员、帮助非法集资活动发广告的运营商、教唆行为主体从事非法集资活动的主体等。共犯的判断可采用反证排除法，即将正犯的范围划定之后，剩余的犯罪主体或行为类型便属于共犯或共犯行为。一般认为在集资型犯罪中属于准备类集资型犯罪的罪名所规范的行为具有共犯属性的行为，将视角放在整个集资型犯罪过程中，宣传行为、注册虚假公司行为等附属在集资行为之内。单独的虚假宣传或者虚假注册公司行为也存在犯罪的可能，但并不会触犯集资型犯罪所保护的法律关系，在非法集资活动中非集资行为属于附属的、被支配的行为，该行为的主体是共犯。

（三）主犯与从犯

共同犯罪中不同的犯罪主体责任因不同行为主体的行为在共同犯罪

中的重要性存在差异，"重者罚重，轻者罚轻"。而行为主体根据其在共同犯罪中所起的作用可以划分为主犯和从犯。我国刑法理论上认为，共同犯罪的行为人根据犯罪作用和犯罪分工的不同，划分为主犯、从犯、胁从犯、教唆犯，规定在《刑法》第26～29条。胁从犯在性质上可以划入从犯之中，只因其犯罪有特殊的构成形态而在刑法条文中予以特殊对待；教唆犯在犯罪中的地位不能简单划定，有的犯罪中教唆者是从犯，而在另外的案件中教唆者可能就是主犯。如甲教唆无犯意的丁杀害乙，吩咐丁在某日下午4点将装有毒药的水端给乙，最终导致乙中毒而亡。该犯罪过程中，丁本无犯意，但在甲的教唆下产生犯意，并在甲的授意下实施犯罪行为，丁犯罪所需的毒药、犯罪的时间地点均是甲一手策划的，不能认定甲仅仅是从犯，而应当认定其为主犯，承担故意伤人罪的责任。再如，甲男教唆丁男强奸乙女，丁男早就对乙女想入非非，预谋不轨之事，只是心中有所担忧，甲男告诉丁男强奸乙女的好处且不必顾忌后果，丁男在甲男的一再教唆下对乙女实施了强奸行为。该犯罪过程中，甲男不是犯意引起，而是加强犯意，且未提供任何犯罪帮助，只是言语刺激，不能认为甲男是主犯。基于对胁从犯、教唆犯的上述理解，本书认为《刑法总则》第二章第三节的划分存在一定问题，可以根据在犯罪过程中所起作用大小将行为主体分为两类：主犯和从犯。前者对犯罪过程起支配作用，直接支配了犯罪的行为与结果；后者在犯罪过程中起辅助作用，帮助主要犯罪行为人完成犯罪行为。从某种意义上讲，从犯可以等价于上文中的共犯，主犯可以等价于上文中的正犯，但两种分类有基本的差异：共犯与正犯的区分标准是是否在犯罪过程中实施了符合犯罪构成要件的行为且能支配犯罪过程；主犯与从犯的区分标准是，哪一方主体对犯罪结果的支配力更大。或许可以认为，主犯与从犯是正犯之内的概念。

集资型犯罪多为涉众性犯罪，犯罪参与主体较为庞大。在"法不责众"的思想氛围中并不会对所有的犯罪参与者处以刑罚，只对某一部分在犯罪过程中起重要作用的主体处以刑事责任。现有的司法实践中对加入的被害主体的态度便是此种立场，一般认为受害人自始至终便是受害主体，一旦定性之后不再再次定性，也不会让其面临刑法的责难。该种做法存在一定的问题，不可否认的是，有相当一部分被害人在被害之后心理失衡，或者以投出去的资产作为参与犯罪的"份子钱"而加入的集资型犯罪过程中，进而获取更多的非法利益。事实上，该部分被害人有的可能得到了非法利益变为集资活动的受益人，而有的尽管参与到犯罪活动中，却因其投资数额大或其他考虑，并未能获得非法集资活动的利益，但无疑的是，他们是犯罪人，而不是被害人。在辨识加入被害人时应该明确其犯罪人身份，并且详查其在犯罪过程中的作用大小，划分其刑事责任。原始非法集资人是集资活动的发起者，在非法集资活动存续期间，部分原始集资人离开还未被查禁的集资单位或组织，当非法集资活动被揭发之后，该部分已离职的人员应该也作为离职前非法集资活动的主犯而非从犯。就单位触犯集资型犯罪的案件而言，在单位共同犯罪中单位能否成为主犯？或者单位参与的共同犯罪之中能否划分出主犯和从犯。本书认为，既然认为存在单位与单位之间、单位与自然人之间有共同犯罪的可能，那么在单位参与的共同犯罪中也存在对犯罪结果支配作用大小的不同，即存在主犯与从犯的划分。通常在此种情况下，单位犯罪主体是主犯，但自然人犯罪主体可以是从犯，也可以是主犯。此外，单位单独犯罪中单位内部人员之间有无划分主犯与从犯的必要？主犯与从犯的划分是共同犯罪中才有的问题，在单独犯罪之中没有区分的必要和可能。即便是单位主体单独实施的非法集资行为，也不能在其单位内部划分为主犯与从犯。如果认为可以在单位内部划分主犯与从犯，便否定了单位犯罪这一独立的犯罪形态。

就罪名的轻重而言，认为准备类集资型犯罪属于从犯罪名，行动类集资型犯罪、完结类集资型犯罪以及其他类集资型犯罪属于主犯罪名。换句话说，单就罪名所体现的行为轻重或刑罚轻重而言，第一类是轻罪罪名，后三类是重罪罪名。但在具体的案件之中，这种划分是没有意义的，某一行为主体的"轻罪"刑罚可能重于另一行为主体的"重罪"刑罚。此外，集团或组织的领导者"按照其所参与的或者组织、指挥的全部犯罪处罚"也就意味着通常意义上集资型犯罪的刑罚承担主体往往会数罪并罚。但由于牵连关系存在可能最终追究行为人的刑罚罪名只能是一罪。根据《刑法》第26条第1款规定："组织、领导犯罪集团进行犯罪活动的或者在共同犯罪中起主要作用的，是主犯。"所以主犯通常包含：（1）犯罪集团的首要分子，即组织、领导犯罪集团进行犯罪活动的犯罪分子。（2）首要分子以外在共同犯罪中起主要作用的犯罪分子，如对共同犯罪的形成、实施、完成起决定或重要作用的犯罪分子。主犯的区分需要注意两个方面：一是犯罪分子实施了哪些具体的行为，对犯罪结果的发生起了什么作用；二是分析犯罪分子对其他共同犯罪人的支配作用。❶ 尤其需要注意的是，在某一共同犯罪中出现两个以上主犯时，应当借助更多的犯罪因素以区别不同行为人的刑事责任。《刑法》第27条规定："在共同犯罪中起次要或者辅助作用的，是从犯。"从犯也包括两种类型：（1）在共同犯罪中起次要作用的犯罪分子，即对共同犯罪的形成、实施、完成起次要而非主要作用行为主体。（2）辅助其他犯罪主体完成共同犯罪行为的主体，即在共同犯罪中仅起辅助作用，为主犯形成、实施、完成犯罪提供便利、方便、帮助的行为主体。例如河南未来农业集资诈骗案：2004年3月5日，被告人吴某1同魏某合伙注册成立了商丘市未来农业科技开发有限公司，后变更为河南省未来农业生物科技发展有限公司，并变更注册资金，增加方某、修某、丁某1为公司股东。同时，被告人吴某1等人虚报注册资金成立了商丘市未来农业果蔬观光园有限公司，后变更为河南未来农业股份有限公司。2005年年初，在没有经过中国银行业监督管理委员会批准的情况下，被告人吴某1、方某、修某等以高额回报为诱饵，虚假宣传火龙果种植面积、产量和经济效益，相继推出"观光园入股""销售状元"等十余种集资模式先后在河南、山东、安徽、江西等地非法集资784 609 376元，用于生产经营的仅有8000余万元，截至案发尚欠6645名群众的集资款共计333 780 531元。在明知公司没有能力偿还巨额集资款的情况下，先后担任公司现金会计的被告人蒋某、王某、李某以后集资

---

❶ 卢勤忠：《非法集资型犯罪刑法理论与实务》，上海人民出版社2014年版，第209页。

款还前集资款，继续负责集资合同的签订、集资户缴返款工作，负责开具各种票据和单据。另外，被告人徐某、李某、丁某2、吴某2、栾某等人在担任各分公司负责人期间，共非法集资215 841 513元，截至案发仍有77 719 552元无法归还。案发后，公安机关查封、冻结、扣押了涉案的银行存款、现金、房产、车辆及其他物品。其中，被告人吴某2投案自首，被告人丁某2配合公安机关抓捕了方某。商丘市中级法院审理后认为，被告人吴某1、方某、修某、丁某1、赵某、徐某、李某、丁某2、吴某2、栾某、万某、蒋某、王某、李某以非法占有为目的，大肆进行非法集资，数额特别巨大，并给国家和人民利益造成了特别重大损失，其行为均已构成集资诈骗罪。各被告人系共同犯罪。吴某1、方某、修某、丁某1对整个犯罪活动起组织、指挥、策划作用，赵某亦起到重要作用，均系本案主犯。徐某、李某、丁某2、吴某2、栾某、万某、蒋某、王某、李某在共同犯罪中起次要或辅助作用，系本案从犯，依法可从轻或减轻处罚。吴某2具有自首情节，案发后能积极退赃，依法可从轻或减轻处罚。丁某2配合公安机关抓捕同案被告人，李某、蒋某、王某、李某案发后能积极退赃，可酌情从轻或减轻处罚。2010年7月8日，商丘市中级法院一审以集资诈骗罪判处被告人吴某1、方某死刑，缓期2年执行，剥夺政治权利终身，并处没收个人全部财产；判处被告人修某、丁某1、赵某无期徒刑，剥夺政治权利终身，并处没收个人全部财产；判处被告人徐某有期徒刑15年，剥夺政治权利5年，并处罚金50万元；判处被告人李某、栾某有期徒刑14年，剥夺政治权利4年，并处罚金40万元；判处被告人丁某2有期徒刑13年，剥夺政治权利3年，并处罚金40万元；判处被告人吴某2有期徒刑12年，剥夺政治权利2年，并处罚金40万元；判处被告人万某有期徒刑10年，并处罚金30万元；判处被告人蒋某、王某有期徒刑4年，并处罚金10万元；判处被告人李某有期徒刑3年，并处罚金5万元；并对各被告

人的违法所得依法予以追缴。 ❶

二、单位主体

刑法不仅将自然人作为行为主体，而且在一个经济类犯罪中将单位作为行为主体。《刑法》第30条规定："公司、企业、事业单位、机关、团体实施的危害社会的行为，法律规定为单位犯罪的，应当负刑事责任。"集资型犯罪的单位犯罪主体包括公司、企业、事业单位、机关、团体，五种单位在集资型犯罪中均可以作为犯罪主体。刑法中将可以由单位实施的犯罪称为单位犯罪。单位犯罪一般是公司、企业、事业单位、机关、团体为本单位谋取非法利益或者以单位名义为本单位全体成员或大多数成员谋取非法利益，由单位的决策机构按照单位的决策程序决定，由直接责任人员具体实施的，且刑法有明文规定的犯罪。 ❷

（一）单位犯罪的特点

单位犯罪在刑法中属于一种异类，其地位在一定意义上可以类比过失犯罪的刑法地位，"过失犯罪，法律有规定的才负刑事责任"。单位犯罪的特殊性是适应经济发展需要而被规范在刑法条文之中的，其所辖的犯罪必然存在一定的特点。就集资型犯罪而言，单位犯罪存在以下特点。

1.集资型犯罪的24种单位犯罪之中，它们是单位（公司、企业、事业单位、机关、团体）实施的而不是单位个体成员的犯罪集合，更不能认为是单位中所有成员的共同犯罪。值得一提的是，集资型犯罪往往出现自然人主体借用单位名义犯罪，对于此种犯罪类型应以自然人犯罪规制。

2.集资型单位犯罪中犯罪故意是由单位的决策机构按照单位的议事决策程序形成的，并且由单位的负责人负责实施决策结果。单位犯罪是单位本身的犯罪，但是具体犯罪行为需要决定者与实施者来完成，只有按照单

---

❶ "未来农业集资诈骗罪案宣判主犯一审被判死缓"，载http://www.pkulaw.cn/case/pal_21110623253418862.html?keywords=集资诈骗罪，主犯&match=Fuzzy，2016年8月14日访问。
❷ 张明楷：《刑法学》，法律出版社2011年第四版，第138页。

位统一的程序、规章完成犯罪故意、犯罪行为才成为单位犯罪。单位犯罪必须体现为单位的整体决策意志，是由单位经过法定程序决定，至于单位内部是否存在少数人对于该决定持反对或赞同意见，不能影响单位犯罪的成立。单位犯罪之后只能是单位委派的具体负责人来实施相关行为，而不是任一单位员工都可以实施该行为。根据"行为人责任原理"，只有行为主体才对自己的行为负责，实施单位决策的负责人在实施单位决意时的个人身份被单位形象虚置，在追究责任时也体现在只追究单位主要责任人员和直接责任人员的刑事责任。也正是因为此种情况，以单位名义实施犯罪违法所得由实施犯罪的个人私分的，或者单位内部成员未经单位决策机构批准、同意或认可而实施犯罪的，或者单位内部成员实施与职务活动无关的犯罪行为的，都不属于单位犯罪，而应以自然人犯罪规定的刑罚处罚。

3.集资型单位犯罪一般表现为为单位谋取非法利益或者以单位名义为全体成员或者多数成员谋取非法利益的行为。单位行为如果是在法律范围之内，而未超越法律规制为相关的市场行为，不存在范围问题，也就不能说单位犯罪，并且单位为了本单位少数人的利益或者某个人利益也不能说是单位犯罪，而是自然人主体假借单位之名触犯法律。为单位谋取利益要求行为目的基于单位立场，行为结果所得的利益归属于单位。当单位通过法定程序讨论决定将该违法所得分发给全体单位人员时，也认为属于为单位利益，此时需要考虑的是非法所得分配给单位全体成员或多数成员时该如何分配，如果管理层获得的利益远超出普通员工的分配额，此时能否认为管理层是一种犯罪策略的考量？假使管理层分配额与普通员工的分配额的比例与两者的工资比例基本等同，能否认定该种分配方式有合理性进而排除管理层的自然犯属性？本书认为，在认定单位犯罪时排除了普通员工的犯罪性，免除了其刑事责任；而单位的直接责任人员存在犯罪的可能，且在法定刑的量刑幅度上与自然人犯罪并无太大差异，其分配额高于普通员工体现了其价值和责任，不能否定单位犯罪。

4.集资型单位犯罪以法律有明文规定为前提。《刑法》第30条规定："公司、企业、事业单位、机关、团体实施的危害社会的行为，法律规定为单位犯罪的，应当负刑事责任。"这表明单位犯罪是刑法中行为主体的例外情况，一般情况下犯罪主体是自然人，只有法律有特别规定某种犯罪可以由单位主体作为或不作为时方可存在成立单位犯罪的问题。26个集资型犯罪中有24个罪名可以成立单位犯罪，而诈骗罪、贷款诈骗罪两个罪名因刑法条文中并没有明文规定其犯罪主体可以是单位，故而认定其犯罪主体不能为单位主体。换言之，即便存在单位主体的行为符合诈骗罪或者贷款诈骗罪所规制的行为特点，也不能认定该单位触犯了该两种罪名，只能在现有的刑法体系中以其他罪名规制，如合同诈骗罪等。有学者指出：某种犯罪行为"由单位实施"，但刑法没有将单位规定为行为主体时，应当而且只能对自然人定罪量刑。❶ 当刑法条文并未规定某种犯罪可以为单位犯罪时不应当存在诸如"单位贷款诈骗行为"这样的称谓，即不可以用单位贷款诈骗的概念归纳案件事实。即便是单位通过合法程序讨论决定，并由法定负责人执行该决定，只要该种行为属于自然人犯罪却并不属于单位犯罪，就不能认定为单位犯罪，只能是参与决策的自然人的共同犯罪。如此在单位集体研究实施的贷款诈骗行为而言，其中的相关自然人的行为必然符合贷款诈骗罪的构成要件。❷ 同样的行为程序却会得出不一样的行为结果，只因为刑法规定的不同，刑法没有同等对待同样的行为，为何？刑法为何将某些罪名的犯罪主体规定为可以为单位犯罪，而对另外的一些罪名却不允许其犯罪主体为单位？仅仅从法律的角度难以追寻立法者的意图，只能探求立法之时的立法背景、探求法律之后的东西。认为此种分裂的原因在于政策的差异，即刑法规定单位主体是否可以成为某种犯罪的行为主体是基于刑事政策的考虑，贷款诈骗罪排除了单位主体犯意，是基于一种刑事政策的考虑，避免单位遭受"第二次伤害"。

5.集资型犯罪的法律具有特殊性。《刑法》第31条规定：单位犯罪的，对单位判处罚金，并对其直接负责的主管人员和其他直接责任人员判

❶ 张明楷：《刑法学》，法律出版社2011年第四版，第139页。
❷ 张明楷：《诈骗罪与金融诈骗罪研究》，清华大学出版社2006年版，第365页。

处刑罚。本法分则和其他法律另有规定的，依照规定。刑法总则对单位处罚的原则选用了双罚制，即对单位判处刑罚的同时对单位的主要责任人员也判处相应的刑罚，同时又保留了单罚制适用的空间。在集资型犯罪中就双罚制而言存在两种情况：（1）对单位判处罚金，对直接负责的主管人员和其他责任人员规定与自然人犯罪相同的法定刑；（2）对单位判处罚金，对直接负责的主管人员和其他责任人员规定与自然人犯罪不同的法定刑，通常比自然人犯罪时法定刑要低。24个集资型犯罪中属于前者的共有13个罪名：第174条擅自设立金融机构罪，第174条第2款伪造、变造、转让金融机构经营许可证、批准文件罪，第176条非法吸收公众存款罪，第178条伪造、变造国家有价证券罪，第178条第2款伪造、变造股票、公司、企业债券罪，第187条吸收客户资金不入账罪，第188条违规出具金融票证罪，第222条虚假广告罪，第224条合同诈骗罪，第224条之一组织、领导传销活动罪，第225条非法经营罪，第229条提供虚假证明文件罪，第229条第3款出具证明文件重大失实罪。而另外11个罪名采用的是非独立自然人犯罪标准，即与单独自然人犯罪法定刑相比此种设置下的法定刑相对轻缓，并且11个罪名之中前6个罪名以限制法定最高刑的方式规定，后5个罪名以两级或三级刑罚梯度形式规定单位的直接负责的主管人员和其他直接责任人员的法定刑，该类罪名包括：第158条虚报注册资本罪，第159条虚假出资、抽逃出资罪，第160条欺诈发行股票、债券罪，第175条高利转贷罪，第179条擅自发行股票、公司、企业债券罪，第181条第2款诱骗投资者买卖证券、期货合约罪，第191条洗钱罪，第192条集资诈骗罪，第194条票据诈骗罪，第194条第2款金融凭证诈骗罪，第197条有价证券诈骗罪。集资型单位犯罪中未规定单罚制的情况，就刑法条文规定实行单罚制的情况有三种：（1）以单位名义实施私分国有财产类犯罪处罚直接负责的主管人员和其他直接责任人员，如《刑法》第396条："国家机关、国有公司、企业、事业单位、人民团体，违反国家规定，以单位名义将国有资产集体私分给个人，数额较大的，对其直接负责的主管人员和其他直接责任人员，处三年以下有期徒刑或者拘役，并处或者单处罚金；数额巨大的，处三年以上七年以下有期徒刑，并处罚金。"（2）只处罚单位的直接责任人员，如《刑法》第137条："建设单位、设计单位、施工单位、工程监理单位违反国家规定，降低工程质量标准，造成重大安全事故的，对直接责任人员，处五年以下有期徒刑或者拘役，并处罚金；后果特别严重的，处五年以上十年以下有期徒刑，并处罚金。"（3）为避免处罚单位伤及无辜而只对单位的直接负责的主管人员和其他直接责任人员处罚，如《刑法》第161条："依法负有信息披露义务的公司、企业向股东和社会公众提供虚假的或者隐瞒重要事实的财务会计报告，或者对依法应当披露的其他重要信息不按照规定披露，严重损害股东或者其他人利益，或者有其他严重情节的，对其直接负责的主管人员和其他直接责任人员，处三年以下有期徒刑或者拘役，并处或者单处二万元以上二十万元以下罚金。"本条规定的明显属于单位犯罪但不处罚单位，无疑是政策考虑。贷款诈骗罪是否能够划入单罚制中第三类，为避免伤及无辜而只处罚相关责任人员之类？本书认为贷款诈骗罪的法定刑设置上与该类犯罪的法定刑设置存在明显的不同，《刑法》第193条中没有明确的文字可以识别其为单位犯罪，且在处罚主体上并未限定于"单位的直接负责的主管人员和其他直接责任人员"，贷款诈骗罪的犯罪主体只能为自然人主体，不能为单位，其不能归入单位犯罪之中。

通过以上对集资型单位犯罪行为特点的分析，可知单位不可能成为一切集资型犯罪的行为主体，也并非具备一般条件即可成为集资型犯罪的主体。集资型犯罪中有些罪名要求单位主体具备特殊条件，如《刑法》第187条吸收客户资金不入账罪、第188条违规出具金融票证罪要求单位必须是"银行或者其他金融机构"，否则难以出现该罪名之下的犯罪行为；再如《刑法》第229条提供虚假证明文件罪、出具证明文件重大失实罪的单位主体只能是"承担资产评估、验资、验证、会计、审计、法律服务等职责的中介组织"，否则难以成为该罪之下所独有的犯罪行为特点。

（二）集资型犯罪是否存在单位共同犯罪

《刑法》第25条第1款："共同犯罪是指二人以上共同故意犯罪。"该条规定的"二人"是否包含了自然人二人以上、自然人和单位二人以上还是单位二人以上三种情况？换言之，单位主体是否存在共同犯罪的问题？单位与自然人能否成立共同犯罪？

1979年刑法中没有规定单位犯罪的问题，在1997年修订刑法典时刑法学界对是否承认单位犯罪展开了较为激烈的讨论，最终的1997年刑法典肯定了单位犯罪，并在刑法总则中单独设立"单位犯罪"一节。单位主体与自然人主体成为犯罪，主体共同规定在刑法之中，刑法分则对涉及单位犯罪的罪名做了详细的规定。由于单位犯罪与自然人犯罪存在较大的不同，单位犯罪具有"天然"共同犯罪性，表象上属于共同犯罪。无疑单位主体的加入使刑法的共同犯罪理论更加复杂，单位是否可以成为共同犯罪的主体？立法上对这一问题并没有明确规定，根据《刑法》第30条规定："法律规定为单位犯罪的，应当负刑事责任。"此处的法律规定是否应该包括刑法总则的规定？该"法律规定为单位犯罪的"是否应该在刑法或其他法律中明确出"单位共同犯罪"这一属性？立法规定的不完善、理论研究的不重视致使司法实践中标准不一，在定罪量刑时难以"罪刑法定"更有偏离乃至忽视共同犯罪的问题，使同一或相同犯罪中出现刑罚差异。集资型犯罪中大多数的案件都是以单位犯罪的形式出现，且集资型犯罪中罪名绝大多数可以成立单位犯罪，分析该问题具有理论与现实意义。

对于单位是否能够成为共同犯罪中的"人"，《刑法》第25条第1款对共同犯罪的定义是对整体的刑法条文有效，共同犯罪所辖的犯罪不管是修订之前还是修订之后都应适用已经固定的刑法文本。换言之，刑法修订之后，单位犯罪从无到有，同样被纳入刑法体系之中，也同样被《刑法》第25条规定的共同犯罪所"管辖"，单位主体可以成立共同犯罪。"二人"并非仅指称二个独立的自然人主体，它还指射了自然人以外的犯罪主体，只要属于刑法规定的犯罪主体，且在刑法分则或其他条文中没有排除适用的规定，自然人以外的犯罪主体便有成立共同犯罪的可能。此种理解并没有违反罪刑法定原则，而是严格遵守了罪刑法定原则，刑法条文规定了单位犯罪主体地位，且在刑法分则之中有对单位共同犯罪的特别规定，单位成为共同犯罪的主体无可置疑。法律的含义并非由文字固定，也不能由起草者锁定，而是需要在社会生活事实中不断发现。❶ 解释是与社会共同发展的，刑法文本的含义不是固定不变的，企图让已成定住的刑法条文规范所有的社会行为是不切实际的，妄想通过不断修订法律、让法律明文规定所有的法律问题更是难以捉摸的，将"二人"的范围扩展到单位犯罪主体是刑法顺应社会发展应有的选择。

既然单位主体可以成为共同犯罪中的"二人"，那么单位共同犯罪中存在的共犯有哪些？或者说，单位与自然人、单位与单位之间是否都可以成立共同犯罪？单位本身是无意识、无思想的组织体，单位之间以及单位与自然人之间不可能有交流串通，也就不可能有共同的犯罪行为。❷ 该论者认为，从本源上认为单位缺乏共同犯罪所要求的"共同犯意"，进而否定单位共同犯罪的存在，这种批评可以说是根本性的。但是这种论点存在一个明显的错误，既然单位是"无意识、无思想的组织体"，那怎么又会存在单位犯罪？既然承认单位犯罪的存在，不论认可单位犯罪的原因是何，基于一致性、体系性的逻辑过程便认可了单位是存在"意识、思想"的，不然动物行为造成的伤害、自然灾害为什么不是犯罪行为？还有其他观点认为：单位犯罪是为单位利益、根据单位意志实施的犯罪行为，而单位意志表现为单位成员的整体意志，单位的犯罪行为也表现为单位的整体行为，单位本身就是共同犯罪。❸ 该论者的言外之意是，在共同犯罪之中或之上怎么还能成立共同犯罪？此种说法存在自相矛盾的地方，既然承认单位行为是单位整体意志支配下的整体行为，为何又认为单位是共同

❶ 张明楷：《刑法学》，法律出版社2016年第五版，前言。
❷ 卢勤忠：《非法集资型犯罪刑法理论与实务》，上海人民出版社2014年版，第201页。
❸ 同上。

犯罪？在认可单位行为是一个整体的同时又认为单位是由个体组成，进而否定了单位的整体性，这是自相矛盾的。不可否认，单位是由自然人组成的，但是单位内部的成员通过法定程序、决议由主要责任人员实施某种行为是完全按照整体意志即单位的意志实施的，此时作为单位成员的自然人个体的人格已经被单位虚置，单位的成员集体表现了单位的人格性，而不再展现其个人的人格性。换言之，单位犯罪之中犯罪行为是单位整体的决意与单位成员并没有关系，如果认为单位成员还保有人格性，那么无疑否定了单位整体意志，认为单位的整体意志是单位成员的简单叠加，这无疑是错误的。《刑法》第196条的规定是单位与单位、单位与自然人主体共同犯罪的法律明证。2001年1月21日，最高人民法院颁发的《全国法院审理金融犯罪案件工作座谈会纪要》（以下简称2001年《座谈会纪要》）第4条规定：“两个以上单位以共同故意实施的犯罪，应根据各单位在共同犯罪中的地位、作用大小，确定犯罪单位的主、从犯。”《刑法总则》第二章第三节共同犯罪中第25条规定共同犯罪、第26条规定主犯、第27条规定从犯，由刑法条文的规定和刑法理论可知，只有在共同犯罪之中才有主从犯之分，没有共同犯罪便无主犯、从犯的划分，2001年《座谈会纪要》无疑认可了单位与单位可以成立共同犯罪的观点。2002年最高人民法院、最高人民检察院、海关总署联合颁发的《关于办理走私刑事案件法律若干问题的意见》第20条规定：“单位和个人（不包括单位直接负责的主管人员和其他直接责任人员）共同走私的，单位和个人均应对共同走私所偷逃应缴税额负责。对单位和个人共同走私偷逃应缴税额为5万元以上不满25万元的，应当根据其在案件中所起的作用，区分不同情况做出处理。单位起主要作用的，对单位和个人均不追究刑事责任，由海关予以行政处理；个人起主要作用的，对个人依照刑法有关规定追究刑事责任，对单位由海关予以行政处理。无法认定单位或个人起主要作用的，对个人和单位分别按个人犯罪和单位犯罪的标准处理。单位和个人共同走私偷逃应缴税额超过25万元且能区分主、从犯的，应当按照刑法关于主、从犯的有关规定，对从犯从轻、减轻处罚或者免除处罚。”该规定是对单位与自然人共同走私的，对共同走私的偷逃数额负责，而不是分别负责。并且能够区分主从犯的应该按照主犯、从犯的不同适用不同的刑法，这无疑是确定了单位主体与自然人主体之间可以成立共同犯罪。由于刑法规定了单位犯罪，故由二个以上的单位以及单位与自然人共同实施的犯罪，可能构成共同犯罪。❶ 综上所述，单位与单位、单位与自然人之间均可以成立共同犯罪。单位犯罪不同于也不等同共同犯罪。一个单位犯罪时，该单位是犯罪的行为主体，就单位而言只有一个主体，因而不同于共同犯罪；一个单位犯罪时，该单位的成员并不一定是犯罪人，该单位也并不一定是非法组织，因而不同于集团犯罪。对单位的处罚应该以刑法的相关规定为准，根据单位在共同犯罪中所起的作用大小，分清主、从犯分别使用不同的刑罚原则。就24个集资型单位犯罪而言，它们也有成立共同犯罪的可能，非法集资活动的集资人可以是单位，也可以是自然人，独立的自然人在非法集资过程中往往势单力薄，难以成功，因而需要借助单位的力量。集资活动中集资自然人与集资单位存在合谋的可能，但更多的是集资单位与集资单位的合谋，分工：一个单位在明处，负责吸收存款；另一个单位在暗处，负责为明处的单位背书，即作为担保单位。此种类型之下两个单位的实际控制主体可能是一个人，但是单位的决议通过股东会等合法程序产生，触犯了法律便是非法集资活动，应当以集资型犯罪的相关罪名规制。

（三）集资型单位犯罪的法定刑特征与改善

我国刑法规定的单位犯罪处罚一般原则采用的是双罚制，即在处罚犯罪单位的同时也处罚犯罪单位直接负责的主管人员和其他直接责任人员，例外适用单罚制，即不处罚单位，而只处罚其直接负责的主管人员和其他直接责任人员。在上文中已有论及单罚制的三种情形：（1）以单位名义实施私分国有财产类犯罪，处罚直接负责的主管人员和其他直接责任

---

❶ 张明楷：《刑法学》，法律出版社2011年第四版，第410页。

人员，如《刑法》第396条："国家机关、国有公司、企业、事业单位、人民团体，违反国家规定，以单位名义将国有资产集体私分给个人，数额较大的，对其直接负责的主管人员和其他直接责任人员，处三年以下有期徒刑或者拘役，并处或者单处罚金；数额巨大的，处三年以上七年以下有期徒刑，并处罚金。"（2）只处罚单位的直接责任人员，如《刑法》第137条："建设单位、设计单位、施工单位、工程监理单位违反国家规定，降低工程质量标准，造成重大安全事故的，对直接责任人员，处五年以下有期徒刑或者拘役，并处罚金；后果特别严重的，处五年以上十年以下有期徒刑，并处罚金。"（3）为避免处罚单位伤及无辜而只对单位的直接负责的主管人员和其他直接责任人员处罚，如《刑法》第161条："依法负有信息披露义务的公司、企业向股东和社会公众提供虚假的或者隐瞒重要事实的财务会计报告，或者对依法应当披露的其他重要信息不按照规定披露，严重损害股东或者其他人利益，或者有其他严重情节的，对其直接负责的主管人员和其他直接责任人员，处三年以下有期徒刑或者拘役，并处或者单处二万元以上二十万元以下罚金。"本书认为三种单罚制是对单位犯罪中处罚的例外做法，尤其体现了刑事政策的衡量：（1）私分了国有财产的单位本身便是国有财产，如果再判处其刑罚，无异于将国家与犯罪单位放在同一立场之上，况且自我伤残的行为本属不可罚，只能是对该单位的直接负责的主管人员和其他直接责任人员判处刑罚。（2）过失型单位犯罪类似于行政机构中的首长责任，作为直接负责的主管人员和其他直接责任人员存在一定的过失，虽然不是主观故意的去触犯该法律，但事实上造成了难以挽回的损失，对单位、对其他主体造成危害，如果再处罚单位于理于情都难以说服，处罚单位也于事无补，通过处罚直接责任人员加强其监管意识、教育其他责任者可以有效地预防类似犯罪，这是刑罚的应有之义。（3）第三种单罚制下的人道主义精神更加鲜明，直接负责的主管人员和其他直接责任人员掌控了单位的核心运行计划，当不披露相关信息或者其他行为时，他们所获利益最大，刑罚不应该对他们有所放纵。此外，除去直接负责的主管人员和其他直接责任人员以外的单位人员在单位的决策之中没有独立地位，更有可能除去决策层以外的单位员工根本不知道单位存在违规、违法、犯罪的情况，如果对单位判处罚金，无疑剥夺了该部分人员的利益，伤及了无辜，与刑法罪责自负的原则相违背。

集资型单位犯罪之中没有规定单罚制的条款，24个罪名之中均规定的是双罚制，但是双罚制的形式存在区分。24个罪名中有13个罪名在对待单位的直接负责的主管人员和其他直接责任人员时，刑罚设定上采用自然人犯罪标准，即此种情形下对直接负责的主管人员和其他直接责任人员作为独立自然人，适用自然人独立犯罪时的法定刑。该类罪名包括：第174条擅自设立金融机构罪，第174条第2款伪造、变造、转让金融机构经营许可证、批准文件罪，第176条非法吸收公众存款罪，第178条伪造、变造国家有价证券罪，第178条第2款伪造、变造股票、公司、企业债券罪，第187条吸收客户资金不入账罪，第188条违规出具金融票证罪，第222条虚假广告罪，第224条合同诈骗罪，第224条之一组织、领导传销活动罪，第225条非法经营罪，第229条提供虚假证明文件罪，第229条第3款出具证明文件重大失实罪。有11个罪名采用的是非独立自然人犯罪标准，与单独自然人犯罪法定刑相比，此种设置下的法定刑相对轻缓，以明确本罪属于单位犯罪，在单位犯罪法定刑之后列明单位的直接负责的主管人员和其他直接责任人员所需适用的法定刑，并且11个罪名之中前6个罪名以限制法定最高刑的方式规定，后5个罪名以两级或三级刑罚梯度形式规定单位的直接负责的主管人员和其他直接责任人员的法定刑。该类罪名包括：第158条虚报注册资本罪，第159条虚假出资、抽逃出资罪，第160条欺诈发行股票、债券罪，第175条高利转贷罪，第179条擅自发行股票、公司、企业债券罪，第181条第2款诱骗投资者买卖证券、期货合约罪，第191条洗钱罪，第192条集资诈骗罪，第194条票据诈骗罪，第194条第2款金融凭证诈骗罪，第197条有价证券诈骗罪。

双罚制的两种形式各有优劣，对直接负责的主管人员和其他直接责任人员与自然人犯罪等同的处罚似乎过重。既然单位犯罪的属性是单位触犯了刑法的规定，直接负责的主管人员和其他直接责任人员是在执行单位的命令而非自我意志之下的犯罪行为，为何在接受刑罚的处罚时却遭受的是与单独自然人犯罪时相同程度的法定刑？那么为何又在双罚制之间区分不同类别的刑罚方式，它们的区分原则是什么？

根据法条的规定，根据单位犯罪中直接负责的主管人员和其他直接责任人员与单独自然人犯罪法定刑的不同，将集资型犯罪中24个单位犯罪细致划分为四种情况：（1）单位犯罪中直接负责的主管人员和其他直接责任人员规定的法定刑与自然人单独犯罪时适用的法定刑一致，即两种情况下对自然人适用的法定刑是一样的。该类罪名包括13个：擅自设立金融机构罪，伪造、变造、转让金融机构经营许可证、批准文件罪，非法吸收公众存款罪，伪造、变造国家有价证券罪，伪造、变造股票、公司、企业债券罪，吸收客户资金不入账罪，违规出具金融票证罪，非法经营罪，提供虚假证明文件罪，出具证明文件重大失实罪，合同诈骗罪，组织、领导传销活动罪，虚假广告罪。（2）单位犯罪中直接负责的主管人员和其他直接责任人员规定的法定刑与自然人单独犯罪时适用的法定刑，主刑相同但附加刑不同，即主刑的刑格、刑期相同但并不适用罚金。该类罪名包括5个：虚报注册资本罪，虚假出资、抽逃出资罪，欺诈发行股票、债券罪，擅自发行股票、公司、企业债券罪，洗钱罪。（3）单位犯罪中直接负责的主管人员和其他直接责任人员规定的法定刑与自然人单独犯罪时适用的法定刑差异较大：自然人独立犯罪的有两个法定刑，而单位犯罪对直接负责的主管人员和其他直接责任人员处罚中则只有一个法定刑，且主刑与自然人单独犯罪的第一格法定刑相同，但没有罚金刑。该类罪名包括2个：高利转贷罪，诱骗投资者买卖证券、期货合约罪。（4）单位犯罪中直接负责的主管人员和其他直接责任人员规定的法定刑与自然人单独犯罪时适用的法定刑差异不大，但都是独立规定。法定刑的主刑刑种相同、刑期相同，但是附加刑不同，主要表现在单位犯罪中对单位的直接负责的主管人员和其他直接责任人员适用罚金刑时没有规定具体的罚金数额，只是笼统规定"并处罚金"，而且第一格法定刑对于罚金的规定是"可以并处"，不同于自然人单独犯罪时的"并处"。与自然人单独犯罪适用法定刑的不同还在于单位犯罪中对单位的直接负责的主管人员和其他直接责任人员适用第三格法定刑时没有规定没收财产刑。该类罪名包括4个：集资诈骗罪，票据诈骗罪，金融凭证诈骗罪，有价证券诈骗罪。

对于第（1）种情况而言，独立的自然人犯罪与单位犯罪中的自然人犯罪适用相同的刑罚，体现了一种"反单位犯罪"的思维：即便承认单位犯罪也是一种刑事政策的考虑，是为了打击犯罪单位而给予的惩处，但并未否认此种情况下单位内部直接负责的主管人员和其他直接责任人员的自然犯嫌疑，当然对其适用同等的刑罚。与此一致的是第（4）种情况，尽管其与第（1）种情况有些许差异，但在实然意义上仅对附加刑的变动并不能更改其刑罚理念。第（4）种情况下直接负责的主管人员和其他直接责任人员在单位犯罪之中所受刑罚之轻重与独立的自然犯罪相比，可能差异在于罚金数额的不同，或者多或者少，没有具体数额的限制，反而使其更具有司法灵活性。由此认为第（1）、第（4）种情况归为一大类，即单位犯罪与自然人独立犯罪时对单位的直接负责的主管人员和其他直接责任人员法定刑基本相同。第（2）种情况下单位犯罪时，对直接负责的主管人员和其他直接责任人员适用的法定刑没有罚金刑只有主刑，此种立法立场可能是基于已经对单位处罚了，就无需再对个人给予罚金刑。在承认单位犯罪的前提下，直接负责的主管人员和其他直接责任人员具有独立的人格属性，其虽参与犯罪，但并不是主要的犯罪主体，没有得到犯罪的利益，是为了单位牟利，只对单位处罚罚金，而无需对直接负责的主管人员和其他直接责任人员处罚罚金，这也应合了贪利性犯罪处罚规则。第（3）种情况与第（2）种情况有些类似，相同之处在于，对于单位犯罪中的直接负责的主管人员和其他直接责任人员不规定罚金刑；相异之处在于，此种情况下主刑也与自然人独立犯罪时不同：只规定了一个刑格的法定刑，而自然人独立犯罪时可能有两个或三个刑格，单位犯罪下直接负责的主管人员和其他直接责任人员的刑罚要轻于自然人独立犯罪，这无疑也是认同单位可以独立成为犯罪主体，单位的直接负责的主管人员和其他直接责任人员只是单位意志的执行者，他们是为了单位利益，在单位意志下行为，犯罪性轻于为自己牟利，对其刑罚不应过重。所以，第（2）、第（3）种情况也可归为一类，单位犯罪中直接负责的主管人员和其他直接责任人员与自然人独立犯罪法定刑不同。两大类别的理念差异之处在于是否肯认单位独立犯罪的概念，理念不同，所指导下的单位犯罪也就不同，导致刑罚方式上出现不同也就不难理解。

第四节　集资型犯罪的主观方面

主观方面是犯罪构成要件中最后的一个方面，主要关涉行为主体的内在思想因素。金融犯罪的主观方面是犯罪主体的一种心理态度，无意识的行为动作及其后果都不能认定为是犯罪后果，可见主观方面的意义重大。集资型犯罪之中的各类犯罪对主观方面有不同的要求，以行动类集资型犯罪为特点，其均要求"以非法占有为目的"，但是作为超主观因素是否应该纳入构成要件之中讨论，需要结合法条进行分析。此外，其他集资型犯罪的各罪所要求的主观因素又有什么特殊之处？在界定不同集资型犯罪时，主观要素的地位到底有什么重要性？通过分析、梳理集资型犯罪的主观方面的内容以及不同罪名之间在罪过形式上的异同，可以更加准确地界定集资型犯罪以及各个集资型犯罪的罪名。

一、主观方面的概念及意义

集资型犯罪属于金融犯罪，金融犯罪的概念可以"拿来主义"式地应用到集资型犯罪之中。金融犯罪的主观方面，是指刑法所规定的、构成某种金融犯罪必须具备的行为人对自己所实施的某种金融犯罪行为及其危害结果所持的心理态度。❶另有学者认为，金融犯罪的主观方面就是指金融犯罪主体在进行金融犯罪活动时所持的心理态势，它反映的是犯罪行为人

---

❶ 李永生主编：《金融犯罪研究》，中国检察出版社2010年版，第41页。

内在的心理活动。❶ 笔者认为两种对金融犯罪主观方面的规定没有本质的不同，只不过在表述时出现了细微的差异：前者的定义注重的是刑法性、条文性，是对刑法主观方面的借鉴与重述，缺陷是严格化的罪刑法定主义对于刑法所未固定的主观要素弃置不顾，且在表述时有失简便。后一种定义紧扣金融犯罪性，明确此为金融犯罪的主观方面的定义，但是似乎偏离了刑法条文而显得过于随意，也不能限定主观方面的形式，其使用"态势"一词也令人难以捉摸其所指。基于此，本书借鉴两种对金融犯罪主观方面的定义，认为集资型犯罪的主观方面是指集资行为主体对自己实施的集资活动及其结果所持的心理态度。

集资型犯罪的主观方面表现为以下三个特点：第一，集资型犯罪主观方面的法定性。即某种具体的集资型犯罪在主观上是由故意构成还是由过失构成，是否需要特定的目的因素，只能依照刑事立法的有关规定来认定，而不能由司法机关或者司法人员肆意确定。该特性是罪刑法定原则的必然要求也是依法定罪的内在要求。第二，集资型犯罪主观方面的时间性。即集资型犯罪的主观方面要求集资人在实施集资行为时所表现出的主观心态，集资人在集资之前或者集资之后所表现的心理态度都不能当作集资行为时心理态度。紧扣行为因素与心理因素的共时性要求特征才能准确的反映行为人从事集资型犯罪的心理实质。第三，集资型犯罪主观方面的重要性。刑法意义上的行为不是无意识的举动而是要求在心理支配下的行为动作。集资型犯罪的主观方面作为支配行为人实施某种集资型犯罪行为时的心理状态，它对某种集资型犯罪行为的存在，某种集资型犯罪危害行为的性质以及某种集资型犯罪危害行为的个数等有着至关重要的作用。离开主观因素讨论集资型犯罪的问题是没有意义的。

对集资型犯罪主观方面的分析与论证，其意义在于能够帮助正确的区分罪与非罪、此罪与彼罪的界限，而且能够有助于司法工作人员准确的定罪量刑。此外，精准掌握犯罪发起的原因有利于正确、有效规避集资型犯

---

❶ 舒慧明主编：《中国金融刑法学》，中国人民公安大学出版社1999年版，第57页。

罪行为，从而在源头上将集资型犯罪消解，减少司法投入。

二、集资型犯罪的罪过形式

集资型犯罪的罪过形式，是指金融犯罪的行为人在实施集资型犯罪过程中对自己的行为及其后果所持的故意或过失的心理态度。具体而言，以刑法条文对主观罪过的界定可以分为故意与过失。但是在集资型犯罪之中是否存在过失犯罪的情况？在故意方面是采用直接故意还是间接故意？

（一）集资型犯罪的故意类型

《刑法》第14条第1款规定："明知自己的行为会发生危害社会的结果，并且希望或者放任这种结果发生，因而构成犯罪的，是故意犯罪。"据此可以认定，故意犯罪是行为主体故意实施的犯罪。刑法中所称的故意，是指行为主体明知自己的行为会发生危害社会的结果，并且希望或者放任这种结果发生的心理态度。故而，集资型犯罪的故意是指，行为主体在明知自己的集资活动属于集资或非法集资会发生危害社会的结果，并希望或者放任这种结果发生的心理态度。故意由两种因素构成：认识因素和意志因素。集资型犯罪的故意罪过也表现了该两种构成要素。集资型犯罪的故意中的认识因素，是指行为人明知自己的行为会发生侵害货币经营管理秩序或他人财产权的危害后果。集资型犯罪的故意因素必要要明知自己行为的性质、内容、行为针对的对象、行为造成的危害后果、行为造成的危害后果与行为之间的因果关系。具体而言不要求行为主体对任一犯罪均认识得很具体，只是在刑法明文规定有"明知"要求时要求行为主体要有很强的注意义务，此外对于其他罪名也同样要求行为人有一般人的认识要求。张明楷教授认为：我国刑法中的故意是一种实质的故意概念，即并不是认识到行为与结果的单纯事实（外部形态）就成立故意，还必须认识到行为的社会意义与结果的危害性质。❶ 也就是说，集资型犯罪的行为主体

---

❶ 张明楷：《刑法学》，法律出版社2011年第四版，第238页。

要认识到自己行为的社会危险性，即行为主体必须知道自己是在犯罪。集资型犯罪的意志因素，是指行为主体对其侵害货币经营管理秩序或他人财产权的行为所引起的后果在主观上所持有的心理态度。如前所述集资型犯罪的罪过形态在故意方面只能是直接故意而不能是间接故意，也就意味着集资型犯罪的意志因素中所持有的心理态度只能是"希望"而不能是"放任"。"希望"是指行为主体积极追求集资型犯罪结果的发生，结果的发生是行为主体实施集资型犯罪行为直接追求的结局，行为主体在主观上没有介入其他的独立意志，不是为了实现其他的犯罪意图而实施该集资行为。"希望"虽然意味着追求结果发生，但也有程度上的差异，强烈、迫切的希望与不是很强烈、迫切的希望，都属于希望危害结果发生。❶ 集资人在实施集资活动中对集资款的占有是"强烈、迫切的希望"，而对于即将造成的危害后果并不是"强烈、迫切的希望"，而是希望"危害结果越小越好，触犯的刑罚越低越好，越不能犯罪越好"的一种直接故意心态。

（二）集资型犯罪不存在过失罪过形式

集资型犯罪是否存在过失的罪过形态？回答此问题需要追溯金融犯罪中罪过形式的分析，即金融犯罪中是否存在过失的罪过形态。金融犯罪的过失是指行为主体应当预见自己行为可能发生的危害结果，因为疏忽大意而没有预见或者已经预见而轻信能够避免，以致发生危害结果的心理态度。那么金融犯罪的这种过失罪过形态是否存在？根据我国新刑法之规定，在金融犯罪中，只有少数犯罪是由过失构成的，如违法发放贷款罪，吸收客户资金不入账罪，对违法票据承兑、付款、保证罪，非法出具金融票证罪等，这些犯罪在主观上均可能存在过失。❷ 非法集资活动的本身所具有的非法性要求其行为过程中必然会造成刑法所保护的客体的损害。换言之，货币经营管理秩序和公私财产所有权属于刑法条文所保护的客体，这些客体之外在表现浓缩于具体的行为关系之中。以非法吸收公众存款罪

---

❶ 张明楷：《刑法学》，法律出版社2011年第四版，第243页。
❷ 李永生主编：《金融犯罪研究》，中国检察出版社2010年版，第43页。

为例，集资人非法吸收公众存款的行为侵犯了国家对货币经营管理秩序的垄断权，集资人的资质不符合国家的相关规定也没有取得国家有关部门颁发的准入证书，属于无证经营，涉嫌非法经营货币业务。集资主体本身资质的欠缺、相关制度的不完善、风险规避机制的不健全等因素在间接的吞噬存款人的钱款。即便吸款人是以正常经营所在的公司为目的吸收存款而非以从事货币业务为目的也不能就此认定为行为主体的合法性，公司等单位非法吸收公众存款符合"无资质、无风险保障、无准入证"等约束条款，既然本属非法怎能认为其存在合法之论？行为主体从事非法的业务，非法行为的必然结果是造成违法或犯罪事实。既然犯罪行为的必然结局是犯罪结果，行为人有意所为且步步策划的行为过程所造成的结果怎么能看做是"放任"又怎么能认为可以过失造成？在集资型犯罪之中，行为主体从事非法集资活动往往需要借助单位才能完成超大型的集资型犯罪，即便不以单位名义实施以个人名义实施非法集资活动也不是盲目的、突然的实施。行为主体在实施非法集资活动时必然有详细的计划，前期准备"骗"取信任，会有"拆东墙补西墙"的行为模式，为了利益最大化行为主体会拉长战线直到难以倒贴前期本息时才会收手，无疑都需要行为人详细、有目的、有计划地开展犯罪活动。如果行为人可以过失实施某种集资型犯罪，那无非是承认行为人的一次过失造成了投资人接连不断、前仆后继地进入陷阱之中。如此则不得不承认，行为人的过失结果是如此之巧妙，行为人的过失竟然可以瞒天过海，投资人竟然是"如此呆傻"。很明显，投资人不是痴傻之徒，行为人的过失也不会造成如此巧妙的局，更不会存在"过失骗"的行为。所以，本书认为集资型犯罪之中一般不存在过失的罪过形态。

　　尽管本书认为集资型犯罪的罪过形态仅有直接故意，却不能排除在集资型犯罪之中存在例外因素。这并不矛盾。集资型犯罪是一个理论的概称，它选择的罪名是与集资型犯罪活动相关的，包括集资前行为、集资中行为、集资后行为，三个时段所包括的罪名分布在《刑法分则》的不同章节之中。不同罪名所体现的集资活动会有不同的表现，在罪过形态方面有所不同也是可以理解的。但就本书中所涉及的26个集资型犯罪的罪名而言，存在以过失罪过形态的成立犯罪的罪名，如出具证明文件重大失实罪。《刑法》第229条第3款规定："第一款规定的人员，严重不负责任，出具的证明文件有重大失实，造成严重后果的，处三年以下有期徒刑或者拘役，并处或者单处罚金。"刑法条文中所规定"严重不负责任"的描述是对过失罪过形态的直接表达。该严重不负责任表现为两种：过于自信的过失和疏忽大意的过失，即行为人已经预见到自己的行为可能发生危害货币经营管理秩序的结果，但轻信能够避免，以致发生这种结果的心理态度；行为人应当知道自己的行为可能发生危害货币经营管理秩序的结果，但因为疏忽大意而没有预见，以致发生这种结果的心理态度。本罪是准备类集资型犯罪，是否准备类集资型犯罪均存在过失犯的可能？并非如此，上述认为存在过失金融犯罪之中所涉及的票据类犯罪之中，在本书中准备类集资型犯罪之类中的违规出具金融票证罪似乎也有成立过失犯的可能。《刑法》第188条第1款规定："银行或者其他金融机构的工作人员违反规定，为他人出具信用证或者其他保函、票据、存单、资信证明，情节严重的……"没有明确本罪主观方面的罪过心态，其"违反规定"的表述较为模糊似乎，既可以认为属于故意犯罪，也可以属于过失犯罪。如果将其理解为故意，则该工作人员与集资行为人存在共谋关系或者合谋关系，即便其于集资人之间没有合意也存在片面帮助的"合意"。行为人与集资人共谋是否还应该以本罪论处，需要讨论：行为主体间存在合意，则表明其为共同犯罪，既然是共同犯罪，也就不需要再单独列"行为罪名"，只需以"结果罪名"规制即可。换句话说，如果此处指称故意，则本罪无存在必要。那么是否就此理解此处的"违反规定"是工作人员过失造成的？笔者认为，该处的"违反规定"应该理解为过失，包括疏忽大意的过失和过于自信的过失。《刑法》第15条第2款规定："过失犯罪，法律有规定的才负刑事责任。"该法律规定并未要求刑法明确规定"某某行为可以以过失的方式成立犯罪"，而是《刑法分则》条文表述中包含过失之意即在条文的前后文意中可以理解为过失即为"法律有规定的"的过失。《刑法》第188条的违规出具金融票证罪可以成立过失犯罪，与之相类似的《刑法》第189条对违法票据承兑、付款、保证罪等罪名中的"违反规定"也应只能理解是过失违反规定。也就说集资型犯罪之中有两个罪名可以成立过失犯罪。

三、解读"非法占有目的"

犯罪目的和犯罪动机是刑法主观方面除去故意与过失之外的重要因素，目的不同于动机。犯罪动机是指刺激行为主体实施犯罪行为以实现犯罪目的的内在起因，如盗窃犯罪中的贪利动机、强奸犯罪中的贪色动机等。强调犯罪动机不同于犯罪目的，并不是否定两者之间的联系。既然两者都是犯罪的主观方面的重要因素，它们之间必然存在密切关系。产生犯罪动机需要具备两个条件：一是行为人的内在需要和愿望；二是外界的诱因和刺激。❶ 内在因素是行为主体产生动机的主导因素，外在因素诸如社会环境等是行为主体产生犯罪动机的随机因素。行为主体具备犯罪动机并不一定会走向犯罪之路，通常还会有其他因素相互酿造行为人的犯罪行为。一般认为犯罪动机只存在于故意犯罪之中，但并非所有的故意犯罪都具备犯罪动机，存在相当部分的故意犯罪属于临时起意。集资型犯罪中行为主体"圈钱"的目的使其在犯罪之前有详备的规划，实施非法集资活动就是为了谋取非法利益，其犯罪动机是明显的。犯罪目的的存在与犯罪动机"自然相伴"。质言之，行为主体的犯罪目的并不是突发的，而是由犯罪动机牵引，存在犯罪目的，一定存在犯罪动机。不排除特殊犯罪之中动机作为犯罪成立与否的关键因素，但其在集资型犯罪的犯罪构成中不占据重要地位，但对定罪量刑具有重要意义。责任要素之外的动机，不是表明责任轻重的要素，只能视为特殊预防必要性大小的因素，并且只能在责任刑之下影响量刑。❷

---

❶　张明楷：《刑法学》，法律出版社2011年第四版，第277页。

❷　同上。

　　犯罪目的是指行为主体主观上通过犯罪行为所希望达到某一犯罪结果的特定心理态度。该特定的心理态度不同于直接故意的意志因素，而是故意的认识因素与意志因素之外的，对某种结果、利益、状态、行为等的内在意向；它是比直接故意的意志因素更为复杂、更为深远的心理态度；其内容也不一定是观念上的危害结果。❶ 集资型犯罪中的目的是指行为主体通过实施某种集资型犯罪行为希望达到某种犯罪结果的主观心理态度。在现有的集资型犯罪之中，刑法对集资型目的犯存在两种规定方式：明定式集资型目的犯罪和暗含式集资型目的犯罪。前者是指在刑法条文中明确以"以非法占有为目的""以转贷牟利为目的"等方式规定的集资型犯罪，后者是指在刑法条文并未明确规定该集资型犯罪的成立必要以某种目的存在为构成要件的集资型犯罪。26个集资型犯罪罪名中，明定式集资型目的犯罪共有4个罪名：高利转贷罪、集资诈骗罪、贷款诈骗罪、合同诈骗罪；其他20个均为暗含式集资型目的犯罪。剩余2个罪名只能由过失构成，所以不存在成立目的犯的可能。即：违规出具金融票证罪、出具证明文件重大失实罪。

　　集资型犯罪的主观目的有两个："以牟利为目的"和"以扰乱货币经营管理秩序为目的"。牟利目的是集资型犯罪作为贪利性犯罪所必然体现的犯罪目的，如果说行为主体实施非法集资行为没有贪利性而仅仅是为了寻求集资过程中的犯罪刺激，这是难以想象的。行为主体即便以从事非法集资活动作为挑战目标，但在集资过程中也"夹杂了"牟利的目的，集资型犯罪的泛牟利目的是不可否认的。至于扰乱货币经营管理秩序看似并非集资型犯罪所持有的目的，似乎更愿意认为扰乱货币经营管理秩序的结果只是附随性的，行为主体对其是排斥的。但是正如前文中对间接故意和过失犯罪的抛弃理由中所论述的，行为主体既然实施了犯罪行为，又对犯罪行为造成的或侵害的后果持"放任或过失"心态，无意于分裂了行为与行为人。行为主体实施某种犯罪行为，该犯罪行为所应和的某种犯罪后果是

---

❶　张明楷：《刑法学》，法律出版社2011年第四版，第274~275页。

不能改变的。同样的，行为主体在集资活动中必然知晓其行为对货币经营管理秩序的危害，且其未采取消极或放弃犯罪行为的做法反而是积极实施集资型犯罪行为，怎么能否认其主观上持有"以扰乱货币经营管理秩序为目的"？

集资型犯罪中所要求的特殊的犯罪目的是不需质疑的，但是在真实的司法案件中如何认定行为人存在某种特殊的目的成为重要的难题。目的因素是主观方面的因素其反映的是行为人主观上的想法，除非行为人主动交代其犯罪目的，否则就需要通过对行为人如何使用、处置集资款、为何集资等客观行为的考察，推定行为人集资时是否具有某种特殊目的。根据现代汉语词典的释义，推定有两个含义：（1）推测判定；（2）推举决定。法律术语中的推定暗含有"推测评定"的含义，但其具体概念则众说纷纭。《布莱克法律词典》中对推定的描述为："推定是一个立法或者司法上的法律规则，是一种根据既定事实得出推定事实的法律规则，推定是在缺乏其他证明方法时所使用的一种根据已知证据作出确定性推断的法律设计，推定是依法从已知事实或诉讼中确定的事实出发所作的假定。"❶《元照英美法词典》中"在证据法上，推定是指从其他经司法认知或经证明或承认为真实的事实（一般称为基础事实[basic facts]）中推断出某一事实成立或为真实。"❷ 在美国法律中，推定一词争议极大，学者论述不一，但通常将推定视为推论，认为"推定是关于某事实存在与否的推断，而这种推断又是根据其他基础或者基本事实来完成的"❸。而《意大利民法典》第2727条规定："推定是指法律或法官由已知的事实推测出一个未知事实所获得的结果。"《法国民法典》也有类似规定。我国学者对推定的概念也是莫衷一是，或者将推定等同于假定或者将推定视为推论。裴苍龄教授认为：推定是指通过对基础事实与未知事实之间的常态联系的肯

---

❶ 龙宗智："推定的界限及适用"，载《法学研究》2008年第1期。

❷ 薛波主编、潘汉典总审定：《元照英美法词典（缩印版）》，北京大学出版社2013年版，第1084页。

❸ [美]乔恩•R•华尔兹：《刑事证据大全》，何家弘等译，中国公安大学出版社1993年版，第314页。

定来认定事实的特殊方法。❶ 国内学者的这几种观点值得商榷。推定制度不同于推论、推理，更不是假定。推定的概念中存在两个事实：基础事实与推定事实。基础事实以可以通过现实取证直接获得、证实的事实；推定事实单独来看也是一种事实，只不过该事实由于现实的局限性或者当时的情景条件下难以证实、难以查证，需要凭借另外的事实来推证该事实存在。该另外的事实即为基础事实，基础事实是推定事实的充分但不必要条件，两种事实之间存在一个可以为普通民众所接受的关系。正是基于这一关系，在难以证明推定事实的情况下，通过证实基础事实进而推论推定事实的存在，肯定了推定事实存在，这种肯定是高度盖然性的，有被反驳的可能。推定是一个严密的逻辑思维过程，还需要借助于现实情况，在逻辑推导和经验的基础上进行推定。本质上推定是一种方法、一种推论推定事实存在的逻辑演进方法，运用于司法领域则是通过推定制度实现特定的法律目的。简言之，推定是指出于特定的法律目的，借助于逻辑思维与现实经验，通过基础事实证明推定事实存在的法律方法。具体到刑事司法中，推定应更为严谨，即刑事推定是指国家基于特定的刑事政策，为打击违法犯罪，在特殊类型案件中规定，某些基础事实查实的情况下，通过基础事实证明某一推定事实的存在，行为人不能举证反驳这一推定事实，行为即成立犯罪。推定是基于一种刑事政策的考虑而附加到刑法之中的法律技巧，集资型犯罪对推定的要求是推定其主观上存在某种犯罪目的。以集资诈骗罪为例《非法集资司法解释》中第4条第2款规定：使用诈骗方法非法集资，具有下列情形之一的，可以认定为"以非法占有为目的"：（1）集资后不用于生产经营活动或者用于生产经营活动与筹集资金规模明显不成比例，致使集资款不能返还的；（2）肆意挥霍集资款，致使集资款不能返还的；（3）携带集资款逃匿的；（4）将集资款用于违法犯罪活动的；（5）抽逃、转移资金、隐匿财产，逃避返还资金的；（6）隐匿、销毁账目，或者搞假破产、假倒闭，逃避返还资金的；（7）拒不

---

❶ 裴苍龄："再论推定"，载《法学研究》2006年第3期。

88

交代资金去向，逃避返还资金的；（8）其他可以认定非法占有目的的情形。只要行为主体在集资活动过程中、集资之后存在上述8种行为之一的便可以认定行为人存在"以非法占有为目的"，进而根据其他犯罪证据认定行为人触犯集资诈骗罪的事实。《非法集资司法解释》中8种行为"可以认定"为具有"以非法占有为目的"是推定这一法律技术的运用。2010年《解释》中规定的是8种行为而非直接表述的目的，从行为样态中反应出行为人的犯罪目的通过司法解释的方式明定此种行为定然包含"以非法占有为目的"。由此"类推"其他集资型犯罪中的主观目的并非直接源自行为人的思想，实施上除非行为人自我告白，也无从验证行为人在犯罪过程中的具体犯罪目的是什么。基于客观归责原则、客观可确定性的原因认为，可以借由行为人的行为表征推定出行为人的内在目的。至于何种行为具有非法占有目的、牟利目的、扰乱货币经营管理秩序，可以参照《非法集资司法解释》中规定的8种行为样态。集资诈骗罪是集资型犯罪中集资性征最为明显的罪名，其所规范的行为具有融合性，集资诈骗罪从各罪分析上看也包含集资准备、非法集资行为实施、集资款"洗白"等三个时点的行为样态，且在犯罪过程中会有各种其他犯罪行为有牵连犯，也有竞合犯。总结为一点便是，集资诈骗罪所规范的行为样态与集资型犯罪中其他罪名所规范的行为样态之间存在牵连、并和、重复、吸收等关系，可以依据本罪对"以非法占有为目的"的推定模式推定其他集资型犯罪的主观目的。

第五章　互联网视域下集资型犯罪问题
—— 以网络借贷为例

网络借贷是一种新兴的借贷方式，是对传统民间借贷的颠覆或者是对传统借贷方式的延伸与发展，是互联网金融时代中典型的集资型犯罪集中地。传统民间借贷即线下交易，而网络借贷则突破线下交易这一局限，将交易扩展到虚拟的网络中。网络平台借贷不再是局限于某个地区、某个领域的借与贷，其影响范围是所有可接触到网络终端的任一社会个体或组织。无疑，信息科技的发展扩展了借方与贷方的"主体"范围，网络虚拟世界中面临的各种风险不容忽视。网络借贷是线上交易，交易双方不需要"面对面"交易，交易成功后，某一方毁约对于缔约相对方而言会带来经济损失，且网络交易的必然难题是难以找到真实的交易对方，这对于追究毁约方的法律责任带来巨大风险。同时，网络借贷属于"灰色地带"，网络借贷平台一旦超出合法经营范围，就将面临法律的责难。法律条文是死的，但是对于法律条文的适用与解释应当是活的。本章分析新兴借贷手段的各种特征与问题，探寻互联网视域下集资型犯罪这一新问题，以典型的网络借贷为分基点，以点到面分析集资型犯罪在互联网金融时期的特征与规制路径，发挥刑法与时俱进的应对问题的能力，化解社会风险。

第一节　网络借贷概念与问题

借贷是一种合理的资金分配形式，资金富足者通过"贷"把多余的资金借给资金需求者，而资金短缺者通过"借"获取己方所需求的大量资金。借贷双方通过借贷行为满足了各自的需求，同时也带动经济流通，甚至一定程度上可以促进经济的发展。传统的借贷方式有民间借贷与官方借贷。官方借贷是指法定的金融机构即拥有吸储、借贷资金权限的银行或者其他非银行金融机构进行借贷活动；民间借贷在2015年8月6日最高人民法院颁发《最高人民法院关于审理民间借贷案件适用法律若干问题的规定》（以下简称2015年《民间借贷规定》）前没有相应的法律法规明确规范民间借贷活动，使民间借贷处于合法与非法的变动之中。2015年《规定》颁发后，民间借贷有了规范的法律依据，但相对于线下的民间借贷而言，线上的网络借贷仍面临较大的法律困境。

一、网络借贷的缘起

网络借贷是民间借贷的网络化，2015年《民间借贷规定》对于民间借贷的定义为："民间借贷，是指自然人、法人、其他组织之间及其相互之间进行资金融通的行为。"而网络借贷作为网络化的民间借贷，本质上为民间借贷，形式上采用了互联网平台，故而其概念可作如下定义：是指自然人、法人、其他组织之间及其相互之间利用互联网借贷平台进行资金融通的行为。当代流行的网络借贷模式与小额贷款的开创者孟加拉经济学家穆罕默德·尤努斯有着密切的联系。被称为"小额贷款之父"的尤努斯创立的格莱珉银行开启了"乡村银行"的风暴，并因其借贷银行被授予"诺贝尔和平奖"。而现代意义上的网络借贷平台最早产生于英国。2005年，一个被称为Zopa网络借贷平台在英国诞生，这是世界上最早的网络借贷平台。其后2005年11月美国最早的借贷平台Kiva诞生，其是非营利性的。2006年美国最大的借贷平台Prosper诞生。2006年，有着"尤努斯学徒"之称的唐宁创办了"宜信"，最早将P2P网络借贷概念引入国内。但宜信最初只是引进了概念并没有实际运行网络借贷，直到2008年才推出"宜信P2P信贷服务平台"。而在此之前中国第一家网络借贷平台"拍拍贷"已于2007年成立，并开启了国内网络借贷平台的浪潮，之后各种网络借贷平台蜂拥而起，如红岭创投、青岛贷款网、搜好贷、人人贷等网络贷款平台如雨后春笋般出现。但在2011年之前，我国法律、法规对网络贷款尚无明确规范，网络贷款平台和业务基本处于监管真空状态，其内在风险堪忧。2011年8月23日，银监会办公厅发布《人人贷有关风险提示的通知》，首次对P2P贷款平台的风险做出提示。

网络借贷平台英文缩写为P2P，即peer to peer或者person to person，其意为：人与人之间的借贷。只不过网络借贷是线上的自然人之间的借贷，而不是传统意义上的自然人借贷。它突破了面对面交易的局限，扩张了借贷的手段。线下的民间借贷一般意义上是熟人社会的产物，借贷双方是朋友关系或者有血缘关系，在借贷双方对于借贷合同、利息等要求不甚严格。这种借贷也在某种意义上属于救济性的、非营利的。随着市场经济和城镇化的推进，乡土社会的"乡土气"被冲淡了，传统的民间借贷也被带进了城镇社会的环境中。加之公民手中拥有部分的闲置资金，有借出资金以挣取资金利益的欲望，异化了传统意义上救济性的民间借贷，借贷双方超出了"关系"，而更多地在于追求借贷中的利益诉求。网络科技的发展更加剧了这一步伐，借贷双方属于纯碎的金钱交易，而没有救济的概念。网络借贷的发展在异化传统民间借贷特质的同时呈现出新的特点，并带来一系列问题。

二、网络借贷的特点与问题

线上的网络借贷是利用互联网的扩展性与易得性展开的。信息时代互联网的普及性难以想象，中国网民很快达到世界之最，中国已经成为一个互联网大国。互联网时代公民的生活离不开网络，手机等便捷性用户终端被普及。普通民众可以很廉价地获取互联网服务，并利用网络满足各种生活需求：网上聊天、网上购物、网上订餐。网络借贷也是顺应这一潮流而产生的。阿里巴巴旗下的"蚂蚁花呗"与京东商城的"京东白条"而为两种知名的网络借贷平台。各种网络借贷平台充斥于社会，相关法律、法规都还未健全，于是催生出许多问题，引人深思。

网络借贷在传统民间借贷基础上发展而来，在继承了传统线下民间借贷优势的同时，摒弃了传统民间借贷的弊端，并借助网络发展出自己的特点与优势：（1）覆盖面广。网络借贷凭借网络的普及在传播效应上超出了传统民间借贷地域性的局限，网络借贷通过网络实现信息传递，网络的及时性、无地域性、无时间性使网络借贷的宣传得到最大范围的扩大。网络借贷已经突破"关系"范围而连接了所有资金需求方与资金短缺方，覆盖范围广。（2）信息传递快，无门槛，易获得。线下的民间借贷更多通过纸媒、电视、短信等方式传播、扩散借贷信息，而网络平台的天然优势便是信息的易传递性、易获取性。任何一个公民都可以通过互联网找寻到有关借贷平台的详细信息。（3）交易便捷。网络借贷可在不出门的情况下借得资金，通过网络借贷平台申请借贷，通过审核后资金便会进入自己的账户不需要面对面交易的繁琐，避免了面对面现金借贷的弊端。（4）成本低。网络借贷中不必亲临"借贷现场"即可完成资金借贷。体系化与规范化的网络借贷平台节约了时间成本，也节省了线下交易时的交通费、餐饮费等无关费用。出借方在网络优势下也降低了宣传成本的支出。

虽然网络借贷有上述诸多优势，但作为民间借贷的一种形式，且作为一种新生事物，其在运行中显露的问题仍需警惕。在网络借贷运行过程中反映出的问题，主要表现为：（1）网络借贷影响宏观调控。脱离于官方的民间借贷吸引了大量的资金，当国家需要金融资金做出有效金融调控时会遭遇不能。（2）网络借贷平台异化为非法金融机构。网络借贷平台本为链接借贷双方的非金融机构，仅提供信息平台作用，但是在运行中易突破"平台"界限转化为金融性机构。（3）监管制度不严密，风险难控。虚拟的网络世界相对于现实世界更加难以约束，而金融风险的不确定性、易发性、扩散性等特质易造成监管缺位下的金融风暴。（4）借贷质量低。网络借贷平台的易接触性造成任何公民都可以通过网络申请借贷资金，而申请人个人的信用状况网络借贷平台并不能完全真实掌握。这将隐藏着相关人没有借款资质但通过造假等手段蒙骗借贷平台，从而造成贷款人的损失，并引发社会纠纷。同时出借人的资金合法性也难以有效核实，引发利用网络借贷平台"洗钱"、转贷获取利益等违法犯罪行为。

第二节　网络借贷的刑法立场

网络借贷是时代的产物，既带给民众便利，也充满隐患。网络借贷是在民间借贷基础上发展而来的，原本为民间借贷的一种新形式。可以说，网络借贷与传统的民间借贷只是操作方式上不同，在借贷本质即资金"借""贷"上没有本质区别。在金融风险日益彰显的当今社会，互联网金融交易的风险显示出"防控不能"的特性。就网络借贷而言，因其广泛性、易得性的优势带来的现实风险更高，波及面更广，查处难度更大。为避免风险损失，应在出现风险后果之前对网络借贷进行规制。而现有的法律体系中对网络借贷的规范很散乱，刑法规范对于网络借贷的规制条款主要存在于《刑法》第三章破坏社会主义市场经济秩序罪第四节破坏金融管理秩序罪的有关条款中。但刑法谦抑性所体现的最后手段性与罪刑法定原则所要求的"明文规定"又要求刑法在网络借贷规制中保持应有的克制，但这并不意味着刑法在网络借贷犯罪中不作为，而是"有所为，有所不为"。

一、网络借贷需要刑法规制

"贫富差距"在任何一个社会中都存在，只不过不同的社会形态中其表现有所差异。贫与富的对立是资金占有量上的差异，此时资金不仅仅是以货币形式表现，房产、地产、股票、基金等各种形式的财产权利都体现了权利所有人的资金量。资金量的不对等必然要求在资金上有所流通，也即在穷与富之间需要资金的流通。在市场经济体系中，市场主体自由交易可以有效、便捷地形成财物的交换，带动了市场有效运行。国内民间借贷市场中存在大量的资金需求者，即小企业主。小企业主一方面有较大的资金需求，同时因其经营风险与当下信贷体制的不健全，致使其向银行借贷时存在困难，或者借不到资金，或者借贷周期较长，满足不了迫切的资金需求。而相对于合法的金融机构而言，民间资本也达到一种饱和状态，手中有大量闲置资金的公民也在寻找"理财"方式。民间借贷由此自然而生，但是民间借贷是游离于合法借贷与非法借贷之间的一种借贷方式，通过民间借贷的手段获取资金或者通过民间借贷而赚取资金利益，会变形为非法借贷，可能涉嫌非法设立金融机构罪、非法吸收公众存款罪、集资诈骗罪等金融犯罪。2015年《民间借贷规定》中明示了民间借贷的合法地位，并且其第22条规定："借贷双方通过网络贷款平台形成借贷关系，网络贷款平台的提供者仅提供媒介服务，当事人请求其承担担保责任的，人民法院不予支持。网络贷款平台的提供者通过网页、广告或者其他媒介明示或者有其他证据证明其为借贷提供担保，出借人请求网络贷款平台的提供者承担担保责任的，人民法院应予支持。"2015年《民间借贷规定》不但对线下的民间借贷合法做出规定，且对新型的网络借贷也有所规范。正如2015年《民间借贷规定》中的条文所示网络借贷平台可以提供"媒介服务""明示或者有其他证据证明其为借贷提供担保"，意味着网络借贷平台仅仅是一个平台，而并不能作为借贷资金的任何一方。但现实却不是如此，"小额贷款公司通过网络平台发放贷款，形成了一种类似于B2B（企业对企业）的交易形式，用于解决小微企业融资难的问题"❶。网络借贷平台已经超出了其"平台"范围，参与到实际的借贷经营中。网络借贷平台通过法律、法规规定的合法手续在网络中为借贷双方提供信息渠道，属于"合法经营"，一旦经营者超出法定权限，便走向违法犯罪的边缘。网络借贷平台提供保证人地位，或者以自有资金为借方提供资金，或者以自有资金返还贷方钱款，此时的网络借贷已然成为金融机

---

❶　刘权："P2P网络借贷犯罪及其刑法治理研究"，载《中国人民公安大学学报（社会科学版）》2014年第6期。

构，是非法吸收公众资金的非法金融机构。此种情形下，网络借贷便进入了《刑法》第176条规定的非法吸收公众存款罪以及第174条擅自设立金融机构罪的范畴。刑法应当对金融违法犯罪，保持警惕，对于破坏金融秩序的违法行为依法进行规制。

网络借贷本质上属于民间借贷，只不过其利用了互联网技术。线下民间借贷中所隐藏的违法犯罪特性并没有被网络借贷所克服，恰恰相反，网络借贷"放大了"线下民间借贷所包涵的违法犯罪性。网络借贷的信息扩散快、覆盖面广、吸放资金效率高等优势也加大了资金断裂时的金融风险。一旦吸金人或者网络平台拒绝还款甚至恶意吸收资金，则其带来的危害将是塌陷性的，波及领域不再是某个地区，而是全国范围。2014 年上半年，四川等地数百家担保公司被注销；同年11月因担保公司跑路，四川财富联盟倒闭，2亿多元资金去向不明，另有上百家担保公司、P2P平台和借款公司陷入危机。[1] 这都要求刑法规制网络借贷带来的风险。

二、网络借贷中刑法应当有所作为

借贷业务属于银行等合法金融机构的专属业务，国家通过控制金融行业的市场准入秩序以保证有资格的信贷机构经营资金吸储业务，避免不具备资质的组织、个人非法吸收资金，破坏稳定的金融秩序。2011年银监会颁发的《关于切实做好2011年地方政府融资平台贷款风险监管工作的通知》中列出人人贷中介业务的七大风险与问题：（1）影响宏观调控效果；（2）容易演变为非法金融机构；（3）业务风险难以控制；（4）不实宣传影响银行体系整体声誉；（5）监管职责不清，法律性质不明；（6）信用风险偏高，贷款质量差；（7）其他风险隐患。网络借贷的风险必然带来对金融秩序的破坏，其中第（1）项将是对宏观金融秩序的威胁；第（4）项和第（5）项则在制度方面对现有金融体制造成破

---

[1] 毛宇丹："担保公司现跑路潮 鹏润担保'失联'涉资超 2.5 亿元"，载《证券日报》2014 年 7 月 8 日，第 B3 版。

坏性的影响，使法定金融机构整体声誉受损，监管责任不清也带来违法风险；第（3）项、第（4）项、第（7）项的隐蔽风险在金融风险中更加凸显，网络平台借助网络的放大效应带来的风险更加难以预防，一旦失控，其后果将是难以承受的；第（2）项则涉及非法金融机构的设立与网络平台非法借贷公众资金业务，这一系列的风险与问题都要求法律有所作为。

　　刑法是后盾法，也是保障法，刑法的谦抑性要求刑法保持谦抑的精神，在其他法律没有对相关违法行为规制之前应当保持应有的克制，避免刑法的扩张与泛化。刑法谦抑性要求刑法在危害行为面前不是积极的前进，而是保持冷静的有限度的进攻。正如有学者所言：我国刑法学者对于谦抑性的基本含义有较一致的认识，即着眼于限制刑法发挥作用的范围和适用刑法的必要性，强调刑法的最后手段性。❶ 肯定刑法谦抑精神无可厚非，但是刑法谦抑不是一剂包治百病的万能药，不能在任何场合都倡行刑法的谦抑。如果将刑法的谦抑扩张到整个刑法领域，即表现为一种非刑法化的趋势，而我国国情表征着犯罪化的需求强于非犯罪化。特别是，我国刑法体系不够严密，在金融犯罪领域立法存在些许疏漏，如果一味倡导刑法谦抑性、推行非犯罪化，必会放纵金融领域的违法犯罪现象，给国家金融秩序造成无可挽回的破坏，甚至带来局部性的金融塌陷等社会问题。因而，在网络借贷中，刑法在保持克制的同时应该在现有刑法体系内对犯罪行为以有力打击，这也符合储槐植教授所提倡的"密而不严"的刑法理念。正视刑法谦抑"是刑法应当具备的品格，谦抑性的贯彻确实对某些问题的解决不无裨益，但运用谦抑性存在诸多理论与现实难题的根本原因不是尚未形成系统的制度，将解决问题的希望寄予系统的谦抑制度，实在是令谦抑性负载了其不能承受之重"❷。故而，网络借贷中涉嫌犯罪行为时，刑法应当有所作为。

　　《刑法》第3条规定："法律明文规定为犯罪行为的，依照法律定罪

❶ 刘媛媛："刑法谦抑性及其边界"，载《理论探索》2011年第5期。
❷ 刘媛媛："刑法谦抑性及其边界"，载《理论探索》2011年第5期。

处罚；法律没有明文规定为犯罪行为的，不得定罪处罚。"这一条文是对罪刑法定原则的具体规定。正如条文所言，刑法规制某种犯罪行为必须以某种犯罪行为已被刑法明文规定为前提，否则"法律没有明文规定为犯罪行为的，不得定罪处罚"。网络借贷这一名词在所有的刑法条文中都没有规定，属于"法律没有明文规定的"，但刑法是否一定不能处罚该种行为？答案是否定的。网络借贷的实质是民间借贷，只不过是民间借贷利用了互联网这一虚拟环境，通过新型的手段完成传统的借贷行为。网络借贷中利用的借贷平台需要取得国家许可的资质方能在互联网上开展借贷服务，而且该平台也仅能开展借贷服务而不能超过其平台范围经营提供其他服务。一旦网络借贷平台超出其准许的经营服务范围，则必然要面临法律的规制。而其超出范围的服务通常为非法借出资金行为或非法吸收资金行为，该行为方式属于刑法规定的犯罪行为，运用刑法进行规制将是必然的。《刑法》第176条非法吸收公众存款罪规制的是非法吸收或者变相吸收公众存款行为，而第174条非法设立金融机构罪规制的是未经国家机关批准擅自设立金融机构的行为。前罪与后罪有牵连关系或者手段关系，非法吸收公众存款的机构或个人在吸收公众存款时，通常会通过一个外化的金融机构，并通过该金融机构以获取存款人与借款人的信任，因而在具体案件基于牵连关系或者结果行为吸收手段行为的考量可以把非法设立金融机构罪的行为因素加入非法吸收公众存款行为中。因而，网络借贷虽不同于线下民间借贷行为，但其民间借贷的行为本质意味着民间借贷中存在的犯罪行为也存在于网络借贷中，以刑法中的相关条款打击非法的网络借贷行为，不是对罪刑法定原则的背离，而是贯彻罪刑法定原则。故而，罪刑法定原则也要求刑法在网络借贷中有所作为。

第三节　互联网领域中集资型犯罪的界分问题

一、"扎堆的"非法集资行为

民间借贷是小范围主体间的小规模融资活动，其意在亲朋之间的生活性救助、生产性帮扶。随着民间资本市场供求关系的日益紧张，越来越多的大范围、大规模融资活动出现，地下银行、民间互助会等资金融通模式产生。网贷平台通过"上线化"将民间借贷升级，也对传统银行和非银行类金融机构带来冲击。但互联网的特性使网贷平台在本土化过程中放大、扩散，加剧了民间借贷中存在的非法集资行为。

（一）网络借贷中的集资行为

集资体现为资金由多数主体流向单个主体或少数主体。传统民间借贷中，中小企业通过集资行为获取一定范围内主体的资金用于本单位的生产经营活动，如果企业借助于网贷平台发布集资公告其获得的资金来自范围不特定的主体，但两种方式中资金供给者均是不特定的，差异仅限于资金供给者在地域范围上的广散性。无疑，后者的集资风险要大于前者，在实然意义上，网络借贷中存在三类集资主体：（1）网贷平台，银行和非银行类金融机构开设的网贷平台可以在已有权限内吸收资金，此外的其他主体开设的网贷平台通过理财业务、投资业务等方式"合法"吸收资金；（2）借款人、资金需求者通过网贷平台发布借款信息，以获取投资人或者网贷平台的借款；（3）投资人，该类主体作为"放血带"将自有、他有资金投放到网贷平台或者借给借款人。三类主体都存在违法的可能，投资人明知借贷方虚假借贷，但因利益诱惑通过分享链接、口头告知等方式让更多主体参与投资，以使自己获得部分利益，或明知网贷平台虚假、不可靠依然对其投资赚取部分利益，又跟人炫耀其取财经历，致使他人投资并造成他人损失的，存在过失责任。但集资行为中投资人更多体现为受害主体，而在现有法律未规定其集资责任时不应对其惩处。此外，与传统线下集资行为相比，网络借贷中投资人的"罪责"更小。在网贷平台和借款人作为集资主体具有"天然"违法性，获得资金的借款人拒不还款、将款项用于非借款用途等；网贷平台经营理财等非信息疏通业务都应取得许可，未经许可擅自吸收存款有非法吸收存款之嫌疑。集资主体的集资行为模式因主体不同而有所差异，具体而言分为两大类别：（1）网贷平台直接从事集资活动；（2）借款人利用网贷平台从事集资活动。网贷平台直接从事集资活动的主因在于对网贷平台模式的规范缺失，英美模式下网贷平台在信用借贷中发挥更大的效用，而国内网贷平台缺少信用体系，更多承担生产性借贷服务、理财服务等。"变异化"的网贷平台通过三种较为普遍的形式进行集资活动：（1）自融。中小企业通过自己设立的网贷融资以用于企业经营，此种模式下还可细分为将融资用于本企业和将融资用于关联企业两种形式。（2）理财产品。网贷平台打造各种形式的理财产品以吸引投资人投资，网贷平台将投资再需求借贷者，此种模式下投资人与借款人不存在直接债权关系。（3）拆标。网贷平台将借款人的借款项目拆分成不同类型的标的，再通过平台介绍给投资人，形式可为：长期借款拆为短期贷款、以借养贷、资金池。三种类型下形式差异在本质上有相通之处：（1）网贷平台实际掌握了资金供给和需求，隔断了资金供求双方直接联系和信息交互；❶（2）资金的非自有性存在"挤兑"、期限错配、流动资金短缺等风险，进而使平台失去运营"后力"，引发金融风险。借款人的集资形式与传统的集资形式并无本质差异，只是形式上借助于网贷平台：互联网环境中自然人或法人（组织）借款人，通过网贷平台获取平台或者投资人的款项。借贷过程中不排除借款人与网贷平台或平台工作人员勾结，在借款人不具备借款资格或者不具备相应借款权限时，通过非法手段得到相应资格或权限，吸收的款项从而陷入风险之中。

（二）合法集资与非法集资

集资行为根据合法与否可分为合法集资与非法集资。前者是适格主体

---

❶ 陈晨："P2P网贷平台存在非法集资刑事风险"，载《检察日报》2015年8月26日，第003版。

在法律规定的范围内进行的合法的集资行为，如商业银行吸收公众存款、上市公司发行股票、债券。后者表现为：（1）适格主体违反法律规定非法吸收公众存款，如商业银行通过提高利率等方式变相吸收公众存款，上市公司擅自发行股票、债权或者超出核准数量发行股票、债券。（2）不适格主体违法进行的非法集资行为，如擅自设立金融机构吸收公众存款、非上市公司擅自发行股票、债券。非法集资在国外又被称为"庞氏骗局"（Ponzi Scheme），是金融领域的投资诈骗，被称为金字塔骗局的始祖，中国称之为"拆东墙补西墙""空手套白狼"。网贷平台设立资金池、拆标等行为是为典型的"拆东墙补西墙"，且网贷平台本身以信息中介为基点，其营利手段主要为手续费，一旦非法开设非中介业务或者违规运营其他金融业务，就有非法集资之嫌。

合法集资与非法集资分别对应了两个金融体系：正规金融体系和地下金融体系。此处的非法集资不是违法犯罪意义上的"非法"，而仅指不在现有法律规制下的金融行为。传统的民间融资行为是合法的，民间借贷属于地下金融体系而非正规的金融体系。正规金融体系只限于依法设立的银行、银行类金融机构、其他合法金融机构。此外的金融行为均隶属于地下金融体系，包括合法的民间借贷与非法的民间借贷，即非法集资。

合法的集资行为包括正规金融体系内的集资行为与合法的民间借贷，其特性表现为以下条件：（1）集资主体适格；（2）集资目的必须合法；（3）集资行为合法。合法的民间借贷在借贷规模、集资人数小于正规金融体系内金融主体的行为。非法集资行为具体指非法的民间借贷活动和适格主体的非法集资活动，其特性根据《非法集资司法解释》第1条规定提及包含"四性"：（1）非法性，分为主体非法与行为非法，前者指称不具备吸收资金权限的主体擅自集资，后者则为适格主体违反法律规定集资或者非适格主体非法集资，即"主体非法+行为非法"，是谓"未经有关部门依法批准或者借用合法经营的形式吸收资金"。（2）公开宣传性，民间主体间小范围、私密性的借贷行为属于合法民间借贷，而通过广告类性质的形式公开宣传、散布集资信息有可能涉及大量的、跨地域、不受控制群体则存在非法集资的行为样态，是谓"通过媒体、推介会、传单、手机短信等途径向社会公开宣传"。（3）超对价性，民间传统借贷行为在无约定情况下视为无利息，而集资活动中集资方承诺给予投资人以"回报"，该"回报"具有金钱属性，但不一定表现为货币，通常投资人收益高于一般的银行利率，是谓"承诺在一定期限内以货币、实物、股权等方式还本付息或者给付回报"。（4）对象不特定性，集资行为面向的主体是不特定的，包括：①一定群体内不特定对象，如集资人对某个连锁公司的各分支职工散布集资信息，但并不意味连锁单位的职工均会参与集资；②非特定群体中的不特定对象，如集资人面向社会无限制的宣传，其潜在的投资人不受任何条件限制，是谓"向社会公众即社会不特定对象吸收资金"。集资行为在互联网环境中存在"线上性"，即线下集资行为通过互联网天然具备了非法集资特性，其集资对象是非特定的投资人，借助于互联网即时性、信息易得性，其广告效应远超普通宣传行为，而且网贷制度缺失使其非法性更加显著，正是由于其高额利益才吸引众多民间资金的流入。无疑，网贷活动完全具备上述"四性"，存在非法集资的危险。

（三）非法集资行为的责任风险

集资人在吸收资金的行为过程中违反集资行为规范时便面临法律责任的风险。集资活动吸收资金过程中可能存在责任风险表现为三个方面：民事责任风险、行政责任风险、刑事责任风险。

1.民事责任风险。集资人在集资过程中违反合同规范，致使合同有瑕疵、无效的风险：（1）资信证明文件存在欺诈，如行为人抵押的财物属于多重抵押或者行为人抵押时抵押物已属于占有改定物；（2）允诺"超规范"回报，根据《民间借贷规定》指出"借贷双方约定的利率超过年利率36%，超过部分的利息约定无效"；（3）互联网金融电子合同发生纠纷存在举证难、诉讼难的风险等。

2.行政责任风险。集资活动中涉及的行政责任风险主要分布于金融法规之中。如《公司法》第154条规定：发行公司债券的申请经国务院授权的部门核准后，应当公告公司债券募集办法。违反此规定的限期责令改正，拒不悔改将吊销营业执照。再如《商业银行法》第8章规定，银行违反该法银监会责令改正并处罚款，相关责任人员也将承担相应的法律责任；《证券法》第188~190条规定，未经法定机关核准，擅自公开或者变相公开发行证券的，责令停止发行，退还所募资金并加算银行同期存款利息，并处罚款等。

3.刑事责任风险。集资行为潜在的民事合同风险可以通过借贷主体之间有效协商变更合同内容以实现集资的合法化，即便借贷主体间无法达成和解协议诉至法院，最终效力上是借贷主体各方在自由资金上并无实质损失。而集资主体违反行政法规，如集资主体擅自发行股票、违规经营金融业务，但集资行为属于"预备"或者集资行为不符合"数额较大""情节严重"，然而其违反行政法规的相关规定必然遭受行政机构作出的罚款、暂停营业、吊销营业执照等行政处罚。当民事法律、行政法律难以有效制裁集资人的集资行为时，需要刑法手段对其惩罚。

二、"犯罪化"集资行为的界分与刑法规制

在金融抑制政策下，集资行为存在犯罪化的风险，合法集资渠道未能覆盖全部的社会资本，留余的民间资本市场资源丰富，滋生了民间金融。随着作为民间借贷的发展，犯罪也随之而来，大量的非法集资行为以民间借贷的面貌抢占民间资本、危害金融安全。同时资金供求紧张的环境下适格金融主体也存在非法集资的倾向，适格金融机构"变相吸收公众存款"，或者金融机构内部人员徇私舞弊、贪污受贿，也会破坏正常的金融秩序。在民事、行政法律难以维续合法集资活动时，刑法以"低调的姿态"打击非法集资行为，以严厉的刑罚手段规制、教育、引导集资行为。

（一）犯罪化的集资行为的界分

刑事法律规制的对象是犯罪活动，非法集资行为只有进入犯罪的范畴之后才能被刑法所评价。刑法所谓的非法集资行为需具备"四性"，即

非法性、公开宣传性、超对价性、对象不特定性，但仅此不能以刑法规制非法集资行为。刑法的最严厉性也必然要求其介入民事行为的条件最严格化，只有刑法已经将某种集资行为明文规定为犯罪行为之后才能据以判处相应的刑罚，即以刑法规制非法集资行为必须符合罪刑法定原则。在26个集资型犯罪之中直接规范非法集资行为的罪名包括第174条非法设立金融机构罪、第176条非法吸收公众存款罪、第179条擅自发行股票、公司、企业债券罪、第192条集资诈骗罪、第224条合同诈骗罪、第224条之一组织、领导传销活动罪、第225条非法经营罪等7个罪名。根据所规制的集资行为的不同特性，这7个罪名可归为三类：（1）未经批准类，集资主体未经相关部门批准"擅自"行为，包括非法设立金融机构罪、擅自发行股票、公司、企业债券罪；（2）扰乱秩序类，适格主体违规集资扰乱相关领域的金融秩序，或者不适格主体非法集资危害金融秩序，包括非法吸收公众存款罪、非法经营罪；（3）欺诈骗取类，行为主体"以非法占有为目的"骗取受害人的资金，包括集资诈骗罪、合同诈骗罪、组织、领导传销活动罪。三个类别内罪名之间不存在绝对的分离，如非法吸收公众存款罪与非法设立金融机构罪之间存在手段与目的关系，即行为人以非法吸收公众存款为目的，通过设立金融机构的方式吸收公众存款，一个行为同时触犯了两个罪名，存在法条竞合；再如非法经营罪与组织、领导传销活动罪所规制的行为存在重合，传销行为本是非法经营罪分裂出的一个小罪名，两个罪名所保护的法益存在一定的重合，换言之非法经营罪与组织、领导传销活动罪是一般条款与特殊条款的关系，组织、领导传销活动罪中的传销属于一种特殊的经营方式，具备非法经营的某些特征。尽管三类罪名之间存在种种特殊关系，然而其罪名特性要求其所规范的非法集资形式存在"量"与"形"上的不同：（1）"量"的不同是指犯罪化所要求的程度不同和犯罪成立所要求的构成要件要素数量不同。如非法吸收公众存款罪需具备"扰乱金融秩序的"的程度，而非法设立金融机构罪不要求；集资诈骗罪要求具有"以非法占有为目的"的主观因素，而非法吸收公众存款罪、非法设立金融机构罪不要求主观目的因素。（2）"形"

的不同指行为表现的方式不同、作用对象和手段不同。擅自发行股票、公司、企业债券罪规制"发行行为"和"有效的"股票、债券；非法经营罪存在"3+1"种行为方式，行为方式存在同质性，都是对市场准入秩序的侵犯。组织、领导传销活动罪所禁止的传销活动行为特征更加独特，"以经营活动为名，要求参加者以缴纳费用等方式获得加入资格，并按照一定顺序组成层级，直接或者间接以发展人员的数量作为计酬或者返利依据"。此外，以单位能否成为犯罪主体，该7个罪名又可分为纯自然人集资型犯罪与非纯自然人犯罪，只有集资诈骗罪属于纯自然人集资型犯罪的罪名，其余6个罪名均可成立单位犯罪。

具体到网贷平台中存在的犯罪化集资行为的刑法规制，也应当以上述方式界分不同类别的非法集资行为，然后根据具体的罪名分配法定刑。需要指出的是，网贷平台的犯罪化集资行为的刑法规制罪名群与线下的犯罪化集资行为存在不同。如第224条第1款规定的传销行为在网贷借贷平台中并无实践的可能，换言之，传销行为的层级性等行为特性在现有的网贷平台中属于"犯罪不能"。第174条擅自设立金融机构罪的，刑法条文文本意义是设立实体金融机构而非虚拟金融机构。网贷平台存在金融机构化的倾向，但是网上银行是否属于该罪所规制的金融机构存在解释争议。本书认为，刑法的内涵是与时俱进的。第174条保护的法益是金融机构的设立专属权，此金融机构具备经营金融业务的能力，故而凡是具备经营金融业务犯罪且未经国家机关批准而设立的机构，不管是实体还是虚拟均可成立本罪。据此规制网络借贷中可能存在的犯罪化集资行为的刑法罪名有6个。

（二）犯罪化集资行为的刑法规制

规制纯正的犯罪化集资行为的6个刑法分则罪名分属"未经批准类""扰乱秩序类""欺诈骗取类"三个类别。但是6个罪名，在犯罪本质意义上侵害的是同类法益即金融市场秩序，三种类别之间在行为程度上存在递进关系，表现为"违规行为""法益侵害性""不法占有"。

1.未经批准不得行为。金融业务是国家专营业务，旨在保证社会金融安全、稳定，经营金融业务需要国家有关主管部门的批准，未经批准擅自经营金融业务属于违法行为。未经批准设立银行或非银行类金融机构违反国家对金融业务的专属经营批准权，不要求行为有何后果，只要存在"擅自设立"金融机构的行为即可成立擅自设立金融机构罪，属于行为犯，"情节严重"属于刑罚升格因素。本罪是非法集资罪名群的底层罪名，行为主体通过虚假金融机构的外表更易取得投资人的信赖，增加了犯罪成功率。网贷平台在虚拟网络中经营金融业务，若未经允许，也应以本罪规制。

此外，合法金融机构帮助问题网贷平台宣传的存在成立本罪帮助犯的可能。擅自发行股票、公司企业债券罪所规制的行为对象需具备"未经批准"+"情节严重、数额巨大、后果严重"，故而本罪不是行为犯。合法企业、公司超出批准数额发行股票、债券的，超出数额、情节等符合本罪行为规范特征的以本罪论处。网贷平台未经批准经营此类业务，以理财服务的形式获取投资人资金，即以本罪论处。

2.不得经营吸储、放贷业务。银行的主要业务便为吸收存款业务，非银行类机构不得经营吸收存款业务，与之相对的放贷业务同样属于专属金融服务，非法主体不得经营。行为主体违反国家规定经营国家专营、专卖业务，扰乱市场秩序的，应受到相应的处罚。非法经营罪规制"未经国家有关主管部门批准非法经营证券、期货、保险业务的，或者非法从事资金支付结算业务的"行为，其中证券、期货、保险业务存在吸收资金行为，而资金支付结算业务是典型的银行专营业务，非法主体不得经营。如若行为主体擅自经营此类业务，达到本罪所称"扰乱金融秩序"的程度的，便以本罪规制。

非法吸收公众存款或变相吸收公众存款行为属于"非法从事资金结算业务"，基于特别法条优先的原则，对于非法吸储行为的规制以非法吸收公众存款罪论，非法主体的非法放贷行为以非法经营罪论。网贷平台未取得牌照擅自自融资金，以非法吸收公众存款罪规制；而擅自设立资金池、拆借资金等存在借贷双向行为的，以该两罪并罚。

3. 不得非法占有。民间借贷是为解决民间资本市场供求关系紧张而生的一种资金融通制度，但行为人基于非法占有的目的涉足民间借贷领域，导致投资人血本无归。行为人通过虚构单位、虚构投资计划、债券担保造假等骗取投资人的信赖，在投资合同签订、履行过程中骗取投资人财物，应以合同诈骗罪论处。合同诈骗罪规制的是"一对一"的诈骗行为，而集资诈骗罪则规制"一对一"和"一对多"两种类型的行为。两个罪名之间存在竞合关系，投资人在网贷平台投资与借款人或者网贷平台"签订"电子合同，相较于纸质合同，电子合同多为格式合同，且线上操作难以查实借款人的相关信息，更加容易产生合同诈骗，如若借款人或网贷平台与多个主体订立此类合同，达到"数额较大"且体现了非法占有目的，应当以集资诈骗罪论处。

第六章　集资型犯罪中的刑事处罚问题

　　划定集资型犯罪的规制范畴、明晰该犯罪的犯罪构成后，便需要明确集资型犯罪的刑事处罚问题。刑事处罚又可称为刑罚，是刑法对犯罪行为的制裁，刑法在总则和分则之中设定了详细的处罚条款，对不同的罪、不同的犯罪情节有轻重不同的处罚手段。主刑与附加刑的合并或单独适用，可望达到有效规避集资型犯罪的目的，分析集资型犯罪的法定刑，结合刑法总则的刑罚规定，明确、详细列述集资型犯罪中的刑事处罚问题。

第一节　集资型犯罪刑事处罚的概念与种类

一、集资型犯罪刑事处罚的概念

　　集资型犯罪的刑事处罚，是指国家对于构成集资型犯罪的自然人或单位给予刑罚制裁。刑罚是国家对犯罪主体的刑法责难，是国家对于违反刑法规范的行为的一种态度，也是司法机关惩治犯罪的有效手段之一。一般而言，有罪必有罚，对于单位或个人适用刑事处罚，体现了国家和法律对犯罪行为的否定。集资型犯罪中给予集资型犯罪主体以刑事处罚，即表明国家对此种集资行为持否定的态度。

　　现代刑罚理念认为刑罚不是对犯罪人的报复，而是为了预防与教育。换言之，刑罚的目的是教育犯罪人和其他潜在的行为人不要实施此种集资行为，在惩罚集资型犯罪人的同时不但预防犯罪人的再次实施集资型犯罪行为，也能够以犯罪人为模板教育、威慑其他行为主体让他们以此为鉴，不去触犯法律。教育刑与预防刑的思想是刑罚目的进化的反映，体现了以人为本的刑罚观。在预防上不再突出一般预防与特殊预防的效果或界分，而重在体现预防的整体时效，即在源头上有效规避犯罪行为。预防或教育的理解与刑罚制裁存在一定的价值冲突，教育并不是源头教育，而是在犯罪之后树立反面教材，以非威慑的方式达到教育目的。不可否认，刑罚一定程度上体现了复仇，对犯罪人适用刑罚有对其他主体的威慑意蕴，但人是目的而非手段，刑罚的最终落脚点是人，而非将人作为刑罚手段。集资型犯罪的刑事处罚不能片面追求一般预防或者特殊预防，而应当注重对犯罪主体以及非犯罪主体的教育，达到两种预防"并行"的效果。

二、集资型犯罪刑事处罚的种类

我国法定的刑罚方式分为主刑和附加刑。主刑包括：管制、拘役、有期徒刑、无期徒刑、死刑5种；附加刑包括：罚金、没收财产、剥夺政治权利3种。此外，驱逐出境一般被视为一种附加刑运用在司法实践之中。《刑法》第37条、第37条之一分别规定了非刑罚性处置措施和禁业条款，作为主刑和附加刑之外的非刑罚类的处罚手段。集资型犯罪罪名中包含的刑事处罚种类有：拘役、有期徒刑、无期徒刑、罚金、没收财产、驱逐出境。非刑罚性处置措施原则上也适用于集资型犯罪的处罚之中，其虽规定在刑法之中，但不能认定为属于刑事处罚，故而本节不讨论。对于禁业条款的处罚属性存在争议，作者认为其在经济类犯罪具有不可替代的作用，应当作为处罚集资型犯罪的一种处罚手段，但其也不为刑事处罚手段。

（一）拘役

拘役是在短时间内剥夺犯罪人的人身自由的刑罚。拘役的刑罚性重于管制、轻于有期徒刑，其适用对象是那些犯罪较轻但又必须实施短期关押的犯罪分子。集资型犯罪关涉的罪名中均有拘役刑的设置，并且与有期徒刑作为搭配刑罚。集资型犯罪中的从犯、胁从犯、帮助犯等或者其他犯罪情节较轻的可以适用拘役，具体适用时按照《刑法》第42~44条的规定并结合具体集资型犯罪的罪名裁决。

（二）有期徒刑

有期徒刑与拘役一样是剥夺犯罪人的人身自由，"被判处有期徒刑的犯罪分子，在监狱或者其他执行场所执行；凡有劳动能力的，都应当参加劳动，接受教育和改造"。有期徒刑是我国刑罚体系中适用率最高的刑罚，其刑罚幅度大、适用灵活，几乎所有的罪名均规定有期徒刑。有期徒刑期限为6个月以上15年以下，数罪并罚最高不超过25年。

（三）无期徒刑

无期徒刑是剥夺犯罪分子终身自由的刑罚，并且强制犯罪人参加劳动改造。《刑法修正案（九）》通过之后，集资型犯罪中的死刑条款被废除，无期徒刑"上升"为集资型犯罪中最严厉的刑罚手段。无期徒刑介于死刑与有期徒刑之间，尽管司法实践中无期徒刑的实际执行效力并未到达"无期"，其刑罚威慑力却远高于有期徒刑。集资型犯罪中规定无期徒刑作为最高法定刑的一般与有期徒刑同时规定，而非单独作为一格法定刑，体现了"轻刑"思想。

（四）罚　　金

罚金是人民法院判处犯罪分子向国家缴纳一定数量的金钱作为触犯刑律的惩罚的刑法方法。罚金是应对贪利性犯罪而设定的刑罚，在集资型犯罪中，罚金刑的使用率达到100%，也反映了集资型犯罪作为贪利性犯罪的性质。罚金刑的适用有数额罚金制、倍比罚金制、比例罚金制、百分数罚金制，罚金在判决指定的期限内一次或者分期缴纳。期满不缴纳的，强制缴纳。对于不能全部缴纳罚金的，人民法院在任何时候发现被执行人有可以执行的财产，应当随时追缴。由于遭遇不能抗拒的灾祸等原因缴纳确实有困难的，经人民法院裁定，可以延期缴纳、酌情减少或者免除。

（五）没收财产

没收财产刑与罚金刑的相同之处在于判处犯罪人向国家缴纳一定数量的金钱作为犯罪的惩罚，但是没收财产刑适用的范围较为广泛，不限于贪利性犯罪，也运用在一些危害国家安全的犯罪中。集资型犯罪中只有伪造、变造国家有价证券罪、集资诈骗罪、贷款诈骗罪、票据诈骗罪、有价证券诈骗罪、合同诈骗罪、非法经营罪、诈骗罪等8个罪名中设置了没收财产刑，且规定在最高一格的法定刑之中。适用没收财产刑时注意：没收财产是没收犯罪分子个人所有财产的一部或者全部；没收全部财产的，应当对犯罪分子个人及其扶养的家属保留必需的生活费用；在判处没收财产的时候，不得没收属于犯罪分子家属所有或者应有的财产；没收财产以前犯罪分子所负的正当债务，需要以没收的财产偿还的，经债权人请求，应当偿还。

（六）驱逐出境

《刑法》第35条规定："对于犯罪的外国人，可以独立适用或者附加适用驱逐出境。"驱逐出境的适用对象是犯罪的外国人，适用方式是单独或附加适用。倘若集资型犯罪的行为主体为外国人，则可以适用驱逐出境这一刑罚。此外，对于外国企业参与非法集资的，认为可以变相适用驱逐出境，关闭该企业或者将其占有的股份出售给其他主体。

第二节　集资型犯罪刑事处罚的原则与制度

对一切犯罪的处罚都要遵循一定的法律原则，刑罚制度的规定也应合处罚原则的要求。集资型犯罪的刑事处罚之中，也要遵从刑法处罚的基本原则与制度。原则是具体措施的"背景"，犹如宪法与部门法的关系；制度是法律规范能够有效运行且不偏离法治之路的必然选择。

一、集资型犯罪刑事处罚的原则

《刑法》第3~5条明确规定了我国刑法的三大原则：罪刑法定原则、刑法面前人人平等原则、罪责刑相适应原则。该三个原则是整个刑事法律的基本原则，无疑它们也是集资型犯罪处罚的基本原则，此外集资型犯罪特性所特别要求的一项原则是财产刑与其他刑罚并处原则。前三个原则虽是刑法的整体性原则，但在集资型犯罪中有其特殊之处。以下是集资型犯罪刑事处罚的四个首要原则。

（一）罪刑法定原则

罪刑法定原则可以划分为罪之法定与罚之法定，前者是犯罪论需要讨论的问题，即某种行为是否为犯罪，是不是需要刑法规制；后者是刑罚论讨论的问题，即某种犯罪行为是否需要配置刑罚，配置何种刑罚。罪之法定与罚之法定的最重要的相同之处是"法定"，对某种行为是否运用刑法规制、罚处何种刑罚必须依靠刑法的明文规定，否则不以犯罪论。将行为纳入刑法的处置范围才有是否需要刑罚的问题，换言之，罪之法定是罚之法定的前提，罚之法定是罪之法定的充分条件、或然结果。并不是所有的犯罪行为都会受到刑罚的处罚，有相当部分的犯罪行为不受刑事处罚。就集资型犯罪而言，对某种集资行为适用何种刑事处罚，必须依照刑法的明文规定。该规定不限于刑法分则条文中的处罚方式，也适用刑法总则中规定的刑罚条款。

（二）刑法面前人人平等原则

刑法面前人人平等原则是一种宣示性规定，几乎在所有的部门法中都规定了"法律面前人人平等"。法律面前人人平等是一项宪法原则，在部门法之中附加前缀成为一项部门法的基本原则。就刑事法律而言，刑法平等地适用于任何主体、平等地处罚任何犯罪的行为主体，不因行为主体的特殊身份、地位、民族等因素而对其法外开恩，同样的刑法平等保护所有被犯罪侵害的被害人。集资型犯罪中不会因其涉众性而减少追究部分相关的责任人员的刑事责任，同样也不会肆意扩大被追究刑事责任主体的范围。对于遭受集资型犯罪侵害的主体，刑法对他们给予平等保护，如追缴收回的财产比例退还。此外，对于单位犯罪主体也平等适用刑罚，单位主体之间也不存在"厚此薄彼"的问题。

（三）罪责刑相适应原则

行为主体实施犯罪行为得到了非法利益，其应当面临的后果是刑罚的制裁。犯罪危害越大，其面临刑法制裁的力度越重。行为主体只承担自己行为的法律后果，对于其他人的犯罪后果不应当多担法律责任。罪责刑相适应原则就是要求刑罚的轻重应当与犯罪分子所犯的罪行和承担的刑事责任相适应，即罪重、责重，则刑重；罪轻、责轻，则刑轻；罪重责轻或罪轻责重，则刑适中。集资型犯罪案件中对行为主体适用刑罚时，应当根据不同犯罪主体行为责任的轻重即罪的轻重和刑事责任的轻重分配其刑罚。集资型犯罪中共同犯罪居多、单独犯罪较少的特性要求重视罪责刑相适应原则的运用，在集资团体内要合理认定不同行为人在集资过程中所起作用的大小，其犯罪严重程度需根据其涉案金额、犯罪手段、影响或支配的行为或集资活动的波及面综合判断。断定其犯罪过程中对行为主体的刑事责任的认定也先后或同时完成，罪行的严重程度偏向客观认定其犯罪的定性与危害后果；刑事责任则偏向行为主体的主观面，故意还是过失以及是否存在某种犯罪目的等。综合认定集资型犯罪主体的罪、责要素之后，才能确定行为主体与之相适应的刑罚。

（四）财产刑与其他刑罚并处原则

该原则是通过分析集资型犯罪的法定刑条款总结得出的。在26个集资型犯罪的法定型中，所有的罪名都规定了罚金刑，还有部分罪名规定了没收财产刑。财产刑与其他刑罚并处，是指在集资型犯罪之中对自然人犯罪主体进行刑事处罚时，既要对其适用限制人身自由的主刑，又要对其判处一定数量货币的财产附加刑。该定义将单位主体排除在外，因为在刑法条文的规定中所有的单位犯罪处罚条款规定趋向一致，即"单位犯罪的对单位判处罚金"。单位犯罪主体所能够接受的刑罚种类只能是罚金刑，而不能对其适用限制人身自由的刑罚。并处原则的适用一方面限制了行为人的行为自由，使其难以继续实施犯罪行为；另一方面，通过附加适用罚金刑或没收财产刑剥夺了其再犯罪能力，即便其刑满释放或者假释出狱也难以再次从事货币类犯罪行为，从根源上抑制了犯罪的发生。

二、集资型犯罪刑事处罚的制度

对集资型犯罪的刑事处罚不仅要遵循已有的刑罚原则，还要按照刑法规定的刑事处罚制度合理适用各种刑罚手段。该处所称的刑事处罚制度是刑法中所有的刑罚执行制度或刑罚适用制度。主要包括以下几种。

（一）累　　犯

刑法中规定的累犯有一般累犯与特别累犯两种，分别规定在《刑法》第65~66条之中。一般累犯是指被判处有期徒刑以上刑罚的犯罪分子，刑罚执行完毕或者赦免以后，在5年以内再犯应当判处有期徒刑以上刑罚之罪的，是累犯，应当从重处罚，但是过失犯罪和不满18周岁的人犯罪的除外。特别累犯是指危害国家安全犯罪、恐怖活动犯罪、黑社会性质的组织犯罪的犯罪分子，在刑罚执行完毕或者赦免以后，在任何时候再犯上述任一类罪的，都以累犯论处。根据集资型犯罪所规范的行为类型行为，集资型犯罪之中只有一般累犯而无特别累犯。根据《刑法》第65条的规定可以得到集资型犯罪一般累犯的适用条件：（1）前后犯罪都是故意犯罪。（2）前罪判处的刑罚和后罪判处的刑罚均为有期徒刑以上，且在犯罪类别上并不限制前罪一定是集资型犯罪。换言之，前后罪只有刑种限制并无罪名限制，这也是一般累犯区别于特别累犯之处。（3）后罪发生在前罪刑罚执行完毕或者赦免后的5年以内。此外需要注意的是，对于判处累犯的行为人，应当从重处罚；对于被假释的犯罪分子，"五年以内再犯"的计算起点是"从假释期满之日起计算"。

（二）自首与坦白

《刑法》第67条第1款规定："犯罪以后自动投案，如实供述自己的罪行的，是自首。"第2款规定："被采取强制措施的犯罪嫌疑人、被告人和正在服刑的罪犯，如实供述司法机关还未掌握的本人其他罪行的，以自首论。"由此认为自首亦分为两种：一般自首与特别自首（或称准自首）。刑法设立自首制度，一方面是为了促使犯罪人悔过自新，不再继续作案，另一方面是为了及时侦破案件、及时完成审判。对于自首的行为人可以从轻或者减轻处罚，其中，犯罪较轻的，可以免除处罚。自首的适用条件包括以下几点：（1）犯罪以后自动投案。犯罪事实或者犯罪嫌疑人未被公安机关、检察机关、审判机关等部门发觉，或虽被发觉，但犯罪嫌疑人尚未受到办案机关的调查、讯问，或者未被宣布采取调查措施或者强制措施、未被群众扭送时，主动让自己限于办案机关的合法控制之下，接受审查与裁判的行为。自动投案不要求出于特定的目的与动机，即便是潜逃后生活所迫，都可以成为自动投案的原因且不影响自首的认定。集资型犯罪中犯罪人将集资款挥霍一空，惧怕投资人报复继而自行到公安部门投案的属于自首。（2）如实供述自己的罪行。行为主体投案自首后，应当如实交代自己的犯罪事实。"如实"要求行为人原则上不得隐瞒犯罪事实，不能隐藏自己犯罪的恶果。"自己的罪行"要求行为人在供述罪行时务必供述的是自己的罪行而不是他人的罪行，且供述的是自己真实、主要的犯罪行为。行为人供述自己罪行的时间并不截止于行为人自动限于办案机关的控制之时，只要在办案机关发现、查实行为人的犯罪事实之前行为人如实供述，便属于自首。集资型犯罪中行为人供述自己的罪行，根据其在集资活动中地位不同、参与活动的数量、层级不同，供述的罪行有差异，集资活动的负责人与集资活动的执行人在供述自己罪行时不可能一致，但前者所供述的必须是整个集资活动的犯罪行为。普通自首具备上述两个条件即可成立，而特别自首需要特殊的成立条件：（1）特别自首的行为主体是特定的，即只有"被采取强制措施的犯罪嫌疑人、被告人和正在服刑的罪犯"，其他行为主体不存在成立特殊自首的可能。（2）如实供述司法机关还未掌握的本人其他罪行。特别自首要求行为人供述的罪行是其他罪行，是被限制人身自由原因以外的其他犯罪事由。如集资型犯罪人被抓获后判决前，向司法机关供述自己曾经盗窃过5头奶牛，就盗窃奶牛这一犯罪行为而言该行为人成立特别自首。此外，需要研究的是单位是否存在自首？原则上认为，刑法没有将自首制度的适用主体限定在自然人之内，故而单位可能够成为自首的主体。单位犯罪集资型犯罪案件中，单位集体决定或者单位负责人决定自动投案，如实交代单位犯罪事实的，或单位直接负责的主管人员自动投案，如实交代单位犯罪事实的，应当认定为自首。❶ 倘若认定单位存在成立自首的可能，在规定双罚制的罪名中，那么单位的直接责任人员或者直接负责的主管人员自动投案的，该直接责任人员或者直接负责的主管人员是否成立自首？换言之，是否存在"双重自首"。直接责任人员或者直接负责的主管人员自动投案，且交代自己知道的犯罪事实的，成立"双重自首"；直接责任人员或者直接负责的主管人员自动投案，但拒绝交代自己的犯罪事实或者逃避法律责任的，则该单位成立自首，该直接责任人员或者直接负责的主管人员不成立自首；单位没有自首，直接责任人员或者直接负责的主管人员自行投案并告发自己罪行的，理论上认为该直接责任人员或者直接负责的主管人员成立自首，单位没有自首。但对于第三种情况，司法实务中一般不存在，或者将第三种情况与第二种情况合为一种，不存在单位犯罪的直接责任人员或者直接负责的主管人员自我自首的问题。

坦白，是指行为人被抓捕归案后，如实供述自己的罪行的行为。坦白与自首的区别在于缺失自首的第（1）条要素，被动归案而非自动投案。《刑法》第67条第3款规定："犯罪嫌疑人虽不具有前两款规定的自首情节，但是如实供述自己罪行的"便是关于坦白的规定。坦白是《刑法修正案（八）》新增的条文，将酌定量刑情节规定为法定量刑情节。对于坦白

---

❶ 张明楷：《刑法学》，法律出版社2011年第四版，第522~523页。

的行为人可以从轻处罚；因其如实供述自己罪行，避免特别严重后果发生的，可以减轻处罚，但不存在免除处罚。如，集资行为人被投资人举报后，集资行为人归案后如实供述所有的非法集资活动，避免集资型犯罪进一步侵害投资人利益，节约司法成本，可以认定为坦白，减轻处罚。

（三）立　　功

《刑法》第68条规定："犯罪分子有揭发他人犯罪行为，查证属实的，或者提供重要线索，从而得以侦破其他案件等立功表现的，可以从轻或者减轻处罚；有重大立功表现的，可以减轻或者免除处罚。"据此，自首是指行为人犯罪后揭发他人犯罪行为，查证属实，或者提供重要线索，从而得以侦破其他案件的，以及其他有利于预防、查获、制裁犯罪的行为。立功制度的设立目的很大程度上是缩减侦破案件的压力，减少司法资源的投入，最大限度破获更多的犯罪案件。同时，行为人为了立功而做出的种种"立功行为"也反应了行为人内心悔过，表明其再犯罪可能性小，立功制度使该种行为人得以解脱。刑法上的立功分为三种类型：（1）揭发型。行为人揭发他人犯罪行为，并经司法机关查证属实。共同犯罪中揭发他人犯罪是指揭发共同犯罪人共同犯罪行为以外的其他罪行。（2）提供线索型。行为人提供线索，使司法机关得以侦破其他案件。（3）其他型。行为人的其他立功行为是排除自首类行为和上述两种立功行为之外的其他行为，如阻止他人犯罪行为，协助司法机关抓捕犯罪嫌疑人（协助抓捕时包括协助抓捕同案犯），阻止犯罪人逃跑、越狱等。对于有立功情节的行为人有两个量刑情节"从轻或者减轻处罚"和"减轻或者免除处罚"，前者适用于一般立功表现，后者适用于重大立功表现。两种情节的适用条件是"可以"，在理论和司法实务上认为此处的"可以"应当理解为"应当"即行为人存在立功或重大立功表现的首先考虑适用该减轻处罚的因素，只有当存在其他情节或犯罪因素时才不适用该减轻处罚的情节。

（四）数罪并罚

数罪并罚是指法院对一人犯数罪分别定罪量刑，并根据法定原则与方法，决定应当执行的刑罚。刑法总则中对数罪并罚规定了一个原则两个处罚方法，即"先减后并"和"先并后减"。根据《刑法》第69~71条的规定及其定义，可知数罪并罚有如下几个特征：（1）一人犯数罪。一个行为人存在两个或两个以上的犯罪行为，且数个行为分别触犯了数个罪名。刑法理论中的想象竞合犯、法条竞合犯，司法认定为一罪而非数罪，不能数罪并罚。数人犯一罪的属于共同犯罪，对不同犯罪人分别判处相应的刑罚，不属于数罪并罚。（2）数罪发生在法定期间之内。也即是说，行为人此种犯罪行为所应接受的刑罚并未过时效。具体而言存在四种类型：①未决数罪，即判决宣告前一人犯数罪；②漏罪，判决宣告后刑罚执行完毕前，发现被判刑的犯罪人在判决宣告以前还有其他罪没有判决的情况；③新罪，判决宣告后刑罚执行完毕前，被判刑的犯罪人又犯罪的情况；④被宣告缓刑或假释的犯罪人在缓刑或假释考验期内又犯罪或发现漏罪的。最后一种数罪并罚的情况严格意义上不能与前三种相并列，它只是"情况特殊"而单独作为一种。（3）对数罪分别定罪量刑，然后根据刑罚方法决定执行的刑罚。也就是说，行为人最终承担的刑罚数只有一个，不存在承担数罪的数个刑罚。量刑方式有三种：（1）数罪并罚的一般情形，即《刑法》第69条规定的分别量定不同行为的罪种与罪度，然后根据法定的原则与方法，决定需要执行的刑罚。（2）"先并后减"，即《刑法》第70条规定："判决宣告以后，刑罚执行完毕以前，发现被判刑的犯罪分子在判决宣告以前还有其他罪没有判决的，应当对新发现的罪作出判决，把前后两个判决所判处的刑罚，依照本法第69条的规定，决定执行的刑罚。已经执行的刑期，应当计算在新判决决定的刑期以内。"（3）"先减后并"，即《刑法》第71条规定："判决宣告以后，刑罚执行完毕以前，被判刑的犯罪分子又犯罪的，应当对新犯的罪作出判决，把前罪没有执行的刑罚和后罪所判处的刑罚，依照本法第六十九条的规定，决定执行的刑罚。"

（五）缓　刑

缓刑是指对于判处拘役、3年以下有期徒刑的犯罪人，其犯罪情节较轻，有悔罪表现，没有再犯罪的危险，暂不执行刑罚对所居住社区没有重大不良影响的，可以对其规定一定的考验期，暂缓刑罚的执行，且犯罪人在考验期内遵守一定的规定，原判刑罚就不再执行的制度。简言之，缓刑就是有条件地不执行所判决的刑罚。缓刑是一种刑罚执行方式，而不是一个刑罚种类，其特点在于判处行为人一定的刑罚，行为人受到刑罚的责难威慑了其他行为主体，但又不立即执行而是给予行为人"特殊照顾"的"护理期"。若其在期间内不违反规定，则不执行判处的刑罚。刑事法律制度上与缓刑有较大相似的制度是暂予监外执行制度。暂予监外执行是刑事诉讼法上的一个制度，其针对被判处有期徒刑或拘役的罪犯在以下几种情况而适用：（1）有严重疾病需要保外就医的；（2）怀孕或者正在哺乳自己婴儿的妇女；（3）对于判处有期徒刑、拘役的，生活不能自理、不致危害社会的罪犯。前两种情况需要同时符合适用保外就医不可能有社会危害性、不可能自伤自残的，可以暂予监外执行。两种制度的差异在于：（1）刑罚条件不同。缓刑适用于被判处拘役或3年以下有期徒刑的犯罪人，暂予监外执行对有期徒刑的刑期没有限制。（2）适用对象不同。缓刑的适用对象没有限制，只需要符合刑罚条件即可；暂予监外执行的对象限制在三类主体：需要保外就医者、怀孕或哺育期的妇女、生活不能自理者。（3）适用后果不同。缓刑适用完毕意味着事实上没有执行刑罚，暂予监外执行仍在执行刑罚，只是执行场所不同。（4）限制条件不同。缓刑需要"遵守监规"，否则继续执行原判刑罚；暂予监外执行的情形消失后，犯罪人刑期未满的，收监执行，并不需要"遵守监规"。根据《刑法》第72条、第74条，缓刑的适用条件有：（1）缓刑只适用于被判处拘役或者3年以下有期徒刑的犯罪人。"拘役或者3年以下有期徒刑"是宣告刑而不是法定刑，且此两种刑罚种类以外的刑罚不能适用缓刑。换言之，被判处管制刑的犯罪人不适用缓刑。犯罪人存在数罪并罚符合"拘役或者3年以下有期徒刑"刑期条件的，原则上符合适用缓刑的条件，但是需要严格考核其是否符合其他缓刑条件。（2）适用缓刑不致再危害社会。具体而言，行为人所犯的罪行较为轻微，犯罪情节较轻，有悔罪表现，没有再次犯罪的危险，且宣告缓刑之后对其所居住的社区没有重大不良影响。（3）适用缓刑的犯罪人不能是累犯或犯罪集团的首要分子。试想，如果行为人为累犯或者犯罪集团的首要分子，在定罪量刑上也难以符合缓刑的刑罚种类和期限要求，即便其符合刑罚种类要求，但由于其"犯罪历史"或"重大的犯罪作用"，也不符合适用第（2）条的规定。换言之，本条是对适用对象的限制，也在一定意义上是对前述两条的重述、强调。凡符合上述三项的便可以宣告缓刑，根据《刑法》第72条的规定，"对其中不满十八周岁的人、怀孕的妇女和已满七十五周岁的人"符合上述三项条件，应当宣告缓刑。从刑事政策角度和轻刑化趋向考虑，行为主体符合缓刑适用的三项规定的，原则上应当适用宣告缓刑，只有极少数情况下不得宣告缓刑。在集资型犯罪中，对于犯罪情节轻微的集资人，其悔罪态度较好的可以适用缓刑，不但可减少司法投入，对犯罪人的再社会化也有好处。《刑法》第72条第2款规定："宣告缓刑，可以根据犯罪情况，同时禁止犯罪分子在缓刑考验期限内从事特定活动，进入特定区域、场所，接触特定的人。"本款是对禁止令的规定，对于集资型犯罪人，由于其涉利性，对其宣告禁止令，禁止其进入高档消费场所、禁止其出境、禁止其购买奢侈品等，有利于保护投资人的钱款，避免被集资人挥霍一空。被宣告缓刑的，拘役缓刑的考验期一般是原判刑期以上1年以下，但是不能少于2个月；有期徒刑的缓刑考验期限为原判刑期以上5年以下，但是不能少于1年；被宣告缓刑的犯罪分子，如果被判处附加刑，附加刑仍须执行。缓刑的考验期从判决确定之日起计算。在考验期内，犯罪分子应当遵守四项规定：（1）遵守法律、行政法规，服从监督；（2）按照考察机关的规定报告自己的活动情况；（3）遵守考察机关关于会客的规定；（4）离开所居住的市、县或者迁居，应当报经考察机关批准。在缓刑考验期限内，违反法律、行政法规或者国务院有关部门关于缓刑的监督管理规定，或者违反人民法院判决中的禁止令，情节严重的，应当撤销缓刑，执行原判刑罚；在缓刑考验期限内犯新罪或者发现判决宣告以前还有其他罪没有判决的，应当撤销缓刑，对新犯的罪或者新发现的罪作出判决，把前罪和后罪所判处的刑罚，依照《刑法》第69条的规定，决定执行的刑罚。

（六）减　　刑

减刑是一项刑罚执行制度，是指对判处管制、拘役、有期徒刑、无期徒刑的犯罪人，在刑罚执行期间，如果认真遵守监规，接受教育改造，确有悔改表现，或者有立功表现，适当减轻原判刑罚的制度。对于犯罪分子的减刑，由执行机关向中级以上人民法院提出减刑建议书。人民法院应当组成合议庭进行审理，对确有悔改或者立功事实的，裁定予以减刑。非经法定程序不得减刑。《刑法》第78条规定减刑分为两种：可以减刑和应当减刑。后者是指处管制、拘役、有期徒刑、无期徒刑的犯罪分子有重大立功表现时应当对其减刑。重大立功表现根据第78条规定有：（1）阻止他人重大犯罪活动的；（2）检举监狱内外重大犯罪活动，经查证属实的；（3）有发明创造或者重大技术革新的；（4）在日常生产、生活中舍己救人的；（5）在抗御自然灾害或者排除重大事故中有突出表现的；（6）对国家和社会有其他重大贡献的。应当减刑是非常态的，可以减刑是常态的。被判处管制、拘役、有期徒刑、无期徒刑的犯罪分子，在执行期间，如果认真遵守监规，接受教育改造，确有悔改表现的，或者有立功表现的，可以减刑。从司法实际操作而言，"可以减刑"应当理解为：符合上述条件的先考虑对其减轻，但有其他阻挡减刑事由时不对其减刑。对判处刑的犯罪人减轻其刑罚是对其宽赦，但赦免一定的刑罚不能使刑罚的效力丧尽。质言之，减刑有一定的期限，不能因为犯罪人表现好，减刑后造成犯罪人并未实际服刑的现象。根据《刑法》第78条第2款的规定：（1）判处管制、拘役、有期徒刑的，不能少于原判刑期的1/2；（2）判处无期徒刑的，不能少于13年；（3）人民法院依照本法第50条第2款规定限制减刑的死刑缓期执行的犯罪分子，缓期执行期满后依法减为无期徒刑的，不能少于25年，缓期执行期满后依法减为25年有期徒刑的，不能少于20年。此外需要注意的是，刑法第78条明确规定减刑的适用对象只能是"判处管制、拘役、有期徒刑、无期徒刑的犯罪分子"，对于死刑犯、假释犯、缓刑犯原则上不考虑适用减刑的问题。死刑犯分为死刑立即执行和死刑缓期执行，前者执行之后被执行主体便"消失了"，不可能再被适用减刑，也无从考察其减刑情节；而对于死缓犯除去故意犯罪被执行死刑之外，通常在两年考验期通过后刑罚变更为无期或有期徒刑，在一定意义上此种"减刑"也是《刑法》第78条规定的减刑方式。刑罚变更为无期或有期徒刑的死缓犯在实质上与被判处普通无期徒刑或有期徒刑的犯罪人在适用刑罚执行制度上无差别，可以适用减刑的相关规定。对于被宣告适用缓刑的犯罪人或者被宣告假释的犯罪人，假释和缓刑本身就属于一种轻刑政策，对犯罪人已经做到了"仁至义尽"，再对其适用减刑会"过犹不及"，所以对已经被宣告缓刑的犯罪人和被假释的犯罪人不得适用减刑的规定。减刑被宣告之日起便生效，对于从无期徒刑减为有期徒刑的犯罪人，其刑罚期间从裁定减刑之日起计算。

（七）假　　释

假释是对于被判处有期徒刑、无期徒刑的犯罪人，认真遵守监规、接受教育改造，确有悔改表现，没有再犯危险，经过执行一定的刑罚之后，附条件地予以提前释放的制度。具体而言，被判处有期徒刑的犯罪分子，执行原判刑期1/2以上，被判处无期徒刑的犯罪分子，实际执行13年以上，如果认真遵守监规，接受教育改造，确有悔改表现，没有再犯罪的危险的，可以假释。但是对存在特殊情况的，经最高人民法院核准，可以不受上述执行刑期的限制。由此，假释的对象是已经执行一般刑期以上的犯罪分子，对于无期徒刑而言，一半以上的刑期是指实际执行期超过13年的，且假释对象所适用的刑期只能是无期徒刑或者有期徒刑，对于被判处管制、拘役、死刑等刑罚的犯罪人不适用假释的规定。管制、拘役本身的刑罚期间比较短、刑罚也不甚严厉，没有必要适用另一种轻缓的刑罚执行方式，而死刑"人死事了"，现实不可能适用假释。此外，《刑法》第81条第2款规定："对累犯以及因故意杀人、强奸、抢劫、绑架、放火、爆炸、投放危险物质或者有组织的暴力性犯罪被判处十年以上有期徒刑、无期徒刑的犯罪分子，不得假释。"该款规定的对象人身危害性较大，不符合假释的条件，原则上不得假释。对于犯罪分子的假释，由执行机关向中级以上人民法院提出假释建议书。人民法院应当组成合议庭进行审理，对确有悔改或者立功事实的，裁定予以假释。非经法定程序不得假释。对判处无期徒刑或有期徒刑的犯罪人使用假释时应当考虑，犯罪分子假释后对所居住社区的影响。根据《刑法》第84条对适用假释的犯罪人同缓刑一样，也应当遵守4项规定：（1）遵守法律、行政法规，服从监督；（2）按照监督机关的规定报告自己的活动情况；（3）遵守监督机关关于会客的规定；（4）离开所居住的市、县或者迁居，应当报经监督机关批准。缓刑和假释遵守的规定是一致的，只不过执行的机关不同，假释的执行机关是监督机关，缓刑的执行机关是考察机关。具体到实际的执行过程中，考察机关和监督机关可能会是同一主体，只不过在刑法条文中的称谓不同，如当地的派出所、社区矫正管理机关等。根据《刑法》第86条，"被假释的犯罪分子，在假释考验期限内，有违反法律、行政法规或者国务院有关部门关于假释的监督管理规定的行为，尚未构成新的犯罪的，应当依照法定程序撤销假释，收监执行未执行完毕的刑罚"，"被假释的犯罪分子，在假释考验期限内犯新罪，应当撤销假释，依照本法第七十一条的规定实行数罪并罚；在假释考验期限内，发现被假释的犯罪分子在判决宣告以前还有其他罪没有判决的，应当撤销假释，依照本法第七十条的规定实行数罪并罚"。被假释的犯罪分子认真遵守监规，没有违法、违规情况的，在假释考验期满后，根据《刑法》第85条规定，就被认定为其原判刑罚已经执行完毕，并公开予以宣告。

（八）时　效

我国刑法中规定的时效制度只有追诉时效制度。追诉时效是刑法规定的对犯罪人进行刑事追诉的有效期限，在此期限内，司法机关有权追诉，超过此限的，司法机关就不能再追诉。根据《刑法》第87~89条的规定，在实然意义上可以认为我国刑法中所规定的追诉时效消灭的情况，即超过追诉时效导致求刑权、量刑权、行刑权丧失的情况并不存在。因为第88条第1款规定"在人民检察院、公安机关、国家安全机关立案侦查或者在人民法院受理案件以后，逃避侦查或者审判的，不受追诉期限的限制"。该款认为，只要案件一经立案，即便超过了追诉时效规定的期间也可以追溯。该条第2款规定"被害人在追诉期限内提出控告，人民法院、人民检察院、公安机关应当立案而不予立案的，不受追诉期限的限制"。根据该款规定，当事人已经控告，但未予立案，事后查明是应当立案的，也不受追诉时效的限制。此外，第87条第（4）项规定"法定最高刑为无期徒刑、死刑的，经过二十年。如果二十年以后认为必须追诉的，须报请最高人民检察院核准"，这意味着触犯严重罪名的犯罪人，法定最高刑为无期或死刑的，有追诉需要的，不受追诉期限限制。三个规定使在实然意义上导致追诉时效的轻刑思想被架空，追诉时效制度也有被抛弃的迹象。规定追诉时效制度不是为了故意放纵犯罪，而是为了有效实现刑法的目的。这一制度本是为了体现刑罚目的，当犯罪人在一定期限内没有再次犯罪，已经达到了刑罚社会化的一种实然效果，追诉时效制度体现了宽严相济的刑事政策，体现对过往犯罪从宽处罚、对现行犯"从严"处罚的政策。正是追诉时效制度的存在，司法机关不再纠结于过往的旧案，而是集中精力追究现行的犯罪，也更能提高司法机关的效能，维护社会秩序的安定。《刑法》第87条规定追诉时效以法定最高刑为准，而不是犯罪人应当被判处的刑罚为标准作为追诉时效的计算标准。这体现了刑法严的一面，也是无罪推定的一种体现。根据第87条，追诉时效分为4个等级5种情况：（1）法定最高刑为不满5年有期徒刑的，经过5年；（2）法定最高刑为5年以上不满10年有期徒刑的，经过10年；（3）法定最高刑为10年以上有期徒刑的，经过15年；（4）法定最高刑为无期徒刑、死刑的，经过20年。如果20年以后认为必须追诉的，须报请最高人民检察院核准。追诉期限从犯罪之日起计算；犯罪行为有连续或者继续状态的，从犯罪行为终了之日起计算；在追诉期限以内又犯罪的，前罪追诉的期限从犯后罪之日起计算。

第三节　集资型犯罪中刑事处罚的重点问题分析

集资型犯罪不同于其他犯罪的特性之一在于集资型犯罪是贪利性犯罪，而且危害性极大、影响力广泛、受害主体众多。贪利性、涉众性使集资型犯罪在刑事处罚上有不同于其他犯罪的特点：单位犯罪问题突出、财产刑适用突出。前述分析中已对集资型单位犯罪的问题作了具体深入的分析，本节重点分析集资型犯罪刑事处罚中财产刑的适用问题、犯罪数额的计算等问题。

一、各行为人犯罪金额的计算

一般而言，集资型犯罪的处罚是以涉案金额作为主要参照。在其他犯罪情节相同的情况下，集资数额越大，社会危害性就越大。就此，在刑事司法实践中应当注意集资型犯罪数额的认定问题。数额认定标准的不一致，最终在刑罚上有所体现，甚至会出现同罪异罚的现象。集资型犯罪是一个犯罪群而非独立、单个的罪名，但犯罪数额是与该犯罪群中每个罪名相关的共性问题。

（一）数额是划分罪与非罪的重要标准

集资型犯罪涉案金额体现了非法集资行为的社会危害性程度，非法集资数额巨大，其社会危害性必然巨大。集资型犯罪所侵害的客体是货币经营管理关系，一方面是国家批准经营权，另一方面是公私财产所有权。集资数额大，非法占据的公私财产就多，对国家相关权利的侵害程度也更深重，无疑刑法上的危害性更大，值得刑法介入；倘若行为人集资范围小、集资数额小，集资后能够归还或有归还的欲望，则不能以刑法惩戒，或许可以纳入民间借贷的法律体系之中。现有刑法条文之中，集资型犯罪的构成多以"数额巨大""情节严重"作为罪行成立的标准。"数额巨大"通常指称的是行为人非法集资数额巨大，"情节严重"的判定标准也多是根据非法集资数额多少，并综合其他情节判定是否属于"情节严重"。如《刑法》第160条欺诈发行股票债券罪中的"数额巨大"，第176条高利转贷罪中的"违法所得数额较大的""数额巨大的"。对于此种犯罪而言，犯罪数额必须达到一定要求才能成立犯罪。2010年5月最高人民检察院、公安部发布的《关于公安机关管辖的刑事案件立案追诉标准的规定（二）》（以下简称《立案追诉标准（二）》）对集资重犯罪立案追诉金额标准做了详细规定，如：第28条前三项规定："非法吸收公众存款案（刑法第176条）非法吸收公众存款或者变相吸收公众存款，扰乱金融秩序，涉嫌下列情形之一的，应予立案追诉：（一）个人非法吸收或者变相吸收公众存款数额在二十万元以上的，单位非法吸收或者变相吸收公众存款数额在一百万元以上的；（二）个人非法吸收或者变相吸收公众存款三十户以上的，单位非法吸收或者变相吸收公众存款一百五十户以上的；（三）个人非法吸收或者变相吸收公众存款给存款人造成直接经济损失数额在十万元以上的，单位非法吸收或者变相吸收公众存款给存款人造成直接经济损失数额在五十万元以上的……"第33条规定："伪造、变造股票或者公司、企业债券，总面额在五千元以上的，应予立案追诉。"第34条规定："未经国家有关主管部门批准，擅自发行股票或者公司、企业债券……（一）发行数额在五十万元以上的；（二）虽未达到上述数额标准，但擅自发行致使三十人以上的投资者购买了股票或者公司、企业债券的……"上述规定均要求只有达到了一定的犯罪数额，相关的犯罪才成立，才能追诉。

《非法集资司法解释》也有类似的规定，如第3条第1款前三项规定："非法吸收或者变相吸收公众存款，具有下列情形之一的，应当依法追究刑事责任：（一）个人非法吸收或者变相吸收公众存款，数额在20万元以上的，单位非法吸收或者变相吸收公众存款，数额在100万元以上的；（二）个人非法吸收或者变相吸收公众存款对象30人以上的，单位非法吸收或者变相吸收公众存款对象150人以上的；（三）个人非法吸收或者变相吸收公众存款，给存款人造成直接经济损失数额在10万元以上的，单位非法吸收或者变相吸收公众存款，给存款人造成直接经济损失数额在50万元以上的……"上述规定都详细而具体地明确了相关犯罪所涉数额必须达到一定数额之上才成立犯罪，这无疑体现了刑法最后手段性、谦抑性，明示了犯罪数额是划分罪与非罪的标准。

（二）数额是划分重罪与轻罪的标准

同样的行为所涉犯罪数额不同，其应当接受的刑罚应当不同。重罪适用重刑，轻罪适用轻刑。罪责刑相适应的刑法原则要求行为人所应当接受的刑罚应与其犯罪的严重程度相关，而在数额犯之中数额的多少则是划分轻重罪的根据。如《刑法》第192条集资诈骗罪的3个刑罚梯度中，以"犯罪数额较大的""犯罪数额巨大的""犯罪数额特别巨大的"作为适用不同法定刑的主要标准。此外，数额对量刑也有重要影响。我国刑法中对法定刑的规定适用的是相关确定的标准，即刑法对具体罪行的行为适用的刑罚标准并非绝对的，而是有一定的自由裁量空间。此时对于界限数额犯而言，即犯罪数额刚刚达到某个数额的起刑点或者接近起刑点的罪犯，量刑时就应当适用与之相应的较为轻缓的刑罚；反之，如果某个犯罪所涉数额达到数额的至高点，刑罚也应当更为严厉，体现轻重有别。当某个犯罪所涉数额超过某一格刑罚的最高数额时，应当提高对其适用的法定刑刑格。将犯罪数额作为衡量集资型犯罪惩罚尺度的重要标准是其作为经济性犯罪的应有之义。

既然犯罪数额在集资型犯罪的认定中占有重要的地位，是否意味着犯罪数额是集资型犯罪罪与非罪及罪轻罪重认定的单一或绝对标准？对此，理论上存在不同的观点❶：有人主张"唯数额论"，认为对于刑法规

---

❶　刘宪权：《金融犯罪刑法学专论》，北京大学出版社2010年版，第123~124页。

定数额为构成要件的犯罪，犯罪数额能够直接反映和决定其社会危害程度，是决定罪与非罪的一个绝对标准。有人则提出不同看法，犯罪数额虽然是区分罪与非罪的重要因素，但并不是唯一因素，更不可能是绝对的标准。刑法将某些定量因素（如犯罪数额）规定在构成要件之中，并不表明具备这些要件的行为就一定达到了应当追究刑事责任的程度，刑罚制裁是多种因素的重叠，还应当考虑情节等其他犯罪因素或非法构成要件因素。在数额犯罪中可能存在犯罪数额达到了刑法或司法解释所要求的犯罪数额，但存在其他情节最终导致"情节显著轻微、危害不大"从而不构成犯罪的情况。就此而言，本书认为数额不宜作为构成要件因素讨论，只能当做一种情节因素。换言之，数额虽未达刑法要求，但其他情节达到刑法规定的追诉要求的，也应当将其作为犯罪处理。犯罪是主客观多种因素重叠而生的，单一的某种因素不能作为定罪定性的唯一指标。即使某些犯罪中犯罪数额已经被规定为一种构成要件要素，犯罪数额也不能完全准确地反映该行为的社会危害程度，从而认定为犯罪成立的唯一或绝对标准。事实上，唯数额论也不为我国立法和司法实践所采纳。上述立案标准或司法解释在规定某种犯罪的犯罪数额成立犯罪时，在其他项中也有情节因素作为入罪的标准。如《非法集资司法解释》第3条第2款规定："具有下列情形之一的，属于刑法第一百七十六条规定的'数额巨大或者有其他严重情节'：（一）个人非法吸收或者变相吸收公众存款，数额在100万元以上的，单位非法吸收或者变相吸收公众存款，数额在500万元以上的；（二）个人非法吸收或者变相吸收公众存款对象100人以上的，单位非法吸收或者变相吸收公众存款对象500人以上的；（三）个人非法吸收或者变相吸收公众存款，给存款人造成直接经济损失数额在50万元以上的，单位非法吸收或者变相吸收公众存款，给存款人造成直接经济损失数额在250万元以上的；（四）造成特别恶劣社会影响或者其他特别严重后果的。"《立案追诉标准（二）》第28条第（4）~（5）项规定："（四）造成恶劣社会影响的；（五）其他扰乱金融秩序情节严重的情形"；第34条第（2）~（4）项规定："（二）虽未达到上述数额标准，但擅自发行致使三十人以上的投资者购买了股票或者公司、企业债券的；（三）不能及时清偿或者清退的；（四）其他后果严重或者有其他严重情节的情形。"

二、集资型犯罪对"退赃"的认定

集资型犯罪中犯罪数额的效能对于集资人量刑的重或轻至关重要，犯罪数额的多少关乎刑格的层级、刑罚的轻重、财产刑的数额。对于集资型犯罪中涉案金额首先要区分出哪些是非犯罪金额，哪些是某个集资人所应承担的犯罪数额，哪些是共同犯罪人应当承担的数额，对于某些退回、返还的金额如何定性和计量也关涉集资人刑罚的轻重，需要认真对待。

（一）犯罪数额的分类

集资型犯罪属于金融犯罪，也泛属于经济犯罪的一个类别。现有的26个集资型犯罪罪名有半数以上可称之为数额犯。集资型犯罪中少有的几个行为犯只需要具备某种危害社会经济秩序的行为而无需犯罪金额的要求。司法实践中，为了避免过多、过重打击犯罪，也会考虑其他情节，而其他情节中往往会涉及数额的问题，如非法设立金融机构罪，《刑法》第174条规定的该罪第二格法定刑的适用条款是"情节严重的"，该情节严重应该包括数额因素，行为人非法设立一个金融机构和设立多个、在多个地方设立多个金融机构带来的危害程度是不同的，在刑罚上也就应当不同。结合刑法规定，对刑法上的数额进行分类，更有利于明辨不同类别的数额在刑法中的地位，进而有利于分析不同罪名下不同数额的刑法意义。对于经济犯罪的数额划分，有学者提出过不同的见解❶：结合刑法规定及司法实践的情况，将犯罪数额划分为犯罪所得数额、犯罪所及数额、犯罪指向数额、犯罪损失数额、票面数额、实际数额、销售数额、获利数额。该种分类方式看似具体微观，但每个类别与其他类别之间不是"对立"关

---

❶ 刘宪权：《金融犯罪刑法学专论》，北京大学出版社2010年版，第125~128页。

系，而是存在一定的重合，也就失去了分类的意义。另有论者将犯罪数额分为四类：犯罪指向数额与犯罪所得数额，直接损失数额与间接损失数额，挥霍数额与追缴退赔数额，犯罪总额与参与、分赃、平均数额。这种分类比前一种要精确，每类之间没有任何关系重合。似乎这种分类较为合理，但如果认真比较则会发现，该种分类过于追求分类的精细而导致不实用，成为一种悬空的架构。

对犯罪数额加以分类是为了对数额问题进行深入研究，而此研究不能远离刑法文本和司法实践。换句话说，对犯罪数额的分类应当便于司法实践中识别不同的犯罪数额，便于确定罪与非罪、此罪与彼罪，所以笔者以为犯罪数额的分类应当以刑法现有的规定为基准，以便利司法认定为目标，合理划分不同的犯罪数额。就集资型犯罪而言，犯罪数额的划分可以有以下几种：（1）以非法所得数额作为数额标准。如《刑法》第175条高利转贷罪规定："以转贷牟利为目的，套取金融机构信贷资金高利转贷他人，违法所得数额较大的，处三年以下有期徒刑或者拘役，并处违法所得一倍以上五倍以下罚金；数额巨大的，处三年以上七年以下有期徒刑，并处违法所得一倍以上五倍以下罚金。"《非法集资司法解释》第8条第1款第（1）项"违法所得数额在10万元以上的"以虚假广告罪论处。（2）以集资行为直接涉及的金额作为数额标准。符合该种标准的集资型犯罪较多，如非法吸收公众存款罪、集资诈骗罪、贷款诈骗罪等。（3）以行为造成的直接经济损失数额作为数额标准。如诱骗投资者买卖证券、期货合约罪所规定的造成的重大严重后果，《立案追诉标准（二）》第75条第1款第（2）项规定"给单个消费者造成直接经济损失数额在五万元以上的，或者给多个消费者造成直接经济损失数额累计在二十万元以上的"，达到虚假广告罪的追诉标准。（4）以犯罪面额作为数额标准。体现该种标准最为明显的伪造货币罪等货币类犯罪，在集资型犯罪中则以利用虚假债券、证券犯罪的表现明显。如《立案追诉标准（二）》第33条规定："伪造、变造股票、公司、企业债券案（刑法第一百七十八条第二款）伪造、变造股票或者公司、企业债券，总面额在五千元以上的，应予立案追诉。"该四种类别是对刑法条文中规定的犯罪数额类别的区分，是根据对不同犯罪追诉或成罪因素不同的粗略划分，在定性上以此为根据区分罪与非罪、此罪与彼罪。

（二）共同犯罪中数额的认定

集资型犯罪具有涉众性，不仅仅是犯罪对象的"众"，犯罪主体也常为多个行为主体。也就是说，集资型犯罪多为共同犯罪。既然是共同犯罪，那么在共同犯罪之中不同共同犯罪人之间的刑罚量区分就尤为重要，如何区分不同主体的量刑，往往根据犯罪贡献、犯罪收益等因素而定。在集资型犯罪中，犯罪数额的划分对于不同共同犯罪人的责任区分和量刑尤为重要。因为，集资人如果在共同犯罪中所起的犯罪作用大，那么集资人涉及的犯罪数额必然会大，或者说能够划归责到该集资人的犯罪数额要多该集资人相应地要承担更重的刑事责任，如集资型犯罪中组织领导者对集体所有的犯罪负责。这就意味着可以根据不同共同犯罪人的犯罪数额对各个共同犯罪人区分量刑。在共同犯罪中，犯罪数额的计算不同于独立个人犯罪的数额，前者往往存在共同犯罪总数额、参与犯罪数额、分赃数额、平均数额、退还数额等多种角度计算得出的数额。集资型犯罪因为"拆东墙，补西墙"的特点会产生已返回投资人的金额如何计算的问题，以及后来的集资人是否需要对之前的集资数额承担责任的问题。本书认为应当采用参与数额说，即各共同犯罪人应对本人实际参与的金融犯罪数额承担刑事责任,并结合犯罪总额进行考量。换言之，以参与数额说为基准，以犯罪总额说为辅助，对集资型犯罪中不同犯罪人定罪量刑，既要定性准确，又要定量合理。

在共同集资型犯罪中，确定各共犯成员的犯罪数额应当根据案件的具体情况，结合不同犯罪的犯罪特点，具体分别不同犯罪人的犯罪行为、参与犯罪的数额等因素确定。共同犯罪人刑事责任的确定，实际上是刑事责任的分解，这种分解不是简单地把刑事责任平均分配。每一个个体共同犯罪人所实际承担的刑事责任的总和不能简单地与整个共同犯罪的刑事责任进行比较，有时在量上不一定完全相等。❶ 共同犯罪中行为人的刑事责任与单独犯罪中刑事责任是不同的，即便犯罪数额可能相同，刑事责任也会不同。根据共同犯罪中纵犯身份的不同，共同犯罪参与者的犯罪数额认定有不同方法：（1）主犯。《刑法》第26条第1款规定："组织、领导犯罪集团进行犯罪活动的或者在共同犯罪中起主要作用的，是主犯。"主犯在共同犯罪中起主要作用，其理所当然的要承担共同犯罪的主要刑事责任，第26条第4款规定"对于第三款规定以外的主犯，应当按照其所参与的或者组织、指挥的全部犯罪处罚"。一般的共同犯罪中，不存在首要分子的划分，主犯的行为起着决定作用，以参与数额作为承担刑事责任的标准。换言之，主犯的犯罪数额是其参与、领导的犯罪行为所涵盖的犯罪数额。（2）首要分子。《刑法》第26条第3款规定："对组织、领导犯罪集团的首要分子，按照集团所犯的全部罪行处罚。"首要分子指称的是在犯罪集团或者聚众犯罪中起组织、策划、指挥作用的犯罪分子。首要分子应当是主犯的一种特殊表现，故而其对犯罪集团所有的犯罪行为承担刑事责任。即便是犯罪集团预谋犯罪的数额，也应当由首要分子承担相应的责任。但是对于部分个体成员独立实施的非犯罪集团意志下的犯罪行为所产生的犯罪数额，首要分子对此不负责任。换言之，首要分子承担的犯罪数额是集团犯罪所有犯罪行为中的犯罪数额，但对于集团部分成员偏离犯罪集团犯罪行为而实施的独立犯罪行为造成的犯罪数额则不承担责任。（3）从犯和胁从犯。两者含义不同，所指称的群体不同，但在实质上胁从犯仍然是从犯，在犯罪数额认定时并无不同。共同犯罪中从犯和胁从犯的社会危害性远小于主犯，他们承担的刑事责任也相应要小得多，对其犯罪数额的认定应当以其分赃数额作为承担行贿责任的标准，同时不能忽视从犯和胁从犯参与犯罪数额为多少的问题。换句话说，从犯或胁从犯的犯罪数额的认定以其参与实施的犯罪行为过程中实际能够支配的犯罪数额作为认定标准。

---

❶ 刘宪权：《金融犯罪刑法学专论》，北京大学出版社2010年版，第135页。

(三)　"退赃"问题

非法集资活动的性征之一是"拆东墙，补西墙"。具体而言，是集资人在第一轮非法集资活动对投资人许诺高额利益，但其本身并不具备偿还高利息与本金的能力。集资人通过宣传等手段不断吸引更多的投资，当第二轮投资进入非法集资活动之内时，行为便具有了支付前期投资利息的能力，如此往复。集资人将后期投资人的投资款转发、支付前期投资人的高额利息，该已支付部分是否应认定为犯罪数额？随着集资规模、时间的扩大，第一期或第二期的集资款可能已经完成兑付，对该部分已兑付的本金及其利息是否算入犯罪数额之中？集资人在集资活动中宣传费用、发放的薪金、中介费用甚至行贿等费用是否计入集资型犯罪的所得之中？

《非法集资司法解释》第5条第3款规定："集资诈骗的数额以行为人实际骗取的数额计算，案发前已归还的数额应予扣除。行为人为实施集资诈骗活动而支付的广告费、中介费、手续费、回扣，或者用于行贿、赠与等费用，不予扣除。行为人为实施集资诈骗活动而支付的利息，除本金未归还可予折抵本金以外，应当计入诈骗数额。"根据该解释，上述三个问题的答案不言而明，行为人以本期集资款支付前期利息的数额可以冲抵被诈骗的本金，冲抵部分不计算入犯罪金额之中；如果难以冲抵，则以诈骗数额计算。对于行为人为实施集资诈骗活动而支付的广告费、中介费、手续费、回扣，或者用于行贿、赠与等费用，属于集资型犯罪的犯罪数额，不能抵消。而对于行为人退还的本金，"案发前已归还的数额应予扣除"，否则以犯罪数额计算。如此以司法解释的结论作为司法实践认定犯罪依据是否合理、合规，在逻辑上能否一致？该解释中第一句"以行为人实际骗取的数额计算"在其后的解释中是否被严格贯彻？案发后立案前、判决前、判决后等能够悉数归还的是否同样扣除？

首先，《非法集资司法解释》对诈骗的数额以行为人实际诈骗的数额为准，其后的解释中并未能完全贯彻。根据该解释，退还部分已经脱离了集资人的控制，不属于实际诈骗的数额。但是当诈骗行为是一种犯罪行为，犯罪行为所指向的社会关系已经遭受了犯罪行为的侵害，刑法意义上的危害后果已经出现，行为人通过某种手段将已经遭受侵害的客体恢复原状，是否能够改变行为人已经触犯法律的事实？行为人杀人之后，结果难以恢复；但在财产类犯罪中结果往往是可以恢复的，这是否意味着盗窃巨额财产后，良心发现或因其他动机归还财产便不认定为盗窃罪？应当认为此种论证在逻辑上有瑕疵，犯罪便是犯罪，"功不能补过"。集资型犯罪中的行为人返款的目的也说不上是"纯正的"，大多数是出于吸引更多新投资人的投资款而制造的一种非犯罪的假象。行为人初始阶段便是非法集资，行为人归还前期投人的本金并非良心发现，也不是终止犯罪，所返回的只不过通过后期的投资款所"换得"，受害人可能换了，但非法行为一直在继续。行为人归还利息，利用高额的利益回报引诱更多的人"前来送钱"，利息只是犯罪的成本，而不是行为人的善心。依据该解释的规定，返还的资金不再属于实际诈骗的数额，而且集资人返还的利息在本金数额之内的也不属于实际诈骗的数额，在此之外返还的利息认定为实际诈骗数额。而对于"为实施集资诈骗活动而支付的广告费、中介费、手续费、回扣，或者用于行贿、赠与等费用，不予扣除"却与返还本金的行为存在逻辑冲突。前者是犯罪成本，后者也是犯罪成本，而后者对于犯罪成立而言有直接的利害关系，为何不再计算入实际诈骗所得，该解释逻辑不连贯。

其次，"实际诈骗所得"界限模糊，可能造成司法不统一。行为人在诈骗之时已经有了犯意，其实施非法集资活动的目的是获取非法利益。也就是说，行为人在行为之初实施的诈骗行为与行为人在后实施的诈骗行为没有本质不同，如果认定后续行为有诈骗犯罪之疑，对前期的行为也应同等对待。前期投资人在集资人的引诱下已经实然意义上完成了投资活动，其投资款也实际上曾经或仍在集资人的管控之中，换言之，仅就前期投资行为而言，集资人的非法集资行为已经完成，且构成某种集资型犯罪，如非法设立金融机构罪、擅自吸收公众存款罪等。行为人是为了再次、更多地吸引投资人而对前期投资人兑现许诺的回报，归还其本息。该解释对于归还的本金范围的金钱数额不计入实际非法所得之中，超出本金之外的利息属于诈骗金额。同样是利息为何出现不同的定性？大概，2010年《非法集资司法解释》认为本金是应得，利息不是应得，本金之内的保护，本金之外的数额不保护。但对行为人而言，此种划分无甚意义，也不能起到预防作用，反而会使集资人肆无忌惮实施此种行为。为了保护投资人的最大利益作如此解释，曲弄了行为的性质，从犯罪之始集资获得款项就属于"实际诈骗所得"，排除返还的本金数额剩余的诈骗所得亦是"实际诈骗所得"，后者包含在前者之中。但是，集资人非法集资的款项都是投资人的本金，后期的款项没有归还或许只是期限未到，由此认定为"实际诈骗所得"是否有失公允？再者，即便行为人已经无款可以支付其余的本金或利息，但并非其本意，如此以集资型犯罪论处是否有结果归罪的嫌疑？2010年《非法集资司法解释》"实际诈骗所得"的含义应该指向的是最小范围的犯罪数额，诱引犯罪人最大限度的归还投资人的本金，是一种刑事政策的司法考量。企图通过这种途径挽回受害人的损失，但并不能就如此妄断返还本金或利息的行为性质可以在合法和非法之间穿梭、变换，由此导致"实际诈骗所得"的边界处于难以界定的状态。

最后，2010年《非法集资司法解释》认为案发前返还的数额可以冲抵，案发后审判前归还数额是否可以抵消犯罪数额？判决后积极归还是否可以冲抵犯罪数额？很明显，在后一个问题中即判决后行为人返还金额不能够冲抵，如完全刑事责任能力行为人甲盗窃乙现金5万元，甲窃得金钱后挥霍一空，再次行窃时被抓获，法院判决甲盗窃罪，如果判决后甲许诺并积极归还乙5万元现金并得到乙的谅解，是否甲盗窃乙金钱这一行为不成立盗窃罪？答案是显而易见的，甲仍然成立盗窃罪。因为甲基于盗窃的故意，实施了盗窃行为，且窃得现金5万元，详备盗窃罪的犯罪构成要件成立盗窃罪毋庸置疑。其后的返还财产行为是其应当返还，钱款本就不是甲的，其无权占有，退还给乙实属应当为之，就其积极归还最多只能算是认罪态度较好，可以从轻处罚，而不能否定其犯罪行为的性质。同样的，在非法集资活动中，既然承认行为人行为的刑事违法性，集资人也事实上实施了某种集资型犯罪行为，归还的数额只能算作一种从轻情节，而不能否认该数额为犯罪数额。也就是说，不论是案发前返还、案发后判决前返还、判决后返还，其非法集资行为的特性是一样的，并没有因为时间节点不同而产生犯罪性质的差异，司法解释这样的论断从某种意义上侵犯了立法权。

第二编　实务篇

　　本编对准备类集资型犯罪、行动类集资型犯罪、完结类集资型犯罪、其他类集资型犯罪四类集资型犯罪中的各个罪名进行分析、解读，以达到对集资型犯罪充分解析的目的。由于诈骗罪与合同诈骗罪、集资诈骗罪、贷款诈骗罪等其他诈骗类犯罪是一般与特别的关系，本书不再对诈骗罪单独进行说明。

第七章 准备类集资型犯罪

第一节 虚报注册资本罪

一、概念与犯罪构成

（一）概　念

　　虚报注册资本罪是我国市场经济不断发展的产物。1979年之前，我国处于计划经济时期，不存在公司注册资本的问题，1979年刑法因此没有规定虚报注册资本罪。随着改革开放的不断深入，我国出现大量民营企业、中外合资企业等各类型企业，这一时期出现了一些公司，利用虚报注册资金，扰乱市场经济秩序。1993年《公司法》颁布，其中第206条对虚报注册资本进行了规定："违反本法规定，办理公司登记时虚报注册资本、提交虚假证明文件或者采取其他欺诈手段隐瞒重要事实取得公司登记的，责令改正，对虚报注册资本的公司，处以虚报注册资本金额百分之五以上百分之十以下的罚款；对提交虚假证明文件或者采取其他欺诈手段隐瞒重要事实的公司，处以一万元以上十万元以下的罚款；情节严重的，撤销公司登记。构成犯罪的，依法追究刑事责任。"这一规定弥补了法律上对虚报注册资本行为没有惩罚的缺憾。然而，对于公司法上规定的刑事责任，却没有相关的刑事法律法规与之衔接。1995年全国人大常委会通过《关于惩治违反公司法的犯罪的决定》，其中第1条规定："申请公司登记的人使用虚假证明文件或者采取其他欺诈手段虚报注册资本，欺骗公司登记主管部门，取得公司登记，虚报注册资本数额巨大、后果严重或者有其他严重情节的，处三年以下有期徒刑或者拘役，可以并处虚报注册资本金额百分之十以下罚金。申请公司登记的单位犯前款罪的，对单位判处虚报注册资本金额百分之十以下罚金，并对直接负责的主管人员和其他直接责任人员，依照前款的规定，处三年以下有期徒刑或者拘役。"至此，虚报注册资本的行为在刑事上也有了规制。1997年刑法修订时，虚报注册资本罪被正式写入刑法。

虚报注册资本罪位于《刑法》第158条，该条分为两款，规定："申请公司登记使用虚假证明文件或者采取其他欺诈手段虚报注册资本，欺骗公司登记主管部门，取得公司登记，虚报注册资本数额巨大、后果严重或者有其他严重情节的，处三年以下有期徒刑或者拘役，并处或者单处虚报注册资本金额百分之一以上百分之五以下罚金。单位犯前款罪的，对单位判处罚金，并对其直接负责的主管人员和其他直接责任人员，处三年以下有期徒刑或者拘役。"虚报注册资本罪，即指申请公司登记使用虚假证明文件或者采取其他欺诈手段虚报注册资本，欺骗公司登记主管部门，取得公司登记，虚报注册资本数额巨大、后果严重或者有其他严重情节的行为。

（二）犯罪构成

本罪的犯罪主体包括自然人和单位，具体包括："设立有限公司的是指全体股东指定的代表或者委托的代理人；设立股份有限公司的有两种情况，一是发起设立的是全体发起人选出的董事会，二是募集设立的是董事会成员；设立国有独资公司的则是国家授权的机构或者部门的申请人或者单位；设立个人有限责任公司的是其独资股东或者其委托的代理人。公司合并、分立及变更注册资本的是各公司指派的代表或者共同委托的代理人以及其本公司法人。"❶ 然而，2013年全国人大常委会通过修改《公司法》的决议，对公司注册资本相关的规定做出了颠覆性的改变，

---

❶ 何旭东：《虚报注册资本罪探究——以王某、虞某虚报注册资本罪为视角》，西南政法大学研究生论文，2011年。

取消了有限责任公司、一人有限公司、股份有限公司3万元、10万元、500万元的最低注册标准，公司的法定注册资本制向注册资本的认缴制转变。面对这种转变，学界与实务界产生了是否需要废除虚报注册资本罪的疑问。为此，全国人大常委会于2014年做出《关于〈中华人民共和国刑法〉第一百五十八条、第一百五十九条的解释》，该解释表示："刑法第一百五十八条、第一百五十九条的规定，只适用于依法实行注册资本实缴登记制的公司。"此表明，虚报注册资本罪的存在是必要的，现今不会将其废除。根据该解释，本罪的主体出现了一定的限缩。现行法律法规对于采取实缴登记制的公司由相关法律法规规定。《公司法》第80条规定："股份有限公司采取募集方式设立的，注册资本为在公司登记机关登记的实收股本总额。"《商业银行法》第13条规定："设立全国性商业银行的注册资本最低限额为十亿元人民币。设立城市商业银行的注册资本最低限额为一亿元人民币，设立农村商业银行的注册资本最低限额为五千万元人民币。注册资本应当是实缴资本。"《证券法》第127条规定："证券公司经营本法第一百二十五条第（一）项至第（三）项业务的，注册资本最低限额为人民币五千万元；经营第（四）项至第（七）项业务之一的，注册资本最低限额为人民币一亿元；经营第（四）项至第（七）项业务中两项以上的，注册资本最低限额为人民币五亿元。证券公司的注册资本应当是实缴资本。"同年，国务院发布的《注册资本登记制度改革方案》明确规定："银行业金融机构、证券公司、期货公司、基金管理公司、保险公司、保险专业代理机构和保险经纪人、直销企业、对外劳务合作企业、融资性担保公司、募集设立的股份有限公司，以及劳务派遣企业、典当行、保险资产管理公司、小额贷款公司实行注册资本认缴登记制。"

　　本罪的主观方面为故意。犯罪主体是自然人的，表现为行为人故意虚报注册资本数额，欺骗公司登记主管部门，以取得"企业法人营业执照"。犯罪主体是单位的，则表现为单位整体的意志，即单位的决策机构做出的决定，由其他负责人实施的。如果自然人未经单位许可，以单位名义虚报注册资本的行为，不构成单位犯罪。构成本罪的主观方面不包括过失，因责任人业务上的不谨慎、不仔细等过失导致的注册资本与实有资本不一致的，不构成本罪。

本罪侵犯的客体为国家的公司登记管理制度。

本罪的客观方面表现为行为人在申请公司登记时，使用虚假证明文件或者采取其他欺诈手段虚报注册资本，欺骗公司登记主管部门，取得公司登记，虚报注册资本数额巨大、后果严重或者有其他严重情节的行为。客观方面主要表现在以下几个要素：（1）行为人使用虚假的证明文件或者其他欺诈手段。对于该处的"证明文件"的范围，有学者认为包括"验资、验证、评估报告书等证明文件"❶，还有学者认为证明文件包括公司章程、审批机关的批文、出资证明书、认股证书、验资机构的验资证明等。本书认为，对于"证明文件"的范围不应过分扩大，主要是指依法设立的注册会计师事务所和审计师事务所等法定验资机构依法对申请公司登记的人的出资所出具的验资报告、资产评估报告、验资证明等材料。而虚假证明文件，既可以是行为人自己伪造验资机构出具的验资报告，也可以是通过贿赂等手段，要求验资机构出具验资报告。"采用其他欺诈手段"是指采用通过贿赂等手段，收买有关机构的工作人员，或者其他隐瞒事实真相的方法，虚构公司注册资本。（2）虚报注册资本。对于该处的虚报，学界亦存在一定的争论，本书采用张明楷教授的观点。"虚报注册资本，既可以表现为没有达到登记注册的资本数额，却采取欺诈手段证明达到了法定数额；也可以表现为虽然达到了法定数额却虚报具有更高数额的资本；还可以表现为变更登记时虚报注册资本"❷。但有学者认为将变更登记时的虚报也涵盖进虚报注册资本罪，是违反罪刑法定的，法条中的"取得公司登记"不包含变更登记的阶段。❸ 全国人大常委会做出了虚报注册资本罪只适用实行注册资本实缴登记制的公司，因此学界与实务界多

---

❶ 高铭暄、马克昌主编：《刑法学》，北京大学出版社2011年第五版，第389页。

❷ 张明楷：《刑法学》，法律出版社2011年第四版，第664页。

❸ 魏静华、齐星："虚报注册资本罪诸问题浅探"，载《天津市政法管理干部学院学报》2009年增刊。

数认为认缴制下便不存在注册资本虚报的问题。本书认为，认缴制下依然存在虚报注册资本的行为，认缴制下依然存在资本真实与虚假的问题。"在注册资本改为认缴资本之后，注册资本的真实就是认缴的真实，未实际认缴即为资本的虚报，此处的真假在于是否存在资本缴纳的承诺。真实的认缴资本意味着该项资本额已被全体股东实际承诺认缴，不存在未被股东认缴的资本额，而以未得到股东实际认缴承诺的资本额进行注册登记，就是虚报资本"，"认缴资本制下的虚报不再是缴纳行为的虚假，而是承诺认缴行为的虚假"。❶（3）欺骗的对象是公司登记主管部门，达到了取得公司登记的目的，即公司顺利注册，并被颁发"企业法人营业执照"。虚报注册资本的欺骗对象需要是公司登记主管部门，而不能是其他有关部门。同时，欺骗的目的需要是虚报注册资本，达到公司登记的目的，而不能是其他。如果在欺骗过程中，公司登记主管部门发现了该行为，没有给予注册登记，亦不构成本罪。（4）虚报注册资本需要数额巨大、后果严重或者有其他严重情节，行为人符合其中一条即构成本罪。对于何谓"数额巨大、后果严重或其他严重情节"，相关司法解释给予了具体的规定，该部分将在下文的立案标准中介绍。

二、立案标准

2001年，最高人民检察院、公安部发布《关于经济犯罪案件追诉标准的规定》，其中第2条规定了虚报注册资本罪的追诉标准："申请公司登记使用虚假证明文件或者采取其他欺诈手段虚报注册资本，欺骗公司登记主管部门，取得公司登记，涉嫌下列情形之一的，应予追诉：1.实缴注册资本不足法定注册资本最低限额，有限责任公司虚报数额占法定最低限额的百分之六十以上，股份有限公司虚报数额占法定最低限额的百分之三十以上的；2.实缴注册资本达到法定最低限额，但仍虚报注册资本，有

---

❶ 赵旭东："认缴资本制下的股东有限责任——兼论虚报资本、虚假出资和抽逃出资行为的认定"，载《法律适用》2014年第11期。

限责任公司虚报数额在一百万元以上，股份有限公司虚报数额在一千万元以上的；3.虚报注册资本给投资者或者其他债权人造成的直接经济损失累计数额在十万元以上的；4.虽未达到上述数额标准，但具有下列情形之一的：①因虚报注册资本，受过行政处罚二次以上，又虚报注册资本的；②向公司登记主管人员行贿或者注册后进行违法活动的。"该规范性文件在2010年被《立案追诉标准（二）》所取代。该规定第3条给出了明确的刑事立案标准："申请公司登记使用虚假证明文件或者采取其他欺诈手段虚报注册资本，欺骗公司登记主管部门，取得公司登记，涉嫌下列情形之一的，应予立案追诉：（一）超过法定出资期限，实缴注册资本不足法定注册资本最低限额，有限责任公司虚报数额在三十万元以上并占其应缴出资数额百分之六十以上的，股份有限公司虚报数额在三百万元以上并占其应缴出资数额百分之三十以上的；（二）超过法定出资期限，实缴注册资本达到法定注册资本最低限额，但仍虚报注册资本，有限责任公司虚报数额在一百万元以上并占其应缴出资数额百分之六十以上的，股份有限公司虚报数额在一千万元以上并占其应缴出资数额百分之三十以上的；（三）造成投资者或者其他债权人直接经济损失累计数额在十万元以上的；（四）虽未达到上述数额标准，但具有下列情形之一的：1.两年内因虚报注册资本受过行政处罚二次以上，又虚报注册资本的；2.向公司登记主管人员行贿的；3.为进行违法活动而注册的。（五）其他后果严重或者有其他严重情节的情形。"

三、司法认定

根据《刑法》第159条，虚假出资罪是指公司发起人、股东违反公司法的规定未交付货币、实物或者未转移财产权，虚假出资，数额巨大、后果严重或者有其他严重情节的行为。从虚报注册资本罪与虚假出资罪在刑法中所处的位置，可以看出二者存在某些相似处。二罪都位于第三章破坏社会主义市场经济秩序罪，同时都归为妨害对公司、企业的管理秩序罪一节，二者侵犯的客体均为国家对公司的管理制度，而主观方面均表现为故意。司法实践上，二者在行为上表现出的相似性以及连贯性，可能导致二者之间的混淆，例如，可能存在行为人通过欺骗等手段，隐瞒公司其他股东虚假出资后，又以此来申请公司登记，这样就同时涉及虚报注册资本罪。为此，本书将对二者存在的区别加以阐述。首先，主体方面，虚报注册资本罪的犯罪主体与虚假出资罪的犯罪主体虽然存在着重合的可能，但是实际上有着很明显的差异。虚报注册资本罪的犯罪主体为申请公司注册登记，并欺骗公司登记主管部门的自然人或单位，多数为公司发起人或股东的整体行为，多为互相知情；而虚假出资罪的主体为未出资的公司发起人或股东，而其他公司发起人或股东对虚假出资行为并不知情。其次，二者欺诈的对象不一样。虚报注册资本罪，行为人使用虚假证明文件或其他欺诈手段，欺骗公司登记主管部门；而虚假出资罪，则多是欺骗公司其他股东或债权人。最后，二者发生的时间点不同，虚报注册资本罪发生在申请公司注册的过程中，而虚假出资罪除了这个时间段，还可以发生在公司取得登记后，缴纳出资期间。

四、刑事责任

根据《刑法》第158条，犯虚报注册资本罪的，处3年以下有期徒刑或者拘役，并处或者单处虚报注册资本金额1%以上5%以下罚金。单位犯前款罪的，对单位判处罚金，并对其直接负责的主管人员和其他直接责任人员，处3年以下有期徒刑或者拘役。该条没有对单位犯罪规定具体的罚金数额，最高人民法院《关于适用财产刑执行问题的若干规定》第2条规定："刑法没有明确规定罚金数额标准的，罚金的最低数额不能少于一千元。"也就是对于虚报注册资本罪的单位犯罪，罚金最低只为1000元。《公司法》第198条对虚报注册资本的单位在行政处罚方面的罚金做出了规定："对虚报注册资本的公司，处以虚报注册资本金额百分之五以上百分之十五以下的罚款；对提交虚假材料或者采取其他欺诈手段隐瞒重要事实的公司，处以五万元以上五十万元以下的罚款。""可见，刑事处罚与行政处罚差异巨大。因此，基于我国现在的司法实践和经济发展水平，有

学者建议虚报注册资本罪单位犯罪主体的罚金刑应予以适当提高，标准为10万元以上100万元以下。"❶

五、案例解析

为正确执行《全国人大常委会关于〈中华人民共和国刑法〉第一百五十八条、第一百五十九条的解释》和新修改的《公司法》，最高人民检察院、公安部于2014年发布《关于严格依法办理虚报注册资本和虚假出资抽逃出资刑事案件的通知》。该通知对虚报注册资本类案件给出了具体操作，"自2014年3月1日起，除依法实行注册资本实缴登记制的公司（参见《国务院关于印发注册资本登记制度改革方案的通知》（国发〔2014〕7号））以外，对申请公司登记的单位和个人不得以虚报注册资本罪追究刑事责任；对公司股东、发起人不得以虚假出资、抽逃出资罪追究刑事责任"，"各级公安机关、检察机关对发生在2014年3月1日以前尚未处理或者正在处理的虚报注册资本和虚假出资、抽逃出资刑事案件，应当按照刑法第十二条规定的精神处理：除依法实行注册资本实缴登记制的公司以外，依照新修改的公司法不再符合犯罪构成要件的案件，公安机关已经立案侦查的，应当撤销案件；检察机关已经批准逮捕的，应当撤销批准逮捕决定，并监督公安机关撤销案件；检察机关审查起诉的，应当作出不起诉决定；检察机关已经起诉的，应当撤回起诉并作出不起诉决定；检察机关已经抗诉的，应当撤回抗诉"。本书将以案例的形式对虚报注册资本罪犯罪主体的这种转变加以分析。

【案情介绍】2011年7月，被告人李某某虚报注册资本600万元，欺骗公司登记主管部门，成立吉林省君泰建筑工程有限公司，2012年7月2日获取公司登记，法定代表人李某某。公司股东黑龙江恒泰建设集团有限公司。吉林市船营区人民检察院指控被告人李某某犯虚报注册资本罪。船

---

❶ 夏静娴、魏琼："对我国虚报注册资本罪的再解读——以新〈公司法〉为视角"，载《特区经济》2010年第12期。

营区人民法院于2015年5月12日作出（2014）船刑初字第45号刑事判决书，认定公诉机关对被告人李某某犯虚报注册资本罪的指控不成立。

根据2014年4月24日全国人大常委会《关于〈中华人民共和国刑法〉第一百五十八条、第一百五十九条的解释》，在公司法修改后，《刑法》第158条"只适用于依法实行注册资本实缴登记制的公司（比如银信、保险、证券、期货、直销、劳务合作与派遣等企业）"。依修改后公司法，吉林省君泰建筑工程有限公司系实行注册资本认缴登记制公司，虽该公司法定代表人李德军虚报注册资本行为发生于全国人大常委会立法解释出台前，但依据"从旧兼从轻"原则，在立法解释出台后其行为已不被评价为犯罪的情况下，依法应认定无罪。公诉机关对李德军虚报注册资本罪的指控不成立。

第二节　擅自设立金融机构罪

一、概念与犯罪构成

（一）概　念

擅自设立金融机构罪在我国刑法中经历着从无到有的过程，它"是以违反金融机构的监管为条件的。在经济和金融发展的不同历史时期，对金融机构监督的目的、方法及宽严程度是不同的"❶。1979年刑法并没有规定此罪，1986年1月国务院发布《银行管理暂行条例》，其中第53条规定："违反本条例规定，擅自设立专业银行分支机构或者其他金融机构的，中国人民银行应当责令其停业，依法没收其非法所得，并对直接责任人员追究行政责任。"1992年12月国务院发布的《储蓄管理条例》第34条规定，单位或个人擅自设置储蓄机构的，由中国人民银行或其分支机构责令其纠正，并可以根据情节轻重处以罚款、停业整顿、吊销"经营金

---

❶　薛瑞麟：《金融犯罪研究》，中国人民大学出版社2000年版，第32页。

融业务许可证"；情节严重，构成犯罪的，依法追究刑事责任。1994年8月中国人民银行发布的《金融机构管理规定》第51条规定，未经中国人民银行批准，擅自设立金融机构的中国人民银行有权冻结其帐户，没收非法所得，并处以人民币100万元以上1000万元以下的罚款；情节严重构成犯罪的，移送司法机关依法追究有关人员的刑事责任。1995年5月全国人大常委会通过的《商业银行法》第79条规定，未经中国人民银行批准，擅自设立商业银行，依法追究刑事责任，并由中国人民银行予以取缔。1995年6月全国人大常委会通过的《关于惩治破坏金融秩序犯罪的决定》第6条规定："未经中国人民银行批准，擅自设立商业银行或者其他金融机构的，处三年以下有期徒刑或者拘役，并处或者单处二万元以上二十万元以下罚金；情节严重的，处三年以上十年以下有期徒刑，并处五万元以上五十万元以下罚金。伪造、变造、转让商业银行或者其他金融机构经营许可证的，依照前款的规定处罚。单位犯前两款罪的，对单位判处罚金，并对直接负责的主管人员和其他直接责任人员，依照第一款的规定处罚。"1997年刑法修订时，完全吸收了《关于惩治破坏金融秩序犯罪的决定》的规定，作为《刑法》第174条。随着金融机构种类的增加以及国家对金融机构管理的细化与加强，1999年全国人大常委会通过刑法修正案（一），对该条进行修改。增加了证券交易所、期货交易所、证券公司、期货经纪公司、保险公司等金融机构，同时将"未经中国人民银行批准"修改为"未经国家有关主管部门批准"，形成了现在的擅自设立金融机构罪。

擅自设立金融机构罪规定在《刑法》第174条的第1款和第3款中，指的是未经国家有关主管部门批准，擅自设立商业银行、证券交易所、期货交易所、证券公司、期货经纪公司、保险公司或者其他金融机构的行为。

（二）犯罪构成

本罪的犯罪主体为一般主体，凡已满16周岁，具有刑事责任能力的人都可以成为本罪的主体。同时《刑法》第174条第3款规定单位亦可成为本罪主体。

本罪的主观方面为故意，明知擅自设立金融机构的行为违反国家金融管理方面的法律，仍故意设立。对该处的故意，学界存在争议。有学者认为："本罪的主观方面只能是故意，明知设立金融机构必须依法获得国家有关主管部门批准，明知擅自设立金融机构的行为会发生扰乱金融秩序的危害结果，并且希望或者放任这种结果的发生。"❶ 对于该处的"希望或者放任"，有学者认为擅自设立金融机构罪的主观方面存在直接故意与间接故意。本书认为，擅自设立金融机构罪中只存在直接故意。行为人对于设立行为是积极追求的，而不是持放任的态度，对于是否会发生扰乱金融秩序的结果，不是本罪的必要条件，并且设立的行为本身客观上已经造成了破坏金融管理秩序的危害结果。行为人明知擅自设立金融机构的行为是违法的，而且设立金融机构的行为会引发相关后果，对于金融机构的成立，行为人不可能持有放任态度，只可能是希望。因此，本罪的主观方面为直接故意。对于本罪的主观方面是否要求以非法获利为目的，本书认为不应将此作为本罪的主观方面。"并非所有擅自设立金融机构的行为都以非法获利为目的，这要根据所设的金融机构的性质来考虑。商业银行是以营利为目的的金融机构，擅自设立之，应该是以牟利为目的。如果擅自设立的是政策性银行，行为人设立的目的是为发展地方经济筹集资金。在这种情况下，就不能说行为人擅自设立金融机构是以牟取非法利益为目的。因此，不宜要求本罪主观方面以牟取非法利益为目的。"❷

本罪侵犯的客体为国家对于商业银行、证券交易所、期货交易所、证券公司、期货经纪公司、保险公司或者其他金融机构的金融准入管理制度。各类金融机构都存在相应的审批监督机构，银行监会、证监会等金融监管机构。我国对金融秩序的监督管理日益重视。

本罪的客观方面表现为当事人未经国家有关主管部门批准，实施了擅

---

❶　张明楷：《刑法学（下）》，法律出版社1997年版，第631页。
❷　薛瑞麟：《金融犯罪研究》，中国人民大学出版社2000年版，第42页。

自设立商业银行、证券交易所、期货交易所、证券公司、期货经纪公司、保险公司或者其他金融机构的犯罪行为。这里的"擅自设立金融机构"包括两种情况：第一，未经任何申报、审批程序，私自设立金融机构；第二，虽向金融监管部门申请，但相关部门尚未审批或者审查后认为不符合有关规定，不予批准的。本条列举的金融机构，其中商业银行是指依照商业银行法和公司法设立的吸收公众存款、发放贷款、办理结算等业务的企业法人（《商业银行法》第2条）；证券交易所是指为证券集中交易提供场所和设施，组织和监督证券交易，实行自律管理的法人（《证券法》第102条）；期货交易所是指"为期货交易提供场所、设备并制定、发布交易规则，以维护公开平等交易的、由会员联合组成的非盈利性团体"❶；证券公司是指依照公司法和证券法规定设立的经营证券业务的有限责任公司或者股份有限公司（《证券法》第123条）；期货经纪公司是指依照国家法律、法规及本办法设立的接受客户委托，用自己名义进行期货买卖，以获取佣金为业的公司（《期货经纪公司登记管理暂行办法》第2条）；保险公司是指经保险监督管理部门审查批准设立的经营保险业务的具有法人资格的企业；其他金融机构是指除了条文列举的金融机构之外的，依法设立经营金融业务的机构，包括信托投资公司、融资租赁公司、农村信用合作社、邮政储蓄机构、证券业服务机构等，它不包括非法设立的金融机构，如地下钱庄等。《非法金融机构和非法金融业务活动取缔办法》第3条规定："本办法所称非法金融机构，是指未经中国人民银行批准，擅自设立从事或者主要从事吸收存款、发放贷款、办理结算、票据贴现、资金拆借、信托投资、金融租赁、融资担保、外汇买卖等金融业务活动的机构。非法金融机构的筹备组织，视为非法金融机构。""未经国家有关主管部门批准"应理解为：设立商业银行、信托公司未经国务院银行监督管理机构审查批准，（《商业银行法》第11条，《信托公司管理办法》第7条）；设立证券公司未经国务院证券监督管理机构审查批准（《证券法》

---

❶ 屈学武：《金融刑法学研究》，中国检察出版社2004年版，第323页。

第122条）；设立期货交易所未经国务院期货监督管理机构审批（《期货交易管理条例》第6条）；设立保险公司未经国务院保险监督管理机构批准（《保险法》第67条）。

二、立案标准

2010年5月，最高人民检察院与公安部发布《立案追诉标准（二）》，第24条规定："未经国家有关主管部门批准，擅自设立金融机构，涉嫌下列情形之一的，应予立案追诉：（一）擅自设立商业银行、证券交易所、期货交易所、证券公司、期货公司、保险公司或者其他金融机构的；（二）擅自设立商业银行、证券交易所、期货交易所、证券公司、期货公司、保险公司或者其他金融机构筹备组织的。"追诉标准中明确将设立筹备组织，纳入了擅自设立金融机构罪中。

三、司法认定

合法的金融机构擅自设立其分支机构是否属于本罪规制？对于该问题学界存在争议，一种观点认为："对于合法的金融机构擅自设立分支机构的，需要具体分析：如果该分支机构的设立需要国家有关部门批准，那么，擅自设立该分支机构的，成立本罪；如果分支机构的设立只需要该金融机构内部批准，那么，擅自设立该分支机构的，不成立本罪。"[1] 也有学者认为："商业银行或者其他金融机构为扩展业务不向主管机关申报，擅自扩建营业网点，增设分支机构，或虽向主管机关申报，在主管机构批准前就擅自设立分支机构进行经营活动，这些行为是违法的，但是这种商业银行或其他金融机构擅自设立分支机构的行为与其他单位、个人擅自设立金融机构在性质上是不同的，因此，对于商业银行擅自设立分支机构的行为不能作为犯罪处理。"[2] 学界也存在将擅自设立分支机构的行为认为

---

[1]　张明楷：《刑法学（下）》，法律出版社1997年版，第683页。
[2]　郎胜主编：《关于惩治破坏金融秩序犯罪的决定的讲话》，法律出版社1995年版，第29页。

是犯罪的。"《商业银行法》第19条明确规定，设立分支机构必须经国务院银行业监督管理机构审查批准。该法同时规定了设立分支机构所必须具备的条件。显然，商业银行也不能自作主张地设立分支机构。从另一个角度来说，本罪的主体是一般主体，也应包括金融机构本身。设立金融机构的表现形式多种多样，可以是未经批准成立一个名称全新的金融机构，也可以是未经批准成立已有金融机构的分支机构，如私自设立工商银行某分行。"● 本书认为合法的金融机构均通过了相关的审查批准部门批准，具有合法的法人地位，而金融机构的分支机构是不具有独立的法人地位的，它属于原先合法成立的金融机构的一部分，金融机构擅自设立金融分支机构的行为不能构成擅自设立金融机构罪。当然合法的金融机构并不是设立的任何金融机构都不构成本罪，如果未经相关主管部门批准而设立其他独立的金融机构，仍可构成擅自设立金融机构罪。

四、刑事责任

《刑法》第174条规定，犯擅自设立金融机构罪的，处3年以下有期徒刑或者拘役，并处或者单处2万元以上20万元以下罚金；情节严重的，处3年以上10年以下有期徒刑，并处5万元以上50万元以下罚金。单位犯罪的，对单位判处罚金，并对其直接负责的主管人员和其他直接责任人员，依照个人犯本罪的规定处罚。对于何谓"情节严重"，法律并没有明确的规定，本书认为可以从行为人采取的手段、擅自设立金融机构的数量、对社会造成影响的程度以及是否还涉及其他罪名等方面进行考虑。

五、案例解析

根据《非法金融机构和非法金融业务活动取缔办法》第3条第2款和《立案追诉标准（二）》第24条第2款，非法金融机构的筹备组织视为非

● 赵秉志主编：《新千年刑法热点问题研究与适用（下）》，中国检察出版社2001年版，第773~774页。

法金融机构，因此擅自设立金融机构的筹备组织的，同样构成擅自设立金融机构罪。

案例一：姜某擅自设立金融机构案

【案情介绍】2013年8月至2014年3月期间，被告人姜某未经中国银监会等银行主管部门批准，在工商主管部门预核准"浙江钱塘银行股份有限公司（筹）"名称，使用"浙江钱塘银行股份有限公司（筹）"印章开立银行验资账户，签订经营场所租赁预约协议书，成立"浙江钱塘银行股份有限公司筹备委员会""浙江钱塘银行股份有限公司筹备委员会办公室"等机构，被告人姜某任筹建领导小组成员、筹建办公室主任，陈某、徐某、谭某为副主任。在其办公场地杭州市下城区环城北路×××号7楼挂"浙江钱塘银行股份有限公司（筹）"标牌，以银行法定代表人身份参与意向股东谈判等。杭州市公安局核查函、浙江省经信委复函、浙江省中小企业协会复函，证明浙江省中小企业协会从未发过《关于组建浙江钱塘银行股份有限公司筹备委员会的决定》的文件；浙江省经信委从未发过《浙江省经济和信息化委员会关于设立浙江钱塘银行股份有限公司的批复》的文件。后杭州市下城区人民检察院以下检公诉刑诉[2015]222号起诉书指控被告人姜某犯擅自设立金融机构罪，于2015年3月25日向本院提起公诉。杭州市下城区人民法院于2015年7月7日作出（2015）杭下刑初字第00242号刑事判决书。

【判决理由】被告人姜某未经国家有关主管部门批准，擅自设立商业银行筹备组织，其行为已构成擅自设立金融机构罪。公诉机关指控的罪名成立。被告人姜某归案后如实供述主要的犯罪事实，可从轻处罚；结合本案的事实、情节及被告人的悔罪表现及身体状况，对被告人可以适用缓刑。辩护人与上述相关的量刑意见，本院予以采纳。据此，依照《中华人民共和国刑法》第174条第1款、第67条第3款、第72条第1款、第3款、73条第2款、第3款、第52条、第53条之规定，判决如下：被告人姜某犯擅自设立金融机构罪，判处有期徒刑1年，缓刑2年，并处罚金人民币15

万元。

案例二：李某某擅自设立金融机构案

【案情介绍】被告人李某某于1994年末被暂停其所任中华民族团结发展促进会常务副会长、秘书长、法人代表的职务，缴出公章，离开北京；1996年8月，国家民族事务委员会正式发文撤销李某某上述职务。1996年间，李某某经人介绍结识了董某某（另处），即以中华民族团结发展促进会及所属的国际基金委员会负责人的身份，对董某某谎称经有关部门批准同意，中华民族团结发展促进会正在筹建大型融资机构：中华商业银行，要董某某为该银行筹措资金。李某某后即使用私刻的"中华民族团结发展促进会""中华民族团结发展促进会国际基金委员会"和虚假的"中华商业银行筹备处"等多枚印章，非法制作了中华民族团结发展促进会的任命书、委托书，任命董某某为国际基金委员会常务副主任兼中华商业银行副行长，委托董某某在筹建中华商业银行工作中，全权办理涉外引资及一切有关事项，还提供了银行章程及经营方案。1997年11月至1998年2月间，李某某又私自打印了中华民族团结发展促进会关于在上海设立工作处及国际基金委员会在上海办公的申请书，任命驻上海的人员情况等文件，任命董某某为中华民族团结发展促进会驻上海工作处副主任，以便于董某某在上海筹备中华商业银行筹措资金。

董某某持被告人李某某提供的虚假文件，经上海市南市区人民政府批准，于1998年2月28日在本市中山南路1117号成立了中华民族团结发展促进会驻上海工作处。董某某又委托他人制作了中华商业银行筹备处招牌、中华商业银行企业形象识别系统总体策划书、中华商业银行新闻发布会策划书，同年7月，又向上海华政商务公司租用上海市东大名路485—495号4800平方米场地，准备用于中华商业银行开业的营业场所，并招募人员。同时，董某某以中华商业银行负责人的身份，在社会上四处游说，为开办银行积极筹措资金。1998年4月，董某某以为中华商业银行开业筹措资金的因由，以中华民族团结发展促进会驻上海工作处的名义，与河南省银汇实业有限公司签订借款意向书，并先后于该年4月4日、4月24日两次从该公司董事长魏某某处借得人民币20万元（现金）。董某某将该款主要用于支付场地费、发工资、购买办公用品等。被告人李某某分别于1998年3月12日向董某某借款2.2万元，4月7日向董某某借款2万元，7月18日向董某某借款1.5万元，并出具借条。上述借款中后两笔计3．5万元，系董某某从河南省银汇实业有限公司借款中支出。

上海市虹口区人民检察院以（99）沪虹检诉字第85号起诉书指控被告人李某某犯诈骗罪，于1999年9月15日向本院提起公诉。上海市虹口区人民法院于1999年11月1日作出（1999）虹刑初字第302号刑事判决书。

【判决理由】被告人李某某未经中国人民银行批准，擅自设立金融机构，其行为已构成擅自设立金融机构罪。上海市虹口区人民检察院指控被告人李某某犯罪的事实清楚，证据确凿，但定性不当。被告人李某某确实实施了虚构事实、隐瞒真相的行为，但由该行为推定被告人李某某有非法占有财物的主观故意，不具有充分的排他性。被告人李某某明知未经中国人民银行批准不能设立商业银行，而李却指使董某某为筹备该行积极活动到处筹集资金，并提供伪造的公文、批复及任命书，其擅自设立金融机构主观故意明显，客观上又实施了行为。根据国务院《非法金融机构和非法金融业务活动取缔办法》第三条第二款之规定，非法金融机构的筹备组织应视为非法金融机构。至此，被告人李某某已具备擅自设立金融机构罪的主客观要件，故应定该罪予以惩处。辩护人关于李某某犯诈骗罪缺乏证据的辩护意见，本院予以采纳；被告人李某某的辩解，与事实不符，本院不予采纳。被告人李某某的犯罪行为开始于1997年10月1日刑法施行以前，继续到刑法实施后才结束，应视为刑法施行后的犯罪行为，适用修订后的刑法。为维护金融管理秩序，依照《刑法》第12条第1款、第174条第1款、第64条之规定，判决被告人李某某犯擅自设立金融机构罪。

第三节　伪造、变造国家有价证券罪与伪造、变造股票、公司、企业债券罪

一、概念与犯罪构成

（一）概　念

随着社会经济的发展，各行各业陆续呈现出前所未有的繁荣，而政府在其中更是扮演着越来越重要的作用。政府介入经济活动，维持社会秩序所需要的资金，除一部分来自税收外，还存在一部分以政府发行证券的形式，向民众募集资金。国家的有价证券在政府用以调节经济、弥补赤字等方面发挥着巨大的作用。同样，企业为了进一步发展，扩大规模，资金是第一位，而为寻求发展只能开辟资金渠道。从银行贷款是传统企业的一条筹措资金的手段，然而现实中这条道路越来越难走通。于是企业开始更多的通过发行股票、债券等方式向公众募集资金。股票、债券的数量、价格间接的反映着公司的财务状况，经营现状，对公司有着重要的影响。随着国家的有价证券、公司的股票、债券在经济生活中扮演着越来越重要的角色，不法分子对于其的伪造、变造也变得多发，危害性日益严重。

1979年《刑法》第123条规定："伪造支票、股票或者其他有价证券的，处七年以下有期徒刑，可以并处罚金。"该条调整的对象包括支票、股票以及其他有价证券，通常认为"其他有价证券"中就包括国家有价证券。因此该条采取将公司、企业和国家募集资金的行为混合在一条中规定，并且当年的条文中只包括伪造行为。有学者表示，1997年刑法修订时，就出现过是否应将"变造"列入条文中，作为与伪造并列的一种行为。"第一种意见认为，变造有价证券，是指对真有价证券采用挖补、剪接等方法使有价证券数量增多、数额增大的行为。但实践中变造有价证券一般是用真有价证券变造，数额不大，社会危害性较伪造要小，属于一般违法行为，应由主管部门根据有关法规予以处理。另一种意见认为，无论是侵害的对象，还是行为人的动机目的，以及所造成的社会危害，变造有

价证券和伪造有价证券都颇为相似，无本质区别，但考虑两者在手段上有所差异，因而应以选择罪名的方式在刑法中予以确立。"**❶** 从1997年的刑法修订可以看出，立法者采用了后面一种观点。1997年刑法对1979年《刑法》第123条进行了大幅度修改，首先将公司的股票、债券与国家有价证券分隔开来，以两个不同的罪名分别规制；其次，1997年刑法增加了变造的行为方式；再次，新增加了两罪单位犯罪的情况；最后，在刑事责任方面，细化了刑事责任，增加了刑罚种类。现行《刑法》第178条规定了伪造、变造国家有价证券罪和伪造、变造股票、公司、企业债券罪和"伪造、变造国库券或者国家发行的其他有价证券，数额较大的，处三年以下有期徒刑或者拘役，并处或者单处二万元以上二十万元以下罚金；数额巨大的，处三年以上十年以下有期徒刑，并处五万元以上五十万元以下罚金；数额特别巨大的，处十年以上有期徒刑或者无期徒刑，并处五万元以上五十万元以下罚金或者没收财产。伪造、变造股票或者公司、企业债券，数额较大的，处三年以下有期徒刑或者拘役，并处或者单处一万元以上十万元以下罚金；数额巨大的，处三年以上十年以下有期徒刑，并处二万元以上二十万元以下罚金。单位犯前两款罪的，对单位判处罚金，并对其直接负责的主管人员和其他直接责任人员，依照前两款的规定处罚"。

因此，伪造、变造国家有价证券罪是指伪造、变造国库券或者国家发行的其他有价证券，数额较大的行为；伪造、变造股票、公司、企业债券罪是指伪造、变造股票或者公司、企业债券，数额较大的行为。

（二）犯罪构成

犯罪主体，伪造、变造国家有价证券罪，伪造、变造股票、公司、企业债券罪的犯罪主体均为一般主体。凡已满16周岁，具有刑事责任能力的人都可以成为两罪的主体。同时《刑法》第178条第3款规定单位亦可

---

❶ 薛瑞麟：《金融犯罪研究》，中国人民大学出版社2000年版，第230页。

成为两罪犯罪主体。

主观方面，伪造、变造国家有价证券罪的主观方面是故意，即明知伪造、变造国家有价证券会危害国家金融管理秩序，仍故意伪造、变造。但本罪的构成是否需要行为人主观上特定的目的，学术界存在争议。第一种观点认为："本罪的主观方面是故意，而且具有营利的目的。"❶ 第二种观点认为："行为人实施伪造、变造国家有价证券行为的目的多是为了自己或者他人使用，或出于非法营利，其犯罪动机多是出于牟取不正当的利益，但刑法并未将该罪规定为目的犯。因而行为人具有使用或者销售的目的不是本罪成立的必备要件。"❷ 第三种观点认为："以牟取非法利益为目的，是本罪主观方面的必备条件。"❸ 第四种观点认为："只要行为人出于流通或者使用的目的而伪造、变造了国家有价证券，无论其是否追求牟利的结果，都可构成犯罪。"❹ 第五种观点认为："将伪造、变造的国家有价证券当做真正的国家有价证券使用，应当是本罪主观目的的正确表述，没有此目的则构不成本罪。"❺ 本书认为，本罪的主观方面的目的不是营利或谋取非法利益，而是使伪造、变造的有价证券流通或使用。如果当事人只是出于娱乐、自我欣赏或者炫耀的目的，则不构成本罪。至于伪造、变造股票、公司、企业债券罪的主观方面与伪造、变造国家有价证券罪类似，明知伪造、变造股票、公司、企业债券的行为会危害到国家证券管理秩序，仍故意伪造、变造股票、公司、企业债券。对于该罪的目的，可以参考伪造、变造国家有价证券罪。

侵犯的客体，伪造、变造国家有价证券罪的客体，大致存在两种看法，绝大多数学者认为，本罪侵犯的客体为国家对有价证券的管理制度。也有学者认为本罪侵犯的是客体为双重客体，"包括国家对国库券或者其

---

❶ 苏惠渔主编：《刑法学》，中国政法大学出版社1999年版，第514页。
❷ 张军主编：《破坏金融管理秩序罪》，中国人民公安大学出版社2003年版，第206～207页。
❸ 同上。
❹ 马克昌主编：《经济犯罪新论》，武汉大学出版社1998年版，第268页。
❺ 胡启忠等：《金融犯罪论》，西南财经大学出版社2001年版，第253页。

他有价证券的管理秩序及国家财产权利"❶。本书采用前一种观点。本罪的犯罪对象是国库券或者国家发行的其他有价证券，国库券是财政部发行的，用以弥补财政收支不平衡，印有一定面值和发行时间、规定期限、届时还本付息的有价证券，性质上属于中央政府的债券。其他有价证券是国库券以外的，人民政府发行的，具有一定面值，持票人可以据此取得一定财产凭证的债券，包括国家重点建设债券、特种国家债券、保值公债券、财政债券、金融债券等。本罪的有价证券不包括股票、汇票、支票等，并且我国的国家证券是指中央政府的债券，不包括地方政府的债券，如果伪造、变造的是地方政府发行的有价证券，即使数额巨大，也不构成本罪。与伪造、变造国家有价证券罪类似，伪造、变造股票、公司、企业债券罪的客体也存在两种观点。一种观点认为："本罪侵犯的直接客体是国家有关证券发行管理秩序及社会公众、法人的合法财产利益。"❷另一种观点为本书所采纳，即国家对股票、公司、企业债券的管理制度。

　　客观方面，伪造、变造国家有价证券罪的客观方面表现为伪造、变造国库券或者国家发行的其他有价证券，数额较大的行为。主要表现为：首先，存在伪造、变造国库券或国家发行的其他有价证券的行为。所谓伪造，是指未获得制作授权的情况下，模仿真实的国库券或其他有价证券的形状、图案、期限、色彩、面额等，通过复制、临摹、翻版、影印、拓印等一些列方法制作成虚假的有价证券。所采用的方法不影响本罪的成立。伪造的有价证券是否达到以假乱真的程度，是否完全符合真实有价证券的外在形式，不影响本罪的成立。"只要行为人认为其伪造国库券或者国家发行的其他有价证券的行为已经完成，就应当认定该罪的既遂。"❸所谓变造，是指在真实有效的国库券或国家发行的其他有价证券的基础上，通过剪接、挖补、揭层、涂改、覆盖等方法，改变原有有价证券的面额、发

---

❶　屈学武：《金融刑法学研究》，中国检察出版社2004年版，第340页。

❷　同上书。

❸　李永升主编：《金融犯罪研究》，中国检察出版社2010年版，第218页。

行期限的行为。需要注意的是，变造的对象必须是真实有效的有价证券，如果明知是假的或者没有效力的有价证券则不构成本罪。伪造与变造的区别，伪造是从无到有，制作出全新的证券；变造一般来说是由少到多，在已有证券的基础上加以改造，不是"无中生有"。其次，伪造、变造国家有价证券罪的客观方面表现为伪造、变造国家有价证券，数额较大，数额较大的具体标准相关法律没有给出具体规定。伪造、变造股票、公司、企业债券罪的客观方面表现为伪造、变造股票或者公司、企业债券，数额较大的行为，客观方面的主要表现与伪造、变造国家有价证券罪类似，可参照之。

二、立案标准

关于伪造、变造国家有价证券罪与伪造、变造股票、公司、企业债券罪的立案标准，《立案追诉标准（二）》第32条规定："伪造、变造国库券或者国家发行的其他有价证券，总面额在二千元以上的，应予立案追诉。"第33条规定："伪造、变造股票或者公司、企业债券，总面额在五千元以上的，应予立案追诉。"对于伪造、变造股票、公司、企业债券罪的管辖级别，最高人民法院、最高人民检察院、公安部、中国证券监督管理委员会2011年联合发布的《关于办理证券期货违法犯罪案件工作若干问题的意见》第10条指出："涉嫌证券期货犯罪的第一审案件，由中级人民法院管辖，同级人民检察院负责提起公诉，地（市）级以上公安机关负责立案侦查。"最高人民法院、最高人民检察院《关于贯彻执行〈关于办理证券期货违法犯罪案件工作若干问题的意见〉有关问题的通知》第1条明确，《刑法》第178条第2款即伪造、变造股票、公司、企业债券罪即上述意见第10条所指的"证券期货犯罪"。

三、司法认定

制造不存在的国家有价证券，伪造、变造外国的有价证券是否构成伪造、变造国家有价证券罪？

　　行为人伪造的国家有价证券不是以真实存在的有价证券为模板，而是自己创造出全新的有价证券，这种情况下对于是否构成伪造、变造国家有价证券罪存在争议。有一种观点认为，虽然行为人制作的假的有价证券与国家发行的有价证券不相同，系行为人首创的全新有价证券，仅具有价证券一般形式特征，但足以使普通人信以为真，即构成此罪。另一种观点认为，伪造、变造国家有价证券必须以真实存在的有价证券为模板，如果不是以真实存在的有价证券为模板，只是行为人臆想出来的有价证券，即使能使普通人信以为真，也不构成本罪。本书赞成第二种观点，如果伪造出来的有价证券不是真实存在的，那么就不会影响当前合法存在的任何一种有价证券效用，不足以危害国家的金融管理秩序。只有经过有关部门批准，国家发行的有价证券才为国家有价证券。行为人自己臆想出来的，不存在与之对应的由国家发行的有价证券。

　　对于伪造、变造外国的有价证券，是否构成伪造、变造国家有价证券罪？本书认为不能构成。《刑法》第178条中的"国家"应指中华人民共和国，因此本罪的犯罪对象仅为中国国家发行的有价证券。当然伪造、变造其他国家的有价证券进行诈骗活动的，可能会触犯诈骗罪等罪名。

四、刑事责任

　　《刑法》第178条规定，犯伪造、变造国家有价证券罪的，对其的刑事处罚分为三个层次：数额较大的，处3年以下有期徒刑或者拘役，并处或者单处2万元以上20万元以下罚金；数额巨大的，处3年以上10年以下有期徒刑，并处5万元以上50万元以下罚金；数额特别巨大的，处10年以上有期徒刑或者无期徒刑，并处5万元以上50万元以下罚金或者没收财产。犯伪造、变造股票、公司、企业债券罪的，对其的刑事处罚分为两个层次：数额较大的，处3年以下有期徒刑或者拘役，并处或者单处1万元以上10万元以下罚金；数额巨大的，处3年以上10年以下有期徒刑，并处2万元以上20万元以下罚金。

　　单位犯伪造、变造国家有价证券罪和犯伪造、变造股票、公司、企业债券罪的，对单位判处罚金，并对其直接负责的主管人员和其他直接责任人员，依照个人犯本罪的规定处罚。

对于何谓"数额巨大""数额特别巨大"，2008年上海市检察院曾发布的《关于本市办理部分刑事犯罪案件标准的意见》指出，刑法第178条第1款伪造、变造国库券或者国家发行的其他有价证券，总面额在3万元以上的，属于"数额巨大"。伪造、变造国库券或者国家发行的其他有价证券，总面额在30万元以上的，属于"数额特别巨大"。刑法第178条第2款伪造、变造股票或者公司、企业债券，总面额在15万元以上的，属于"数额巨大"。

从刑法对于两罪量刑上的规定，可以看出刑法对于伪造、变造国家有价证券罪的量刑上较伪造、变造股票、公司、企业债券罪重，"其精神体现了对伪造、变造国家有价证券罪的重点打击以及对国家有价证券的重点保护" ❶。

五、案例解析

陈某等伪造公司债券、诈骗、合同诈骗案

【案情经过】2002年3月，被告人陈某、冯孝令经人介绍认识了被告人潘某、徐某某，欲通过融资办法为陈某经营的房地产项目筹集资金。被告人潘某、徐某某提出可用虚假企业债券至银行进行抵押贷款。陈某、冯某某表示同意。

2002年4月，被告人徐某某、潘某提供伪造的上海市煤气公司煤气建设债券（以下简称煤气建设债券）样张给陈某、冯某某，陈某、冯某某因故未要。后陈某、冯某某合谋伪造1998年上海久事债券，并邮寄了一张真的久事债券给潘某作样本。2002年5月，被告人陈某派冯某某又携带一张真的久事债券至江西南昌找潘某，欲伪造此债券。后潘某联系王某某和

---

❶ 胡启忠等：《金融犯罪论》，西南财经大学出版社2001年版，第261页。

广州的"阿毛"，准备印制假久事债券。为此，被告人陈某、冯某某以上海天伟经济发展有限公司的名义与潘某私刻公章的江西省国际信托投资公司签订了提供3 000万元企业债券，用来向银行质押贷款的合同。同时，冯某某、王某某、潘某等人携带定金一起至广州找"阿毛"印制假久事债券。在广州，"阿毛"先做出了印刷版子，冯某某付了2.5万元的定金。此次行动后因"阿毛"失去联系而未果。

2002年7月，被告人陈某、冯某某想让被告人徐某某落实外事债券一事。徐某某要求先付定金，陈某、冯某某因担心定金被骗不同意付定金。徐某某就提出用假的第32期上海煤气建设债券，共90万元面值（每张面值1000元）作价6万元给上海方，等有了久事债券后再换回。冯某某将徐某某的提议转告陈某后，陈某表示认可。但冯某某因害怕事情暴露而中途退出。被告人陈某遂派陈某某赴南昌，支付6万元人民币给徐某某后取回了90万元面值的假上海煤气债券。此后，被告人陈某指使被告人胡某某私刻了一枚"上海煤气销售（集团）有限公司发票专用章"，并让胡某某等人在虚假的煤气债券上加盖了"专用章"。

2002年8月，经被告人潘某介绍，被告人王某某联系被告人齐某某一起至金华找人伪造久事债券。齐某某通过被告人陈某找到被告人孙某某制版，并由孙某某至印务公司出片，制作样张。王某某要求齐某某在样张得到上海方许可的情况下才进行印制。期间，王某某分别在上海新亚广场大酒店、浙江金华将伪造的单色久事债券样张和成品久事债券样张给陈某、冯某某等人看。但陈某、冯某某最后没有认可样张。另一方面，被告人齐某某则继续指使被告人陈某、项某某找被告人王某某印刷了2 000万元久事债券。陈某、项某某将印好的久事债券拿到陈某所在的金华市苹果彩色图文印务有限公司，由项某某私刻好图章后，并由陈某与该公司员工一起打印号码、裁剪和盖章。完成后，由项某某将伪造的债券邮寄给暂住广州的齐某某。被告人齐某某将其中的部分虚假久事债券交由李某某、左某某等人处理，直至案发。2002年11月24日，被告人陈某、冯某某协助公安机关将正在交易103万元面值虚假久事债券的王某某、张某某以及幕后指使的徐某某一起抓获。被告人胡某某到案后，检举了陈某利用借款合同诈骗上海臣星国际货运有限公司宝山业务部的事实。被告人陈某到案后，带领公安机关找到王某某的印刷厂和孙某某的住处，协助抓获了王某某和孙某某。

【检察院指控】被告人陈某、冯某某、徐某某、王某某、潘某、齐某某、陈某、项某某、孙某某、王某某伪造公司、企业债券，且数额巨大；被告人胡某某伪造公司、企业债券，数额较大，其行为均已构成伪造公司、企业债券罪。其中被告人陈某、冯某某、徐某某、王某某、潘某、齐某某在本案中起主要作用，是主犯，被告人陈某、项某某、孙某某、王某某、胡某某在本案中起次要作用，是从犯。被告人冯某某、胡某某有立功表现。公诉机关要求依照《刑法》第178条第2款追究上述各被告人的刑事责任。

【判决理由】被告人陈某、冯某某、徐某某、王某某、潘某、齐某某、陈某、项某某、孙某某、王某某、胡某某伪造公司债券，数额巨大，其行为均已分别构成伪造公司债券罪。其中，被告人陈某、胡某某在购买来的面值为90万元的虚假煤气债券上加盖私刻的公章；被告人徐某某提议陈某、冯某某用虚假债券进行银行质押贷款，并且提供90万元未盖公章的虚假煤气债券积极帮助陈某、冯某某等人购买虚假久事债券；被告人冯某某与陈某预谋伪造虚假债券进行质押贷款，在徐某某和陈某之间联系先行购买90万元虚假煤气债券，在此前后还积极实施伪造久事债券的行为，应当推定被告人徐某某和被告人冯某某具有伪造90万元煤气债券的主观故意。因此，被告人陈某、冯某某、徐某某、胡某某的行为均已构成伪造90万元煤气公司债券犯罪的既遂。被告人陈某、冯某某、王某某、潘某在伪造久事债券的过程中，向他人提供久事债券的样本，且已制作出印刷版子和样张，应视为已经着手实施伪造久事债券的行为。但在广州和金华的联系伪造过程中，均因意志以外的原因而未得逞。故对陈某、冯某某、王某某、潘某等人企图伪造3 000万元久事债券的行为，应认定为犯罪未遂。关于齐某某等人已伪造出的2 000万元久事债券，由于陈某、冯某某、王某某在与齐某某洽谈伪造的过程中，对伪造的过程附加了条件，即只有样张得到陈某的认可后，方可印制久事债券。但齐某某等人明知附加条件未满足，仍伪造了2 000万元久事债券。从主客观相结合的定罪原则看，陈某等人的行为客观上对伪造2 000万元久事债券起了诱发作用，但陈某、冯某某、王某某主观上没有伪造2 000万元债券的故意。故陈某、冯某某、王某某不应对2 000万元伪造的久事债券承担犯罪既遂的刑事责任。由于被告人陈某、冯某某对90万元煤气债券应负犯罪既遂的刑事责任，其后的伪造3 000万元久事债券未遂的刑事责任被伪造90万元煤气债券既遂的刑事责任所吸收。故对被告人陈某、冯某某应以伪造90万元煤气债券的犯罪既遂论处，伪造3 000万元久事债券未遂的犯罪事实可作为量刑的情节予以考虑。被告人徐某某、王某某另有交易103万元虚假久事债券的行为，由于无证据证明该批债券系徐某某、王某某直接伪造或指使他人伪造，故对此行为不再单独对徐某某、王某某定罪，也作为犯罪情节予以考虑。被告人潘某虽在犯罪过程中自动停止了犯罪行为，但其并未收回经其手流转的印制久事债券的样张，因此并未自动有效地防止犯罪结果的发生。被告人潘某先前行为所产生的影响及后果仍在持续的过程中，但潘某犯罪行为的客观后果从属于被告人陈某、冯某某、王某某。由于陈某、冯某某、王某某对预谋伪造的3 000万元久事债券均只负犯罪未遂的刑事责任，考虑其犯罪情节，故对被告人潘某亦应以伪造3 000万元久事债券的犯罪未遂追究其刑事责任，可比照既遂犯予以减轻处罚。被告人王某某系犯罪未遂，根据其犯罪情节，可比照既遂犯从轻处罚。被告人齐某某、陈某、项某某、孙某某、王某某直接伪造出2 000万元久事债券，均应对此2 000万元债券负伪造公司债券犯罪既遂的刑事责任。

据此，依照《中华人民共和国刑法》第178条第2款判决被告人陈某犯伪造公司债券罪，判处有期徒刑5年，并处罚金人民币8万元。被告人冯某某犯伪造公司债券罪，判处有期徒刑2年，宣告缓刑2年，并处罚金人民币1.5万元。被告人徐某某犯伪造公司债券罪，判处有期徒刑5年，并处罚金人民币8万元。被告人王某某犯伪造公司债券罪，判处有期徒刑3

年，并处罚金人民币2万元。被告人潘某犯伪造公司债券罪，判处有期徒刑2年，并处罚金人民币11.5万元。被告人齐某某犯伪造公司债券罪，判处有期徒刑8年，并处罚金人民币15万元。被告人陈某、潘某犯伪造公司债券罪，判处有期徒刑2年，并处罚金人民币1.5万元。被告人王某某、项某某、孙某某、王某某犯伪造公司债券罪，判处有期徒刑3年，并处罚金人民币2万元。被告人胡某某犯伪造公司债券罪，判处有期徒刑2年，并处罚金人民币1.5万元。

第四节　违规出具金融票证罪

一、概念与犯罪构成

（一）概　念

计划经济时代，中国几乎不存在对保函、票据、存单、资信证明等金融票证的需求。随着社会主义经济的持续高速发展，人们往往需要银行等金融机构作为中间人，出具证明其能够给付钱款的金融票证。银行等金融机构一旦为行为人开具相关的金融票证，银行等金融机构此时就承担了连带责任。当行为人不能按照金融机构开出的信用证给付钱款时，银行等金融机构就承担了相应的给付责任。因此可以看出，开具金融票证关系到金融机构的切身利益。金融机构应按照严格的审查标准，对需要开具票证的行为人的资产情况、经营状况等严格审查，不能违规开具。对于违规出具金融票证行为的规制，根据现实社会的情况，不断完善。

1979年刑法没有对违规出具金融票证的行为作出规制，因此长期以来，对于金融机构或者其工作人员违规出具金融票证的行为无法追究刑事责任。为适应我国金融行业不断的发展，全国人大常委会于1995年通过了《关于惩治破坏金融秩序犯罪的决定》。《关于惩治破坏金融秩序犯罪的决定》第15条规定："银行或者其他金融机构的工作人员违反规定为他人出具信用证或者其他保函、票据、资信证明，造成较大损失的，处五年以下有期徒刑或者拘役；造成重大损失的，处五年以上有期徒刑。单位犯前款罪的，对单位判处罚金，并对直接负责的主管人员和其他直接负责人员，依照前款的规定处罚。"在此之后，1997年刑法将该条吸收并略加修改，作为《刑法》第188条非法出具金融票证罪："银行或者其他金融机构的工作人员违反规定，为他人出具信用证或者其他保函、票据、存单、资信证明，造成较大损失的，处五年以下有期徒刑或者拘役；造成重大损失的，处五年以上有期徒刑。单位犯前款罪的，对单位判处罚金，并对其直接负责的主管人员和其他直接责任人员，依照前款的规定处罚"。但在实践操作中陆续发现该条存在的弊病。1997年刑法中对于"造成较大损失"作为犯罪的构成要件，然而在实践操作中对于何谓"较大损失"，各方存在分歧，影响了对该种犯罪的追究。因此，实践部门希望将非法出具金融票证罪修改为行为犯，只要情节严重即可追究刑事责任。2006年全国人大常委会通过《刑法修正案（六）》将原条文第1款修改为："银行或者其他金融机构的工作人员违反规定，为他人出具信用证或者其他保函、票据、存单、资信证明，情节严重的，处五年以下有期徒刑或者拘役；情节特别严重的，处五年以上有期徒刑。"修正案对该罪的构成要件"造成较大损失"修改为"情节严重"，将"造成重大损失"修改为"情节特别严重"。2007年，最高人民法院、最高人民检察院发布《关于执行〈中华人民共和国刑法〉确定罪名的补充规定（三）》，取消非法出具金融票证罪罪名，修改其为违规出具金融票证罪。

学界通常根据《刑法》第188条规定将本罪定义为，银行或者其他金融机构的工作人员违反规定，为他人出具信用证或者其他保函、票据、存单、资信证明，情节严重的行为。但明显这种定义将"银行或其他金融机构"作为犯罪主体的情况忽略了。本书认为，违规出具金融票证罪即为金融机构或工作人员违反规定，为他人出具信用证或者其他保函、票据、存单、资信证明，情节严重的行为。

（二）犯罪构成

本罪主体为特殊主体，包括单位与个人，单位应为金融机构，即为他人出具信用证或者其他保函、票据、存单、资信证明等票证的银行或其他金融机构。银行包括人民银行、商业银行、政策性银行、中外合资银行等。金融机构包括保险公司、信托公司等经营金融业务的机构。本罪的个人指银行或其他金融机构的工作人员。

本罪的主观方面，司法界对此存在争议。第一种观点认为，本罪主观上只能是故意，"非法出具金融票证罪行为人主观方面表现为故意，即明知道自己的行为不符合有关规定而决意为之"❶，"该罪的主观方面只能是故意，即行为人明知违规出具金融票证会发生危害金融票证管理秩序的后果，而希望或者放任这种结果发生。只要正确认识到该罪的客观特征，我们就不会得出该罪的主观方面是过失的结论"❷。第二种观点认为，本罪主观上只能是过失，"非法出具金融票证罪在主观上出于过失，表现为行为人对其非法出具金融票证的行为可能造成的较大损失因为疏忽大意没有预见，或者虽然已经预见但轻信能够避免。应当指出，行为人的过失是就其对于行为人可能造成的危害结果而言的，行为人对于其实施的违反规定非法出具金融票证的行为，则可能是明知故犯。行为人对于行为的故意并不影响其对于行为可能造成的危害后果的过失"❸。第三种观点认为，本罪既可以是过失，也可以是间接故意。"违规出具金融票证罪的主观要件不包括直接故意"，"有的为了追回贷款，对违规出具金融票证可能发生的损害后果有所预见，但在轻信能够避免或放任的心理态度支配下违规出具金融票证，从而造成较大损失或重大损失，这属于刑法上的过于自信过失或间接故意"❹。第四种观点认为，本罪主观方面既可以故意，也可

---

❶ 张军主编：《破坏金融管理秩序罪》，中国人民公安大学出版社2003年版，第397页。
❷ 李永升主编：《金融犯罪研究》，中国检察出版社2010年版，第362～363页。
❸ 周振想主编：《金融犯罪的理论与实务》，中国人民公安大学出版社1998年版，第292页。
❹ 胡启忠、石奎：《修正金融刑法适用研究：立法、理论、实务》，法律出版社2013年版，第160页。

以是过失，其中故意包括直接故意与间接故意，本书即持这种观点。本罪的主观是行为人对于自己违规出具金融票证会造成金融管理秩序的破坏结果的态度，而不是对于违规出具金融票证会造成损失结果的态度，行为人如果在滥用职权的情况下出具，很明显应包括直接故意与间接故意。《刑法修正案（六）》颁布以后，将"造成较大损失"修改为"情节严重"，在一定程度上更说明主观上包括直接故意。"尽管行为人主观上一般不具有追求损失发生的目的，但如果为了追求他人的贿赂或徇私性、私利，则也应当按直接故意处理。这种情况在我国刑法中也是大量存在的，如生产、销售伪劣产品罪，所有的观点都认为是以营利为目的的直接故意犯罪，但行为人对伪劣产品给社会和消费者造成损失不可能是追求或持希望的态度。本罪在某些情况下，尽管无希望损害结果发生的目的也应构成直接故意，道理与此相同。"❶

本罪侵犯的客体，学界存在一定争议，但大体差不多。有学者认为本罪侵犯的是复杂客体，"既侵犯了国家的金融票证开具管理制度，又侵犯了银行或者其他金融金钩的信誉"，❷或者侵犯了国家对金融机构的信用票证的管理制度和金融机构的资金。本书持学界通说观点，本罪侵犯的客体是国家金融票证管理制度。

本罪的客观方面表现为违反规定，为他人出具信用证或者其他保函、票据、存单、资信证明，情节严重的行为。"违反规定"指的是金融机构或其工作人员违反了出具保函、票据、存单、资信证明等票证应当遵守的有关金融方面的法律法规，以及金融机构内部制定的有关章程，"为他人"中既包括为个人，也包括为单位。信用证是指开证银行或其他金融机构根据贸易合同开证申请人的要求和指示，向受益人开具的有条件的书面付款保证。保函是指金融机构以自身信用为他人承担责任的担保文件，包括履约保函、投标保函、预付款保函、维修保函等一些列保函。票据指本

---

❶　薛瑞麟：《金融犯罪研究》，中国人民大学出版社2000年版，第185页。
❷　胡启忠：《金融犯罪论》，西南财经大学出版社2001年版，第327页。

票、支票、汇票。存单即金融机构签发给存款人的存款凭证。资信证明指银行或其他金融机构应当事人请求，出具的证明他人资产、信用状况的各种文件、凭证。本罪在客观方面需要满足的重要要素为"情节严重"，这里可以根据《立案追诉标准（二）》中的追诉标准进行确认。

二、立案标准

《立案追诉标准（二）》第44条规定："银行或者其他金融机构及其工作人员违反规定，为他人出具信用证或者其他保函、票据、存单、资信证明，涉嫌下列情形之一的，应予立案追诉：（一）违反规定为他人出具信用证或者其他保函、票据、存单、资信证明，数额在一百万元以上的；（二）违反规定为他人出具信用证或者其他保函、票据、存单、资信证明，造成直接经济损失数额在二十万元以上的；（三）多次违规出具信用证或者其他保函、票据、存单、资信证明的；（四）接受贿赂违规出具信用证或者其他保函、票据、存单、资信证明的；（五）其他情节严重的情形。"

三、司法认定

本罪与伪造、变造金融票证罪的界限：本罪与伪造、变造金融票证罪都是金融类犯罪，且都涉及金融票证，然而两罪在构成上存在很大区别。首先，在犯罪主体上，本罪为特殊主体，只能是金融机构或其工作人员，而伪造、变造金融票证罪是一般主体，凡具有刑事责任能力的自然人和单位。其次，在犯罪在主观方面，本罪既可以是故意，也可以是过失，而伪造、变造金融票证罪只可以说故意。最后，在客观方面，本罪所出具的金融票证既可以是真的，也可以是假的，而伪造、变造金融票证罪中出具的金融票证一定是假的。

四、刑事责任

违规出具金融票证罪的刑事处罚分为两个层次：首先，情节严重的，处5年以下有期徒刑或者拘役；其次，情节特别严重的，处5年以上有期徒刑。同时单位犯此罪的，对单位判处罚金，并对其直接负责的主管人员和其他直接责任人员，依照自然人犯此罪的规定处罚。如果没有达到情节严重的程度，则根据1999年国务院颁布的《金融违法行为处罚办法》第13条第2款的规定进行行政处罚，"金融机构弄虚作假，出具与事实不符的信用证、保函、票据、存单、资信证明等金融票证的，给予警告，没收违法所得，并处违法所得1倍以上5倍以下的罚款，没有违法所得的，处10万元以上50万元以下的罚款；对该金融机构直接负责的高级管理人员、其他直接负责的主管人员和直接责任人员，给予开除的纪律处分"。2001年国务院颁布的《金融机构撤销条例》第30条规定，被撤销的金融机构的高级管理人员和其他有关人员，利用职务上的便利非法出具金融票证尚不够刑事处罚的，给予撤职直至开除的纪律处分，并终身不得在任何金融机构担任高级管理职务或者与原职务相当的职务。

五、案例解析

孙某等犯违规出具金融票证罪一案

【案情经过】2003年间，李某任董事长、总经理的深圳市国基房地产开发有限公司（以下简称国基公司）开发深圳市南山区漾日湾畔房地产项目，向被告人孙某任行长的海晖支行先后贷款共计2亿元，其中第一笔贷款5100万元，2004年5月到期。此外，国基公司尚有其他银行贷款和按揭款总计8亿元未偿还，已陷入资金危机。2004年1月，现代公司因承接重庆、武汉等地的轨道交通工程业务，决定增资扩股，现代公司董事长、总经理胡某安排被告人万某办理增资扩股具体事宜。此后，被告人万某通过王某认识李某某，又通过李某认识孙某。李某表示要注资入股现代公司。被告人孙某主动提出给现代公司2亿元贷款，由李某的国基公司为现代公司的贷款提供担保。现代公司只同意贷款1亿元。2004年4月8日，现代公司在海晖支行开设一个正规的一般存款账户（账户尾号7627），用于贷款和验资。2004年5月21日，现代公司的1亿元贷款申请获深圳农行批准。

2004年5月28日，被告人万某按照被告人孙某、李某的安排，瞒着现代公司法定代表人胡某和公司财务部门，提供伪造的资料，违反账户管理规定，冒用现代公司的名义在海晖支行开设了现代公司不知情、无法掌控的违规账户（账户尾号7908，以下简称7908账户），为实施犯罪制造条件。2004年5月31日，被告人孙某、万某等人使用虚假的现代公司法定代表人授权委托书，伪造现代公司会计主管邓某的签名，编造虚假交易背景合同，从7908账户开出3500万银行承兑汇票，汇票收款人为李某控制的畅通伟业公司，随即由国基公司的财务部经理陈某解汇，将款转入李某控制的康奇贝石公司和雨旸时若公司，李某增加700万元，当日以康奇贝石公司2200万元、雨旸时若公司2000万元，合计4200万元，作为国基公司向现代公司的入股资金转入7908账户，二十分钟后又将该4200万元转到李某控制的广东银头公司。李某再增加几百万，凑足5100万元，还了国基公司在海晖支行第一笔到期贷款。期间，被告人孙某在违规的4200万元的验资询证函上签字，并违反银行印章管理规定，强行夺走业务章，在验资询证函上加盖予以确认。2004年6月29日，被告人万某凭据虚假的验资证明，瞒着现代公司法定代表人胡某申请办理了变更工商登记，将自己非法变成现代公司的法定代表人，使李某及其部属王某、马某、方某等人成为现代公司的董事，李某所控制的康奇贝石公司、雨旸时若公司非法取得了现代公司42%的股权并控制了现代公司董事会。2004年7月1日，被告人孙某、万某再次采用伪造签名、编造虚假合同等方法，从7908账户开出三张银行承兑汇票，总金额1500万元，汇票收款人为李某所控制的"汇胜达公司"。2004年9月1日，被告人孙某、万某继续实施上述犯罪活动，采用相同手段，从7908账户开出五张银行承兑汇票，将总金额3500万元付给李某控制的汇胜达、畅通伟业、城联物流三家公司。

上述由被告人孙某、万某等人实施的违规出具银行承兑汇票的行为，给现代公司造成了极大损失，使一个国家重点软件企业陷入生存危机之中，也给银行造成重大损害。

【判决理由】

（一）关于现代公司名下尾号为7908的账户的性质问题

现有证据表明，被告人万某在开户申请表中伪造现代公司法定代表人胡某的签名；开户资料中亦无法定代表人授权他人办理开户的授权委托书；该账户预留印鉴的代某并非现代公司员工，亦无法定代表人的特别授权。此外，开户资料中的法定代表人身份证明书也系伪造。而被告人孙某作为银行经办人、审核人在明知上述情况下，违反《人民银行结算账户管理办法》的相关规定，仍签发报送开户资料，并最终设立该账户。反映出该账户的设立并非现代公司的真实意思，实际上也并非现代公司所拥有和控制。设立该账户仅是被告人万某、孙某以及另案处理的李某等人合谋为进一步实施违法行为制造条件的共同行为。

7908号账户设立后由李某伙同万某在被告人孙某配合下控制、使用。而现代公司的财务人员以及实际负责人均对此账户的存在和使用情况毫不知情。经过其账户的资金，在李某所在国基公司和被告人孙某、万某的配合下，要么用于国基公司通过关联公司康奇贝石公司和雨旸时若公司对现代公司虚假注资，要么被转入李某所在的国基公司操控的关联公司账户并用于归还国基公司的银行贷款或被非法侵占。

综上，该账户显然系李某所在国基公司伙同被告人孙某、万某违法设立、实际控制并利用其实施非法获取占有银行资金的工具，与现代公司本身并无实质的关联。

（二）关于被告人孙某是否违规出具银行承兑汇票的问题

第一，鉴于前述分析的被告人孙某、万某等开设的7908账户本身的目的、过程的违法性，因此，被告人孙某、万某伙同李某等利用该账户进行其他金融活动，如出具银行承兑汇票等，亦缺乏合法性。

第二，《票据法》第10条规定："票据的签发、取得和转让，应当遵循诚实信用的原则，具有真实的交易关系和债权债务关系。"《商业银行法》第35条规定："商业银行贷款，应当对借款人的借款用途、偿还能力、还款方式等情况进行严格审查。"第36条规定："商业银行应当对保证人的偿还能力，抵押物、质物的权属和价值以及实现抵押权、质权的可行性进行严格审查。"中国人民银行银发（2005）235号文件《关于完善票据业务制度有关问题的通知》明确规定："出票人（持票人）向银行申请办理承兑或贴现时，承兑行和贴现行应按照支付结算制度的相关规定，对商业汇票的真实交易关系和债权债务关系进行审核。""银行承兑汇票的承兑行负责对出票人的资格、资信、交易合同和汇票记载的内容等进行审查。"现有证据证实，被告人孙某伙同被告人万某以及李某等人于2004年5月31日、7月1日、9月1日在开具3 500万元、1 500万元、3 500万元银行承兑汇票过程中，合谋编造现代公司与李某控制的关联公司畅通伟业公司、汇胜达公司、城联物流公司等之间的虚假工矿产品购销合同，并使用虚假的现代公司法定代表人授权委托书、伪造现代公司会计主管邓某的签名，甚至由收款人单位，即非现代公司的负责人、会计主管，如陈某办理现代公司名下的银行承兑汇票相关手续。此外，还提供虚假的增值税发票复印件。显然，被告人孙某作为银行业务经办人员，非但未尽审查职责，而是伙同万某、李某等人直接参与策划、实施上述违法行为，违规出具银行承兑汇票，其违规之责不容置疑。

第三，根据《票据法》第7条规定："法人和其他使用票据的单位在票据上的签章，为该法人或者该单位的盖章加其法定代表人或者其授权的代理人的签章。"第14条规定："票据上记载事项应当真实，不得伪造、变造。"本案中，被告人孙某经办的银行承兑汇票，除伙同万某伪造了现代公司会计主管邓某的签名，还在部分承兑汇票中使用了未经法定代表人授权人员的预留印鉴，均显属违规之举。

第四，至于被告人孙某辩称其不知道相关合同是虚假合同，事实上，如前所述，被告人孙某等人违规开设7908账户的过程就充分证实其事先共谋的前提，被告人万某在侦查阶段的供述也明确证实其与孙某、李某等事先共谋，按照孙某的要求提供相关购销合同的过程。进一步来说，孙某前后三次经手办理共开出8张承兑汇票，总金额达8 500万元，在第一次出具3 500万元承兑汇票过程中，被告人孙某甚至明目张胆抢夺银行业务章违规虚假验资，且随即将资金转入李某控制的关联公司账户后归还了李某所在国基公司在被告人孙某所在农业银行的贷款；其他款项亦均转入李某控制的关联公司账户，以上贷款资金流向情况也足以证实被告人孙某完全知道开具上述银行承兑汇票的真实用途，也当然完全知悉相关购销合同是虚假合同。

（三）关于被告人万某是否构成违规出具金融票证罪的适格主体的问题

如前所述，被告人孙某、万某等人的行为并非没有联系的独立行为，被告人孙某作为农业银行的负责人，策划和实施违规出具金融票证的行为，是违规出具金融票据罪的适格主体；而被告人万某虽非银行工作人员，但在开设7908账户、出具银行承兑汇票、出具虚假资信证明的过程中，按照事先通谋积极配合被告人孙某，提供相关虚假合同、伪造会计主管签名、伪造法定代表人授权委托书等资料、签署相关文书等，为完成违规出具金融票证起积极帮助作用，属于共同犯罪中的帮助犯，依法应当承担相应刑事责任。

被告人孙某、万某等人合谋，违反法律法规及银行规定开出虚假资信证明，数额达4 200万元，并多次从违规账户为他人开出银行承兑汇票，数额达8 500万元，情节特别严重，损失特别巨大，其行为均已构成违规出具金融票证罪。在共同犯罪中，被告人孙某起主要作用，是主犯，依法应当按照其参与的全部犯罪处罚；被告人万某起次要作用，是从犯，依法予以减轻处罚。广东省深圳市中级人民法院于2009年3月25日做出（2009）深中法刑二终字第274号刑事裁定书，维持南山区人民法院作出的（2008）深南法刑初字第1321号刑事判决：以违规出具金融票证罪判处被告人孙某有期徒刑6年，以违规出具金融票证罪判处被告人万某有期徒刑3年。

第五节　提供虚假证明文件罪，出具证明文件重大失实罪

一、概念和犯罪构成

（一）概　念

提供虚假证明文件罪与出具证明文件重大失实罪在计划经济时期是不存在的，它们是在我国市场经济逐步繁荣，涉及资产评估、验资、验证、会计、审计、法律等服务的中介组织相继出现后，才随之出现。1979年刑法没有规定此罪，但随着资产评估机构、律师事务所、会计师事务所在经济生活中扮演越来越重要的作用，相关方面的犯罪也相伴而生。中介机构弄虚作假出具虚假证明的情况屡屡发生，给正常的经济秩序带来了严重影响，然而由于没有刑法的规制，通常不能给相关行为人以震慑。1995年全国人大常委会通过《关于惩治违反公司法的犯罪的决定》，其中第6条规定："承担资产评估、验资、验证、审计职责的人员故意提供虚假证明文件，情节严重的，处五年以下有期徒刑或者拘役，可以并处二十万元以下罚金。单位犯前款罪的，对单位判处违法所得五倍以下罚金，并对直接负责的主管人员和其他直接责任人员，依照前款的规定，处五年以下有期徒刑或者拘役。"1997年刑法在该条的基础上加以修改，同时增加"索取他人财产或者非法收受他人财物"和"严重不负责任"的情形，形成了《刑法》第229条。同年，最高人民法院与最高人民检察院分别发布《关于执行〈中华人民共和国刑法〉确定罪名的规定》，《刑法》第229条被确定为中介组织人员提供虚假证明文件罪、中介组织人员出具证明文件重大失实罪。2002年，最高人民法院与最高人民检察院联合发布《关于执行〈中华人民共和国刑法〉确定罪名的补充规定》，取消了上述两罪名，以提供虚假证明文件罪与出具证明文件重大失实罪作为《刑法》第229条的罪名。

现行《刑法》第229条与1979年《刑法》第229条相同，规定了3款，前两款为提供虚假证明文件罪，第三款为出具证明文件重大失实罪。"承

担资产评估、验资、验证、会计、审计、法律服务等职责的中介组织的人员故意提供虚假证明文件，情节严重的，处五年以下有期徒刑或者拘役，并处罚金。前款规定的人员，索取他人财物或者非法收受他人财物，犯前款罪的，处五年以上十年以下有期徒刑，并处罚金。第一款规定的人员，严重不负责任，出具的证明文件有重大失实，造成严重后果的，处三年以下有期徒刑或者拘役，并处或者单处罚金。"根据该规定，本书认为提供虚假证明文件罪，即承担资产评估、验资、验证、会计、审计、法律服务等职责的中介组织或其工作人员故意提供虚假证明文件，情节严重的行为。出具证明文件重大失实罪，即承担资产评估、验资、验证、会计、审计、法律服务等职责的中介组织或其工作人员，严重不负责任，出具的证明文件有重大失实，造成严重后果的行为。

（二）犯罪构成

犯罪主体，两罪均为特殊主体，行为主体必须是承担资产评估、验资、验证、会计、审计、法律服务等职责的中介组织或中介组织的人员。两罪的单位犯罪情况在《刑法》第231条中有规定。这里的中介组织须是依法成立的，具有提供中介资格的，中立、独立的提供中介服务的组织机构。而中介组织的人员须是具有中介执业资格的人员。

主观方面，提供虚假证明文件罪主观方面为故意，包括直接故意与间接故意。一方面，中介组织或其工作人员明知道行为人的真实情况，而虚假出具证明材料，主观上希望犯罪结果的发生，其中本罪的加重情节"索取他人财物或非法收受他人财物"的情况更体现出直接故意的情形。另一方面，本罪也存在间接故意，即中介组织或其工作人员明知道其所出具的证明文件与真实情况不符，却放任危害结果的发生。出具证明文件重大失实罪，主观方面只能是过失。

侵犯的客体，对于提供虚假证明文件罪的客体，学术界存在一定争议。有学者认为该罪侵犯的是复杂客体，"中介活动管理制度和良好的市场秩序"❶；另有学者认为是简单客体，侵犯的是国家对市场的管理制度或者社会经济秩序。本书认为提供虚假证明文件罪和出具证明文件重大失实罪侵犯的是简单客体，即国家对中介服务市场的管理秩序。

客观方面，提供虚假证明文件罪的客观方面表现为提供虚假证明文件，情节严重的行为。这里的"提供"，应指制作并交付，有学者认为只包括制作，是不全面的。如果只制作出来虚假证明文件，没有交付给行为人，则不可能构成本罪。"虚假证明文件"包括歪曲真实情况，增加不存在的事实，隐瞒部分真实情况。"情节严重"的具体情况可以参照《立案追诉标准（二）》，下文将作出详细说明。出具证明文件重大失实罪的客观方面可参照提供虚假证明文件罪加以理解。

二、立案标准

《立案追诉标准（二）》第81条对提供虚假证明文件罪作出规定："承担资产评估、验资、验证、会计、审计、法律服务等职责的中介组织的人员故意提供虚假证明文件，涉嫌下列情形之一的，应予立案追诉：（一）给国家、公众或者其他投资者造成直接经济损失数额在五十万元以上的；（二）违法所得数额在十万元以上的；（三）虚假证明文件虚构数额在一百万元且占实际数额百分之三十以上的；（四）虽未达到上述数额标准，但具有下列情形之一的：1.在提供虚假证明文件过程中索取或者非法接受他人财物的；2.两年内因提供虚假证明文件，受过行政处罚二次以上，又提供虚假证明文件的。（五）其他情节严重的情形。"第82条对出具证明文件重大失实罪作出规定："承担资产评估、验资、验证、会计、审计、法律服务等职责的中介组织的人员严重不负责任，出具的证明文件有重大失实，涉嫌下列情形之一的，应予立案追诉：（一）给国家、公众或者其他投资者造成直接经济损失数额在一百万元以上的；（二）其他造成严重后果的情形。"

---

❶ 高铭暄主编：《新型经济犯罪研究》，中国方正出版社2000年版，第420页。

三、司法认定

因公证机构中不具有公证资格的工作人员承担部分工作任务而导致的公证员出具的公证书重大失实，责任如何认定？

最高人民检察院于2009年1月给甘肃省人民检察院作出了《关于公证员出具公证书有重大失实行为如何适用法律问题的批复》，内容如下："《中华人民共和国公证法》施行以后，公证员在履行公证职责过程中，严重不负责任，出具的公证书有重大失实，造成严重后果的，依照刑法第229条第3款的规定，以出具证明文件重大失实罪追究刑事责任。"该批复明确了公证员因出具公证书重大失实应该承担的出具证明文件重大失实罪。同时2010年最高人民检察院作出的《关于废止部分司法解释和司法解释性文件的决定》，废止了《司法部、最高人民检察院关于认真办理公证人员玩忽职守案件的通知》，并对此给以说明："《中华人民共和国公证法》已于2006年3月1日起施行，按照《中华人民共和国公证法》和《刑法》的规定，公证人员玩忽职守构成犯罪的行为应当适用《刑法》第229条第3款的规定。"根据上述最高人民检察院发布的文件，可以看出，公证员适用出具证明文件重大失实罪的规定。

然而，实践中会出现不具有公证资格的公证机构的工作人员代办部分公证业务，最后由具有公证资格的工作人员盖章签字。由于前者的疏忽大意导致公证书的内容与事实严重不符，而后者却没有在审查中发现问题，由此出具了与真实情况严重不符的公证书。对于此时的刑事责任，一种观点认为，应由具有公证资格的工作人员承担，本罪中的犯罪主体必须具有业务资质；另一种观点认为，应当二者共同承担刑事责任。本书倾向于第二种观点，虽然前者不具有公证资质，但是公证机构聘请其从事相关业务，就具有了正确出具公证文书的职责。"出具证明文件重大失实罪的犯罪主体不强调在形式上具备相关资质，根据《刑法》第229条的规定，承担法律服务等职责的人员可以构成该罪，其犯罪主体要件的核心在于实质上的职责而非形式上的资质。"❶虽然前者没有形式上的资质，但是承担了相应的业务活动，因此应当承担相应的出具证明文件重大失实的刑事责任。后者因为没能按照职责认真审查，因此同样违反了出具证明文件重大失实罪。

四、刑事责任

提供虚假证明文件罪的刑事责任分为两个层次：情节严重的，处5年以下有期徒刑或者拘役，并处罚金；索取他人财物或者非法收受他人财物的，处5年以上10年以下有期徒刑，并处罚金。出具证明文件重大失实罪造成严重后果的，处3年以下有期徒刑或者拘役，并处或者单处罚金。单位犯提供虚假证明文件罪与出具证明文件重大失实罪的，对单位判处罚金，并对直接负责的主管人员和其他直接责任人员，依照各自的自然人犯罪刑事责任进行处罚。《公司法》第207条规定了相应的行政处罚："承担资产评估、验资或者验证的机构提供虚假材料的，由公司登记机关没收违法所得，处以违法所得一倍以上五倍以下的罚款，并可以由有关主管部门依法责令该机构停业、吊销直接责任人员的资格证书，吊销营业执照。承担资产评估、验资或者验证的机构因过失提供有重大遗漏的报告的，由公司登记机关责令改正，情节较重的，处以所得收入一倍以上五倍以下的罚款，并可以由有关主管部门依法责令该机构停业、吊销直接责任人员的资格证书，吊销营业执照。承担资产评估、验资或者验证的机构因其出具的评估结果、验资或者验证证明不实，给公司债权人造成损失的，除能够证明自己没有过错的外，在其评估或者证明不实的金额范围内承担赔偿责任。"

---

❶ 万海福、王延祥、谢思军："公证员出具公证书重大失实行为如何认定"，载《检察日报》2009年2月2日第003版。

五、案例解析

游某提供虚假证明文件案

【案情经过】2013年4月22日，被告人张某作为福建武夷资产评估有限公司平潭分公司负责人，在明知自己没有资产评估师资质的情况下，承接平潭县北厝镇吉钓村北楼养猪场的资产评估业务。其在对该养猪场的生产设备、房屋猪舍等固定资产进行勘验测量后，没有认真核对计算方法及数据结果，做出了一份虚增猪舍建设面积16 452.452平方米的资产评估报告，并在明知被告人游某没有到现场实地勘验的情况下，仍将该评估报告交予游某审核签字。游某未按照《资产评估准则·基本准则》的操作规定程序开展评估工作，在明知张某不具有资产评估师资质、其本人未进行现场调查收集资料、评定估算、编制评估报告的情况下，由张某承接养猪场评估业务、现场调查收集资料做出资产评估报告后，游某本人未对该项资产评估报告进行任何审核，并在另一名资产评估师齐林某不知情的情况下，授意张某代签齐林某的名字确认该评估报告。导致福建武夷资产评估有限公司于2013年8月1日出具了一份重大失实资产评估报告，造成极其恶劣的社会影响。2013年10月16日，被告人游某、张某经平潭县公安局民警传唤后到案接受调查。

【判决理由】被告人游某、张某在承担资产评估职责的工作中，严重不负责任，出具的证明文件重大失实，给政府的征迁工作造成极其恶劣影响的严重后果，其行为均已构成出具证明文件重大失实罪。公诉机关指控的事实和罪名成立。被告人游某、张某犯罪以后经公安机关通知能主动到案，并如实供述自己的罪行，属自首，且未给国家造成实际经济损失，犯罪情节轻微。判决：第一，被告人游某犯出具证明文件重大失实罪，免予刑事处罚。第二，被告人张某犯出具证明文件重大失实罪，免予刑事处罚。

第六节　虚假广告罪

一、概念与犯罪构成

（一）概　念

虚假广告罪是伴随着广告的出现而出现的。广告在我国出现较晚，但一经出现便迅速吸引着人们的眼球，在人们选择消费过程中扮演着重要的作用。然而，看到广告对于消费带来的巨大推动力后，广告主等开始通过广告虚假宣传产品，以谋取利益。1987年国务院发布《广告管理条例》，其中规定禁止刊播、设置、张贴弄虚作假的广告，并设置了行政责任。1994年全国人大常委会通过《广告法》，其中对于利用广告对商品或者服务作虚假宣传的行为以附属刑法的方式对其作出规制。1997年刑法正式将虚假广告罪规定在《刑法》第222条，即"广告主、广告经营者、广告发布者违反国家规定，利用广告对商品或者服务作虚假宣传，情节严重的，处二年以下有期徒刑或者拘役，并处或者单处罚金"。现行刑法沿用该规定。

根据刑法规定，本书认为虚假广告罪是指广告主、广告经营者、广告发布者违反国家规定，利用广告对商品或者服务作虚假宣传，情节严重的行为。

（二）犯罪构成

本罪的主体是特殊主体，根据刑法规定，只能由广告主、广告经营者、广告发布者构成。《广告法》规定，广告主是指为推销商品或者服务，自行或者委托他人设计、制作、发布广告的自然人、法人或者其他组织。广告经营者，是指接受委托提供广告设计、制作、代理服务的自然人、法人或者其他组织。广告发布者，是指为广告主或者广告主委托的广告经营者发布广告的自然人、法人或者其他组织。

本罪的主观方面应为故意。这里不同主体在主观上可能存在差异，广告主一般为直接故意，而广告经营者与发布者一般为间接故意。

本罪的客体是国家对广告的管理秩序和公平竞争的市场秩序，以及消费者的合法权益。

本罪的客观方面表现为违反国家规定，利用广告对商品或者服务作虚假宣传，情节严重的行为。"国家规定"是指全国人民代表大会及其常务委员会制定的法律和决定，国务院制定的行政法规、规定的行政措施、发布的决定和命令。本罪的广告只能是虚假的商业广告，不包括公益广告、非盈利性质的广告。"情节严重"的标准可参照《立案追诉标准（二）》的规定。

二、立案标准

《立案追诉标准（二）》第75条规定："广告主、广告经营者、广告发布者违反国家规定，利用广告对商品或者服务作虚假宣传，涉嫌下列情形之一的，应予立案追诉：（一）违法所得数额在十万元以上的；（二）给单个消费者造成直接经济损失数额在五万元以上的，或者给多个消费者造成直接经济损失数额累计在二十万元以上的；（三）假借预防、控制突发事件的名义，利用广告作虚假宣传，致使多人上当受骗，违法所得数额在三万元以上的；（四）虽未达到上述数额标准，但两年内因利用广告作虚假宣传，受过行政处罚二次以上，又利用广告作虚假宣传的；（五）造成人身伤残的；（六）其他情节严重的情形。"广告经营者、广告发布者违反国家规定，利用广告为非法集资活动相关的商品或者服务作虚假宣传，具有下列情形之一的，依照《刑法》第222条的规定，以虚假广告罪定罪处罚：（1）违法所得数额在10万元以上的；（2）造成严重危害后果或者恶劣社会影响的；（3）2年内利用广告作虚假宣传，受过行政处罚2次以上的；（4）其他情节严重的情形。明知他人从事欺诈发行股票、债券，非法吸收公众存款，擅自发行股票、债券，集资诈骗或者组织、领导传销活动等集资型犯罪活动，为其提供广告等宣传的，以相关犯罪的共犯论处。

三、司法认定

虚假广告罪中罪与非罪的界限：对于是否构成虚假广告罪，情节严重是罪与非罪的重要标准，对此《立案追诉标准（二）》中作出了明确的规定。除此之外，是否构成虚假广告是判断本罪能否成立的重要标志。《广告法》对虚假广告作出了定义，以虚假或者引人误解的内容欺骗、误导消费者的，构成虚假广告。具体包括："（一）商品或者服务不存在的；（二）商品的性能、功能、产地、用途、质量、规格、成分、价格、生产者、有效期限、销售状况、曾获荣誉等信息，或者服务的内容、提供者、形式、质量、价格、销售状况、曾获荣誉等信息，以及与商品或者服务有关的允诺等信息与实际情况不符，对购买行为有实质性影响的；（三）使用虚构、伪造或者无法验证的科研成果、统计资料、调查结果、文摘、引用语等信息作证明材料的；（四）虚构使用商品或者接受服务的效果的；（五）以虚假或者引人误解的内容欺骗、误导消费者的其他情形。"实践中，广告对于产品的一般夸大并不能就此认为是虚假广告，这种虚假应超过一般的社会容忍度，使消费者陷入错误认识。

四、刑事责任

根据刑法规定，犯虚假广告罪情节严重的，处2年以下有期徒刑或者拘役，并处或者单处罚金。单位犯本罪的，对单位判处罚金，并对其直接负责的主管人员和其他直接责任人员，依照自然人犯本罪规定处罚。

五、案例解析

黄某某等虚假广告案

【案情经过】2004年底2005年初，被告人杨某甲、杨某乙等人从老乡处得知河南省漯河市第一人民医院（漯河市中心医院）开展了治疗类风湿性关节炎、强直性脊柱炎效果较好的免疫平衡调节术，有意引进该项技术在北京成立专科医院。为能扩大广告宣传效果，被告人杨某甲、杨某乙等人经事先预谋，出资10 000港币，通过中介诺信在线投资顾问有限公司，于2005年2月7日在香港注册成立了康恒医院投资集团（香港）有限公司及分行香港国际类风湿病研究院（业务范围为类风湿病、强直性脊柱炎研究，医药研究开发，科研临床合作），但在香港实际并无办公地址与人员从事研发活动。同时，杨某甲等人出资10万元至漯河市中心医院王海蛟处购买了免疫平衡调节术，将招聘的国内医生王某义送往该医院学习。后因院址、房租问题，被告人杨某甲等人在北京成立专科医院的投资未能成功。

2005年5月31日，被告人杨某甲、杨某乙、杨某丙等人共同出资，以香港国际类风湿病研究院的名义承包了私营合伙企业杭州华夏医院风湿科，由被告人杨某丙等人负责具体事务的管理，由在漯河中心医院仅学习了两天技术的医生王某义到该院负责实施免疫平衡调节术治疗类风湿性关节炎、强直性脊柱炎。为进一步招揽患者，被告人杨某丙征得被告人杨某甲同意决定对外发布广告，杭州华夏医院负责人黄某在明知免疫平衡调节术非来源于香港、广告内容虚假的情况下，同意杨某丙等人以杭州华夏医院的名义通过电视台、报纸对外发布医疗广告。

2005年6月29日至9月期间，被告人杨某丙等人以杭州华夏医院名义多次在杭州《都市快报》发布医疗广告，主要内容为："杭州华夏医院引进香港国际类风湿病研究院最新科研成果，以刘某光、许某民等著名研究员为首的科研攻关组，经过多年的研究、探索，发明的免疫平衡调节微创手术治疗类风湿性关节炎、强直性脊柱炎新技术，只需一个部位、一次手术，安全可靠，无痛苦，经临床验证，一般术后24小时疼痛减轻，肿胀逐渐消失，经过多年来术后病人的跟踪、随访，效果十分稳定，术后无须长期服药"，并附有刘某光、许某民、王某义、李某、王某蛟等医生的简介，均称为香港国际类风湿病研究院研究员。其中将实系杭州华夏医院聘用的医师刘某光虚称为"免疫平衡调节微创手术发明人，香港国际类风湿病研究院研究员，国内临床协作基地首席专家，擅长风湿、类风湿性关节炎，强直性脊柱炎的诊断治疗，享受政府特殊津贴"等；将王某义虚称为

"香港国际类风湿病研究院研究员、国内临床协作基地首席专家。多年来致力于类风湿病免疫平衡微创手术的探索研究，享受政府特殊津贴"等。同期，在杭州华夏医院内张贴了大量与广告内容相同的宣传资料以及扇子等。

2005年7月10日至8月8日，被告人杨某丙等人以杭州华夏医院名义在浙江省电视台体育健康频道（现更名为浙江省电视台民生休闲频道）发布广告，被告人黄某某帮助联系了广告中介浙江兆和广告有限公司的包宣东，并提供了失效的2004年度医疗广告证明用于广告宣传。播放时间段为每天7：10、12：07，连续播放长度规格为30秒。

2005年9月26日，杭州市工商行政管理局认定杭州华夏医院在《都市快报》发布的医疗广告具有贬低其他生产经营者的商品或服务行为、隐含保证治愈内容，作出责令停止发布、罚款10000元的处罚决定书。同日，被告人杨某甲、杨某丙等人解除了与杭州华夏医院的类风湿性关节炎、强直性脊柱炎医疗项目合作协议，由杭州华夏医院单独继续开展风湿科的经营及该手术的治疗活动，王某义医师由杭州华夏医院继续聘用。

2005年11月，杭州华夏医院继续多次在杭州《都市快报》发布涉案手术的医疗广告。2006年3月24日，浙江省工商行政管理局认定省部分媒体发布的关于免疫平衡调节微创手术广告为虚假广告，要求全省媒体不得发布该手术治疗类风湿性关节炎、强直性脊柱炎广告。

广告发布以后，共有杜某生等38名类风湿性关节炎、强直性脊柱炎患者于2005年7月至11月期间至杭州华夏医院接受了免疫平衡调节微创（或介入微创定位）手术的治疗，所涉33名患者中不仅未达广告中所称的医疗效果，并不同程度地造成患者声音嘶哑的后果。经鉴定，共有朱某珍等14名患者伤残等级为九级，其中厉某婉等3名患者的手术系承包协议终止之后由杭州华夏医院所作。

2006年10月10日，被告人杨某甲主动向公安机关投案。被告人杨某甲又通过其家人让杨某丙来公安机关接受调查。被告人杨某丙接家属电话通知后，主动向公安机关投案。

2007年5月18日，杭州华夏医院与杜某生等29名患者在法院主持下，就医疗事故达成一致协议，合计支付款项150余万元。杭州华夏医院支付27万余元、杨某甲支付82万元、杨某乙家属支付45万元、杨某丙家属支付3万元。

杭州市江干区人民检察院指控被告单位杭州华夏医院、被告人黄某某、杨某甲、杨某乙、杨某丙犯虚假广告罪，提起公诉。2007年7月6日，江干区人民法院裁定准许江干区人民检察院撤回起诉。2007年8月9日，江干区人民检察院补充了被告人黄某某、杨某丙的笔录后，变杭州华夏医院单位犯罪为自然人犯罪向法院再次提起公诉。浙江省江干区人民法院作出（2007）江刑初字第631号刑事判决书，判决黄某某、杨某甲、杨某乙、杨某丙犯虚假广告罪。

【判决理由】虚假医疗广告现象在社会中经常出现，具有较大的社会危害性，但被追究刑事责任的却很少。本案系虚假广告罪的典型案件。

（一）杭州华夏医院是否构成单位犯罪

杭州华夏医院系不具有法人资格的私营合伙企业，公诉机关第一次起诉时以杭州华夏医院为单位犯罪向法院提起公诉，辩方在庭审中亦主张广告行为系杭州华夏医院的组织意志体现，应认定为单位犯罪。

单位犯罪规定在我国刑法第30条，适格主体为公司、企业、事业单位、机关、团体，但对于个体工商户、私营独资企业等非法人组织是否属于单位犯罪主体范畴并未明确，导致司法实践中实体处理上较为混乱。1999年6月18日最高人民法院《关于审理单位犯罪案件具体应用法律有关问题的解释》明确规定："'公司、企业、事业单位'，既包括国有、集体所有的公司、企业、事业单位，也包括依法设立的合资经营、合作经营企业和具有法人资格的独资、私营等公司、企业、事业单位。"该解释明确了不具有法人资格的私营独资企业以及私营合伙企业实施的犯罪，只能依照刑法有关自然人犯罪的规定处罚。但该解释施行以来，将个体工商户、私营独资企业、合伙企业指控为单位犯罪的案件仍时有发生。

首先，该规定与民法通则关于个人合伙企业法律主体地位的定位相符。民法通则将个人合伙纳入公民（自然人）的章节，个人合伙企业属于自然人范畴。其次，工商登记管理中，具有法人资格的私营有限责任公司与私营股份有限公司均作为企业法人进行登记，而对私营合伙企业、私营独资公司只按自然人个体进行注册。再次，作为自然人犯罪处理，更能体现罪责刑相当的原则。具有法人资格的公司、企业对其债务均承担的是有限责任，以公司的全部资产为限承担责任。合伙企业、私营独资企业的合伙人与私营业主均需以各自的所有财产承担无限清偿责任。直接责任人不仅照样受到了相应的刑事责任追究，而且在财产刑的承担上也不会出现因法人单位倒闭、歇业等原因而使生效法律文书成为一纸空文。

公诉机关关于杭州华夏医院构成单位犯罪的指控与辩方相关观点明显与上述规定不符，法院未予以支持与采纳。

（二）虚假广告罪的主体是否包括自然人

我国历来对医疗广告的发布主体实行严格的管理制度，国家工商行政管理总局与卫生部1993年第16号令颁布的《医疗广告管理办法》、2006年第26号令修改颁布的《医疗广告管理办法》，均明确规定医疗广告主体只能是依法取得医疗执业许可证的医疗机构，个人不能发布医疗广告。涉案行为人杨某甲等显然不具有发布医疗广告的资格，辩方据此认为行为人不符合虚假广告罪的主体要件。

国家行政规章禁止自然人发布医疗广告并不等同于自然人违法发布广告不构成虚假广告罪。首先，自然人符合刑法虚假广告罪的主体要件。我国1995年施行的《广告法》第2条规定：本法所称广告主，是指为推销商品或提供服务，自行或委托他人设计、制作、发布广告的法人、其他经济组织或者个人；我国1997年《刑法》第222条规定：广告主、广告经营者、广告发布者违反国家规定，利用广告对商品或者服务作虚假宣传，情节严重的，处二年以下有期徒刑或拘役，并处或单处罚金。可见，虚假广告罪的广告主体用语与广告法的广告主体用语一脉相承，具有相同的内涵与外延,自然人符合虚假广告罪的主体要件。其次,不可为不等于不可罚。广告法的规定违法利用广告对商品或者服务作虚假宣传,情节严重构成犯罪的,依法追究刑事责任。医疗广告属于广告的组成部分,广告法的效力当然及于医疗广告领域。本案行为人本身并不具有发布医疗广告的资格,为能发布涉案广告,承包杭州华夏医院后,利用杭州华夏医院的名义对外发布虚假广告,行为人违法发布广告行为的本身即具有可罚性。再次,符合共同犯罪原理。根据我国《刑法》第25条关于共同犯罪的规定及刑法理论,单位可以成为共同犯罪的主体,单位与单位之间、单位与自然人之间在共同故意基础上共同实施的危害社会犯罪行为,可以构成共同犯罪。本案杭州华夏医院具有发布医疗广告的资格,因其系不具有法人资格的私营合伙企业,故只能认定为自然人犯罪,行为人以合伙私营医疗机构杭州华夏医院为载体对外发布虚假广告,属自然人共同犯罪,理应按共犯原则共同承担刑事责任。辩方关于杨某甲不符合虚假广告罪主体要件的意见明显不能成立。

被告人黄某某、杨某甲、杨某乙、杨某丙违反《医疗广告管理办法》广告范围仅限于医疗机构名称、诊疗地点、从业医师姓名、技术职称、服务商标、诊疗时间、诊疗科目、诊疗方法、通信方式的规定,在未取得有效医疗广告证明的情况下通过媒介超范围向社会公众发布医疗广告;广告内容违反广告法的规定,还就医疗服务的技术来源、医疗效果、医生资历作虚假宣传,涉案患者基本未能达到广告宣传的医疗效果,并致使14名患者构成九级伤残,情节严重,其行为均已构成虚假广告罪。公诉机关指控的罪名成立。

第八章　行动类集资型犯罪

第一节　非法吸收公众存款罪

一、概念与犯罪构成

（一）概　念

由于我国长期处于计划经济体制中，金融业尚不发达，非法吸收公众存款罪在1979年刑法中没有体现。然而，随着市场经济的不断发展、金融业的蓬勃，市场对于资金的需求也越来越强烈。企业为了解决资金的问题，开始向社会募集资金，而其中就不乏存在采用非法手段吸收资金的行为，然而对于非法吸收公众存款的刑法规制一直处于缺位的状态。1992年，国务院通过《储蓄管理条例》，第34条规定，擅自开办储蓄业务，储蓄机构采取不正当手段吸收储蓄存款的，由中国人民银行或其分支机构责令其纠正，并可以根据情节轻重处以罚款、停业整顿、吊销《经营金融业务许可证》；情节严重，构成犯罪的，依法追究刑事责任。1995年5月，全国人大常委会通过《商业银行法》，第11条规定"未经中国人民银行批准，任何单位和个人不得从事吸收公众存款等商业银行业务，任何单位不得在名称中使用'银行'字样"；第47条规定"商业银行不得违反规定提高或者降低利率以及采用其他不正当手段，吸收存款，发放贷款"；第74条规定"未经中国人民银行批准，擅自设立商业银行，或者非法吸收公众存款、变相吸收公众存款的，依法追究刑事责任；并由中国人民银行予以取缔"。"1995年6月30日以前，司法实践中，依据1979年《刑法》的规定，对于银行等金融机构非法吸收公众存款的，一般不按犯罪处理，只是予以行政处罚。对于公民个人进行非法吸收公众存款行为，情节严重的，一般以投机倒把论处。"❶ 1995年6月30日，全国人大常委会通过《关于惩治破坏金融秩序犯罪的决定》，第7条明确了非法吸收公众存款罪的刑事责任，"非法吸收公众存款或者变相吸收公众存款，扰乱金融秩序的，处三年以下有期徒刑或者拘役，并处或者单处二万元以上二十万元以下罚金；数额巨大或者有其他严重情节的，处三年以上十年以下有期徒刑，并处五万元以上五十万元以下罚金。单位犯前款罪的，对单位判处罚金，并对直接负责的主管人员和其他直接责任人员，依照前款的规定处罚"。1997年刑法修订吸收了对于非法吸收公众存款罪的刑事责任作为《刑法》第176条。

本书认为非法吸收公众存款罪是指非法吸收公众存款或者变相吸收公众存款，扰乱金融秩序的行为。

（二）犯罪构成

本罪的犯罪主体为一般主体，包括年满16周岁具有刑事责任能力的自然人和单位，单位包括金融机构和非金融机构。

本罪的主观方面是故意，即行为人明知非法吸收公众存款违反国家法律法规，扰乱金融秩序，却故意为之，过失不构成本罪。

本罪的客体，学术界对此存在争议。有学者认为是"国家的金融管理秩序"❷，"国家对吸收存款的管理制度"❸，或者"国家的金融信贷秩序"❹。本书认为三种观点都存在一定问题：第一种观点定义的客体过

---

❶ 曲新久：《金融与金融犯罪》，中信出版社2003年版，第149页。
❷ 高铭暄、马克昌主编：《刑法学》，北京大学出版社2011年第五版，第405页。
❸ 胡启忠：《金融犯罪论》，西南财经大学出版社2001年版，第222页。
❹ 张军主编：《破坏金融管理秩序罪》，中国人民公安大学出版社2003年版，第174页。

宽，第二种观点定义的客体过窄，第三种观点将吸收公众存款定义为信贷，则过于偏颇。本书认为本罪侵犯的客体是国家的存储管理秩序。

本罪的客观方面表现为非法吸收公众存款或者变相吸收公众存款，扰乱金融秩序的行为。根据《非法金融机构和非法金融业务活动取缔办法》的规定，非法吸收公众存款，是指未经中国人民银行批准，向社会不特定对象吸收资金，出具凭证，承诺在一定期限内还本付息的活动；变相吸收公众存款，是指未经中国人民银行批准，不以吸收公众存款的名义，向社会不特定对象吸收资金，但承诺履行的义务与吸收公众存款性质相同的活动。对于变相吸收公众存款的形式，最高人民法院《非法集资司法解释》中明确列举了下列11种情形："（一）不具有房产销售的真实内容或者不以房产销售为主要目的，以返本销售、售后包租、约定回购、销售房产份额等方式非法吸收资金的；（二）以转让林权并代为管护等方式非法吸收资金的；（三）以代种植（养殖）、租种植（养殖）、联合种植（养殖）等方式非法吸收资金的；（四）不具有销售商品、提供服务的真实内容或者不以销售商品、提供服务为主要目的，以商品回购、寄存代售等方式非法吸收资金的；（五）不具有发行股票、债券的真实内容，以虚假转让股权、发售虚构债券等方式非法吸收资金的；（六）不具有募集基金的真实内容，以假借境外基金、发售虚构基金等方式非法吸收资金的；（七）不具有销售保险的真实内容，以假冒保险公司、伪造保险单据等方式非法吸收资金的；（八）以投资入股的方式非法吸收资金的；（九）以委托理财的方式非法吸收资金的；（十）利用民间'会'、'社'等组织非法吸收资金的；（十一）其他非法吸收资金的行为。"变相吸收公众存款的行为具有隐蔽性的特点，因此应认真辨别，但是也应注意防止对变相吸收存款扩大化的解释，将民间借贷等正常的行为也加以包括。"在考察行为是否属于非法吸收或变相吸收时，投资的利诱性均是其最重要的特征。同时，以销售方式吸收资金的，还应考察是否存在销售真实内容，如存在真实内

容的，不应认定为变相吸收公众存款。"❶

《非法集资司法解释》第1条明确规定了非法吸收公众存款罪应具备的四个条件："（一）未经有关部门依法批准或者借用合法经营的形式吸收资金；（二）通过媒体、推介会、传单、手机短信等途径向社会公开宣传；（三）承诺在一定期限内以货币、实物、股权等方式还本付息或者给付回报；（四）向社会公众即社会不特定对象吸收资金。"对于该条第4款中"不特定对象"应认为首先行为人与吸收对象不存在某种联系，如行为人向其亲属、朋友吸收存款，一般不成立本罪，该解释明确表示"未向社会公开宣传，在亲友或者单位内部针对特定对象吸收资金的，不属于非法吸收或者变相吸收公众存款"。但如果亲属、朋友只是吸收对象的一部分，则不影响本罪的成立；面对的公众人数是不确定的，只需要有向不特定多数吸收存款的意思，即使最后成功吸收的只是寥寥几人，亦不影响本罪成立。

二、立案标准

《立案追诉标准（二）》第28条规定："非法吸收公众存款或者变相吸收公众存款，扰乱金融秩序，涉嫌下列情形之一的，应予立案追诉：（一）个人非法吸收或者变相吸收公众存款数额在二十万元以上的，单位非法吸收或者变相吸收公众存款数额在一百万元以上的；（二）个人非法吸收或者变相吸收公众存款三十户以上的，单位非法吸收或者变相吸收公众存款一百五十户以上的；（三）个人非法吸收或者变相吸收公众存款给存款人造成直接经济损失数额在十万元以上的，单位非法吸收或者变相吸收公众存款给存款人造成直接经济损失数额在五十万元以上的；（四）造成恶劣社会影响的；（五）其他扰乱金融秩序情节严重的情形。"

---

❶ 魏东、白宗钊主编：《非法集资型犯罪司法审判与刑法解释》，法律出版社2013年版，第123～124页。

三、司法认定

一般认为非法吸收公众存款存在两种情况:一种是不具有吸收公众存款主体资格的单位或者个人,未经批准非法吸收公众存款,该类是典型的非法吸收公众存款罪的种类;另一种是具有吸收公众存款的金融机构,采用非法手段吸收公众存款,例如未按中国人民银行关于利率的规定,擅自提高利率吸收存款,或者提前支付利息等手段。学界对于第一种情况一般不存在争议,但对于第二种情况中提到的金融机构是够能构成非法吸收公众存款罪存在疑问。有学者认为:"金融机构非法吸收公众存款属于行政违法行为,一般不宜作为犯罪处理。"❶ 还有学者认为不具有吸收公众存款的金融机构可以构成本罪主体,具有吸收公众存款的金融机构不能构成本罪主体。本书认为具有吸收公众存款的金融机构可以构成本罪的主体,有学者认为《非法金融机构和非法金融业务活动取缔办法》中"非法吸收公众存款"和"变相吸收公众存款"的定义中都有"未经中国人民银行批准",因此这就将经过批准设立的金融机构排除在犯罪主体之外。本书认为这种理解是片面的。这里的未经中国人民银行批准不是指未经批准设立的金融机构,而是指未经批准非法吸收公众存款这一行为本身。《商业银行法》第74条规定:"违反规定提高或者降低利率以及采用其他不正当手段,吸收存款,发放贷款的,由国务院银行业监督管理机构责令改正,有违法所得的,没收违法所得,违法所得五十万元以上的,并处违法所得一倍以上五倍以下罚款;没有违法所得或者违法所得不足五十万元的,处五十万元以上二百万元以下罚款;情节特别严重或者逾期不改正的,可以责令停业整顿或者吊销其经营许可证;构成犯罪的,依法追究刑事责任。"该条显然将依法设立的具有吸收公众存款资格的金融机构利用非法手段吸收公众存款的行为纳入了本罪的犯罪主体之中,金融机构没有违法的特权。有学者将具有吸收公众存款资格的金融机构,吸收公众存款后,在公众提取存款时,拒绝提供的行为亦包括在非法吸收公众存款罪中,本

---

❶ 赵秉志主编:《中国刑法实用》,河南人民出版社2001年版,第565页。

书对此持否定态度。非法吸收公众存款罪主要着眼在吸收的环节，而不是提取环节。同时从《商业银行法》第73条的规定，也可以初见端倪，该条对于"无故拖延、拒绝支付存款本金和利息"的行为，只规定了相应的民事责任与行政责任，并没有涉及刑事责任。

四、刑事责任

根据《刑法》第176条，犯非法吸收公众存款罪的，处3年以下有期徒刑或者拘役，并处或者单处2万元以上20万元以下罚金；数额巨大或者有其他严重情节的，处3年以上10年以下有期徒刑，并处5万元以上50万元以下罚金。单位犯该罪的，对单位判处罚金，并对其直接负责的主管人员和其他直接责任人员，依照自然人犯该罪的规定处罚。对于何谓"数额巨大或者其他严重情况"，《非法集资司法解释》对此做了具体规定："（一）个人非法吸收或者变相吸收公众存款，数额在一百万元以上的，单位非法吸收或者变相吸收公众存款，数额在五百万元以上的；（二）个人非法吸收或者变相吸收公众存款对象一百人以上的，单位非法吸收或者变相吸收公众存款对象五百人以上的；（三）个人非法吸收或者变相吸收公众存款，给存款人造成直接经济损失数额在五十万元以上的，单位非法吸收或者变相吸收公众存款，给存款人造成直接经济损失数额在二百五十万元以上的；（四）造成特别恶劣社会影响或者其他特别严重后果的。"同时该解释还规定非法吸收或者变相吸收公众存款的数额，以行为人所吸收的资金全额计算。案发前后已归还的数额，可以作为量刑情节酌情考虑。行为人将非法吸收的公众存款用以何种生产或者经营、消费，均不影响本罪的成立，但主要用于正常的生产经营活动，能够及时清退所吸收资金，可以免予刑事处罚；情节显著轻微的，不作为犯罪处理。

五、案例解析

未经中国人民银行批准，不以吸收公众存款的名义，向社会不特定对象吸收资金，但承诺履行的义务与吸收公众存款性质相同，即承诺在一定期限内返本付息的，属于《刑法》第176条规定的"变相吸收公众存款"。只要行为人实施了非法吸收公众存款的行为，无论采取何种非法吸收公众存款的手段、方式，均不影响非法吸收公众存款罪的成立。

孟某等非法吸收公众存款案

【案情经过】蒋某某于2002年12月至2008年10月期间，在广州市先后注册成立了广东绿色世纪××产业连锁经营管理有限公司、广东邦家租赁服务有限公司、广东邦家××产业超市有限公司、广东兆晋实业投资有限公司。

2006～2010年，蒋某某招募被告人孟某、任某等协助其在青岛地区先后成立绿色世纪邦家青岛地区分公司、邦家租赁邦家青岛地区分公司和邦家××产业超市青岛地区分公司（以上公司统称为邦家青岛地区分公司）。邦家青岛地区分公司内设行政部和市场部，蒋某某分别任命被告人孟某、任某和王某某（另案处理）担任行政部总监，具体负责公司内勤和外联活动；指派管理人员和财务人员到市场部，具体负责日常经营活动；市场部总监下设经理，具体负责向公司会员介绍投资业务，吸纳投资款；市场部经理下设主管，具体负责向社会大众招募公司会员，向经理推荐具有投资意向的会员。公司员工本人直接发展客户投资的，可提成投资额的4%～5.5%，主管级别员工可从其下线发展的投资额中提成0.5%，经理级别员工可从其下线发展的投资额中提成1.5%。

绿色世纪、邦家租赁、邦家××产业超市有限公司在青岛地区设立的各分公司的工作人员，按照蒋某某的要求，以保健品、有机食品销售及汽车、家电、家具等租赁业务为掩护，通过宣传、安排免费体检等方式发展社会群众成为公司的"嘉宾""会员"，进而以会员制消费、区域合作、增资扩股、人民币资金借款等名义，允诺投资上述项目可以定期获得年利率16%～30%不等的高额回报，诱骗社会群众与邦家青岛地区分公司签定《兼职顾问聘用合同》《会员制消费合同》《区域合作合同》《人民币资金借款合同》等名目不同的合同，进行非法集资活动。至案发前，上述公司在青岛地区累计向1200余人吸收资金27 629万元，造成损失约2亿余万元。其中：被告人孟某、任某交替任职集资共计17 403万元；被告人任某另集资6556万元。被告人王某某先后担任公司业务员、主管及市场一部经理，参与向54名群众集资共计1127.5万元，造成损失962.8万元，从中提成73.8万元。被告人崔某某先后担任公司业务员、主管及市场七部经理，参与向62名群众集资1395.9万元，造成损失1207万元，从中提成70.4万元。被告人辜某某先后担任公司主管及市场六部经理，参与向54名群众集资1735.7万元，造成损失1557.4万元，从中提成51.5万元。被告人吴某某先后担任公司主管及市场三部经理，参与向24名群众集资793.8万元，造成损失715.6万元，从中提成36.8万元。被告人杨某某担任公司市场三部经理，参与向24名群众集资676.4万元，造成损失635.4万元。被告人冯某某担任公司市场一部经理，参与向47名群众集资833.9万元，造成损失693.1万元，从中提成35.5万元。被告人张某先后担任公司业务员、主管及市场五部经理，参与向群众集资约400万元，造成损失300万元，从中提成14.9万元。被告人岳某先后担任公司业务员及市场二部主管，参与向30名群众集资约545.3万元，造成损失491.7万元。被告人彭某某先后担任公司业务员及市场五部主管，参与向34名群众集资约677.5万元，造成损失610.2万元，从中提成47万元。被告人路某先后担任公司业务员及市场三部主管，参与向14名群众集资275.7万元，造成损失251.9万元，从中提成21.2万元。被告人林某先后担任公司业务员及市场六部主管，参与向27名群众集资约342.3万元，造成损失316.3万元，从中提成66.4万元。被告人朱某先后担任公司业务员及市场一部主管，参与向33名群众集资700.9万元，造成损失644.2万元，从中提成57万元。被告人陈某先后担任公司业务员及市场八部主管，参与向38名群众集资540.7万元，造成损失490.4万元，从中提成40.6万元。

案发后，被告人孟某、任某、崔某某、王某某、杨某某、路某、彭某某、林某、岳某、冯某某、吴某某、张某先后被查获；被告人朱某、陈某后到公安机关投案；被告人辜某某经公安机关电话传唤到公安机关投案。

山东省青岛市市南区人民法院审理山东省青岛市市南区人民检察院指控原审被告人孟某、任某、王某某、崔某某、辜某某、吴某某、杨某某、冯某某、张某、岳某、彭某某、路某、林某、朱某、陈某犯非法吸收公众存款罪一案，于2015年7月14日作出（2013）南刑初字第358号刑事判决，以非法吸收公众存款罪分别判处被告人孟某有期徒刑9年，并处罚金人民币50万元；被告人任某有期徒刑9年，并处罚金人民币50万元；被告人王某某有期徒刑4年6个月，并处罚金人民币16万元；被告人崔某某有期徒刑4年10个月，并处罚金人民币50万元；被告人辜某某有期徒刑5年，并处罚金人民币20万元；被告人吴某某有期徒刑4年，并处罚金人民币14万元；被告人杨某某有期徒刑3年6个月，并处罚金人民10万元；被告人冯某某有期徒刑4年6个月，并处罚金人民币14万元；被告人张某有期徒刑3年，缓刑5年，并处罚金人民币9万元；被告人岳某有期徒刑3年，缓刑5年，并处罚金人民币9万元；被告人彭某某有期徒刑3年6个月，并处罚金人民币10万元；被告人路某有期徒刑3年，缓刑5年，并处罚金人民币9万元；被告人林某有期徒刑3年，缓刑5年，并处罚金人民币9万元；被告人朱某有期徒刑3年，缓刑5年，并处罚金人民币9万元；被告人陈某有期徒刑3年，缓刑5年，并处罚金人民币9万元。后山东省青岛市中级人民法院于2015年9月9日作出（2015）青刑二终字第157号刑事裁定书，维持原判。

【判决理由】邦家青岛分公司未经有关部门依法批准，通过媒体向社会公开宣传，以高息为诱饵向社会公众吸收资金，数额巨大。被告人孟某、任某身为邦家公司青岛分公司行政总监，在邦家青岛分公司非法集资的活动中起发动、维系作用，根据邦家公司的任命和上级指示行使职权，按照公司规定领取提成，其系邦家青岛分公司非法集资的主管人员；被告人王某某、崔某某、辜某某、吴某某、杨某某、冯某某、张某、岳某、彭某某、路某、林某、朱某、陈某身为邦家青岛分公司市场部经理和主管，经社会招聘进入公司工作，接受公司上级的领导，依照公司规定从事集资业务，向集资群众介绍投资业务，吸引他们向公司投资，系邦家公司非法集资的直接责任人员。均构成非法吸收公众存款罪。被告人辜某某、朱某某、陈某犯罪后自首，依法可以从轻处罚；被告人孟某、王某某、崔某某、吴某某、杨某某、冯某某、张某、岳某、彭某某、路某、林某到案后如实供述自己的罪行，依法可以从轻处罚。鉴于被告人张某、岳某、路某、林某、朱某、陈某犯罪情节较轻，有悔罪表现，没有再犯罪的危险，宣告缓刑不会对其所居住的社区有重大不良影响，依法可以宣告缓刑。

第二节 擅自发行股票、公司、企业债券罪

一、概念与犯罪构成

（一）概 念

股票、债券是市场经济发展到一定程度的产物，公司、企业通过发行股票、债券使社会上的闲置资金得到利用，优化了资源配置。股票、债券作为企业和投资者的纽带，使二者联系起来，维持着正常的金融市场秩序。而擅自发行股票、债权的行为对证券市场秩序产生着严重的负面影响。1979年刑法对擅自发行股票、公司、企业债券的行为没有做出规制，1993年国务院发布《股票发行与交易管理暂行条例》，第70条对于擅自发行股票的行为规定了相应的行政处罚，股份有限公司未经批准发行或者变相发行股票的，未按照规定方式、范围发行股票，或者在招股说明书失效后销售股票的单处或者并处警告、责令退还非法所筹股款、没收非法所得、罚款；情节严重的，停止其发行股票资格。1993年国务院发布的《企业债券管理条例》第26条规定："未经批准发行或者变相发行企业债券的，以及未通过证券经营机构发行企业债券的，责令停止发行活动，冻结并责令退还非法所筹资金，处以相当于非法所筹资金金额5%以下的罚款。"1995年全国人大常委会颁布《关于惩治违反公司法的犯罪的决定》，其中第7条明确规定了擅自发行股票、公司、企业债券的刑事责任，"未经公司法规定的有关主管部门批准，擅自发行股票、公司债券，数额巨大、后果严重或者有其他严重情节的，处五年以下有期徒刑

或者拘役，可以并处非法募集资金金额百分之五以下罚金。单位犯前款罪的，对单位判处非法募集资金金额百分之五以下罚金，并对直接负责的主管人员依照前款的规定，处五年以下有期徒刑或者拘役"。1997年刑法对该条进行吸收修改，作为《刑法》第179条，"未经国家有关主管部门批准，擅自发行股票或者公司、企业债券，数额巨大、后果严重或者有其他严重情节的，处五年以下有期徒刑或者拘役，并处或者单处非法募集资金金额百分之一以上百分之五以下罚金。单位犯前款罪的，对单位判处罚金，并对其直接负责的主管人员和其他直接责任人员，处五年以下有期徒刑或者拘役"。

根据上述法律、法规对于擅自发行股票、公司、企业债券的规定，本书认为，擅自发行股票、公司、企业债券罪是指未经国家有关主管部门批准，擅自发行股票或者公司、企业债券，数额巨大、后果严重或者有其他严重情节的行为。

（二）犯罪构成

本罪的犯罪主体是一般主体，包括年满16周岁具有刑事责任能力的自然人和单位，单位不仅包括没有股票、债券发行权的公司、企业，也包括有发行资质的公司、企业。具有股票、债券发行权的公司、企业，超越权限发行股票、债券，同样可以构成本罪。

本罪的主观方面是故意，且为直接故意，即行为人明知发行股票、公司、企业债券需要国家有关主管部门批准，仍然擅自发行。本罪的行为人通常具有募集资金或非法获利等目的，法条中没有提到对本罪的目的要求，不论行为人持有何种目的，也不论目的是否实现，只要行为符合擅自发行股票、公司、企业债券罪的构成要件的，均构成本罪。

本罪的客体，存有争议。认为本罪是复杂客体的学者，有的认为侵犯了国家的金融管理秩序和他人财物的所有权；有的认为侵犯了正常的金融管理秩序和股票或公司、企业债券发行的管理制度；有的认为侵犯了证券信誉及其发行制度。认为本罪是简单客体的学者，则认为本罪的客体是国家对有价证券发行的审批制度或者国家对股票、公司、企业债券发行的管理制度。本书赞成最后一种观点，本罪的客体是国家对股票、公司、企业债券发行的管理制度。其他几种观点都没能直接说明本罪真正侵犯的对象是什么，或是范围过大，或是没有切中肯綮，例如，是否侵犯了他人财物的所有权对本罪的犯罪构成来说，并不重要，不能以此作为客体。

本罪的客观方面表现为未经国家有关主管部门批准，擅自发行股票或者公司、企业债券，数额巨大、后果严重或者有其他严重情节的行为。股票与债券的发行需要相关部门进行批准，《证券法》第10条规定："公开发行证券，必须符合法律、行政法规规定的条件，并依法报经国务院证券监督管理机构或者国务院授权的部门核准。"公开发行股票应报国务院证券监督管理机构批准，公开发行债券应报国务院授权的部门批准。《企业债券管理条例》第11条明确规定："中央企业发行企业债券，由中国人民银行会同国家计划委员会（现为国家发展和改革委员会）审批；地方企业发行企业债券，由中国人民银行省、自治区、直辖市、计划单列市分行会同同级计划主管部门（现为各级发改委）审批。"《公司法》、《证券法》、《企业债券管理条例》第12条、《股票发行与交易管理暂行条例》第8条中规定了公司、企业发行股票、债券需要满足的主体资格的实质要件。在公司、企业满足经国家有关主管部门批准的形式要件的前提下，实质要件的缺失不能构成本罪。所谓"擅自发行"，存在多种情况：（1）未向国家有关主管部门提出申请批准，擅自发行股票、公司、企业债券的；（2）已向国家有关主管部门提出申请批准，但未获有关部门批准，擅自发行的；（3）已向国家有关主管部门申请批准，在有关部门未完成审批程序之前，擅自发行的；（4）向国家有关主管部门申请批准，且有关部门批准通过的，但行为人发行的股票、公司、企业债券规模超过批准的数额的；（5）已获国家相关主管部门批准，但由于发行人原因或者其他原因，审批部门撤销批准的决定后，发行人强行发行的；（6）未通过承销机构，擅自发行股票、公司、企业债券的。本罪不是行为犯，一经着手就成立，要成立本罪，需要达到"数额巨大、后果严重或者有其他严重情节的"后果。对此，可以参考《立案追诉标准（二）》、《非法集资司法解释》加以判断。

二、立案标准

《立案追诉标准（二）》第34条规定："未经国家有关主管部门批准，擅自发行股票或者公司、企业债券，涉嫌下列情形之一的，应予立案追诉：（一）发行数额在五十万元以上的；（二）虽未达到上述数额标准，但擅自发行致使三十人以上的投资者购买了股票或者公司、企业债券的；（三）不能及时清偿或者清退的；（四）其他后果严重或者有其他严重情节的情形。"2010年最高人民法院发布的《非法集资司法解释》第6条规定，未经国家有关主管部门批准，向社会不特定对象发行、以转让股权等方式变相发行股票或者公司、企业债券，或者向特定对象发行、变相发行股票或者公司、企业债券累计超过200人的，应当认定为《刑法》第179条规定的"擅自发行股票、公司、企业债券"。构成犯罪的，以擅自发行股票、公司、企业债券罪定罪处罚。该规定明确累计超过200人的，亦需要追诉。

根据最高人民法院、最高人民检察院、公安部、中国证监会2011年4月发布的《关于办理证券期货违法犯罪案件工作若干问题的意见》以及最高人民法院、最高人民检察院2012年3月发布的《关于办理证券期货违法犯罪案件工作若干问题的意见》，擅自发行股票、公司、企业债券罪一审应由中级人民法院管辖，同级人民检察院负责提起公诉。

三、司法认定

行为人发行的股票、公司、企业债券没有经过证券承销机构承销，擅自发行的，是否构成本罪？

《证券法》第28条规定："发行人向不特定对象发行的证券，法律、行政法规规定应当由证券公司承销的，发行人应当同证券公司签订承销协议。证券承销业务采取代销或者包销方式。证券代销是指证券公司代发行人发售证券，在承销期结束时，将未售出的证券全部退还给发行人的承销方式。证券包销是指证券公司将发行人的证券按照协议全部购入或者在承销期结束时将售后剩余证券全部自行购入的承销方式。"《公司法》第87条、第154条规定，发起人向社会公开募集股份，应当由依法设立的证券公司承销，签订承销协议。发行公司债券的申请经国务院授权的部门核准后，应当公告公司债券募集办法。公司债券的承销机构是公司债券募集办法中应当载明下列主要事项。同时《股票发行与交易管理暂行条例》《企业债券管理条例》均对企业发行股票、债券应由证券机构承销作出了规定。由证券机构承销是股票、债券发行中的一个程序环节，对于证券机构承销擅自发行的行为，也属于擅自发行股票、公司、企业债券罪。

四、刑事责任

根据《刑法》第179条，构成擅自发行股票、公司、企业债券罪的处5年以下有期徒刑或者拘役，并处或者单处非法募集资金金额1%以上5%以下罚金。单位犯此罪的，对单位判处罚金，并对其直接负责的主管人员和其他直接责任人员，处5年以下有期徒刑或者拘役。对于本罪为单位犯罪时，对直接负责的主管人员和其他责任人员的处罚，刑法只是规定了自由刑，没有规定财产刑。《证券法》对此给出了规定："未经法定机关核准，擅自公开或者变相公开发行证券的，责令停止发行，退还所募资金并加算银行同期存款利息，处以非法所募资金金额百分之一以上百分之五以下的罚款；对擅自公开或者变相公开发行证券设立的公司，由依法履行监督管理职责的机构或者部门会同县级以上地方人民政府予以取缔。对直接负责的主管人员和其他直接责任人员给予警告，并处以三万元以上三十万元以下的罚款。"因此下一步，立法机关应做好行政处罚与刑事处罚的衔接工作，防止二者的不协调。

五、案例解析

非上市股份有限公司为筹集经营资金，在未经证券监管部门批准的情况下，委托中介机构向不特定社会公众转让公司股东的股权，其行为属于未经批准擅自发行股票的行为，数额巨大、后果严重或者有其他严重情节的，应当以擅自发行股票罪定罪处罚。

上海安基生物科技股份有限公司、郑戈擅自发行股票案

【案情经过】被告单位上海安基生物科技股份有限公司（以下简称安基公司）成立于1997年4月，注册资金为3400万元，股东包括2家单位和16名自然人。被告人郑某担任安基公司的董事长、法定代表人，持股比例为44%。安基公司经工商管理部门核准的经营范围为：生物制品加工，化工原料、建筑材料、金属材料销售，本企业自产生物制品和技术出口，本企业进料加工及"三来一补"业务。

2001年12月，被告单位安基公司为筹集研发资金，由被告人郑某提议经股东会集体同意后，委托中介公司及个人向社会不特定公众转让自然人股东的股权。此后直到2007年8月期间，由郑某负责联系并先后委托上海新世纪投资有限公司、上海天成投资实业公司、王某某、周某某、黄某等个人，以随机拨打电话的方式，对外谎称安基公司的股票短期内将在美国纳斯达克上市并能获取高额回报，向不特定社会公众推销郑戈及其他自然人股东的股权。郑某和中介人员具体商定每股转让价格为2~4元间不等。安基公司与受让人分别签订《股权转让协议书》和《回购承诺书》（承诺如果3年内公司不能上市就回购股权），并发放自然人股东缴款凭证卡和收款收据。

经审计，被告单位安基公司向社会公众260余人发行股票计322万股，筹集资金1109万余元，其中有157人在股权托管中心托管，被列入公司股东名册，并在工商行政管理部门备案。上述募集资金全部用于安基公司的经营活动和支付中介代理费。

被告单位安基公司成立后主要从事艾滋病药物的研发，一直处于研发阶段，没有任何生产和销售行为。案发后不能回购股票，不能退还钱款，仅有土地及房产被查封。

上海市浦东新区人民检察院以被告单位安基公司及被告人郑某犯擅自发行股票罪，向上海市浦东新区人民法院提起公诉。上海市浦东新区人民法院于2009年9月24日作出判决：一、被告单位安基公司犯擅自发行股票罪，判处罚金人民币30万元。二、被告人郑戈犯擅自发行股票罪，判处有期徒刑2年，维持(2008)六刑初字第82号刑事判决对郑戈判处的有期徒刑4年，决定执行有期徒刑5年6个月。三、违法所得予以追缴。

【判决理由】《中华人民共和国刑法》第179条规定："未经国家有关主管部门批准，擅自发行股票或者公司、企业债券，数额巨大、后果严重或者有其他严重情节的，构成擅自发行股票、公司、企业债券罪。"依据《中华人民共和国公司法》和《中华人民共和国证券法》的规定，股份公司的股权表现形式就是股票，也包括未上市股份公司的股权。因此，这里的"发行股票"包括未上市公司转让股权。据此，判断行为人的行为是否构成擅自发行股票罪，应从以下几个方面分析：

(一) 发行股票行为是否经国家有关主管部门批准

我国法律、法规及相关政策对非上市股份公司的股权能否转让、如何转让，有三个阶段的限制性规定。

第一阶段，1998~2002年为严令禁止。1998年国务院办公厅《转发证监会》关于《清理整顿场外非法股票交易方案的通知》及2003年证监会《关于处理非法代理买卖未上市公司股票有关问题的紧急通知》国务院办公厅均明确禁止非上市公司从事股权交易，除进行股权整体转让外，严禁代理和买卖非上市公司股票。

第二阶段，2003~2006年为托管引导。其间，一些城市相继开展股权登记托管业务。2003年初，上海成立股权托管中心与上海联合产权交易所。2005年初，上海市发布《关于进一步规范本市发起设立股份有限公司审批、登记和备案相关事项的通知》，要求国有股权必须到上海联合产权交易所交易、到托管中心登记，对于私有股权采取自愿进场交易原则，依法禁止场外擅自交易。

第三阶段，2006年至今为明确规范。证券法规定，向不特定对象或向特定对象累计超过200人发行证券，属于公开发行证券。公开发行证券，必须经国务院证券监管机构或国务院授权的部门核准。2006年，国务院办公厅发布的《关于严厉打击非法发行股票和非法经营证券业务有关问题的通知》规定，第一，严禁擅自公开发行股票，向不特定对象发行股票或向特定对象发行股票后股东累计超过200人的，为公开发行，应依法报经证监会核准。第二，严禁变相公开发行股票。非公开发行股票及其股权转让，不得采用广告、公告、广播、电话、传真、信函、推介会、说明会、网络、短信、公开劝诱等公开方式或变相公开方式向社会公众发行。严禁任何公司股东自行或委托他人以公开方式向社会公众转让股票。

综上，国家一直禁止擅自进行非上市公司的股权交易。本案中，被告单位安基公司与被告人郑某2001～2007年8月，连续不间断地擅自向社会公众转让股权，其行为违反上述规定，系在未经有关主管部门批准的情况下实施发行股票行为。

（二）有无实施发行股票的行为

根据本案事实，被告单位安基公司与被告人郑戈擅自向社会公众转让股权的行为，属于国务院办公厅《关于严厉打击非法发行股票和非法经营证券业务有关问题的通知》所严禁的行为，应当认定为《刑法》第179条规定的"擅自发行股票、公司、企业债券"的行为。

1.受让人属于不特定对象。区分特定对象与不特定对象，应当结合投资者的选择程序、承担风险能力与人数等因素综合分析。通常情况下，出让方委托中介机构面向社会公众采用推广会等方式进行宣传，随后筛选出合适的投资人，审查投资人的资产价值与申报财产内容的真实性、是否具备识别并承担风险能力等内容，明确提示投资风险，有明确的人数和资金总量的限制。对于符合上述条件的，应当认定为属于特定对象。相反，对于不设定任何标准和人数条件，不考察投资人的具体情况，只要出资即予以接纳的情况，应当认为属于不特定对象。本案中，被告单位安基公司委托中介公司与个人，随机向上海及浙江宁波等地的居民进行推销，不审查财产状况且没有人数限制，应当认定为向不特定对象转让股权。

2.转让股权的价格具有不确定性。合法的转让股权应由第三方对公司财务状况进行审计，结合审计结论、运营情况、公司拟上市后的预增利润等综合因素，由出让方确定统一合理的出让价格，报证券监管部门批准备案后向全社会公布。本案中，转让股权价格未经过任何审计、批准备案、公开的程序，仅由被告人郑某与中介公司商定，按照注册资本3400万元确定为3400万股，据审计报告显示，每股转让价格从1.5元到4.2元不等，包括12种不同价格。这充分说明涉案股权转让价格具有极大的随意性和不确定性。

3.采用公开的形式转让股权。判断公开与非公开方式的标准，是信息沟通渠道是否畅通。非公开发行是指基于相互信任与意思自治原则，双方能够交流获取真实有效的信息，无需借助第三方力量来传递信息达到沟通目的。而公开发行由于面向社会公众且信息不对称，出让方需要借助中介力量，利用广告、公告、广播、电话、推介会、说明会、网络等方式传递信息，以达到吸引投资人获取资金的目的。本案中，被告单位安基公司与被告人郑某委托多家中介公司与个人，先采用随机拨打电话的方式，以提供理财帮助为名邀请不特定对象到中介公司，后由业务员介绍并推销股权，对于犹豫不决的客户，业务员反复打电话以动员劝诱。故可以认定涉案股权转让形式属于公开发行。

4.转让股权的运作模式不合规。由于涉及社会公众权益，转让股权必须接受多方面的监管，要求运作模式必须合法规范，包括中介机构的主体资格、签订合同的内容、披露信息的要求、财务情况公开、区分收费账户与公司账户、按约履行权利义务等。本案中，被告单位安基公司与被告人郑戈转让股权没有详细工作计划，没有披露公司的详细财务状况，没有委托固定有资质的中介机构，没有签订规范的服务合同，2002～2007年8月，被告方频繁地更换中介公司与个人，这种运作模式完全不符合规范。

5.募集资金全部用于经营活动和支付中介费用。实践中，存在利用擅自发行股票的方法取得资金以实施集资诈骗的情况发生，这种集资诈骗罪与擅自发行股票罪的主要区别在于主观上是否具有非法占有的目的。集资诈骗罪是以非法占有为目的，行为人发行股票只是诈骗财产的一种手段，在取得钱款后往往出现携款逃跑、挥霍滥用、抽逃转移资金、隐匿销毁账目等情况。擅自发行股票罪的主观方面则是为了非法募集生产经营资金，不具备非法占有的目的。本案中，被告单位安基公司募集资金1109万元均存入公司账户，有400万元支付中介代理费，另有600余万元用于公司的生产经营活动，包括租用厂房、购买设备、支付工资、研发费用等，且公司财务账册中未反映有挪用抽逃等不正常现象发生，仅仅由于客观上经营不善导致钱款不能返还，不能认定主观上具有非法占有目的。

根据最高人民法院、最高人民检察院、公安部、证监会《关于整治非法证券活动有关问题的通知》的规定，公司、公司股东违反规定擅自向社会公众转让股票，应当追究擅自发行股票罪的责任。根据最高人民检察院、公安部《关于经济犯罪案件追诉标准的规定》，未经国家有关主管部门批准，擅自发行股票涉嫌下列情形之一的，应予追诉：数额在50万元以上的、不能及时清偿或者清退的、造成恶劣影响的。这是对于擅自发行股票罪的情节要件规定，本案符合此项规定。

此外，本案中部分受让人到股权托管中心托管并到工商部门备案的情节不影响犯罪的认定。根据证监会（2001）5号文《关于未上市股份公司股票托管问题的意见》的规定，未上市股份公司股权托管问题，成因复杂，涉及面广，清理规范工作主要由地方政府负责。在这一政策指引下，许多地方政府都以行政规章的形式要求对非上市公司的股权进行集中托管，据此，2004年上海市发布《关于进一步规范本市发起设立股份有限公司审批、登记和备案相关事项的通知》，在此背景之下，上海股权托管中心应运而生。依据股权托管中心提供的资料显示，其是专业从事非上市股份公司股权集中托管、过户、查询、分红等业务的股权托管登记服务机构，为非上市股份公司股权规范有序流动提供服务平台，其主要职能分三类，股权托管、登记与服务功能。托管中心仅负责为股权转让双方办理过户登记手续，并向受让人发放托管卡，记载有股权名称、双方姓名、证件信息、转让份额、托管账号等信息，受让人凭托管卡号和账户密码，可以查询到个人持股情况及托管中心提供的公司相关信息。本案中，有157名受让人在购买股权后曾到股权托管中心进行登记领取托管卡，并被列入被告单位安基公司的股东名册且在工商部门备案。安基公司确认这157人具有公司股东的身份，但是，由于安基公司一直处于药物研发阶段，没有经营和销售行为，没有盈利分红，没有因重大事项召开过股东大会，因此这部分人没有参与公司经营管理和决策，实质上他们未能享受股东权利和履行股东义务。从全案情况分析，到托管中心登记的157人和未登记的106人，他们购买股权的动机和目的是完全一致的，由于安基公司谎称将在美国纳斯达克上市股票能获得巨大利润，并承诺如果不能上市将原价回购股票，使得全部受让人轻信这些言语且相信投资能够保本，他们投资购买股权的主观目的是希望通过投资换取未来的利润。托管中心作为第三方组织，对于股权转让行为只负责登记备案，并没有审核及监督义务，托管登记的形式，仅证实双方确有股权转让行为，但不能证明股权转让行为本身的合法与否。因此这一情节不影响本案的定性。

综上，被告单位安基公司违反国家政策及相关法律规定，未经证券监管部门的批准，委托他人以公开方式向不特定社会公众发行股票，情节严重，被告人郑某系安基公司直接负责的主管人员，其行为均已构成擅自发行股票罪。公诉机关指控的罪名成立，被告单位、被告人及辩护人的辩护理由不成立，不予采纳。被告单位与被告人均有自首情节，依法从轻处罚。对被告人应予数罪并罚。据此，上海市浦东新区人民法院依照《刑法》第179条、第67条、第69条、第70条、第53条、第64条之规定作出判决。

第三节　集资诈骗罪

一、概念与犯罪构成

（一）概　念

随着经济的高速发展，集资诈骗罪经历着从无到有的过程。1979年刑法没有规定该罪。改革开放以后，金融市场日趋完善，金融活动日益活跃，相关的非法集资型犯罪也日益增多。1993年，沈太福因以长城公司的名义非法集资、扰乱中央金融政策被捕，由于当时没有对于集资诈骗的相关刑法规制，最后该案以贪污和行贿罪名被起诉判刑。该案的发生也凸显出对集资诈骗进行刑法规制的必要性。1995年，全国人民代表大会常委会通过《关于惩治破坏金融秩序犯罪的决定》，第8条将集资诈骗罪纳入其中，"以非法占有为目的，使用诈骗方法非法集资的，处三年以下有期徒刑或者拘役，并处二万元以上二十万元以下罚金；数额巨大或者有其他严重情节的，处三年以上十年以下有期徒刑，并处五万元以上五十万元以下罚金；数额特别巨大或者有其他特别严重情节的，处十年以上有期徒刑、无期徒刑或者死刑，并处没收财产。单位犯前款罪的，对单位判处罚金，并对直接负责的主管人员和其他直接责任人员，依照前款的规定处罚"。1997年刑法对于该条进行了修订吸收，加以细化，分为三条。第192条："以非法占有为目的，使用诈骗方法非法集资，数额较大的，处五年以下有期徒刑或者拘役，并处二万元以上二十万元以下罚金；数额巨大或者有其他严重情节的，处五年以上十年以下有期徒刑，并处五万元以上五十万元以下罚金；数额特别巨大或者有其他特别严重情节的，处十年以上有期徒刑或者无期徒刑，并处五万元以上五十万元以下罚金或者没收财产。"第199条规定犯本罪，数额特别巨大并且给国家和人民利益造成特别重大损失的，处无期徒刑或者死刑，并处没收财产。第200条规定，单位犯本罪的对单位判处罚金，并对其直接负责的主管人员和其他直接责任人员，处五年以下有期徒刑或者拘役；数额巨大或者有其他严重情节的，处五年以上十年以下有期徒刑；数额特别巨大或者有其他特别严重情节的，处十年以上有期徒刑或者无期徒刑。2015年全国人大常委会通过《中华人民共和国刑法修正案（九）》，将第199条删除，将本罪的死刑删除。

（二）犯罪构成

本罪的犯罪主体是一般主体，包括年满16周岁具有刑事责任能力的自然人和单位。单位不仅包括不具有募集资金资格的单位，亦包括具有募集资金资格的单位。

本罪的主观方面为故意，且为直接故意。因为本罪的构成需要具有非法占有为目的，这里的占有是永久性占为己有，而不是暂时占有。本罪是目的犯，间接故意不存在犯罪目的，主观放任的态度是不可能完成诈骗行为的，只能是积极追求。行为人只有持有希望的态度，积极策划，才能保证事情沿着主观意志发展。"当面临被害人对财产的处分与否进行选择的问题时，行为人也一定会通过各种辅助性的手段，排除影响其犯罪目的实现的各种因素，这种目的自始至终都在指引着集资诈骗犯罪人的心理，并最终会支配其行为的实施和结果的发生。若是认为集资诈骗罪中存在间接故意，就意味着行为人对结果的发生时听之任之的态度，这种态度决定了行为人不可能围绕占有他人财物这一目标采取积极的行动，也即缺乏实现主观预期的犯罪结果的真诚努力。"[1] "诈骗罪是一种智力性的犯罪，行为人要使对方产生错误认识并自愿地交付财物，必须采取有效的诈骗手段。在欺骗手段上采取漠不关心的放任态度，是不可能使人受骗的。因此，诈骗犯罪的行为人在主观心理态度上根本不存在放任诈骗结果发生的情况。"[2]

本罪的客体，一般认为是复杂客体。大致存在三种观点：投资者的财

---

[1] 魏东、白宗钊主编：《非法集资型犯罪司法审判与刑法解释》，法律出版社2013年版，第104～105页。

[2] 张志勇：《诈骗罪研究》，中国检察出版社2008年版，第77页。

产权和社会经济管理秩序；国家金融秩序和公私财产所有权；国家金融管理秩序和公私财产所有权。本书赞同第三种观点。

本罪的客观方面表现为以非法占有为目的，使用诈骗方法非法集资，数额较大的行为。首先，"以非法占有为目的"的认定。2010年最高人民法院发布的《非法集资司法解释》第4条明确规定了"以非法占有为目的"的具体情形："（一）集资后不用于生产经营活动或者用于生产经营活动与筹集资金规模明显不成比例，致使集资款不能返还的；（二）肆意挥霍集资款，致使集资款不能返还的；（三）携带集资款逃匿的；（四）将集资款用于违法犯罪活动的；（五）抽逃、转移资金、隐匿财产，逃避返还资金的；（六）隐匿、销毁账目，或者搞假破产、假倒闭，逃避返还资金的；（七）拒不交代资金去向，逃避返还资金的；（八）其他可以认定非法占有目的的情形。"所谓"使用诈骗方法"，可以理解为行为人采取虚构集资用途，以虚假的证明文件和高回报率为诱饵，骗取集资款的手段。"非法集资"则是指法人、其他组织或者个人，未经有权机关批准，向社会公众募集资金的行为。当然非法集资包括，不具有集资资格的单位或个人向社会募集资金以及虽然具有募集资格，但相关部门未批准募集的单位。本罪构成要件的"数额较大"可参照《非法集资司法解释》的标准。

二、立案标准

《立案追诉标准（二）》第49条规定："以非法占有为目的，使用诈骗方法非法集资，涉嫌下列情形之一的，应予立案追诉：（一）个人集资诈骗，数额在十万元以上的；（二）单位集资诈骗，数额在五十万元以上的。"需要注意的是，行为人部分非法集资行为具有非法占有目的的，对该部分非法集资行为所涉集资款以集资诈骗罪定罪处罚；非法集资共同犯罪中部分行为人具有非法占有目的，其他行为人没有非法占有集资款的共同故意和行为的，对具有非法占有目的的行为人以集资诈骗罪定罪处罚。

三、司法认定

关于集资诈骗罪与民间借贷纠纷的区别。民间借贷纠纷，"是指集资一方在吸引投资的时候，先是对集资回报的条件进行了一定程度的夸大，后来因为非主观的原因不能兑现起初约定的回报而引起的纠纷"❶。通常情况下，民间借贷多发生在熟人之间，通过口头或者书面的承诺，达成借贷意向。由于民间借贷一般都不是很规范，因此双方之间较容易发生纠纷，但并不能因此将正常的民间借贷认定为集资诈骗。集资诈骗罪与民间借贷纠纷存在较大的差异，首先，在主观目的方面，集资诈骗罪具有非法占有的目的，而民间借贷纠纷的借款人则不会有非法占有的目的，而只是暂时性的借款解决资金的紧张问题。其次，集资诈骗罪伴随着诈骗的行为，可以采用伪造文件、承诺高额利息等方式，使出借人陷入错误的认识，而做出对自身不利的出借行为。民间借贷虽然借款人可能也存在夸大事实的情况，但是不会让出借人做出与本身意愿完全相违背的决定。

四、刑事责任

根据《刑法》第192条，犯集资诈骗罪，"数额较大的，处五年以下有期徒刑或者拘役，并处二万元以上二十万元以下罚金；数额巨大或者有其他严重情节的，处五年以上十年以下有期徒刑，并处五万元以上五十万元以下罚金；数额特别巨大或者有其他特别严重情节的，处十年以上有期徒刑或者无期徒刑，并处五万元以上五十万元以下罚金或者没收财产"。第200条规定："单位犯本罪的，对单位判处罚金，并对其直接负责的主管人员和其他直接责任人员，处五年以下有期徒刑或者拘役，可以并处罚金；数额巨大或者有其他严重情节的，处五年以上十年以下有期徒刑，并处罚金；数额特别巨大或者有其他特别严重情节的，处十年以上有期徒刑

---

❶　马克昌：《经济犯罪新论——破坏社会主义经济秩序罪研究》，武汉大学出版社1998年版，第355页。

或者无期徒刑，并处罚金。"对于何谓"数额较大""数额巨大""数额特别巨大"，2010年最高人民法院发布的《非法集资司法解释》第5条规定，"个人进行集资诈骗，数额在10万元以上的，应当认定为'数额较大'；数额在30万元以上的，应当认定为'数额巨大'；数额在100万元以上的，应当认定为'数额特别巨大'。单位进行集资诈骗，数额在50万元以上的，应当认定为'数额较大'；数额在150万元以上的，应当认定为'数额巨大'；数额在500万元以上的，应当认定为'数额特别巨大'。集资诈骗的数额以行为人实际骗取的数额计算，案发前已归还的数额应予扣除。行为人为实施集资诈骗活动而支付的广告费、中介费、手续费、回扣，或者用于行贿、赠与等费用，不予扣除。行为人为实施集资诈骗活动而支付的利息，除本金未归还可予折抵本金以外，应当计入诈骗数额"。对于法条中"其他严重情节"和"其他特别严重情节"如何认定，2008年上海市检察院发布的《关于本市办理部分刑事犯罪案件标准的意见》可作参考。该意见规定："集资诈骗罪具有下列情形之一的，属于'其他严重情节'：（1）挥霍集资款，或者用集资款进行违法活动，致使数额较大的集资款到期无法偿还的；（2）因非法集资受到行政处罚后又继续非法集资，数额较大的；（3）向50人以上非法集资的。具有下列情形之一的，属于'其他特别严重情节'：（1）挥霍集资款，或者用集资款进行违法活动，致使数额巨大的集资款到期无法偿还的；（2）向250人以上非法集资的。"

五、案例解析

行为人以非法占有为目的，采取虚构集资用途，以虚假的证明文件和高回报率为诱饵，未经有权机关批准，向社会公众非法募集资金，骗取集资款的行为，构成《刑法》第192条规定的集资诈骗罪。在认定行为人是否具有非法占有目的时，应当坚持主客观相统一的认定标准，既要避免单纯根据损失结果客观归罪，也不能仅凭被告人自己的供述，应当根据案件具体情况全面分析行为人无法偿还集资款的原因，若行为人没有进行实体经营或实体经营的比例极小，根本无法通过正常经营偿还前期非法募集的本金及约定利息，将募集的款项隐匿、挥霍的，应当认定行为人具有非法占有的目的。

高某非法集资案

【基本案情】自2006年以来，被告人高某以非法占有为目的，在无经营项目，亦无归还能力的情况下，虚构借款用途，以做工程、招投标、经营烟酒等名义，以高息和利润分红为诱饵，采取欺骗手段向他人借款，用于还款付息、购买房产等。期间因无力偿债，便利用"拆东墙补西墙"的方式，不断扩大诈骗的对象和金额，最终致使徐某、胡某、张某某等20余名社会公众受骗损失共计3200余万元，至今未能偿还。公诉机关就起诉指控的上述事实向法庭出示了书证、证人证言、被害人陈述、被告人供述和辩解等证据。公诉机关认为，被告人高某以非法占有为目的，使用诈骗手段非法集资，数额特别巨大，应当以集资诈骗罪追究其刑事责任。

【法院判决】被告人高某以非法占有为目的，使用诈骗方法非法集资3244.37万元，数额特别巨大，给人民群众利益造成特别重大损失，其行为构成集资诈骗罪。公诉机关指控的犯罪事实清楚，证据确实、充分。指控罪名成立。被告人高某犯罪后能够自动投案，并如实供述自己的罪行，是自首，可以从轻或者减轻处罚。

一、被告人高某犯集资诈骗罪，判处无期徒刑，剥夺政治权利终身，并处没收个人全部财产。

二、责令被告人高某向本案被害人退赔所骗取的资金人民币三千二百四十四万三千七百元。

【案件评析】本案中犯罪人高某对于犯罪事实供认不讳，即对案件定性没有异议。犯罪人与辩护人的异议在于犯罪数额的认定，主要论争于被害人中的8名被害人的金额为多少的问题以及已支付的利息是否在犯罪数额中减去。本案法院在认定时将两个问题合并，认为"18笔集资诈骗事实均有被告人高某出具的借条在卷证实，且本案二十余名被害人在其陈述中均证实高某诈骗的事实和金额，且均将被骗金额中的高息部分予以剔除"。法院通过借条、被害人的供述而认定犯罪数额，对于"非高息"部分没有剔除且对于高某的证词没有合理的认定或排除，只是认为"被告人高某在其供述亦对大部分诈骗金额予以承认，仅对王某某、王某甲等少数被害人的陈述提出异议，认为已经还清所欠本金，所欠仅为利息，但无相应证据证明"。而对于高某异议的数额以及是否在最终认定的数额中作出剔除没有说明，仅此而言该判决是存在一定缺陷的。根据存疑有利于被告的原则，对于没有确实证据的集资数额不应该算入犯罪人的犯罪数额之中。本案中虽有借据作为证据材料，但多个被害人的证据材料中没有相关的银行汇账单据，应当通过银行的汇账单据、借据、被害人与被告人的证言多方确定最终的集资诈骗数额。对于借据与银行汇款单据相吻合的数额应当作为主要证据，而被告人或者被害人的证词仅能作为辅助证据。本案中高某对8个被害人的借款数额有所质疑应当使司法机关有所怀疑，辩护人也应当对此提出质疑。本案中辩护人对此提出的质疑是合理的，但是缺乏有力的佐证。当然，法院也应当基于无罪推定原则和存疑有利于被告的原则作出有利于被告的判决，而不能对存疑的证据因为被告方没有有力证据证伪便认定为对被告人不利的证据，这是不符合法治的基本原则的。

本案中，被告人有自首情节、主动投案、主动供述、对部分犯罪数额存疑等在量刑时法院"可以从轻或者减轻处罚"的因素，但最终判处高某无期徒刑，其自首情节是否采纳？又是如何体现的？《刑法》第67条规定了自首，指对于犯罪以后自动投案，如实供述自己的罪行的行为。很明显法院认定了高某的自首情节。本书认为自首制度意在鼓励犯罪人积极悔罪、认罪，便于查案、减少司法资源投入，提高办案率，同时也利于犯罪人的悔过使其犯罪过程中中止。自首条款中"可以减轻或从轻"的规定理应作"应当从轻或减轻"的理解，即一般而言对于有自首情节的犯罪人应当作出减轻或从轻的处罚，但是本案中法院虽然提及认定犯罪人的自首情节，但从量刑结果上看并未采纳这一因素。这种情况的出现也是由于刑罚结构不合理造成的。辩护时应当将自首作为一个减轻情节作为辩护事由，本案辩护人的做法是合理的。

本案中值得思考之处：对于借据中属于利息的部分不应当作为借款全额认定，对于返还的利息也应当扣除，高出正常利息的利息数额是否应当扣除？利息问题永远是集资型犯罪中的核心问题。因为集资型犯罪中多为数额犯，利息的计算标准往往能够影响刑罚梯度，本案中如果按照高幼兰的供述认定犯罪数额，那么其实际所欠的数额远远未达本案法院认定的3244.37万元，可能仅仅为数百万元，那么其最终的裁定刑也不会是无期徒刑反而可能是有期徒刑。一般的司法实践中均会将被告人返还的利息剔除，不计入犯罪数额。原因在于，集资诈骗罪要求"以非法占有为目的"，如果行为人将部分钱款以利息的方式返还不论其动机何在，在事实上只要行为人返还了一部分的资金就可以将该部分资金排除在"非法占有目的"之外，不作为集资诈骗行为的非法所得。基于这样的一个理论背景，认为不论利息高低只要行为人将钱款返还给了借款人，该部分借款就应该被扣除，扣除返还利息之后的借款才属于以非法占有为目的的集资诈骗所得。

此外，本案中的证据链存在一定的缺失，即被告人高某的供词没有得到合理的采纳，辩护人应当对此提出异议。从另一个角度而言，辩护人应当在程序和实体两个角度进行辩护，当证据出现问题时应当提出合理怀疑，在可能的情况下应当指出不合理的地方，并申请法院调取新证据以使控方的证据链断裂，做出最有利于被告人的辩护。

第四节　贷款诈骗罪

一、概念与犯罪构成

（一）概　念

贷款业务作为我国金融行业的基本业务，对于金融市场的发展具有重大意义。由于公司、企业发展的需要，资金成了金融市场竞相追逐的热点，很多企业想方设法从金融机构贷款，然而资金短缺的问题，一时很难解决。当社会出现某种需求时，犯罪分子利用这种需求进行违法犯罪活动，贷款诈骗罪就产生了。1979年刑法没有规定贷款诈骗罪，因此实践中出现该类案件，一般以诈骗罪定罪。1995年全国人大常委会通过的《关于惩治破坏金融秩序犯罪的决定》第10条首次针对贷款诈骗罪作出规定："有下列情形之一，以非法占有为目的，诈骗银行或者其他金融机构的贷款，数额较大的，处五年以下有期徒刑或者拘役，并处二万元以上二十万元以下罚金；数额巨大或者有其他严重情节的，处五年以上十年以下有期徒刑，并处五万元以上五十万元以下罚金；数额特别巨大或者有其他特别严重情节的，处十年以上有期徒刑或者无期徒刑，并处没收财产：（一）编造引进资金、项目等虚假理由的；（二）使用虚假的经济合同的；（三）使用虚假的证明文件的；（四）使用虚假的产权证明作担保的；（五）以其他方法诈骗贷款的。"1997年刑法对该条作出了修订，纳入《刑法》第193条："有下列情形之一，以非法占有为目的，诈骗银行或者其他金融机构的贷款，数额较大的，处五年以下有期徒刑或者拘役，并处二万元以上二十万元以下罚金；数额巨大或者有其他严重情节的，处五年以上十年以下有期徒刑，并处五万元以上五十万元以下罚金；数额特别巨大或者有其他特别严重情节的，处十年以上有期徒刑或者无期徒刑，并处五万元以上五十万元以下罚金或者没收财产：（一）编造引进资金、项目等虚假理由的；（二）使用虚假的经济合同的；（三）使用虚假的证明文件的；（四）使用虚假的产权证明作担保或者超出抵押物价值重复担保的；（五）以其他方法诈骗贷款的。"

现行刑法中对于贷款诈骗罪的规定沿用了1997年刑法的规定，据此，本书认为贷款诈骗罪是指以非法占有为目的、诈骗银行或者其他金融机构的贷款、数额较大的行为。

（二）犯罪构成

本罪的主体是自然人，年满16周岁具有刑事责任能力的自然人。刑法中没有规定本罪单位犯罪的情形。

本罪的主观方面表现为故意，且为直接故意。同时，行为人需要有非法占有的目的。如果行为人只是因为急需资金周转，暂时占有资金，即使采用了诈骗的手段，也不构成本罪。

本罪的客体，一般认为是复杂客体，即国家对金融机构贷款的管理制度和金融机构的财产所有权。根据《金融违法行为处罚办法》，金融机构指在中华人民共和国境内依法设立和经营金融业务的机构，包括银行、信用合作社、财务公司、信托投资公司、金融租赁公司等。

本罪的客观方面表现为，以非法占有为目的，诈骗银行或者其他金融机构的贷款，数额较大的行为。"非法占有的目的"可以表现为：（1）明知没有归还能力而大量骗取资金的；（2）非法获取资金后逃跑的；（3）肆意挥霍骗取资金的；（4）使用骗取的资金进行违法犯罪活动的；（5）抽逃、转移资金、隐匿财产，以逃避返还资金的；（6）隐匿、销毁账目，或者搞假破产、假倒闭，以逃避返还资金的；（7）其他非法占有资金、拒不返还的行为。诈骗贷款表现为采用虚构事实或者隐瞒真相的手段，表现为：（1）编造引进资金、项目等虚假理由的；（2）使用虚假的经济合同的；（3）使用虚假的证明文件的；（4）使用虚假的产权证明作担保或者超出抵押物价值重复担保的；（5）以其他方法诈骗贷款的。本罪的构成需要另一要件是需要涉案数额较大，对此可参照《立案追诉标准（二）》的标准。

二、立案标准

《立案追诉标准（二）》第50条规定："以非法占有为目的，诈骗银行或者其他金融机构的贷款，数额在二万元以上的，应予立案追诉。"

三、司法认定

单位以非法占有为目的，诈骗银行或者其他金融机构的贷款，数额较大的，怎样追究刑事责任？

由于刑法没有规定本罪的犯罪主体是单位时该如何处罚，因此理论界与实务界对于当单位存在贷款诈骗的行为时应如何处罚，存在一定争议。对于实践中存在的行为人以单位名义，使用单位的资产，向银行骗取贷款后逃跑，或者用以挥霍等行为的，由于单位没有主观故意，这种情况以个人贷款诈骗罪处罚，对此没有争议。但对于单位实施了贷款诈骗行为的，单位或者单位直接负责的主管人员或者其他直接责任人员需不需要负责，大概存在三种观点。第一种观点认为，对单位不能以贷款诈骗罪处罚，对单位直接负责的主管人员或者其他直接责任人员也不能追究刑事责任。刑法没有规定本罪单位犯罪的情形，处罚单位直接负责的主管人员或者其他直接责任人员是以单位犯罪为前提的。单位没有构成本罪，处罚自然人，显然没有依据。第二种观点认为，对单位不能以贷款诈骗罪处罚，但是可以对单位直接负责的主管人员或者其他直接责任人员以本罪处罚。单位有贷款诈骗行为人，不仅是单位的行为，其中也有个人的行为，刑法的立法者免除了单位的责任，但是并没有免除自然人的责任。而且本罪的非法占有并没有排除为单位非法占有的情况。第三种观点认为，对单位和直接负责的主管人员或者其他直接责任人员不能以贷款诈骗罪定罪，但是可以其他罪处罚。本书赞成第三种观点，刑法没有规定本罪单位犯罪的情况，罪刑法定是刑法的基本原则，不能随意对单位或个人以本罪论处。但如果因此不追究单位和个人的刑事责任，未免轻纵。根据2001年最高人民法院发布的《全国法院审理金融犯罪案件工作座谈会纪要》的内容，可以看出最高法院倾向第三种观点："根据刑法第30条和第193条的规定，单位不构成贷款诈骗罪。对于单位实施的贷款诈骗行为，不能以贷款诈骗罪定罪处罚，也不能以贷款诈骗罪追究直接负责的主管人员和其他直接责任人员的刑事责任。但是，在司法实践中，对于单位十分明显地以非法占有为目的，利用签订、履行借款合同诈骗银行或其他金融机构贷款，符合刑法第224条规定的合同诈骗罪构成要件的，应当以合同诈骗罪定罪处罚。"因此，本书赞成司法实务界以第三种观点对待单位犯罪的情形。

四、刑事责任

根据《刑法》第193条，犯贷款诈骗罪数额较大的，处5年以下有期徒刑或者拘役，并处2万元以上20万元以下罚金；数额巨大或者有其他严重情节的，处5年以上10年以下有期徒刑，并处5万元以上50万元以下罚金；数额特别巨大或者有其他特别严重情节的，处10年以上有期徒刑或者无期徒刑，并处5万元以上50万元以下罚金或者没收财产。对于"其他严重情节"和"其他特别严重情节"所包括的情形，1996年最高人民法院《关于审理诈骗案件具体应用法律的若干问题的解释》曾有规定，虽然该解释已于2013年废止，但可以做参考。"其他严重情节"包括："（1）为骗取贷款，向银行或者金融机构的工作人员行贿，数额较大的；（2）挥霍贷款，或者用贷款进行违法活动，致使贷款到期无法偿还的；（3）隐匿贷款去向，贷款期限届满后，拒不偿还的；（4）提供虚假的担保申请贷款，贷款期限届满后，拒不偿还的；（5）假冒他人名义申请贷款，贷款期限届满后，拒不偿还的。""其他特别严重情节"包括："（1）为骗取贷款，向银行或者金融机构的工作人员行贿，数额巨大的；（2）携带集资款逃跑的；（3）使用贷款进行犯罪活动的。"

五、案例解析

赵某等贷款诈骗案

【案情经过】2011年5月～2014年1月，被告人赵某、张某1在浙江鑫同通信工程有限公司（以下简称鑫同公司）常年亏损且无还款能力的情况下，采用伪造虚假的财务报表、伪造应收账款证明等手段，以鑫同公司的名义先后向上海银行杭州分行、民生银行城东支行、中信银行余杭支行、上海浦东发展银行杭州新城支行（以下简称浦发银行新城支行）、广东发展银行杭州分行（以下简称广发银行杭州分行）等银行申请贷款，先后骗取银行贷款7500万元，并将骗得的银行贷款先后用于归还债务、维系"后账还前"账的循环、购置个人房产等。其中钟某某、施某参与骗取浦发银行新城支行贷款1000万元、广发银行杭州分行贷款2000万元。

至案发前，鑫同公司仅归还浦发银行新城支行本息404144.88元、归还广发银行杭州分行本息916113.6元，另将被告人赵某母亲叶某名下一套住房（估值65万元）抵押给广发银行杭州分行，造成浦发银行新城支行直接损失9595855.12元、广发银行杭州分行直接损失18433886.4元，共计损失28029741.52元。

浙江省杭州市人民检察院以杭检刑诉（2015）179号起诉书指控被告人赵某、张某1、钟某某、施某犯贷款诈骗罪，于2015年10月30日向杭州市中级人民法院提起公诉。浙江省杭州市中级人民法院2015年12月21日做出(2015)浙杭刑初字第185号刑事判决书，判决赵某、张某1、钟某某、施某犯货款诈骗罪。所有被告人均上诉。2016年3月23日，浙江省高级人民法院做出（2016）浙刑终51号刑事判决书，改判赵某、张某1、钟某某、施某犯合同诈骗罪，重新定罪量刑。

【判决理由】本案一审法院认为：被告人赵某、张某1以非法占有为目的，采用伪造财务报表、虚开工程结算发票、虚构应收账款予以质押等虚假手段，以鑫同公司的名义诈骗银行贷款，数额特别巨大，其行为均已构成贷款诈骗罪。被告人施某、钟某某明知鑫同公司的真实经营状况且不具备获取银行贷款的条件，不顾贷款是否用于鑫同公司正当经营，不顾鑫同公司及赵某、张某1是否具有还贷能力，帮助赵某、张某1欺骗相关银行以骗取银行贷款，其行为亦构成贷款诈骗罪。公诉机关对四被告人指控罪名均成立。关于四被告人及其辩护人所提本案系鑫同公司单位犯罪，各被告人均无非法占有目的仅构成骗取银行贷款罪的辩解及辩护意见，经审理认为：鑫同公司注册资本严重不到位，股东虚设，实际由并非公司股东或法定代表人的被告人赵某个人控制，公司账户资金随意通过赵某、张某1、叶某等个人银行账号转账、现支、消费，骗取贷款后大部分钱款被赵某用于还前债或出借给他人，故依法不能认定为单位犯罪。在诈骗浦发银行新城支行及广发银行杭州分行贷款时，鑫同公司严重资不抵债且基本亏损无盈利能力，赵某、张某1以伪造工程合同及财务资料、虚构鑫同公司有数千万元应收账款，张某1、施某对银行工作人员虚假介绍公司经营情况，钟某某冒充杭州电信公司职员帮助赵某、张某1通过核保环节等手段，骗取银行贷款，而后由赵某个人决定将所得贷款主要用于归还前债、借给他人、转至个人账号等，至今仅归还本息100余万元及以房抵债65万元，足见被告人赵某、张某1具有非法占有贷款的主观故意，被告人施某、钟某某有帮助赵某、张某1非法占有贷款的主观故意。故四被告人均符合贷款诈骗罪的构成要件。相关辩解及辩护意见，均不予采纳。四被告人在共同犯罪中，被告人赵某起意犯罪并积极找寻、联系放贷银行、伪造相关贷款资料、授意张某1、施某、钟某某共同参与，决定贷款用途；被告人张某1作为鑫同公司综合财务部主任、赵某的女友据赵某的授意，积极参与准备虚假的贷款资料、向银行提供虚假的财务资料并对鑫同公司作虚假介绍、明知赵某安排他人冒充杭州电信公司职员在银行核保材料上盖章而积极予以协助，故被告人赵某、张某1均系主犯，其中赵某系首犯；被告人施某、钟某某在不同的环节起协助作用，系从犯，依法可减轻处罚，其辩护人所提相关辩护意见，予以采纳。被告人张某1的辩护人所提张某1系辅助人员、应列为第四被告人的辩护意见，与查证的被告人张某1的具体作用不符，不予采纳。被告人赵某等四被告人的犯罪行为，给被害单位造成特别重大的经济损失，且被告人赵某在犯罪过程中还有伪造其他单位公章及财务章等违法行为，故被告人赵某及其辩护人请求对其轻判的意见，依据不足，不予采纳。据被告人张某1、施某、钟某某在共同犯罪中的具体地位、作用、非法获利等因素，依法判处刑罚。据此，依照《中华人民共和国刑法》第193条第2项、第3项，第25条第1款，第26条第1款、第4款，第27条，第64条之规定，赵某、张某1、钟某某、施某犯贷款诈骗罪。

二审法院认为，鑫同公司以非法占有为目的，采用伪造财务报表，虚开工程结算发票，虚构应收账款等手段，骗取银行贷款，导致巨额款项无法归还。对于此类单位以非法占有为目的，利用签订、履行借款合同诈骗银行或其他金融机构贷款，符合《刑法》第224条规定的合同诈骗罪构成事件的，应以合同诈骗罪定罪处罚。由于检察机关并未对鑫同公司提起公诉，无法对其定罪处罚。被告人赵某、张某1、钟某某、施某分别作为鑫同公司利用贷款合同从银行骗取贷款的主管人员及其他直接责任人员，应依法追究刑事责任。原审判决定性不准、量刑不当，应予改判。故判决赵某、张某1、钟某某、施某犯合同诈骗罪，并重新量刑。

第五节　票据诈骗罪与金融凭证诈骗罪

一、概念及犯罪构成

（一）概　念

随着经济的快速发展，人与人之间交易额不断增长，单纯以货币作为支付工具，已经很难满足人们的需求，并给交易过程带来诸多不便。票据的出现，则一定程度上克服了货币支付引起的缺陷。然而与票据相关的犯罪也随之产生，票据诈骗罪与金融凭证诈骗罪便是其中的代表。1979年刑法没有规定这两罪，因此在实践中，长期存在刑法规制缺失的状态。1995年5月《票据法》第103条规定票据欺诈的行为应追究刑事责任，并具体列举了7种票据欺诈的行为："（一）伪造、变造票据的；（二）故意使用伪造、变造的票据的；（三）签发空头支票或者故意签发与其预留的本名签名式样或者印鉴不符的支票，骗取财物的；（四）签发无可靠资金来源的汇票、本票，骗取资金的；（五）汇票、本票的出票人在出票时作虚假记载，骗取财物的；（六）冒用他人的票据，或者故意使用过期或者作废的票据，骗取财物的；（七）付款人同出票人、持票人恶意串通，实施前六项所列行为之一的。"1995年6月，全国人大常委会通过《关于惩治破坏金融秩序犯罪的决定》，使得《票据法》提出的刑事责任有了与之应的刑法规制。《关于惩治破坏金融秩序犯罪的决定》第12条规定："有下列情形之一，进行金融票据诈骗活动，数额较大的，处五年以下有期徒刑或者拘役，并处二万元以上二十万元以下罚金；数额巨大或者有其他严重情节的，处五年以上十年以下有期徒刑，并处五万元以上五十万元以下罚金；数额特别巨大或者有其他特别严重情节的，处十年以上有期徒刑、无期徒刑或者死刑，并处没收财产：（一）明知是伪造、变造的汇票、本票、支票而使用的；（二）明知是作废的汇票、本票、支票而使用的；（三）冒用他人的汇票、本票、支票的；（四）签发空头支票或者与其预留印鉴不符的支票，骗取财物的；（五）汇票、本票的出票人签发无资金保证的汇票、本票或者在出票时作虚假记载，骗取财物的。使用伪造、变造的委托收款凭证、汇款凭证、银行存单等其他银行结算凭证的，依照前款的规定处罚。单位犯前两款罪的，对单位判处罚金，并对直接负责的主管人员和其他直接责任人员，依照第1款的规定处罚。"1997年《刑法》吸收了该罪，并将金融凭证诈骗罪作为单独的罪名从票据诈骗罪中分离开来。1997年《刑法》第194条、第199～200条对两罪做出规制，并对量刑部分做出了修改。第194条规定："有下列情形之一，进行金融票据诈骗活动，数额较大的，处五年以下有期徒刑或者拘役，并处二万元以上二十万元以下罚金；数额巨大或者有其他严重情节的，处五年以上十年以下有期徒刑，并处五万元以上五十万元以下罚金；数额特别巨大或者有其他特别严重情节的，处十年以上有期徒刑或者无期徒刑，并处五万元以上五十万元以下罚金或者没收财产：（一）明知是伪造、变造的汇票、本票、支票而使用的；（二）明知是作废的汇票、本票、支票而使用的；（三）冒用他人的汇票、本票、支票的；（四）签发空头支票或者与其预留印鉴不符的支票，骗取财物的；（五）汇票、本票的出票人签发无资金保证的汇票、本票或者在出票时作虚假记载，骗取财物的。使用伪造、变造的委托收款凭证、汇款凭证、银行存单等其他银行结算凭证的，依照前款的规定处罚。"第199条规定："犯本节第一百九十二条、第一百九十四条、第一百九十五条规定之罪，数额特别巨大并且给国家和人民利益造成特别重大损失的，处无期徒刑或者死刑，并处没收财产。"第200条规定："单位犯本节第一百九十二条、第一百九十四条、第一百九十五条规定之罪的，对单位判处罚金，并对其直接负责的主管人员和其他直接责任人员，处五年以下有期徒刑或者拘役；数额巨大或者有其他严重情节的，处五年以上十年以下有期徒刑；数额特别巨大或者有其他特别严重情节的，处十年以上有期徒刑或者无期徒刑。"2011年全国人大常委会通过《刑法修正案（八）》将第199条删除，并对第200条进行修改，增加了对其直接负责的主管人员和其他直接责任人员的罚金规定。就此形成现行刑法对于票据诈骗罪、金融凭证诈骗罪的规定。

（二）犯罪构成

犯罪主体，两罪的犯罪主体均为一般主体，包括年满16周岁具有刑事责任能力的自然人和单位。

主观方面，两罪的主观方面均为直接故意，且均为目的犯，需要有非法占有的目的。对此学界存在一定的争议，但本书认为虽然法条中没有对两罪所持有的非法占有的目的加以规定，但是并不妨碍两罪的构成必须含有非法占有的目的，两罪只可能由直接故意构成。虽然第174条只在票据诈骗罪的前两种行为方式中规定了"明知"，但并不代表票据诈骗罪的后三种以及金融凭证诈骗罪不需要"明知"。从对行为的描述中例如"冒用"等词语的使用，即可看出这些行为实际上都需要包含"明知"的情况。同时这里的"明知"与间接故意中的"明知"是不同的。"故意犯罪概念中的明知强调的是对犯罪结果的明知，即对自己的行为发生危害结果的预见；而《刑法》分则具体犯罪中所强调的明知，则是对犯罪对象的明知。二者在内容与证明要求上均存在着不同之处。"❶2001年最高人民法院发布的《全国法院审理金融犯罪案件工作座谈会纪要》明确提到，金融诈骗犯罪是以非法占有为目的的犯罪。行为人明知自己的票据诈骗行为或者金融凭证诈骗行为会发生危害后果，但是为了自己非法占有的目的，仍继续实施诈骗行为，这种犯罪的主观心态只能是希望结果发生的直接故意。同时，"原则上讲，只要行为人采取了我国《刑法》第194条所规定的诈骗行为方式，明显地使银行或者其他金融机构以及其他单位和自然人陷入重大错误认识的，应当认定行为人具有非法占有或非法谋利的目的"。❷

犯罪侵犯的客体，票据诈骗罪侵犯的是国家对金融票据的管理秩序和公私财产所有权，金融凭证诈骗罪侵犯的是国家的金融凭证管理秩序和公私财产所有权。

客观方面，票据诈骗罪客观方面表现为进行金融票据诈骗活动，数额较大的行为。具体可表现为五种形式："（一）明知是伪造、变造的汇票、本票、支票而使用的；（二）明知是作废的汇票、本票、支票而使用的；（三）冒用他人的汇票、本票、支票的；（四）签发空头支票或者与其预留印鉴不符的支票，骗取财物的；（五）汇票、本票的出票人签发无资金保证的汇票、本票或者在出票时作虚假记载，骗取财物的。"金融凭证诈骗罪客观方面表现为使用伪造、变造的委托收款凭证、汇款凭证、银行存单等其他银行结算凭证，进行诈骗活动，数额较大的行为。

---

❶　刘宪权：《金融犯罪刑法学专论》，北京大学出版社2010年版，第507页。

❷　曲新久：《金融与金融犯罪》，中信出版社2003年版，第299页。

二、立案标准

《立案追诉标准（二）》第51条规定，"进行金融票据诈骗活动，涉嫌下列情形之一的，应予立案追诉：（一）个人进行金融票据诈骗，数额在一万元以上的；（二）单位进行金融票据诈骗，数额在十万元以上的"，第52条规定："使用伪造、变造的委托收款凭证、汇款凭证、银行存单等其他银行结算凭证进行诈骗活动，涉嫌下列情形之一的，应予立案追诉：（一）个人进行金融凭证诈骗，数额在一万元以上的；（二）单位进行金融凭证诈骗，数额在十万元以上的"。

三、司法认定

票据诈骗罪与金融凭证诈骗罪的区别：两罪均规定在《刑法》第194条中，且主观方面相同，刑事责任相同，但二者还是存在一定区别，不能归为一罪。首先，二者的客体不同，票据诈骗罪侵犯的是国家对金融票据的管理秩序和公私财产的所有权，金融凭证诈骗罪侵犯的是国家的金融凭证管理秩序和公私财产所有权。其次，二者犯罪对象不同，票据诈骗罪的犯罪对象只是汇票、本票、支票，而金融凭证诈骗罪的犯罪对象是委托收款凭证、汇款凭证、银行存单等其他银行结算凭证。最后，二者的犯罪的行为方式也存在着不同，金融凭证诈骗罪的行为方式较简单，而票据诈骗罪则相对复杂。行为人在实施一宗诈骗行为中，既使用了支票、汇票、本票等票据，又使用了其他银行结算凭证的，视其以何种票据、凭证为主，在票据诈骗罪和金融凭证诈骗罪中择一重罪处罚，不实行数罪并罚；如果在不同宗诈骗行为中，分别使用了支票、汇票、本票等票据和其他银行结算凭证的，则应分别认定票据诈骗罪和金融凭证诈骗罪，数罪并罚。

四、刑事责任

根据《刑法》第194条，犯票据诈骗罪、金融凭证诈骗罪的，数额较大的，处5年以下有期徒刑或者拘役，并处2万元以上20万元以下罚金；数额巨大或者有其他严重情节的，处5年以上10年以下有期徒刑，并处5

万元以上50万元以下罚金；数额特别巨大或者有其他特别严重情节的，处10年以上有期徒刑或者无期徒刑，并处5万元以上50万元以下罚金或者没收财产。单位犯罪的，根据刑法第200条规对单位判处罚金，并对其直接负责的主管人员和其他直接责任人员，处5年以下有期徒刑或者拘役，可以并处罚金；数额巨大或者有其他严重情节的，处5年以上10年以下有期徒刑，并处罚金；数额特别巨大或者有其他特别严重情节的，处10年以上有期徒刑或者无期徒刑，并处罚金。对于"数额巨大""数额特别巨大"，最高人民法院1996年发布的《关于审理诈骗案件具体应用法律的若干问题的解释》曾作出规定，但该解释现已失效。

五、案例解析

张奇金融凭证诈骗案

【案情经过】1996年6月，中国警察学会公安学基础理论专业委员会联络中心副主任兼北京银盾警业商贸集团（以下简称北京银盾集团）副总裁张某某与时任北京银盾集团招商引资部经理的被告人张某共谋以支付高息为诱饵，骗取储户在银行的存款。二人通过高某某、牟某某得知北京市百货大楼（后更名为北京市王府井百货（集团）股份有限公司）有闲置资金，便让高某某、牟某某欺骗北京市百货大楼称，北京市百货大楼若将资金存入中信实业银行西长安街办事处，除存款银行付给国家规定的利息外，待该款贷出后，贷款方还支付一部分高于银行的利息。同年7月5日，北京市百货大楼将2000万元存入中信实业银行西长安街办事处。尔后，张某某、张某指使高某某、牟某某持中信实业银行西长安街办事处的工作人员陈某提供的北京市百货大楼预留印鉴卡复印件私刻了"北京市百货大楼财务专用章"和北京市百货大楼总会计师刘某某的印章。张某某伪造了北京市百货大楼转款的银行信汇凭证。同月10日，张某某使用伪造的银行信汇凭证到中信实业银行西长安街办事处将2000万元划入中国警察学会公安学基础理论专业委员会联络中心在该办事处的账户上，骗得北京市百货大楼存款2000万元。事后，张某分得赃款8万元，其余赃款被张某某和北京银盾集团使用，造成损失1200余万元。

1997年3月，北京恺波特投资咨询有限责任公司法定代表人田某某让张某帮助拉资金。张某通过关某某、李某某等人以前述手段诱使中国商检报社于同月27日将1000万元存入中国银行北京分行崇文门分理处。随后，田某某找人私刻了中国商检报社财务专用章和法人名章，让张某比对后，伪造了中国商检报社转款990万元给北京恺波特投资咨询有限责任公司的银行信汇凭证。同年3月31日，张某指使李某某到中国银行北京分行崇文门分理处将990万元划入北京恺波特投资咨询有限责任公司设在中国银行北京分行莲花河分理处的账户上，骗得中国商检报社的存款990万元，事后，张某分得赃款16万元，其余赃款被北京恺波特投资咨询有限责任公司使用。案发后追缴赃款、物品共计230万余元，尚有750余万元未追回。

1997年5～6月，张某与北京公达房地产公司副总经理祖某相识。祖某获悉北京华川经济贸易开发公司有600万元闲置资金欲存到银行赚取高息。遂与张某、铁某共谋骗取该款。同年7月31日，祖某通过他人以前述手段，诱使北京华川经济贸易开发公司将600万元存入中国银行北京分行宣武门分理处。随后，祖某向北京华川经济贸易开发公司索要了该公司的预留印鉴卡和进账单复印件交给铁某。铁某指使王某某持北京华川经济贸易开发公司的预留印鉴卡私刻了"北京华川经济贸易开发公司财务专用章"和该公司法定代表人鲍某某印章。张某对刻印章进行比对后，伪造了北京华川经济贸易开发公司转款590万元给北京公达房地产公司的银行信汇凭证。同年8月4日，铁某等人持伪造的银行信汇凭证到中国银行北京分行宣武门分理处将590万元划入北京公达房地产公司账户上，骗得北京华川经济贸易开发公司的存款590万元。事后，张某获得赃款5万元，其余赃款被北京公达房地产公司使用。案发后，追缴赃款519万余元，尚有70万余元未追回。

1997年8月，祖某获悉北京送变电公司有闲置资金1000万元，遂与张某、铁某共谋骗取该款。同月6日，祖某以前述手段，诱使北京送变电公司将1000万元存入中国银行北京分行莲花河分理处。次日，祖某向北京送变电公司存款人索要了该公司的预留印鉴卡和进账单复印件交给铁某，铁某让王某某持北京送变电公司的预留印鉴卡私刻了"北京送变电公司财务专用章"及该公司法定代表人曹某某的印章。张某对私刻的印章进行比对后，伪造了北京送变电公司转款980万元给北京公达房地产公司的银行信汇凭证。同年8月11日，铁某指使他人到中国银行北京分行莲花河分理处划款时，银行工作人员发现银行信汇凭证上的印鉴与预留印鉴不符，诈骗未得逞。

综上，被告人张某伙同他人4次使用伪造的银行信汇凭证，诈骗储户存款共计4560万元（其中980万元未遂），张某分得赃款29万元。案发后追缴赃款、物品共计1510余元，尚有2000余万元赃款未追回。

北京市第一中级人民法院审理原北京市人民检察院分院指控被告人张某犯金融凭证诈骗罪一案，于1998年9月10日以（1998）一中刑初字第1162号刑事判决，认定被告人张某犯金融凭证诈骗罪，判处死刑，剥夺政治权利终身，并处没收个人全部财产。宣判后，张某不服，提出上诉。北京市高级人民法院于1999年3月18日以（1998）高刑终字第599号刑事判决，驳回上诉，维持原判，并依法报请最高人民法院核准。最高人民法院撤销北京市高级人民（1998）高刑终字第599号刑事判决和北京市第一中级人民法院（1998）一中刑初字第1162号刑事判决中对被告人张某的量刑部分，判处被告人张某犯金融凭证诈骗罪，判处死刑，缓期2年执行，剥夺政治权利终身，并处没收个人全部财产。

【判决理由】被告人张某伙同他人使用伪造的银行信汇凭证，骗取储户存款，其行为构成金融凭证诈骗罪，诈骗数额特别巨大，给国家利益造成特别重大损失。在共同犯罪中，张某参与预谋、比对假印章、伪造银行信汇凭证，并指使他人划款，参与分赃，起主要作用，系主犯。但鉴于张某系帮助他人实施金融凭证诈骗，骗得的赃款绝大多数为他人或其他单位占有，张某所得赃款数额不大，且认罪态度较好，在共同犯罪中的作用相对小于张某某等人，对其判处死刑，可不立即执行。一、二审判决认定的事实清楚，证据确实、充分，定罪准确。审判程序合法。但量刑不当。依照《中华人民共和国刑事诉讼法》第199条和《最高人民法院关于执行〈中华人民共和国刑事诉讼法〉若干问题的解释》第285条第（三）项以及《中华人民共和国刑法》第12条第1款，第194条第2款，第199条，第26条第1款，第4款，第48条第1款，第57条第1款，第59条的规定做出判决。

第六节　有价证券诈骗罪

一、概念与犯罪构成

（一）概　念

随着有价证券市场的发展，国库券和其他有价证券开始越来越为人所熟知。有价证券具有一定货币的价值，因此不法分子开始利用先进技术制作或者从其他渠道获取伪造、变造的国库券或国家发行的其他有价证券，进行诈骗活动。1979年刑法没有规定有价证券诈骗罪，1995年《关于惩治破坏金融秩序犯罪的决定》也没有将此罪纳入其中。直至1997年刑法才规定此罪。1997年《刑法》第197条规定："使用伪造、变造的国库券或者国家发行的其他有价证券，进行诈骗活动，数额较大的，处五年以下有期徒刑或者拘役，并处二万元以上二十万元以下罚金；数额巨大或者有其他严重情节的，处五年以上十年以下有期徒刑，并处五万元以上五十万元以下罚金；数额特别巨大或者有其他特别严重情节的，处十年以上有期徒刑或者无期徒刑，并处五万元以上五十万元以下罚金或者没收财产。"现行刑法对有价证券诈骗罪的规定与1997年刑法的规定相同。因为本书在准备类集资型犯罪中已介绍伪造、变造国家有价证券罪，因此本节对于重复内容不再介绍。

（二）犯罪的构成

本罪的主体是一般主体，凡年满16周岁具有刑事责任能力的自然人均可称为本罪主体。

本罪的主观方面是故意，且具有非法占有的目的。行为人需要明知使用了伪造、变造的国库券或者国家发行的其他有价证券。利用虚假的有价证券，诈骗他人，非法占有他人财产。间接故意和过失不构成本罪。

本罪的客体为国家有价证券的管理制度和公私财产所有权。

本罪的客观方面表现为使用伪造、变造的国库券或者国家发行的其他有价证券，进行诈骗活动，数额较大的行为。这包含三层含义：第一，行为人使用的是伪造、变造的国库券或者国家发行的其他有价证券。这里使用的有价证券可以是行为人自己伪造、变造的，也可以是他人伪造、变造的，但作废的有价证券不构成本罪。第二，进行了诈骗活动。如果只是伪造、变造有价证券而没有进行诈骗活动，则可能只构成伪造、变造国家有价证券罪。第三，本罪需要诈骗的财物达到数额较大，具体标准可参照《立案追诉标准（二）》。

二、立案标准

《立案追诉标准（二）》第55条规定："使用伪造、变造的国库券或者国家发行的其他有价证券进行诈骗活动，数额在一万元以上的，应予立案追诉。"

三、司法认定

有价证券诈骗罪与伪造、变造国家有价证券罪的界限：二者存在一定的区别，首先在客体上，有价证券诈骗罪的客体是复杂客体，国家有价证券的管理制度和公私财产的所有权，而伪造、变造国家有价证券罪的客体是简单客体，国家对有价证券的管理制度。其次，在客观方面也不同，伪造、变造国家有价证券罪主要表现的是伪造、变造国家有价证券的行为，有价证券诈骗罪主要表现为使用伪造、变造国家有价证券进行诈骗。同时伪造、变造国家有价证券罪是行为人自己伪造、变造，而有价证券诈骗罪则可以是行为人自己伪造、变造，也可以是他人伪造、变造。如果是行为人自己先伪造、变造国家有价证券，又以此进行诈骗活动，此时构成牵连犯，应从一重罪论处。从二者的量刑幅度来看，有价证券诈骗罪的刑罚要高于伪造、变造国家有价证券罪，因此应以有价证券诈骗罪处罚。同时对于如何定罪，还应视具体情况而定，"如果行为人伪造、变造国家发行的有价证券数额特别巨大，而利用其伪造、变造的国家有价证券进行诈骗的数额刚刚达到较大的起点，就只能定伪造、变造国家有价证券罪，而不能定有价证券诈骗罪，否则就放纵了罪犯"❶。

四、刑事责任

根据《刑法》第197条，犯有价证券诈骗罪数额较大的，处5年以下有期徒刑或者拘役，并处2万元以上20万元以下罚金；数额巨大或者有其他严重情节的，处5年以上10年以下有期徒刑，并处5万元以上50万元以下罚金；数额特别巨大或者有其他特别严重情节的，处10年以上有期徒刑或者无期徒刑，并处5万元以上50万元以下罚金或者没收财产。

五、案例解析

邹某某等有价证券诈骗罪案

【案情经过】2001年2月上旬，被告人邹某某、吴某某商定由邹某某出面联系外地公司，吴某某负责找人冒充银行工作人员给假国债收款凭证核保，进行行骗。随后，被告人邹某某使用伪造的三张面额为各1000万元的"九九式"国债收款凭证，户名为海南盛财福利扶贫发展有限公司（系虚假公司），账号为01012104710，称此凭证可以搞质押贷款，骗得河北天元股份有限公司法人代表梁某某的信任。利用伪造的海南盛财福利

---

❶ 薛瑞麟：《金融犯罪研究》，中国人民大学出版社2000年版，第381页。

扶贫发展有限公司企业法人营业执照（副本）、企业法人代码书、公司公章、董事会章、合同专用章、财务专用章、法人张某私章、海南盛财福利扶贫发展有限公司董事会决议和法人授权委托书。于同年2月16日，以海南盛财福利扶贫发展有限公司法人代表张某的名义，与河北天元股份有限公司在海口市签订了一份金额为2000万元的国债质押协议书。2月25日，被告人邹某某让被告人吴某某找人冒充银行工作人员给假国债收款凭证核保。第二天，被告人吴某某通过"阿海"（在逃）联系到的"老林"（在逃），在梁某某等人面前冒充中行海南省分行营业部工作人员，对二份《国债质押冻结证实书》和假的国债收款凭证作了虚假核保。为此，被告人邹某某向梁某某索要预付款20万元，2月27日，梁某某先付给被告人邹某某15万元，被告人邹某某分给被告人吴某某146000元，被告人吴某某将46000元给"老林"和"阿海"。案发后，公安机关已追缴10万元，并退回受害单位。

　　海南省海口市人民检察院以市检刑诉字（2001）第71号起诉书指控被告人邹某某、吴某某犯有价证券诈骗罪、伪造金融票证罪，于2001年8月10日向海南省海口市中级人民法院提起公诉。

　　【判决理由】被告人邹某某、吴某某使用伪造的国债凭证和伪造的企业文件进行诈骗，诈骗金额15万元。被告人邹某某辩称事先不知凭证是假的。经查，除邹在原侦查机关供述明知是假凭证而进行诈骗外，还有同案人吴某某的供述相印证。同时，还有证人黄某某、张某某等证人证实此情节。被告人邹某某辩解理由与事实不符，不能成立。本院不予采纳。被告人吴某某辩称：没有参与密谋，只是事先与邹某某商量过此事。经查，在行骗前，邹某某与吴某某商定，由吴负责联系找人冒充银行工作人员核保这一事实，证实事先二被告人商量并分工负责进行诈骗活动。被告人吴某某的辩解理由不能成立，本院不予采纳。二被告人的辩护人均提出，二被告人是本案从犯。本院认为，二被告人在进行诈骗前商量诈骗的各环节，由被告人邹某某对外联系企业，并伪造制作了相应文件，又出面与被骗单位签订合同。被告人吴某某则负责联系诈骗地点并找人冒充银行工作人员，对所谓的凭证进行核保，并将所骗得的款项汇入自己账户进行支取。二被告在本案中的行为属各自分工不同，并无主从之分。二被告人辩护人提出系从犯的理由不能成立，不予采纳。被告人邹某某、吴某某共谋进行诈骗，并各自分工负责，诈骗金额特别巨大，其行为均已构成有价证券诈骗罪。起诉指控被告人邹某某伪造金融票证事实不清，证据不足，指控的罪名不能成立。依照《中华人民共和国刑法》第25条第1款、第197条之规定，判决邹某某、吴某某犯有价证券诈骗罪。

第七节　组织、领导传销活动罪

一、概念与犯罪构成

（一）概　念

20世纪90年代我国开始出现传销活动，最初人们对此没有较多理解，将传销和直销作为一种营销方式存在。1998年，国务院发布《关于禁止传销经营活动的通知》，人们认识到传销对于我国正常市场经济秩序的影响。传销作为一种经营方式，具有组织上的封闭性、交易上的隐蔽性、传销人员的分散性等特点，加之目前我国市场发育程度低，管理手段比较落后，群众消费心理尚不成熟，不法分子常利用传销进行邪教、帮会和迷信、流氓等活动，严重背离精神文明建设的要求，影响我国社会稳定；利用传销吸收党政机关干部、现役军人、全日制在校学生等参与经商，严重破坏正常的工作和教学秩序；利用传销进行价格欺诈、骗取钱财，推销假冒伪劣产品、走私产品，谋取暴利，偷逃税收，严重损害消费者的利益，干扰正常的经济秩序。就此，对于传销活动的打击，开始进入刑法的规制。2001年最高人民法院对广东省高级人民法院的《关于情节严重的传销和变相传销的行为是否构成非法经营罪问题的请示》做出答复："对于1998年4月18日国务院《关于禁止传销经营活动的通知》发布以后，仍然从事传销或者变相传销活动，扰乱市场秩序，情节严重的，应当依照刑法第225条第4项的规定，以非法经营罪定罪处罚。"2000年国务院办公厅通过了由工商局、公安部、人民银行联合发布的《关于严厉打击传销和变相传销等非法经营活动的意见》，其中第2条归纳了5种传销和变相传销的行为，情节严重涉嫌犯罪的按照非法经营罪处罚。2005年国务院颁布《禁止传销条例》，对传销进行定义："是指组织者或者经营者发展人员，通过对被发展人员以其直接或者间接发展的人员数量或者销售业绩为依据计算和给付报酬，或者要求被发展人员以交纳一定费用为条件取得加入资格等方式牟取非法利益，扰乱经济秩序，影响社会稳定的行为。"同时对于犯有传销活动的，提出要追究刑事责任。但此时也没有专门的刑法罪名对其进行规制，仍以非法经营罪处罚。2009年全国人大常委会颁布《刑法修正案（七）》，在原先合同诈骗罪后增加一条，作为《刑法》第224条之一，作为对组织、领导传销活动罪的规制："组织、领导以推销商品、提供服务等经营活动为名，要求参加者以缴纳费用或者购买商品、服务等方式获得加入资格，并按照一定顺序组成层级，直接或者间接以发展人员的数量作为计酬或者返利依据，引诱、胁迫参加者继续发展他人参加，骗取财物，扰乱经济社会秩序的传销活动的，处五年以下有期徒刑或者拘役，并处罚金；情节严重的，处五年以上有期徒刑，并处罚金。"

　　根据刑法相关规定，组织、领导传销活动罪是指，组织、领导以推销商品、提供服务等经营活动为名，要求参加者以缴纳费用或者购买商品、服务等方式获得加入资格，并按照一定顺序组成层级，直接或者间接以发展人员的数量作为计酬或者返利依据，引诱、胁迫参加者继续发展他人参加，骗取财物，扰乱经济社会秩序的传销活动的行为。

　　（二）犯罪构成

　　本罪的主体是特殊主体，包括在传销活动中的组织者和领导者。2010年最高人民检察院、公安部联合发布的《立案追诉标准（二）》第78条对于传销活动的组织者、领导者的定义是指在传销活动中起组织、领导作用的发起人、决策人、操纵人，以及在传销活动中担负策划、指挥、布置、协调等重要职责，或者在传销活动实施中起到关键作用的人员。2013年最高人民法院、最高人民检察院、公安部发布的《关于办理组织领导传销活动刑事案件适用法律若干问题的意见》对于传销活动中组织者、领导者做出了更加详细的规定："（一）在传销活动中起发起、策划、操纵作用的人员；（二）在传销活动中承担管理、协调等职责的人员；（三）在传销活动中承担宣传、培训等职责的人员；（四）曾因组织、领导传销活动受过刑事处罚，或者一年以内因组织、领导传销活动受过行政处罚，又直接或者间接发展参与传销活动人员在十五人以上且层级在三级以上的人员；（五）其他对传销活动的实施、传销组织的建立、扩大等起关键作用的人员。以单位名义实施组织、领导传销活动犯罪的，对于受单位指派，仅从事劳务性工作的人员，一般不予追究刑事责任。"对于单位能否构成本罪的主体，本书认为是可以的。《刑法》第231条规定，单位犯本罪，单位应承担的刑事责任，对此可认为是对单位能够构成本罪的认可。

本罪的主观方面是故意，且为直接故意。对此有学者认为本罪"行为人明知自己组织、领导诈骗型传销活动会扰乱经济社会秩序，并且希望或者放任这种结果的发生"❶。本书不赞成此种看法。传销活动的组织者、领导者明知自己的行为会扰乱社会经济秩序，侵害他人的财产，仍然积极追求危害结果的发生，以及骗取财物目的的实现。本罪是目的犯，需要行为人具有骗取财物的目的，但并不需要行为人实际获取了财物，是否真实获取财物，对本罪的成立没有影响。

本罪的客体是市场的经济秩序，有学者认为本罪是复杂客体，"主要客体是市场秩序，次要客体是公民的财产所有权"❷。但本书认为虽然本罪的目的是骗取财物，但是财物的是否取得，不影响本罪的成立。因此，

---

❶ 张明楷：《刑法学》，法律出版社2011年第四版，第748页。
❷ 魏东、白宗钊主编：《非法集资型犯罪司法审判与刑法解释》，法律出版社2013年版，第199页。

本罪的客体应当是市场的经济秩序。

本罪的客观方面表现行为人实施了组织、领导传销活动行为。具体表现为：第一，以推销商品、提供服务等经营活动为名，要求参加者以缴纳费用或者购买商品、服务等方式获得加入资格；第二，按照一定顺序组成层级；第三，直接或者间接以发展人员的数量作为计酬或者返利依据，引诱、胁迫参加者继续发展他人参加；第四，骗取财物，传销活动的组织者、领导者采取编造、歪曲国家政策，虚构、夸大经营、投资、服务项目及盈利前景，掩饰计酬、返利真实来源或者其他欺诈手段，从参与传销活动人员缴纳的费用或者购买商品、服务的费用中非法获利的，应当认定为骗取财物。参与传销活动人员是否认为被骗，不影响骗取财物的认定。

二、立案标准

《立案追诉标准（二）》第78条规定了组织、领导传销活动罪的追诉标准："组织、领导以推销商品、提供服务等经营活动为名，要求参加者以缴纳费用或者购买商品、服务等方式获得加入资格，并按照一定顺序组成层级，直接或者间接以发展人员的数量作为计酬或者返利依据，引诱、胁迫参加者继续发展他人参加，骗取财物，扰乱经济社会秩序的传销活动，涉嫌组织、领导的传销活动人员在三十人以上且层级在3级以上的，对组织者、领导者，应予立案追诉。"对于组织、领导多个传销组织的行为人，在多个组织中的层级达到三级以上的，应累计合计各个组织发展的人数。组织者、领导者形式上脱离原传销组织后，继续从原传销组织获取报酬或者返利的，原传销组织在其脱离后发展人员的层级数和人数，应当计算为其发展的层级数和人数。

三、司法认定

传销与直销的区别：直销指厂家直接销售商品和服务，直销者绕过传统批发商或零售通路，由直销员在固定营业场所之外直接向最终消费者推销产品的经销方式，直接从顾客接收订单的行为。直销商在经国家有关部门颁发的直销许可证后，就属于合法经营。传销与直销在多层级的发展模式和按比例提成的收入模式上具有相同点，因此生活中会出现将二者混淆的情况。在严厉打击组织、领导传销活动罪的同时，应避免打击的扩大化，将合法的直销行为当成传销处罚。二者主要存在以下区别：首先，会员的加入方式上，传销以推销商品、提供服务等经营活动为名，要求参加者以缴纳费用或者购买商品、服务等方式获得加入资格，而直销则无需"入门费"；其次，直销以销售产品为导向，而传销并不关注产品的销售，只在乎发展下线；最后，直销主要靠销售的产品和直销人员对市场的管理经营情况给以报酬，而传销则是靠发展下线的人数来获取收入。

四、刑事责任

根据《刑法》第224条之一的规定，犯组织、领导传销活动罪的处5年以下有期徒刑或者拘役，并处罚金；情节严重的，处5年以上有期徒刑，并处罚金。单位犯本罪的，对单位判处罚金，并对其直接负责的主管人员和其他直接责任人员，依照自然人犯本罪的规定处罚。关于"情节严重"，《关于办理组织领导传销活动刑事案件适用法律若干问题的意见》中对此有规定，包括五种情形："（一）组织、领导的参与传销活动人员累计达一百二十人以上的；（二）直接或者间接收取参与传销活动人员缴纳的传销资金数额累计达二百五十万元以上的；（三）曾因组织、领导传销活动受过刑事处罚，或者一年以内因组织、领导传销活动受过行政处罚，又直接或者间接发展参与传销活动人员累计达六十人以上的；（四）造成参与传销活动人员精神失常、自杀等严重后果的；（五）造成其他严重后果或者恶劣社会影响的。"对于没有达到刑事责任标准的传销行为，给以行政处罚。根据国务院颁布的《禁止传销条例》第24条，"组织策划传销的，由工商行政管理部门没收非法财物，没收违法所得，处50万元以上200万元以下的罚款；构成犯罪的，依法追究刑事责任"，"介绍、诱骗、胁迫他人参加传销的，由工商行政管理部门责令停止违法行为，没收非法财物，没收违法所得，处10万元以上50万元以下的罚款；

构成犯罪的，依法追究刑事责任"，"参加传销的，由工商行政管理部门责令停止违法行为，可以处2000元以下的罚款"。

五、案例解析

江西精彩公司等组织、领导传销活动案

【案情经过】2007年7月13日，为成为美国"立新世纪"公司江西省代理，被告人唐某某、程某某、徐某某等25人共同出资200万元注册成立江西精彩生活实业有限公司，唐某某任法定代表人、执行董事兼经理。2009年8月，江西精彩生活实业有限公司法定代表人变更为李某某，股东变更为唐某某、程某某等八人，唐某某任董事长。2010年4月2日，江西精彩生活实业有限公司更名为江西精彩生活投资发展有限公司（以下简称江西精彩公司）。

2008年12月18日，江西精彩公司创办开通了太平洋直购官方网(www.tpy100.com)，在网站上出售之前购买的美国"立新世纪"公司的保健品以及其他商品。随后，被告人唐某某依托太平洋直购官方网，推出了 bmc 模式(企业、媒介、消费者的英文缩写)，设计出以pv为计量单位的会员消费积分返利制度。唐某某陆续招募被告人程某某、徐某某、董某等人加入江西精彩公司，并逐步委任为公司高层管理人员，负责公司日常管理、经营、宣传和推广工作。

2009年5月，江西精彩公司正式推行大区、省级、市级、县区级区域代理商制度。2009年5月至8月，被告人唐某某邀集被告人童某、刘某某、余某某(另案处理)先后设立太平洋直购官方网中国华东、华北、华南地区营运中心。童某、刘某某、余某某分别担任三大营运中心的总监，各自负责华东、华北、华南地区的市场推广工作，并享受区域内会员消费总积分1.5%的返利。各省级、市级、县区级代理商分别与江西精彩公司签订区域代理合同，交纳500万元、100万元、21万元的保证金，享受整个省、市、县区内按身份证号码锁定的会员消费总积分2.5%、4%、5.5%

的返利，并分别具有一级、二级、特四级诚信渠道商资格，推广市场时可享受51%、44%、32%的返利比例。

为吸引人员参加，被告人唐某某等人对太平洋直购官方网的会员级别不断作出调整，最终形成了从普通会员、银卡会员、金卡会员、钻石卡会员到渠道商总共16个级别的会员制度。由低到高不同级别的会员享有不同的返利比例：银卡、金卡、钻石卡会员分别享受5%、10%、15%的返利比例；合格、五级、四级、特四级、三级、二级、特二级、一级、大区、特区、首席、全球诚信渠道商分别享受20%、26%、32%、35%、38%、44%、47%、51%、58%、61%、65%、71%的返利比例。

被告人唐某某等人制定加入规则：（1）成为普通会员只需在太平洋直购官方网(www. tpyloo. com)上填写个人资料，免费注册。（2）普通会员成为银卡会员，需一个月内累积10pv消费积分。（3）成为金卡会员，需累积100pv消费积分，或者交纳1000元诚信消费保证金。（4）成为钻石卡会员，需累积500pv消费积分，或者交纳5000元诚信消费保证金。（5）成为合格至全球等不同级别的渠道商，需在太平洋直购官方网上通过消费累积1000pv至1000万pv不等的消费积分；或者交纳与消费积分相对应的7000元至7000万元不等的诚信消费保证金，与江西精彩公司签订协议，保证日后在太平洋直购官方网上通过消费完成1000pv至1000万pv消费积分。交纳的保证金越多，会员的级别就越高，享受的返利比例也越高。如果资金不足，可以先交纳一部分保证金，剩余部分向江西精彩公司申请bmp 贷款（系虚拟贷款，未发放资金），但要支付1.5%的月息。

在太平洋直购官方网上出售的各种商品，除标有售价外，还标有以pv 为单位的消费积分。1pv代表7元人民币，利润高的商品pv高，利润低的商品pv低。会员可以选择购买不同的商品来积累消费积分。经鉴定，购买太平洋直购官方网所经销的91574种商品来获得1000pv积分，平均要花费97635.54元。虽然通过消费或者交纳保证金都可以成为渠道商，但因为 通过消费成为渠道商所花费的成本更高、时间更长，绝大多数会员选择以交纳保证金的方式成为渠道商。经鉴定，截至2012年4月9日，通过单纯消费成为合格诚信渠道商的人数为137人，仅占全部121 474名渠道商的0.11%。截至2012年4月9日，江西精彩公司账面反映收取保证金6 599 022 349.57元，其中实际收取3 797 572 397.31元，贷款收取2 801 449 952.26元。

根据被告人唐某某等人设计的保证金返退规则，渠道商可以通过消费积累pv来获得保证金的返退和相应的消费返利，每积累100pv就返退700元保证金，直至保证金全部返退。交纳了保证金的渠道商也可以通过市场推广即发展下级渠道商的方式来获得保证金的返退和相应的推广返利。因为通过消费获得保证金的返退成本更高且时间更长，绝大多数渠道商，尤其是交纳保证金多的渠道商，选择发展下级渠道商来获得保证金的返退。经鉴定，截至2012年4月9日，江西精彩公司账面反映已返退保证金3 037 536 867.27元，其中以货币资金形式返退1 314 876 668.02元，以归还贷款形式返退1722660199.25元。

根据被告人唐某某等人设计的返利规则，银卡以上会员自己在太平洋直购官方网上进行消费，或者其所发展的会员有消费，可以获得返利；通过市场推广直接或间接发展其他人员交纳保证金成为太平洋直购官方网的会员，也可以获得返利。在该返利规则的引诱下，渠道商等会员纷纷选择继续发展其他人员加入，以达到快速获利的目的。经鉴定：截至2012年4月9日，江西精彩公司共发展渠道商121 474名、其他会员6 767 553名。截至2012年4月9日，江西精彩公司账面反映应发放返利1 452 779 629.92元，其中消费返利65 673 171.00元，推广返利1 387 106 458.92元；消费返利仅占总返利的4，52%，推广返利占总返利的95.48%。

江西精彩公司经营的业务主要有网络商城(含手机缴费、游戏充值、diy 商城)、bmp贷款、bmc电子商务师培训等。因为收入很少，需要发放的返利又很多，导致江西精彩公司巨额亏损。为防止资金链断裂，江西精彩公司使用渠道商交纳的保证金来发放返利，导致保证金巨额亏空。经鉴定：截至2012年4月9日，江西精彩公司累计毛利收入174 329 411.02

元，累计费用 支出 1 551 614 045.40 元，累计亏损 1 377 284 634.38 元；截至 2012 年 4 月 9 日，江西精彩公司账面反映保证金余额 3 561 485 482.30 元，其中应以货币资金形式返退的有 2 482 695 729.29 元，应以归还贷款形式返退的有 1 078 789 753.01 元，但江西精彩公司账面资金结余仅有 932 109 111.79 元。

被告人唐某某、刘某某、童某、程某某、徐某某、董某等人通过招商会、高峰论坛、互联网、新闻媒体、口碑宣传等各种形式和途径，对江西精彩公司的经营模式和经营状况进行宣传，将 bmc 模式宣传为"全球唯一最具领导性的电子商务新模式"，打着"省钱＋赚钱""就业＋创业"的旗号，对外宣称"零门槛、零费用、零风险""获得财富绝佳机会"，以获取高额利润为诱饵，在全国各地大量发展各级会员，收取渠道商交纳的巨额保证金。

2011 年 8 月，被告人唐某某伙同刘某将江西精彩公司 9100 万元保证金通过广州精彩公司注册成立了深圳市精彩生活投资股份有限公司(以下简称深圳精彩公司)，唐某某任法人代表兼董事长。在江西精彩公司账户被公安机关依法冻结后，深圳精彩公司自 2011 年 10 月至 2012 年 3 月期间提供的三个银行账户帮助江西精彩公司转移银行接口，收取保证金 107 237 164.16 元和支付返利 186 120 238 元。

江西省南昌市人民检察院以（2012）洪检刑诉第 136 号起诉书指控被告人唐某某、刘某某、程某某、徐某某、董某、童某、刘某犯组织、领导传销活动罪，被告人王某某犯掩饰、隐瞒犯罪所得罪一案，于 2012 年 11 月 30 日向南昌市中级人民法院提起公诉。2013 年 8 月 26 日，南昌市中级人民法院做出(2012)洪刑二初字第 33 号刑事判决书，判决唐某某、刘某某、童某、程某某、徐某某、董某犯组织、领导传销活动罪。

【判决理由】被告人唐某某、刘某某、童某、程某某、徐某某、董某作为江西精彩公司的发起人、操纵人、高级管理人员，以太平洋直购官方网为依托，以开展电子商务为名，要求参加者以购买商品或交纳保证金的方式获得加入资格，并按照一定顺序组成层级，间接以发展人员的数量作为返利依据，骗取巨额保证金，严重扰乱经济社会秩序，其行为均已构成组织、领导传销活动罪，且系情节严重。公诉机关对被告人唐某某、刘某某、童某、程某某、徐某某、董某指控的罪名成立。其中被告人唐某某、刘某某、童某在共同犯罪中起主要作用，系主犯。被告人程某某、徐某某、董某在共同犯罪中起次要作用，系从犯，对被告人程某某、徐某某予以从轻处罚，被告人董某作为江西精彩公司高级管理人员在传销活动中所起作用相对较小，对被告人董某予以减轻处罚。被告人唐某某、刘某某、童某、程某某、徐某某、董某具有坦白情节，均予以从轻处罚。被告人童某认罪、悔罪态度好，酌情予以从轻处罚。根据各被告人犯罪的事实、性质、情节以及对社会的危害程度，依照《刑法》第224条第1款、第25条第1款、第26条、第27条、第64条、第67条第3款之规定做出判决。

第八节　非法经营罪

一、概念与犯罪构成

（一）概　念

非法经营罪迟至1997年刑法修改时，才将其纳入刑法。它并不是凭空出现的罪名，而是由原先的投机倒把罪分立出来的一个罪名。1997年第八届全国人大第五次会议上做出的《关于〈中华人民共和国刑法（修改草案）〉的说明》中提出："刑法关于投机倒把罪的规定比较笼统，界限不太清楚，造成执行的随意性。这次修改，根据社会主义市场经济发展的要求，对需要规定的犯罪行为，尽量分解做出具体规定。草案根据十几年来按投机倒把罪追究刑事责任的具体行为做出规定，有些已在生产、销售伪劣商品罪、破坏金融管理秩序罪中作了规定，这次修订，在扰乱市场秩序罪中增加了对合同诈骗、非法经营专营专卖物品、买卖进出口许可证等犯罪行为的规定。"就此，1997年《刑法》在第225条规定了非法经营罪。1999年《刑法修正案》在非法经营罪中增加"未经国家有关主管部门批准，非法经营证券、期货或者保险业务的"作为第（3）项，原第（3）项改为第（4）项。2009年《刑法修正案（七）》将第（3）项修改为"未经国家有关主管部门批准非法经营证券、期货、保险业务的，或者非法从事资金支付结算业务的"。就此形成现行刑法中的非法经营罪。《刑法》第225条规定："违反国家规定，有下列非法经营行为之一，扰乱市场秩序，情节严重的，处五年以下有期徒刑或者拘役，并处或者单处违法所得一倍以上五倍以下罚金；情节特别严重的，处五年以上有期徒刑，并处违法所得一倍以上五倍以下罚金或者没收财产：（一）未经许可经营法律、行政法规规定的专营、专卖物品或者其他限制买卖的物品的；（二）买卖进出口许可证、进出口原产地证明以及其他法律、行政法规规定的经营许可证或者批准文件的；（三）未经国家有关主管部门批准非法经营证券、期货、保险业务的，或者非法从事资金支付结算业务的；（四）其他严重扰乱市场秩序的非法经营行为。"其中的第（3）项，可能涉及非法集资活动。

根据刑法规定，非法经营罪是指"违法国家规定从事经营活动，扰乱市场秩序，情节严重的行为"❶。

（二）犯罪构成

本罪的主体是一般主体，包括年满16周岁具有刑事责任能力的自然人和单位。

本罪的主观方面为故意，且为直接故意，行为人明知自己的行为会违反国家相关规定，扰乱市场秩序，却积极实施非法经营的行为。

本罪的客体是市场经营管理秩序，具体包括专营、专卖秩序和经营许可证管理秩序，非法集资构成的非法经营罪主要侵犯的是后者。❷ 最高人民法院2010年发布的《关于审理非法集资刑事案件具体应用法律若干问题的解释》第7条亦规定："违反国家规定，未经依法核准擅自发行基金

---

❶ 高铭暄、马克昌主编：《刑法学》，北京大学出版社2011年第五版，第452页。
❷ 魏东、白宗钊主编：《非法集资型犯罪司法审判与刑法解释》，法律出版社2013年版，第169页。

份额募集基金，情节严重的，依照刑法第二百二十五条的规定，以非法经营罪定罪处罚。"

本罪的客观方面表现为违反国家规定从事经营活动，扰乱市场秩序，情节严重的行为。具体表现为："（一）未经许可经营法律、行政法规规定的专营、专卖物品或者其他限制买卖的物品的；（二）买卖进出口许可证、进出口原产地证明以及其他法律、行政法规规定的经营许可证或者批准文件的；（三）未经国家有关主管部门批准非法经营证券、期货、保险业务的，或者非法从事资金支付结算业务的；（四）其他严重扰乱市场秩序的非法经营行为。"对于第（4）项中"其他严重扰乱市场秩序的非法经营行为"，有关司法解释未作明确规定的，应当作为法律适用问题，逐级向最高人民法院请示。所谓"国家规定"，是指全国人民代表大会及其常务委员会制定的法律和决定，国务院制定的行政法规、规定的行政措施、发布的决定和命令。所谓"情节严重"，可参照《立案追诉标准（二）》。

二、立案标准

《立案追诉标准（二）》第79条规定："违反国家规定，进行非法经营活动，扰乱市场秩序，涉嫌下列情形之一的，应予立案追诉：（一）违反国家有关盐业管理规定，非法生产、储运、销售食盐，扰乱市场秩序，具有下列情形之一的：1.非法经营食盐数量在二十吨以上的；2.曾因非法经营食盐行为受过二次以上行政处罚又非法经营食盐，数量在十吨以上的。（二）违反国家烟草专卖管理法律法规，未经烟草专卖行政主管部门许可，无烟草专卖生产企业许可证、烟草专卖批发企业许可证、特种烟草专卖经营企业许可证、烟草专卖零售许可证等许可证明，非法经营烟草专卖品，具有下列情形之一的：1.非法经营数额在五万元以上，或者违法所得数额在二万元以上的；2.非法经营卷烟二十万支以上的；3.曾因非法经营烟草专卖品三年内受过二次以上行政处罚，又非法经营烟草专卖品且数额在三万元以上的。（三）未经国家有关主管部门批准，非法经营证券、期货、保险业务，或者非法从事资金支付结算业务，具有下列情形之一的：1.非法经营证券、期货、保险业务，数额在三十万元以上的；2.非法从事资金支付结算业务，数额在二百万元以上的；3.违反国家规定，使用销售点终端机具（POS机）等方法，以虚构交易、虚开价格、现金退货等方式向信用卡持卡人直接支付现金，数额在一百万元以上的，或者造成金融机构资金二十万元以上逾期未还的，或者造成金融机构经济损失十万元以上的；4.违法所得数额在五万元以上的。（四）非法经营外汇，具有下列情形之一的：1.在外汇指定银行和中国外汇交易中心及其分中心以外买卖外汇，数额在二十万美元以上的，或者违法所得数额在五万元以上的；2.公司、企业或者其他单位违反有关外贸代理业务的规定，采用非法手段，或者明知是伪造、变造的凭证、商业单据，为他人向外汇指定银行骗购外汇，数额在五百万美元以上或者违法所得数额在五十万元以上的；3.居间介绍骗购外汇，数额在一百万美元以上或者违法所得数额在十万元以上的。（五）出版、印刷、复制、发行严重危害社会秩序和扰乱市场秩序的非法出版物，具有下列情形之一的：1.个人非法经营数额在五万元以上的，单位非法经营数额在十五万元以上的；2.个人违法所得数额在二万元以上的，单位违法所得数额在五万元以上的；3.个人非法经营报纸五千份或者期刊五千本或者图书二千册或者音像制品、电子出版物五百张（盒）以上的，单位非法经营报纸一万五千份或者期刊一万五千本或者图书五千册或者音像制品、电子出版物一千五百张（盒）以上的；4.虽未达到上述数额标准，但具有下列情形之一的：（1）两年内因出版、印刷、复制、发行非法出版物受过行政处罚二次以上的，又出版、印刷、复制、发行非法出版物的；（2）因出版、印刷、复制、发行非法出版物造成恶劣社会影响或者其他严重后果的。（六）非法从事出版物的出版、印刷、复制、发行业务，严重扰乱市场秩序，具有下列情形之一的：1.个人非法经营数额在十五万元以上的，单位非法经营数额在五十万元以上的；2.个人违法所得数额在五万元以上的，单位违法所得数额在十五万元以上的；3.个人非法经营报纸一万五千份或者期刊一万五千本或者图书五千册或者音像制品、电子出版物一千五百张（盒）以上的，单位非法经营报纸五万份或者期刊五万本或者图书一万五千册或者音像制品、电子出版物五千张（盒）以上的；4.虽未达到上述数额标准，两年内因非法从事出版物的出版、印刷、复制、发行业务受过行政处罚二次以上的，又非法从事出版物的出版、印刷、复制、发行业务的。（七）采取租用国际专线、私设转接设备或者其他方法，擅自经营国际电信业务或者涉港澳台电信业务进行营利活动，扰乱电信市场管理秩序，具有下列情形之一的：1.经营去话业务数额在一百万元以上的；2.经营来话业务造成电信资费损失数额在一百万元以上的；3.虽未达到上述数额标准，但具有下列情形之一的：（1）两年内因非法经营国际电信业务或者涉港澳台电信业务行为受过行政处罚二次以上，又非法经营国际电信业务或者涉港澳台电信业务的；（2）因非法经营国际电信业务或者涉港澳台电信业务行为造成其他严重后果的。（八）从事其他非法经营活动，具有下列情形之一的：1.个人非法经营数额在五万元以上，或者违法所得数额在一万元以上的；2.单位非法经营数额在五十万元以上，或者违法所得数额在十万元以上的；3.虽未达到上述数额标准，但两年内因同种非法经营行为受过二次以上行政处罚，又进行同种非法经营行为的；4.其他情节严重的情形。"

三、司法认定

自刑法规定非法经营罪后，行政机关、司法机关、立法机关对于该罪的行为种类处于不断解释中。

1998年，全国人大常委会发布《关于惩治骗购外汇、逃汇和非法买卖外汇犯罪的决定》，规定个人或单位在国家规定的交易场所以外非法买卖外汇，扰乱市场秩序，情节严重的，依照非法经营罪定罪处罚。

1998年，最高人民法院发布《关于审理非法出版物刑事案件具体应用法律若干问题的解释》，规定违反国家规定，出版、印刷、复制、发行本解释第1条至第10条规定以外的其他严重危害社会秩序和扰乱市场秩序的非法出版物，情节严重的，依照非法经营罪定罪处罚。

1999年，广电总局、公安部、国家安全部发布《关于坚决查处擅自接收、转播境外卫星电视的通知》，规定对非法推销、买卖卫星地面接收设施，构成犯罪的，要依照非法经营罪追究行为人的刑事责任。

2000年，最高人民法院发布《关于审理扰乱电信市场管理秩序案件具体应用法律若干问题的解释》，规定违反国家规定，采取租用国际专线、私设转接设备或者其他方法，擅自经营国际电信业务或者涉港澳台电信业务进行营利活动，扰乱电信市场管理秩序，情节严重的，依照非法经营罪定罪处罚。

2002年，最高人民法院、最高人民检察院发布《关于办理非法生产、销售、使用禁止在饲料和动物饮用水中使用的药品等刑事案件具体应用法律若干问题的解释》，规定未取得药品生产、经营许可证件和批准文号，非法生产、销售盐酸克仑特罗等禁止在饲料和动物饮用水中使用的药品，扰乱药品市场秩序，情节严重的，依照非法经营罪追究刑事责任。在生产、销售的饲料中添加盐酸克仑特罗等禁止在饲料和动物饮用水中使用的药品，或者销售明知是添加有该类药品的饲料，情节严重的，依照非法经营罪追究刑事责任。

2002年，中国民用航空总局、国家发展计划委员会、公安部、国家税务总局、国家工商行政管理总局发布《关于坚决打击暗扣销售和非法经营销售国内机票行为规范航空运输市场秩序的通知》，规定各地公安机关对非法经营销售国内机票涉嫌犯罪的行为，按照非法经营罪查处。同年，公安部经济犯罪侦查局发布《关于打击非法经营销售国内机票有关问题的批复》规定非法代理销售国内航空公司国际航线机票属于非法经营行为，情节严重的，以非法经营罪立案侦查。

2002年，最高人民检察院发布《关于办理非法经营食盐刑事案件具体应用法律若干问题的解释》，规定违反国家有关盐业管理规定，非法生产、储运、销售食盐，扰乱市场秩序，情节严重的，应当依照非法经营罪追究刑事责任。

2003年，最高人民法院、最高人民检察院发布《关于办理妨害预防、控制突发传染病疫情等灾害的刑事案件具体应用法律若干问题的解释》，规定，违反国家在预防、控制突发传染病疫情等灾害期间有关市场经营、价格管理等规定，哄抬物价、牟取暴利，严重扰乱市场秩序，违法所得数额较大或者有其他严重情节的，依照非法经营罪定罪，依法从重处罚。

2005年，最高人民法院、最高人民检察院发布《关于办理赌博刑事案件具体应用法律若干问题的解释》，规定未经国家批准擅自发行、销售彩票，构成犯罪的，依照非法经营罪定罪处罚。

2009年，最高人民法院、最高人民检察院发布《关于办理妨害信用卡管理刑事案件具体应用法律若干问题的解释》，规定违反国家规定，使用销售点终端机具（POS机）等方法，以虚构交易、虚开价格、现金退货等方式向信用卡持卡人直接支付现金，情节严重的，应当依据非法经营罪定罪处罚。

2013年，最高人民法院、最高人民检察院发布《关于办理危害食品安全刑事案件适用法律若干问题的解释》，规定以提供给他人生产、销售食品为目的，违反国家规定，生产、销售国家禁止用于食品生产、销售的非食品原料，情节严重的，依照非法经营罪定罪处罚。违反国家规定，生产、销售国家禁止生产、销售、使用的农药、兽药，饲料、饲料添加剂，或者饲料原料、饲料添加剂原料，情节严重的，依照非法经营罪定罪处罚。

2013年，最高人民法院、最高人民检察院、公安部、农业部、食品药品监管总局联合发布《关于进一步加强麻黄草管理严厉打击非法买卖麻黄草等违法犯罪活动的通知》，规定违反国家规定采挖、销售、收购麻黄草，没有证据证明以制造毒品或者走私、非法买卖制毒物品为目的，依照非法经营罪定罪处罚。

2013年，最高人民法院、最高人民检察院发布《关于办理利用信息网络实施诽谤等刑事案件适用法律若干问题的解释》，规定违反国家规定，以营利为目的，通过信息网络有偿提供删除信息服务，或者明知是虚假信息，通过信息网络有偿提供发布信息等服务，扰乱市场秩序，非法经营行为"情节严重"，依照非法经营罪定罪处罚。

四、刑事责任

根据《刑法》第225条，犯非法经营罪情节严重的，处5年以下有期徒刑或者拘役，并处或者单处违法所得1倍以上5倍以下罚金；情节特别严重的，处5年以上有期徒刑，并处违法所得1倍以上5倍以下罚金或者没收财产。单位犯本罪的，对单位判处罚金，并对其直接负责的主管人员和其他直接责任人员，依照自然人犯本罪的规定处罚。

五、案例解析

行为人为非法经营证券业务而设立公司，超越工商行政管理部门核准登记的公司经营范围，未经法定机关批准，向不特定的社会公众代理销售非上市股份有限公司的股权（股票），其行为属未经批准非法经营证券业务、扰乱国家证券市场的非法经营行为，情节严重的，应当以非法经营罪定罪处罚。

宁波利百代投资咨询有限公司、陈某某、王某某、郑某某非法经营案

【案情经过】2003年12月，被告人陈某某、王某某、郑某某为从事非上市股份有限公司股票代理销售业务，注册设立被告单位宁波利百代投资咨询有限公司(以下简称利百代公司)，陈某某、王某某、郑某某分别担任该公司的总经理、董事长、副总经理。该公司经工商管理部门核准的经营范围为：实业项目投资策划、咨询，会计业务咨询，企业管理咨询，企业股份制改造，企业转制策划、咨询。

被告单位利百代公司成立后，被告人陈某某、王某某、郑某某即通过由台湾人周某某、萧某某等人设立的南京聪泰投资管理有限公司，为在陕西省设立的陕西阳光生物工程股份有限公司、西部世纪软件股份有限公司、西安圣威科技实业股份有限公司、陕西中科航天农业发展股份有限

公司等4家非上市股份有限公司代理销售股票，并与南京聪泰投资管理公司协商确定了每股对外销售价格及内部交割价。三被告人对外谎称上述非上市股份有限公司的股票短期内即可上市并可获取高额的原始股回报，指使其公司业务员向不特定社会群众推销上述非上市股份有限公司的股票。2004年3月30日，宁波市工商行政管理局以该公司从事此项业务超出核准登记的经营范围为由，作出责令改正并罚款1万元的处罚决定。同年4月，该公司经核准增加了"代办产权交易申请手续"的经营范围，继续代理销售上述非上市股份有限公司的股票。

至2004年11月底，被告单位利百代公司在被告人陈某某、王某某、郑某某操控下，以每股3.2元的价格向陈建红等30人销售陕西阳光生物工程股份有限公司股票22.9万股；以每股3元的价格向陈某某等39人销售西部世纪软件股份有限公司股票21.8万股；以每股3.9~4元的价格向邵某某等87人销售西安圣威科技实业股份有限公司股票90.85万股；以每股3~3.2元的价格向王某某等60人销售陕西中科航天农业发展股份有限公司股票53.3万股。上述股票销售总金额达657万余元，被告单位利百代公司从中获利240余万元。被告单位利百代公司自设立后未从事其他业务。

浙江省宁波市人民检察院以被告单位利百代公司及被告人陈某某、王某某、郑某某犯非法经营罪，向浙江省宁波市中级人民法院提起公诉。宁波市中级人民法院判决陈某某、王某某、郑某某犯非法经营罪，后浙江省高级人民法院维持原判。

【判决理由】1.根据本案事实，被告单位利百代公司及被告人陈某某、王某某、郑某某的行为已经构成非法经营罪，应当依法惩处。

首先，被告单位利百代公司及被告人陈某某、王某某、郑某某的行为违反了我国关于证券经营管理的法律、法规和政策。

我国证券市场实行证券业务许可制度。公开发行证券，必须符合法律、行政法规规定的条件，并依法报国务院证券监督管理机构或者国务院授权的部门核准，未经依法核准，任何单位和个人不得公开发行证券。国务院办公厅、证监会亦多次明文要求严厉打击以证券期货投资为名进行的违法犯罪活动，对超出核准的经营范围、非法从事或变相非法从事证券期货交易活动的，以涉嫌非法经营罪立案查处。证监会曾发文明确规定，以非上市公司将要上市并可以获得高额的原始股回报等为幌子，或者编造虚假的公司经营业绩和许诺丰厚的投资回报率等手段，诱骗投资者购买非上市公司股票，从而进行收取代理费等费用的违法活动，属于非法代理买卖非上市公司股票。非法发行股票和非法经营证券业务的行为严重危害社会稳定和金融安全。其主要形式，一是编造公司即将在境内外上市或股票发行获得政府批准等虚假信息，诱骗社会公众购买所谓"原始股"；二是非法中介机构以"投资咨询机构""产权经纪公司""外国资本公司或投资公司驻华代表处"的名义，未经法定机关批准，向社会公众非法买卖或代理买卖未上市公司股票；三是不法分子以证券投资为名，以高额回报为诱饵，诈骗群众钱财。

本案中，被告单位利百代公司并未取得国务院证券监督管理机构或者国务院授权的部门核发的证券业务许可证，但擅自公开向社会不特定群众代理销售非上市股份有限公司的股票。在经营活动中，该公司谎称涉案非上市股份有限公司将要上市、投资人可以获得高额原始股回报，诱骗投资者购买涉案非上市股份有限公司的股票，从中收取代理费等费用，其行为属于非法代理买卖非上市公司股票的违法行为。利百代公司经工商管理部门核准的经营范围是实业项目投资策划咨询、会计业务咨询、企业管理咨询、企业股份制改造、企业转制策划咨询，并不包括证券经营业务。该公司在因超范围经营被工商行政管理部门处罚后，虽申请并经工商行政管理部门核准增加了"代办产权交易申请手续"的经营范围，但依照有关规定，"代办产权交易申请手续"是指接受产权所有人委托，以产权所有人的名义向产权交易机构提出产权交易申请的服务业务，不涉及其他产权交易营销行为。根据有关规定，产权交易经纪机构是指具有产权交易从业资格，接受企业委托代理产权交易的中介机构，且从事产权交易业务的人员必须具有相应的经纪资格。利百代公司不具有产权交易的从业资格，并非产权交易经纪机构，被告人陈某某、王某某、郑某某等利百代公司人员亦不具有相应的经纪资格。利百代公司超出工商行政管理部门核准的经营范围，既未被授权或许可经营证券业务，又不具备产权交易经纪机构资格，而非法从事证券交易活动，其行为属于非法经营。

其次，被告单位利百代公司及被告人陈某某、王某某、郑某某的行为构成非法经营罪。

根据《刑法》第225条，非法经营罪是指未经许可经营法律、行政法规规定的专营、专卖物品或者其他限制买卖的物品，买卖进出口许可证、进出口原产地证明以及其他法律、行政法规规定的经营许可证或者批准文件等严重扰乱市场秩序、情节严重的非法经营行为。如前所述，本案中被告单位利百代公司及被告人陈某某、王某某、郑某某的行为属于非法经营行为。被告单位及三被告人共计向216人代理销售了4家非上市股份有限公司的股票，总计销售未上市股份有限公司股票达188.85万股，销售总金额达657万余元，从中非法获利240余万元。从后果看，涉案购股投资人所购买的涉案非上市股份有限公司的股票，最终能否得到涉案非上市股份有限公司的认可都存在很大问题，极有可能就是废纸一张。可以认定，被告单位及三被告人的非法经营行为情节严重，危害波及面广，社会危害性大，已经构成非法经营罪，应依法追究刑事责任。

2. 本案不属于单位犯罪。

根据本案事实，被告人陈某某、王某某、郑某某为非法从事非上市股份有限公司股票代理销售业务，注册设立被告单位利百代公司。利百代公司成立后，除从事涉案非法经营犯罪行为外，再无其他任何经营行为。根据最高人民法院《关于审理单位犯罪案件具体应用法律有关问题的解释》第2条的规定，个人为进行违法犯罪活动而设立的公司、企业、事业单位实施犯罪的，或者公司、企业、事业单位设立后，以实施犯罪为主要活动的，不以单位犯罪论处。因此，三被告人为非法经营证券业务而设立利百代公司，且利百代公司成立后以非法经营证券业务为主要活动，故本案不能以单位犯罪论处，应当认定为自然人犯罪。

综上，被告人陈某某、王某某、郑某某为非法经营证券业务而成立被告单位利百代公司，在经营中超越工商行政管理部门核准登记的经营范围，在未经法定机关批准的情况下，擅自公开向不特定的社会公众代理转让非上市股份有限公司的股权，在因超范围经营被工商行政管理部门处罚后，又以增加"代办产权交易申请手续"的经营范围为由，继续超范围非法经营证券业务，在有关行政执法部门指出其无权经营证券业务后仍不停止该非法经营活动，扰乱国家证券市场，情节严重，其行为均已构成非法经营罪，公诉机关指控的罪名成立，三被告人及其辩护人的辩护理由不成立，不予采纳。三被告人为非法经营证券业务而设立利百代公司，且利百代公司成立后也仅仅从事非法经营活动，故本案不能以单位犯罪论处，应当认定为自然人共同犯罪，公诉机关关于单位犯罪的指控不成立，应予纠正。郑某某在共同犯罪中所起作用相对较小，故对其可酌情从轻处罚。据此，宁波市中级人民法院依照《刑法》第225条第（3）项、第25条第1款、第64条之规定做出判决。

第九节　欺诈发行股票、债券罪

一、概念与犯罪构成

（一）概　念

发行股票、债券是公司、企业募集资金、扩大规模的重要手段，在经济生活中发挥着重要的作用。股票、债券自身发行的特点，使得越来越多的人与股票、债券产生利益上的关联。因此维持证券市场的稳定，关系着众多民众的切身利益。欺诈发行股票、债券作为一种严重损害国家对证券市场管理秩序的行为，需要严惩。1979年刑法没有对本罪加以规制。1993年公司法规定，制作虚假的招股说明书、认股书、公司债券募集办法发行股票或者公司债券的，责令停止发行，退还所募资金及其利息，处以非法募集资金金额1%以上5%以下的罚款。构成犯罪的，依法追究刑事责任。但此时并没有相关的刑事法规与此对应，直至1995年全国人大常委会发布《关于惩治违反公司法的犯罪的决定》，以单行刑法的方式对欺诈发行股票、债券的行为加以刑法的规制："制作虚假的招股说明书、认股书、公司债券募集办法发行股票或者公司债券，数额巨大、后果严重或者有其他严重情节的，处五年以下有期徒刑或者拘役，可以并处非法募集资金金额百分之五以下罚金。单位犯前款罪的，对单位判处非法募集资金金额百分之五以下罚金，并对直接负责的主管人员和其他直接责任人员，依照前款的规定，处五年以下有期徒刑或者拘役。"1997年刑法修订时，将欺诈发行股票、债券罪作为《刑法》第160条，形成了现行刑法中的规定："在招股说明书、认股书、公司、企业债券募集办法中隐瞒重要事实或者编造重大虚假内容，发行股票或者公司、企业债券，数额巨大、后果严重或者有其他严重情节的，处五年以下有期徒刑或者拘役，并处或者单处非法募集资金金额百分之一以上百分之五以下罚金。单位犯前款罪的，对单位判处罚金，并对其直接负责的主管人员和其他直接责任人员，处五年以下有期徒刑或者拘役。"

根据刑法规定，欺诈发行股票、债券罪是指在招股说明书、认股书、公司、企业债券募集办法中隐瞒重要事实或者编造重大虚假内容，发行股票或者公司、企业债券，数额巨大、后果严重或者有其他严重情节的行为。

（二）犯罪构成

本罪的主体存在一定的争议。有学者认为本罪主体是一般主体，但本书认为欺诈发行股票、债券罪的主体只能是特殊主体，只能是募集设立的股份有限公司的发起人以及具有发行股票、债券资质的股份有限公司、国有独资公司等。

本罪的主观方面为故意，且为直接故意，欺诈行为只能是直接故意的方式，行为人明知自己制作的招股说明书、认股书与事实存在很大区别，却依然积极行动。虽然行为人一般具有募集资金的目的，但特定目的不是构成本罪的要件。

本罪的客体，学界对此存在一定争议，大致存在四种观点：第一种观点认为是国家有关设立公司的出资管理秩序；第二种观点认为是公司管理制度和投资者的合法权益；第三种观点认为是国家对公司、企业的管理制度和股票、债券发行的管理制度；第四种观点认为是国家对证券市场的管理秩序和投资者的合法权益。本书赞成第三种观点，本罪的客体是国家对公司、企业的管理制度和股票、债券发行的管理制度。

本罪的客观方面表现为：首先，在招股说明书、认股书、公司、企业债券募集办法中隐瞒重要事实或者编造重大虚假内容，"重要事实"是指"能够影响一般投资者作出投资或不投资，大量投资或少量投资决策的，真实反映投资对象的信息"❶；其次，需要行为人发行了股票、债券，如果行为人只是隐瞒重要事实或者编造重大虚假内容而没有发行股票、债券，则不能构成本罪；最后，需要达到数额巨大、后果严重或者有其他严重情节的后果，对此可参照《立案追诉标准（二）》。

---

❶ 高铭暄、马克昌主编：《刑法学》，北京大学出版社2011年第五版，第391页。

二、立案标准

《立案追诉标准（二）》第5条规定："在招股说明书、认股书、公司、企业债券募集办法中隐瞒重要事实或者编造重大虚假内容，发行股票或者公司、企业债券，涉嫌下列情形之一的，应予立案追诉：（一）发行数额在五百万元以上的；（二）伪造、变造国家机关公文、有效证明文件或者相关凭证、单据的；（三）利用募集的资金进行违法活动的；（四）转移或者隐瞒所募集资金的；（五）其他后果严重或者有其他严重情节的情形。"

根据最高人民法院、最高人民检察院、公安部、中国证监会2011年4月发布的《关于办理证券期货违法犯罪案件工作若干问题的意见》以及最高人民法院、最高人民检察院2012年3月发布的《关于贯彻执行〈关于办理证券期货违法犯罪案件工作若干问题的意见〉有关问题的通知》，欺诈发行股票、债券罪一审应由中级人民法院管辖，同级人民检察院负责提起公诉。

三、司法认定

欺诈发行股票、债券罪与擅自发行股票、公司、企业债券罪的区别：对于擅自发行股票、公司、企业债券罪，本书中有详细介绍，二者的行为对象都涉及股票、债券，但是两罪存在很大区别：首先，二者的犯罪主体不同，欺诈发行股票、债券罪的主体是特殊主体，具有发行资质的单位和个人才能构成，而擅自发行股票、公司、企业债券罪是一般主体，包括年满16周岁具有刑事责任能力的自然人和单位，单位不仅包括没有股票、债券发行权的公司、企业，也包括有发行资质的公司、企业。其次，二者的客观方面存在很大区别，欺诈发行股票、债券罪的行为主要体现在招股说明书、认股书、公司、企业债券募集办法中隐瞒重要事实或者编造重大虚假内容，而擅自发行股票、公司、企业债券罪主要表现为未经国家有关主管部门批准，擅自发行。前者是通过欺骗的手段得到了国家有关部门的批准而发行，后者是未经批准情况下的发行。

四、刑事责任

根据《刑法》第160条，犯欺诈发行股票、债券罪，数额巨大、后果严重或者有其他严重情节的，处5年以下有期徒刑或者拘役，并处或者单处非法募集资金金额1%以上5%以下罚金。单位犯前款罪的，对单位判处罚金，并对其直接负责的主管人员和其他直接责任人员，处5年以下有期徒刑或者拘役。

五、案例解析

云南绿大地公司欺诈发行股票罪案

2004～2010年，在不具备公开发行股票资格的情况下，云南绿大地生物科技股份有限公司（以下简称"绿大地公司"）何某某、蒋某某、庞某某、赵某某、赵某甲为在深圳证券交易所发行股票并上市，登记注册了一批由绿大地公司实际控制或者掌握银行账户的公司，并利用银行账户操控资金流转，采用伪造合同、发票、工商登记资料等手段将款项支付给其控制的公司，虚构交易业务。上市后，绿大地公司又向股东和社会公众披露包含虚假财务事实的财务会计报告，后在证监会介入调查时，故意销毁相关会计凭证。

2011年9月，云南省昆明市官渡区人民法院经过审理，一审以欺诈发行股票罪，分别判处被告单位绿大地公司罚金400万元；判处被告人何某某、蒋某某、庞某某、赵某某、赵某甲有期徒刑3年缓刑4年至有期徒刑1年、缓刑2年不等。

2012年1月，昆明市检察院对此案作出了刑事抗诉书，认为判决确有错误，原审法院对欺诈发行股票罪部分量刑偏轻，应当认定被告单位及各被告人犯违规披露重要信息罪，原审审级违法。2012年4月6日，官渡区法院进行完整审查后，认为此案不属其管辖，遂退回官渡区检察院。

随后，昆明市检察院遂以欺诈发行股票罪、违规披露重要信息罪、伪造金融票证罪、故意销毁会计凭证罪将被告单位绿大地公司以及何某某、蒋某某、庞某某、赵某某、赵某甲公诉至云南省昆明市中级人民法院。云南省昆明市中级人民法院经审理后认为，被告单位绿大地公司、被告人何某某等五人在招股说明书中编造重大虚假内容，发行股票，非法募集资金达3.4629亿元，其行为构成欺诈发行股票罪。

第十节　诱骗投资者买卖证券、期货合约罪

一、概念及犯罪构成

（一）概　念

证券、期货交易市场迟至20世纪90年代才在我国兴起，证券、期货的发展激活了资本市场。但要维持一个健康长久的资本市场，保护投资者的合法利益应是最根本所在。随着证券、期货交易市场的发展，证券机构及其工作人员频繁出现诱骗投资人做出错误投资决定的案件，相关法律法规亟待完善。1993年国务院颁布了《股票发行与交易管理暂行条例》，其中第74条规定，任何单位和个人伪造、篡改或者销毁与股票发行、交易有关的业务记录、财务账簿等文件的，单处或者并处警告、没收非法获取的股票和其他非法所得、罚款，证券经营机构有该行为，情节严重的，可以限制、暂停其证券经营业务，或者撤销其证券经营业务许可。同年9月，《禁止证券欺诈行为暂行办法》第10条列举了证券机构欺诈客户的十种情况。同时第18条、第19条对欺诈行为做出了处罚的规定。1997年刑法修改，将诱骗投资者买卖证券罪作为《刑法》第181条纳入其中，规定："证券交易所、证券公司的从业人员，证券业协会或者证券管理部门的工作人员，故意提供虚假信息或者伪造、变造、销毁交易记录，诱骗投资者买卖证券，造成严重后果的，处五年以下有期徒刑或者拘役，并处或者单处一万元以上十万元以下罚金；情节特别恶劣的，处五年以上十年

以下有期徒刑，并处二万元以上二十万元以下罚金。单位犯罪的，则对单位判处罚金，并对其直接负责的主管人员和其他直接责任人员，处五年以下有期徒刑或者拘役。"为了顺应市场的不断发展，全国人大常委会后来修改该条款，增加了期货市场的内容。修改后的条文为："证券交易所、期货交易所、证券公司、期货经纪公司的从业人员，证券业协会、期货业协会或者证券期货监督管理部门的工作人员，故意提供虚假信息或者伪造、变造、销毁交易记录，诱骗投资者买卖证券、期货合约，造成严重后果的，处五年以下有期徒刑或者拘役，并处或者单处一万元以上十万元以下罚金；情节特别恶劣的，处五年以上十年以下有期徒刑，并处二万元以上二十万元以下罚金。单位犯前款罪的，对单位判处罚金，并对其直接负责的主管人员和其他直接责任人员，处五年以下有期徒刑或者拘役。"2002年最高人民法院、最高人民检察院发布《关于执行〈中华人民共和国刑法〉确定罪名的补充规定》，将本罪的名称由"诱骗投资者买卖证券罪"修改为"诱骗投资者买卖证券、期货合约罪"，至此形成了现行刑法中的规定。

据此，本书认为诱骗投资者买卖证券、期货合约罪是指证券交易所、期货交易所、证券公司、期货经纪公司的从业人员，证券业协会、期货业协会或者证券期货监督管理部门的工作人员及其单位，故意提供虚假信息或者伪造、变造、销毁交易记录，诱骗投资者买卖证券、期货合约，造成严重后果的行为。

（二）犯罪构成

本罪的犯罪主体是特殊主体，包括单位与自然人，即证券交易所、期货交易所、证券公司、期货经纪公司、证券业协会、期货业协会、证券期货监督管理部门及其工作人员。

本罪的主观方面表现为故意，且为直接故意。至于行为的目的，须出于诱骗投资者买卖证券、期货合约。

本罪的客体，学界存在一定的争议。有学者认为本罪是简单客体，即国家对证券、期货交易价格的宏观管理秩序。多数学者认为本罪侵犯的是复杂客体，"证券、期货市场中证券、期货经营机构与投资者之间的委托信赖关系是主要客体，而投资者的合法权益则是次要客体"❶。本书认为上述观点都有待商榷，本罪客体应该是证券、期货市场的交易秩序和投资者的合法权益。

　　本罪的客观方面表现为故意提供虚假信息或者伪造、变造、销毁交易记录，诱骗投资者买卖证券、期货合约，造成严重后果的行为。本罪的行为方式包括两种：一种是提供虚假信息，提供的虚假信息既包括行为人向投资者提供自己编造的消息，也包括行为人向投资者提供别人编造的虚假信息。提供虚假信息的方式可以是明示或者暗示，提供的对象既可以是特定的投资者，也可以是不特定的人。同时，是否是行为人主动提供不影响本罪的成立，即使投资者主动要求行为人提供信息，如果行为人此时提供的是虚假信息，也构成本罪。另一种行为方式为伪造、变造、销毁交易记录，行为人完成伪造、变造、销毁中的任意一个或者几个均可成立本罪。所谓伪造交易记录，是指"有权制作交易记录的人凭空制作假记录或者无权制作交易记录的人非法制作假记录以冒充真实的记录"。❷ 变造是指采用涂改、拼接等方式增、删、改真实交易记录的行为。销毁是指将真实的交易记录删除或毁灭的行为。"诱骗投资者买卖证券、期货合约"应当包括以下几点：（1）买卖证券、期货合约的决定形式上完全是投资者自己作出的；（2）投资者的决定是因为证券、期货相关机构或工作人员向其传达虚假消息，使其陷入了错误认识而作出的，并且这个交易是不利于投资者的；（3）投资者的决定是违背其本意的，是在行为人诱骗的情况下作出的。有学者认为"证券、期货商的诱导行为具有足够的利己性。诱骗投资者买卖证券、期货究其实质而言，就是一种证券、期货欺诈行为，而欺诈的基本特征就在于行为人从被害人那里骗取非法利益。如果超越客

---

❶　张军主编：《破坏金融管理秩序罪》，中国人民公安大学出版社2003年版，第306页。
❷　李永升主编：《金融犯罪研究》，中国检察出版社2010年版，第271页。

户的委托或者违背客户委托的行为，没有给证券、期货商本身带来任何利益，也不属于欺诈客户问题，构成其他法律责任的，通过其他法律程序处理。"❶ 本书认为是否给行为人带来利益，并不影响本罪的成立，法条中没有将获取利益当作构成本罪的要件，行为人的诱骗行为只需要造成了投资人错误的投资决定即可，行为人的动机不作考虑。本罪的构成需要的另一要件是"造成严重后果"。因此，即使行为人向投资者传递了虚假的信息，伪造、变造、销毁了交易记录，投资者也因此作出了违背原本意愿的决定，但是最后没有造成严重后果时，也依然不构成本罪。对此可参照《立案追诉标准（二）》的标准进行判断。

二、立案标准

《立案追诉标准（二）》第38条规定："证券交易所、期货交易所、证券公司、期货公司的从业人员，证券业协会、期货业协会或者证券期货监督管理部门的工作人员，故意提供虚假信息或者伪造、变造、销毁交易记录，诱骗投资者买卖证券、期货合约，涉嫌下列情形之一的，应予立案追诉：（一）获利或者避免损失数额累计在五万元以上的；（二）造成投资者直接经济损失数额在五万元以上的；（三）致使交易价格和交易量异常波动的；（四）其他造成严重后果的情形。"

根据最高人民法院、最高人民检察院、公安部、中国证监会2011年4月发布的《关于办理证券期货违法犯罪案件工作若干问题的意见》以及最高人民法院、最高人民检察院2012年3月发布的《关于贯彻执行〈关于办理证券期货违法犯罪案件工作若干问题的意见〉有关问题的通知》，诱骗投资者买卖证券、期货合约罪一审应由中级人民法院管辖，同级人民检察院负责提起公诉。

---

❶ 张军主编：《破坏金融管理秩序罪》，中国人民公安大学出版社2003年版，第308页。

三、司法认定

过失和间接故意可以构成诱骗投资者买卖证券、期货合约罪吗?

对于本罪的主观方面,学者一般认为过失是不构成本罪的,如果当事人是因为过失导致提供虚假信息,或者过失导致改变或者删除了交易记录,即使投资者因此做出了买卖证券、期货的行为,并造成了严重后果,也不构成本罪。生活中经常存在证券机构所办的讲座,即使讲座中存在预测错误等情况的存在,因为行为人没有故意的主观态度,因此也不构成本罪。学界的争议点一般在间接故意是否能构成本罪,有学者认为间接故意可以构成本罪,"间接故意构成本罪仅发生在提供虚假信息情况下,行为人明知信息虚假,提供给投资者后将促使其以此为根据进行买卖并会遭受损失而有意放任自己的行为。例如:行为人明知某信息属重大的虚假信息,仍将信息置于投资者阅览场所供其使用,结果投资者依该信息进行了大量证券买卖,最终导致该投资者血本无归,在本罪中,证券公司或证券交易所及其工作人员伪造、变造、销毁交易记录的目的应当是引诱投资者进行证券买卖。如无此目的,即便有上述行为,也不构成本罪。"❶ 本书认为这种观点是错误的,本罪的行为人的主观心态应该是希望危害结果的发生,即投资人做出了错误买卖证券、期货合约的决策,投资人受到经济上的损失。行为人是积极追求结果的发生,也只有结果发生了,行为人的非法目的才能达成。至于有学者认为,虽然本罪主观方面是直接故意,但是需有为了自己或关系人谋取不正当利益或转嫁风险的目的。本书认为这种观点也是错误的,本罪构成要件的目的只有一个即诱骗投资者买卖证券、期货合同。"犯罪人之犯罪目的,可以是多种类的,也可以是多层次的。如果立法对目的有特别规定的,则只能以法律规定的目的作为犯罪主观要件的目的。至于行为人的其他目的,或更进一步的目的,法律不要求

---

❶ 张军主编:《破坏金融管理秩序罪》,中国人民公安大学出版社2003年版,第311页。

的，我们就不能超出立法本意，附加别的目的作为犯罪的主观要件。"❶

四、刑事责任

根据《刑法》第181条，犯诱骗投资者买卖证券、期货合约罪的，造成严重后果的，处5年以下有期徒刑或者拘役，并处或者单处1万元以上10万元以下罚金；情节特别恶劣的，处5年以上10年以下有期徒刑，并处2万元以上20万元以下罚金。单位犯本罪的，对单位判处罚金，并对其直接负责的主管人员和其他直接责任人员，处5年以下有期徒刑或者拘役。对于尚未构成刑事责任的，《证券法》第200条规定："证券交易所、证券公司、证券登记结算机构、证券服务机构的从业人员或者证券业协会的工作人员，故意提供虚假资料，隐匿、伪造、篡改或者毁损交易记录，诱骗投资者买卖证券的，撤销证券从业资格，并处以三万元以上十万元以下的罚款；属于国家工作人员的，还应当依法给予行政处分。"《期货交易管理条例》第67条规定，期货公司隐瞒重要事项或者使用其他不正当手段，诱骗客户发出交易指令的，责令改正，给予警告，没收违法所得，并处违法所得1倍以上5倍以下的罚款；没有违法所得或者违法所得不满10万元的，并处10万元以上50万元以下的罚款；情节严重的，责令停业整顿或者吊销期货业务许可证。对直接负责的主管人员和其他直接责任人员给予警告，并处1万元以上10万元以下的罚款；情节严重的，暂停或者撤销期货从业人员资格。

五、案例分析

蔡某某诱骗投资者买卖证券、期货合约案

2014年8月，被告人蔡某某伙同潘某4、张某5等人注册成立上海睿懿贵金属有限公司（以下简称睿懿公司），其中蔡某某占股7%，张某5、

---

❶ 胡启忠、石奎：《修正金融刑法适用研究：立法、理论、实务》，法律出版社2013年版，第99页。

潘某4分别担任法定代表人、总经理，蔡某某担任业务总监，共同负责睿懿公司日常经营管理。同年10月，睿懿公司成为新华上海贵金属交易中心（以下简称新华贵金属）218号会员单位，从事"现货贵金属"交易。2015年4月，睿懿公司挂靠浙江新华大宗商品交易中心有限公司（以下简称新华大宗）11号会员单位名下，成为二级代理商。同年6月1日，睿懿公司以浙江金豆商品经营有限公司名义，与新华大宗签订综合类会员协议书，成为新华大宗72号会员单位，从事"现货原油"交易，约定由睿懿公司向新华大宗缴纳保证金，新华大宗收取客户交易手续费的37.5%，睿懿公司赚取客户交易手续费的62.5%及全部客户亏损，客户盈利需从睿懿公司缴纳的保证金中扣除。

2015年5月21日，因睿懿公司股东决定在四川成都开设分公司，张某5等人遂从他人处收购上海艺昊投资有限公司（以下简称艺昊公司），由蔡某某担任该公司实际负责人。之后，艺昊公司挂靠中鑫石油化工交易中心（上海）有限公司（以下简称中鑫石油）133号会员单位上海普暨贵金属有限公司，成为该公司二级代理商，2016年3月起改为挂靠该中心67号会员单位上海畔庭投资有限公司，从事"现货原油"交易，并按约定比例赚取客户交易手续费及亏损。2015年12月至2016年4月间，被告人蔡某某等人以艺昊公司名义，利用中鑫石油交易平台，合谋采取虚构事实、隐瞒真相的方法骗取投资者投资款。其中，由蔡某某召集被告人张某某、陈某1、陈某3担任业务经理，柯某某、陈某某、胡某某1、陈某2、张某1、黄某某、张某某1等人担任业务主任，朱某某担任分析师，后又陆续招募被告人薛某、黄某、宁某某、赵某某1、杨某某、王某1、罗某、强某某、曾某、李某某等人担任业务员，同时约定蔡某某按艺昊公司总盈利的10%分红，业务经理和业务主任按3%～6%不等的比例对各自负责的业务组客户的亏损和手续费提成，业务员按30%～35%的比例对各自负责联系客户的手续费提成，朱某某按2%的比例对公司全部客户的手续费提成。蔡某某等人相互分工、协作配合，采取上述睿懿公司同样的运作模式，以相同的诈骗手段骗取陈某3、张某4、陈某4、胡某2雷、张某6、李某3等八十余名被害人共计1900余万元。

在案的证据显示，被告人蔡某某等人先后以睿懿公司、艺昊公司名义，利用新华贵金属、新华大宗和中鑫石油等交易平台，招募人员分别扮演业务经理、业务主任、分析师、业务员等角色，有预谋、有组织地采取虚构事实、隐瞒真相的方法对客户实施诈骗犯罪活动，骗取他人投资款，同时约定公司股东按所占股份分红，业务经理和业务主任按2%～6%不等的比例对各自负责的业务组客户的亏损和手续费提成，分析师和业务员按5%～35%不等的比例对各自负责联系客户的手续费提成，由业务员虚构"白某"等第三方投资者身份，利用购买的大量客户手机号码信息，以加微信、QQ好友等方式发展客户并与客户保持联系，通过情感引诱、虚构赚钱等方式骗取客户信任，向对方推荐"现货贵金属"或"现货原油"投资，虚构有渠道可获得内幕消息、有金牌分析师提供行情指导，并已以此获得巨额收益等事实，诱骗客户进行投资。待客户入金操作时，上述各业务经理、业务主任、业务员相互分工、协作配合，由专人包装成"金牌分析师"，鼓吹在大行情时通过分析师指导可获巨额收益，进一步骗取客户信任，直接或通过业务主任、业务员向客户发送与实际预测市场行情相反的指导意见，配合业务主任及业务员鼓动客户加金、加仓及频繁操作，继续隐瞒公司与客户的对赌关系、费用被杠杆扩大等事实真相，故意使客户造成巨额亏损并产生大量手续费。在客户亏损后，所谓的业务主任、业务员及分析师等各层级人员再次相互配合，由业务员继续以第三方身份诱骗客户加金、加仓操作等手段，进一步骗取客户投资款。综观各被告人的事前、事中、事后一系列客观行为表现，足以认定其主观上具有非法占有他人财物的诈骗犯罪故意，客观上实施了一系列诈骗犯罪行为，符合诈骗罪的构成特征。根据刑法规定，行为人在非法经营过程中诈骗他人钱财，其行为既符合非法经营罪的构成要件，又符合诈骗罪等构成要件的，应择一重罪定性处罚故本案一审判决蔡某某等人犯诈骗罪。蔡某某、张某某上诉及蔡某某的辩护人分别提出原判定性有误、本案应认定为非法经营罪或诱骗投资者买卖证券、期货合约罪等理由与事实及法律不符，法院不予采信。

第九章　完结类集资型犯罪
——洗钱罪

一、概念与犯罪构成

（一）概　念

洗钱罪出现的时间并不很长久，随着经济的发展、金融领域的繁荣，以及我国与国际社会的联系愈发紧密，逐渐开始出现犯罪分子"漂白"赃款的行为。洗钱罪在1979年刑法中没有规定，由于洗钱罪一般较常出现于跨国集团的犯罪中，国际社会对此高度重视，1988年12月20日，我国签署《联合国禁止非法贩运麻醉药品和精神药物公约》，随后1990年全国人大常委会通过《关于禁毒的决定》，对包庇走私、贩卖、运输、制造毒品的犯罪分子的，为犯罪分子窝藏、转移、隐瞒毒品或者犯罪所得的财物的，掩饰、隐瞒出售毒品获得财物的非法性质和来源的，处7年以下有期徒刑、拘役或者管制，可以并处罚金。1997年刑法加入了洗钱罪的规定，扩大了洗钱罪上游犯罪的范围："明知是毒品犯罪、黑社会性质的组织犯罪、走私犯罪的违法所得及其产生的收益，为掩饰、隐瞒其来源和性质，有下列行为之一的，没收实施以上犯罪的违法所得及其产生的收益，处五年以下有期徒刑或者拘役，并处或者单处洗钱数额百分之五以上百分之二十以下罚金；情节严重的，处五年以上十年以下有期徒刑，并处洗钱数额百分之五以上百分之二十以下罚金：（一）提供资金账户的；（二）协助将财产转换为现金或者金融票据的；（三）通过转账或者其他结算方式协助资金转移的；（四）协助将资金汇往境外的；（五）以其他方法掩饰、隐瞒犯罪的违法所得及其收益的性质和来源的。单位犯前款罪的，对单位判处罚金，并对其直接负责的主管人员和其他直接责任人员，处五年以下有期徒刑或者拘役。"2001年，全国人大常委会通过《中华人民共和国刑法修正案（三）》，受"9·11"事件的影响，洗钱罪增加了恐怖活动犯罪作为上游犯罪，并有委员提出单位洗钱犯罪在一定程度上比个人洗钱危害更大，对单位犯洗钱罪的责任人员的处罚增加一档刑。2006年，全国人大常委会修改通过《中华人民共和国刑法修正案（六）》，进一步增加了上游犯罪的种类，并增加了行为种类。修改后的刑法对于洗钱罪规定："明知是毒品犯罪、黑社会性质的组织犯罪、恐怖活动犯罪、走私犯罪、贪污贿赂犯罪、破坏金融管理秩序犯罪、金融诈骗犯罪的所得及其产生的收益，为掩饰、隐瞒其来源和性质，有下列行为之一的，没收实施以上犯罪的所得及其产生的收益，处五年以下有期徒刑或者拘役，并处或者单处洗钱数额百分之五以上百分之二十以下罚金；情节严重的，处五年以上十年以下有期徒刑，并处洗钱数额百分之五以上百分之二十以下罚金：（一）提供资金账户的；（二）协助将财产转换为现金、金融票据、有价证券的；（三）通过转账或者其他结算方式协助资金转移的；（四）协助将资金汇往境外的；（五）以其他方法掩饰、隐瞒犯罪所得及其收益的来源和性质的。单位犯前款罪的，对单位判处罚金，并对其直接负责的主管人员和其他直接责任人员，处五年以下有期徒刑或者拘役；情节严重的，处五年以上十年以下有期徒刑。"

根据刑法规定，洗钱罪是指明知是毒品犯罪、黑社会性质的组织犯罪、恐怖活动犯罪、走私犯罪、贪污贿赂犯罪、破坏金融管理秩序犯罪、金融诈骗犯罪的所得及其产生的收益，掩饰、隐瞒其来源和性质的行为。

（二）犯罪构成

本罪的主体是一般主体，包括年满16周岁具有刑事责任能力的自然人和单位。

本罪的主观方面是故意，且为直接故意。刑法条文中明确行为人需要"明知"是毒品犯罪等7种上游犯罪的所得及收益，且主观目的为掩饰、隐瞒其来源和性质。本罪的"明知"不仅包括行为人明确知道的情况，还包括根据一般认知，以及相关的证据事实，接触他人犯罪所得及其收益的情况，犯罪所得及其收益的种类、数额，犯罪所得及其收益的转换、转移方式以及被告人的供述等主、客观因素进行认定，可以认定行为人是"明知"的情况。同时行为人的"明知"的时间应在上游犯罪实施完毕之后，如果在上游犯罪实施前或者实施时就明知，则行为人与上游犯罪的犯罪人成立共同犯罪。2009年，最高人民法院颁布《关于审理洗钱等刑事案件具体应用法律若干问题的解释》，第1条即明确了几种可认定为"被告明知"的情形："（一）知道他人从事犯罪活动，协助转换或者转移财物的；（二）没有正当理由，通过非法途径协助转换或者转移财物的；（三）没有正当理由，以明显低于市场的价格收购财物的；（四）没有正当理由，协助转换或者转移财物，收取明显高于市场的'手续费'的；（五）没有正当理由，协助他人将巨额现金散存于多个银行账户或者在不同银行账户之间频繁划转的；（六）协助近亲属或者其他关系密切的人转换或者转移与其职业或者财产状况明显不符的财物的；（七）其他可以认定行为人明知的情形。"将洗钱罪的上游犯罪之间相混淆的，不影响"明知"的认定。

本罪的客体为国家的金融管理秩序与社会管理秩序。

本罪的客观要件表现为明知是毒品犯罪、黑社会性质的组织犯罪、恐怖活动犯罪、走私犯罪、贪污贿赂犯罪、破坏金融管理秩序犯罪、金融诈骗犯罪的所得及其产生的收益，为掩饰、隐瞒其来源和性质的行为。"掩饰"是指采用弄虚作假的方法掩饰真相，"隐瞒"是指不透漏真实情况。掩饰、隐瞒行为具体可表现为："（一）提供资金账户的；（二）协助将财产转换为现金、金融票据、有价证券的；（三）通过转账或者其他结算方式协助资金转移的；（四）协助将资金汇往境外的；（五）以其他方法掩饰、隐瞒犯罪所得及其收益的来源和性质的。"其中第（5）项"以其

271

他方法掩饰、隐瞒犯罪所得及其收益的来源和性质的"是指："（一）通过典当、租赁、买卖、投资等方式，协助转移、转换犯罪所得及其收益的；（二）通过与商场、饭店、娱乐场所等现金密集型场所的经营收入相混合的方式，协助转移、转换犯罪所得及其收益的；（三）通过虚构交易、虚设债权债务、虚假担保、虚报收入等方式，协助将犯罪所得及其收益转换为"合法"财物的；（四）通过买卖彩票、奖券等方式，协助转换犯罪所得及其收益的；（五）通过赌博方式，协助将犯罪所得及其收益转换为赌博收益的；（六）协助将犯罪所得及其收益携带、运输或者邮寄出入境的；（七）通过前述规定以外的方式协助转移、转换犯罪所得及其收益的。"本罪规定的7种上游犯罪，并不是单个的罪名，而是指7类犯罪，比如"黑社会性质的组织犯罪"是由黑社会性质的组织所实施的犯罪。黑社会性质的组织的特征有："（一）形成较稳定的犯罪组织，人数较多，有明确的组织者、领导者，骨干成员基本固定；（二）有组织地通过违法犯罪活动或者其他手段获取经济利益，具有一定的经济实力，以支持该组织的活动；（三）以暴力、威胁或者其他手段，有组织地多次进行违法犯罪活动，为非作恶，欺压、残害群众；（四）通过实施违法犯罪活动，或者利用国家工作人员的包庇或者纵容，称霸一方，在一定区域或者行业内，形成非法控制或者重大影响，严重破坏经济、社会生活秩序。"

二、立案标准

《立案追诉标准（二）》第48条规定："明知是毒品犯罪、黑社会性质的组织犯罪、恐怖活动犯罪、走私犯罪、贪污贿赂犯罪、破坏金融管理秩序犯罪、金融诈骗犯罪的所得及其产生的收益，为掩饰、隐瞒其来源和性质，涉嫌下列情形之一的，应予立案追诉：（一）提供资金账户的；（二）协助将财产转换为现金、金融票据、有价证券的；（三）通过转账或者其他结算方式协助资金转移的；（四）协助将资金汇往境外的；（五）以其他方法掩饰、隐瞒犯罪所得及其收益的来源和性质的。"

三、司法认定

对于本罪的主体是否包括上游犯罪的行为人，学界存在一定争议。有持肯定说的学者认为，上游犯罪是可以构成本罪的犯罪主体，实施了上游犯罪的行为人又实施了洗钱犯罪的，应当数罪并罚。[1] 因为，上游犯罪的行为人与其他主体所实施洗钱行为，从行为方式、危害后果等各方面实际上是不存在什么区别的，因此不应区别对待。同时洗钱的行为并不同于以往销赃行为，洗钱的行为将违法的资金合法化，"即这种行为不仅使黑钱非法持有，而且增加了使其合法化这一行为。这与状态犯仅有不法状态的继续而没有增加新的行为是不同的"[2]。本书持否定说，认为上游犯罪的行为人不能构成本罪。首先，从《刑法》第191条对于洗钱罪的描述可以看出，"明知"只可能是上游犯罪行为人之外的人，对于上游犯罪的行为人不需要用"明知"进行描述。其次，从掩饰、隐瞒的行为方式的描述词语来看"提供""协助"等词只可能是上游犯罪之外的人，且第5款的"其他方法"与前四款应属同种类，最高人民法院发布的《关于审理洗钱等刑事案件具体应用法律若干问题的解释》也证明确实是同一种类。最后，上游犯罪的行为人自己实施洗钱行为的，属事后不可罚行为，应当被前罪吸收。

四、刑事责任

根据《刑法》第191条，犯洗钱罪的没收实施以上犯罪的所得及其产生的收益，处5年以下有期徒刑或者拘役，并处或者单处洗钱数额5%以上20%以下罚金；情节严重的，处5年以上10年以下有期徒刑，并处洗钱数额5%以上20%以下罚金。单位犯本罪的，对单位判处罚金，并对其直接负责的主管人员和其他直接责任人员，处5年以下有期徒刑或者拘役；情

---

[1] 刘宪权主编：《中国刑法理论前沿问题研究》，人民出版社2005年版，第392页。
[2] 姜志刚："洗钱犯罪比较研究"，载《现代法学》1999年第1期。

节严重的，处5年以上10年以下有期徒刑。

五、案例解析

潘某某等洗钱案

【案情经过】被告人潘某某于2006年7月初，通过张某某的介绍和阿元取得联系，商定由被告人潘某某通过银行卡转账的方式为阿元转移从网上银行诈骗的钱款，被告人潘某某按转移钱款数额10%的比例提成。嗣后，被告人潘某某纠集了被告人祝某某、李某某、龚某，并通过杜某某收集陈某、董某某、宋某某、孙某某等多人的身份证，由杜至本市有关银行办理了大量信用卡交给被告人潘某某、祝某某。由阿元通过非法手段获取网上银行客户黄某某、芦某、姜某、陈某等多人的中国工商银行牡丹灵通卡卡号和密码等资料，然后将资金划入被告人潘某某通过杜某某办理的中国工商银行上海分行的67张灵通卡内，并通知被告人潘某某取款。阿元划入上述67张牡丹灵通卡内共计1 002 438.11元，这些信用卡内还被通过汇款的方式注入资金171 826元。被告人潘某某、祝某某、李某某、龚某于2006年7~8月，在本市使用上述67张灵通卡和另外27张灵通卡，通过ATM机提取现金共计1 086 085元，通过柜面提取现金共计73 615元，扣除事先约定的份额，然后按照阿元的指令，将剩余资金汇入相关账户内。

案发后，公安机关追缴赃款共计384 000元。上海市虹口区人民检察院以被告人潘某某、祝某某、李某某、龚某犯洗钱罪，向上海市虹口区人民法院提起公诉。该院作出（2007）虹刑初字第719号刑事判决书，判决潘某某、祝某某、李某某、龚某犯洗钱罪。

【判决理由】1997年刑法颁布至今，洗钱罪经历了两次修订。2001年12月颁布的刑法修正案（三）将洗钱罪的上游犯罪扩大到恐怖活动犯罪，并对情节严重的单位洗钱犯罪中的直接负责的主管人员和其他直接责任人员提高了法定刑，即由原来的仅判处5年以下有期徒刑或者拘役，提高到5年以上10年以下有期徒刑；2006年6月颁布的刑法修正案（六）将贪污贿赂犯罪、破坏金融管理秩序犯罪、金融诈骗犯罪纳入洗钱罪的上游犯罪，并将行为方式中的"协助将财产转换为现金或者金融票据"修改为"协助将财产转换为现金、金融票据、有价证券"。本案是刑法修正案（六）及反洗钱法施行后，全国法院审理的第一起洗钱罪案件，具有一定的典型性和指导意义。

（一）上游犯罪行为人虽未定罪判刑，洗钱行为的证据确实、充分的，可以认定洗钱罪

根据《刑法》第191条，洗钱罪是行为人对毒品犯罪、黑社会性质的组织犯罪、恐怖活动犯罪、走私犯罪、贪污贿赂犯罪、破坏金融管理秩序犯罪、金融诈骗犯罪这些上游犯罪的违法所得及其产生的收益进行清洗的行为。具体而言，毒品犯罪指《刑法》第四章妨害社会管理秩序罪第七节所规定的走私、贩卖、运输、制造毒品罪中所规定的犯罪；黑社会性质的组织犯罪指《刑法》第294条规定的组织、领导、参加黑社会性质组织罪；走私犯罪指《刑法》第三章破坏社会主义市场经济秩序罪第二节所规定的犯罪；贪污贿赂犯罪指《刑法》第八章中所规定的犯罪；破坏金融管理秩序犯罪和金融诈骗犯罪分别指《刑法》第三章第四节、第五节所规定的犯罪。洗钱罪属于行为犯，只要行为人实施了《刑法》第191条所规定的7种行为之一，不论其犯罪目的是否达到，均为犯罪既遂。当然，如果行为人涉案金额小，社会危害并不严重，则可以不认定为犯罪。

洗钱罪与上游犯罪的关系密不可分。可以说，如果没有上游犯罪，就没有洗钱罪、掩饰、隐瞒犯罪所得、犯罪所得收益罪这些下游犯罪、派生犯罪。那么，是否必须上游犯罪行为人已经法院定罪判刑，才能认定洗钱罪成立？上游犯罪尚未经法院定罪判刑，是否就不能认定行为人构成洗钱罪？当然不是。本书认为，只要有证据证明确实发生了刑法明文规定的上游犯罪，行为人明知或应知系上游犯罪的所得及其产生的收益，仍然为上游犯罪行为人提供资金账户、协助将财产转换为现金等，掩饰、隐瞒犯罪所得及其收益的，就可以认定洗钱罪成立。上游犯罪行为与洗钱行为的

案发状态、查处及审判进程不同，一律要求上游犯罪已经定罪判刑才能认定洗钱罪成立，既不符合立法精神，也不符合打击洗钱犯罪的实际需要。例如，有的上游犯罪事实相当复杂，有的则可能涉及数个犯罪，查处难度大，所需时间长，审判进程必然比较慢；而相关联的洗钱行为事实清楚，查处难度小，在这种情况下，上游犯罪可能尚处于侦查或审查起诉阶段，而洗钱罪已经进入审判阶段，法院不可能等上游犯罪处理完毕再审理洗钱犯罪，只要有充分的证据证明行为人的行为符合洗钱罪的犯罪构成特征，就可以认定洗钱罪。

实践中还可能发生实施洗钱行为的人已经抓获归案，而上游犯罪行为人尚在逃的情形，在这种情况下，只要确有证据证明发生了上游犯罪行为，并且根据现有的证据足以判断上游犯罪行为属于刑法所规定的7种犯罪，而非7种犯罪以外的其他犯罪，且行为人掩饰、隐瞒犯罪所得及所得收益的事实清楚，证据确实、充分，即使上游行为人尚未归案，也不影响洗钱罪的认定。应当注意的是，在上游犯罪行为人尚未归案的情况下，可能难以确定其行为性质，此时法院应当慎重处理：只有根据洗钱案件中所掌握的事实，足以断定上游行为属于《刑法》第191条所规定的7种犯罪类型之一，才能认定下游行为洗钱罪成立与否；如果根据现有的证据材料，尚难以断定上游行为是否构成犯罪、构成何种犯罪，则不宜认定洗钱罪。因为，《刑法》第191条规定了"明知"要件，如果法院尚不能判断上游行为是否构成犯罪，以及是否属于特定的7种犯罪，就无法断定行为人"明知"系7种犯罪所得及收益而实施洗钱行为。当然，如果根据证据足以断定上游犯罪属于7种犯罪以外的其他犯罪的，可以依法认定为《刑法》第312条所规定的掩饰、隐瞒犯罪所得、犯罪所得收益罪。

上述案件中，上游犯罪行为人阿元尚未抓获归案，根据被害人的陈述和被告人的供述，以及有关书证材料，可以确定阿元盗划他人信用卡内钱款的行为，已经涉嫌信用卡诈骗罪。被告人潘某某等明知阿元所获得的钱款系金融诈骗犯罪所得，为掩饰、隐瞒其来源和性质，仍提供资金账户并通过转账等方式协助资金转移，符合《刑法》第191条所规定的洗钱罪的构成特征，且涉案金额达100余万元，应当认定为洗钱罪。

　　一个需要讨论的问题是，上游犯罪的行为人未经法院判决，就判决下游的洗钱行为人构成洗钱罪，是否意味着法院在洗钱罪案件中直接认定和宣告了上游犯罪的行为人构成犯罪，从而违背无罪推定原则呢？笔者认为不是。第一，无罪推定原则是基于人权保障而从程序上给予犯罪嫌疑人和被告人的一种诉讼上的地位，即未经法院依法审判，任何人都不得被确定有罪。无罪推定原则的目的是适当平衡处于弱势的犯罪嫌疑人、被告人与处于强势的国家追诉机关之间的力量，使犯罪嫌疑人、被告人面对强大的国家追诉机关时给其一个防御的基础和逻辑起点。同时无罪推定原则也是维护社会安定的需要，如果没有这一原则，将使社会公众处于随时可被出罪入罪的恐慌之中，也给国家追诉机关随意出罪入罪提供了便利。所以，无罪推定原则仅仅是一种程序上的假定，只有在犯罪嫌疑人和被告人实际面对国家追诉机关、处于被追诉的地位时，才有适用的余地和意义。如果行为人在某个具体的案件中没有被列为犯罪嫌疑人或被告人，甚至根本没有到案，无罪推定原则根本没有对其适用的余地，更谈不上违背这一原则了。在洗钱罪中，上游犯罪行为人根本没有到案被列为被告人，根本谈不上对其适用或者违反无罪推定原则。第二，洗钱罪的上游犯罪和洗钱罪虽有联系，但各有不同的、独立的犯罪构成，分别需要独立进行评价。上游犯罪在洗钱罪的犯罪构成中，只是作为要素之一而出现，如果根据洗钱罪中的证据足以认定上游行为客观上符合上游犯罪的罪名所规定的条件，从而在洗钱罪的判决中予以阐述，只是对洗钱罪而言具有意义，并不意味着对上游行为人作有罪宣告。上游行为人是否构成上游犯罪，仍然必须经过独立的刑事司法程序，否则，其仍然是无罪的。第三，对于刑法条文中许多用语，立法者基于立法的简洁性、方便性及通俗性考虑，在不少情况下会借用规范用语表达通俗的意义。所以，我们在这些情况下必须从普通的意义上而不是从规范的意义上去理解这些用语的真实含义，否则就会有违刑法的安定性、合目的性及正义理念，甚至得出非常荒谬的结论。比如，《刑法》第68条规定："犯罪分子有揭发他人犯罪行为，查证属实的，或者提供重要线索，从而得以侦破其他案件等立功表现的，可以从轻或者减轻处罚；有重大立功表现的，可以减轻或者免除处罚。"这里的"犯罪分子"显然不能根据无罪推定原则从规范意义上去理解，即理解为已决犯，而是应当理解为未经法院生效判决的犯罪嫌疑人和被告人，否则，就与《刑法》第68条的整体规定相矛盾，也使该条丧失了适用的余地。类似的例子还有《刑法》第310条。该条规定，明知是犯罪的人而为其提供隐藏处所、财物，帮助其逃匿或者作假证明包庇的，构成窝藏罪、包庇罪。在理论界和司法实务界，一般并不把刑法该条中的"犯罪的人"理解为已决犯，否则将大大缩小窝藏罪、包庇罪的适用范围，严重背离刑法该条文的立法精神。同时，在程序上，一般也不要求对所窝藏、包庇的对象先行进行审判定罪，然后才对窝藏罪、包庇罪进行处理。从另一个角度而言，先行处理窝藏罪、包庇罪，也从未有人认为是对窝藏、包庇的对象未经审判就定罪，从而违背无罪推定原则。对于洗钱罪而言也是如此。从程序角度而言，应当从普通意义上而不是从规范意义上去理解洗钱罪中所规定的毒品犯罪、走私犯罪、金融诈骗犯罪等上游犯罪，如果要求所有的洗钱犯罪都必须等到相应的上游犯罪处理完毕后再处理，就会造成对这类犯罪打击不力的后果。如在某些洗钱犯罪案件中，上游犯罪的事实已经查清，但上游犯罪行为人没有到案，甚至基于长期潜逃、死亡、精神失常等原因而永远无法到案，由此造成洗钱犯罪的行为人，也永远无法追究其洗钱罪的刑事责任，这显然是与洗钱罪的立法精神格格不入的。

（二）是否通谋，是区分上游犯罪共犯与洗钱罪的关键

毒品犯罪、黑社会性质的组织犯罪、恐怖活动犯罪、走私犯罪、贪污贿赂犯罪、破坏金融管理秩序犯罪、金融诈骗犯罪分子自己掩饰、隐瞒犯罪所得及收益的，掩饰、隐瞒行为是前一个犯罪行为的延续，为前一个犯罪行为所吸收，属于"不可罚的事后行为"，不单独成立洗钱罪。因此，是否通谋是区分行为人成立上游犯罪的共犯还是单独成立洗钱罪的关键。如果行为人事前与上游犯罪行为人通谋，事后实施了洗钱行为的，成立上

游犯罪的共犯；如果事前并无通谋，仅仅是事后实施了洗钱行为的，则单独成立洗钱罪。

一般而言，如果上游犯罪正在查处或已经查处完毕，比较容易判断行为人是否为上游犯罪的共犯；但在上游犯罪行为人在逃的情况下，因掌握的证据有限，可能难以判断是否事先有共谋。在这种情况下，法院应当根据已掌握的证据情况，认真进行甄别。能够认定事先确有同谋的，应当认定为共犯，根据行为人在共同犯罪中的地位、作用作出与其罪刑相当的裁决，避免将上游犯罪的共犯认定为洗钱罪，轻纵犯罪分子；如果根据现有的证据难以判定其与上游行为人存在共谋，但其实施洗钱行为的证据确实、充分的，应当就轻认定洗钱罪。本案中，公安机关以信用卡诈骗罪对4名被告人立案侦查、刑事拘留、逮捕，但公诉机关以洗钱罪向法院提起公诉，法院也以洗钱罪进行判决，因为没有相关证据证明4名被告人与阿元事先进行信用卡诈骗罪的通谋。从现有证据看，4名被告人均供述其明知是阿元从网上银行诈骗来的钱款，阿元要其帮助转移，但没有证据证明4名被告人事先和阿元预谋，或者事中明知阿元将被害人信用卡上的钱款通过非法手段直接划到4名被告人所持有的信用卡上，故从证据上看，不能认定4名被告人构成信用卡诈骗罪的共犯。但有充分的证据证明潘某某等办理了大量的信用卡，为阿元提供资金账户，协助转移资金，因此可以认定4名被告人构成洗钱罪。

（三）洗钱罪与掩饰、隐瞒犯罪所得、犯罪所得收益罪的界限

为适应打击洗钱犯罪的需要，《刑法修正案（六）》对《刑法》第312条窝藏、转移、收购、销售赃物罪作了修正，扩大了犯罪对象范围，由过去犯罪所得的赃物修改为犯罪所得及其产生的收益；行为方式增加以其他方法掩饰、隐瞒的这一兜底条款；提高了本罪法定刑，增加了一个量刑幅度。《刑法》第191条及第312条相互补充，共同构筑起了反洗钱的防线。

洗钱罪与掩饰、隐瞒犯罪所得、犯罪所得收益罪的区别主要在于：第一，犯罪客体不完全相同。洗钱罪的客体是国家的金融管理秩序，同时客

观上也破坏司法机关的查处活动；掩饰隐瞒犯罪所得、犯罪所得收益罪的客体是司法机关的正常活动，在某些情况下，也可能侵犯国家的金融监管秩序。第二，上游犯罪的范围不同，洗钱罪的上游犯罪只限于法律明文规定的7种犯罪，而掩饰、隐瞒犯罪的上游犯罪为上述7种犯罪以外所有犯罪。第三，洗钱罪的犯罪主体既可以是个人，也可以是单位，而掩饰、隐瞒犯罪所得、犯罪所得收益罪的犯罪主体仅为个人，不包括单位。

一般而言，洗钱罪与掩饰、隐瞒犯罪所得、犯罪所得收益罪之间比较容易区分。应当注意的是，并非所有为毒品犯罪、贪污贿赂犯罪等7种犯罪掩饰、隐瞒犯罪所得的，都构成洗钱罪。《刑法》第191条规定了洗钱罪的5种形式，即提供资金账户；协助将财产转换为现金、金融票据、有价证券；通过转账或者其他结算方式协助转移；协助将资金汇往境外；以其他方式掩饰、隐瞒犯罪的违法所得及其收益的来源和性质。从所列举的上述几种行为方式可以看出，洗钱罪的保护客体主要为国家金融监管秩序。如果行为人所实施的掩饰、隐瞒行为并未侵犯国家的金融监管秩序，例如行为人明知某一贵重物品系他人受贿所得，仍帮助他人窝藏、转移该物品，以逃避司法机关的查处，该行为主要妨害了司法秩序，并未妨害国家的金融监管秩序，属于《刑法》第312条所规定的窝藏、转移赃物行为，应当认定为掩饰、隐瞒犯罪所得罪，而非洗钱罪。

就上述案件而言，被告人的行为特征是符合洗钱罪的条件的，关键是上游犯罪究竟如何认定。如果上游犯罪系洗钱罪所规定的7种犯罪之一，则被告人的行为构成洗钱罪，否则，被告人的行为只能构成掩饰、隐瞒犯罪所得罪。该案的上游行为系行为人通过非法手段获取被害人银行卡卡号和密码，然后将卡内钱款通过网上银行非法转走。对于这一行为如何定性，理论界存在争议。有人认为应当定盗窃罪，有人认为应当定信用卡诈骗罪。认为应当定盗窃罪而不构成信用卡诈骗罪的理由是，在这种情况下，被害人没有基于被骗而自愿将钱款交给行为人，故不符合诈骗罪的基本特征。行为人通过非法手段获取被害人信用卡卡号和密码，然后将卡内钱款秘密转走，就像一个人窃取了被害人家的房门钥匙，然后开门将房内的财物窃走，其行为符合秘密窃取的特征。笔者认为，这种观点是值得商榷的。首先，诈骗类犯罪并不要求一定是被害人基于被骗而自动交付财物。在许多诈骗案件中，牵涉到三方关系，即实际被害人、财物保管控制人和诈骗行为人。诈骗行为人欺骗财物保管控制人，使其自动交付财物，而所造成的损失却由财物的实际所有人即被害人承担，在这种情况下，行为人的行为同样构成诈骗罪。在司法实务中不乏这样的案例。同样，在行为人通过非法手段获取被害人银行卡卡号和密码，然后将卡内钱款通过网上银行非法转走的案件中，也牵涉到三方关系，即持卡人、银行和行为人。持卡人和银行的权利义务关系通过银行卡申领协议确定，根据协议，如果指令银行从银行卡内付款时所输入的卡号和密码正确，银行就视为是持卡人给出的付款指令而必须付款。在这种情况下，如果持卡人的银行卡号和密码被持卡人以外的行为人通过非法手段获取，银行根据行为人所输入的卡号和密码而支付钱款，所遭受的损失应当由持卡人而不是银行承担。从银行和行为人的关系看，银行根据行为人输入的正确的卡号和密码按行为人的指令付款，只是基于银行的一种推定，即只要给出的卡号和密码正确，银行就视为是行为人发出的付款指令，故在这种情况下银行不承担责任。但如果有证据证明银行明知行为人是通过非法手段获取了持卡人的卡号和密码，仍然根据行为人的指令而付款，则银行存在过错，应当对持卡人承担赔偿责任。从这个意义上说，银行是基于被行为人欺骗而自动付款，但损失却要由持卡人承担。从持卡人和行为人的关系来说，行为人通过非法手段获取持卡人的卡号和密码后，向银行支付系统输入卡号和密码，并发出付款指令，显然是一种冒用持卡人信用卡的行为。综合上述三方面的关系，可以得出结论：行为人冒用持卡人信用卡，欺骗银行，银行基于被骗而付款，造成的损失由持卡人承担。这种行为完全符合信用卡诈骗罪的特征，应定信用卡诈骗罪。

综上，该案的上游犯罪为信用卡诈骗罪，4名被告人为掩饰、隐瞒信用卡诈骗所得的来源和性质，提供资金账户并通过转账等方式协助资金转移，其行为构成洗钱罪。

第十章 其他类集资型犯罪

第一节 伪造、变造、转让金融机构经营许可证、批准文件罪

一、概念与犯罪构成

(一)概　念

计划经济时代不存在经营机构的许可证制度，因此也就没有存在本罪的可能性。随着市场经济的发展，金融机构也逐步转向经营许可证制度，在此情况下就出现了不具有金融机构许可证的单位或者个人伪造、变造、转让金融机构许可证的行为。对此1979年刑法没有做出规制，1994年中国人民银行制定《金融机构管理规定》，对于伪造《金融机构法人许可证》或《金融机构营业许可证》的，中国人民银行有权冻结其账户，没收非法所得，并处以100万元以上1000万元以下的罚款；情节严重构成犯罪的，移送司法机关依法追究有关人员的刑事责任。但此时并没有相应的刑法条文对其进行规制。1995年，《商业银行法》对出租、出借经营许可证的行为做出行政处罚的规定，同时提出对构成犯罪的，依法应追究刑事责任。同年6月，全国人大常委会发布《关于惩治破坏金融秩序犯罪的决定》，结束了对于此种行为没有刑事处罚的困境，其中第6条第2款规定，伪造、变造、转让商业银行或者其他金融机构经营许可证的，处3

年以下有期徒刑或者拘役，并处或者单处2万元以上20万元以下罚金；情节严重的，处3年以上10年以下有期徒刑，并处5万元以上50万元以下罚金。1997年刑法吸收了该款规定作为第174条第2款，1999年《中华人民共和国刑法修正案》对该条进行修改，对本罪伪造、变造、转让的对象作出了扩充，形成了现行刑法中的规定，伪造、变造、转让商业银行、证券交易所、期货交易所、证券公司、期货经纪公司、保险公司或者其他金融机构的经营许可证或者批准文件的，处3年以下有期徒刑或者拘役，并处或者单处2万元以上20万元以下罚金；情节严重的，处3年以上10年以下有期徒刑，并处5万元以上50万元以下罚金。

（二）犯罪构成

本罪的主体为一般主体，包括年满16周岁具有刑事责任能力的自然人和单位，但学界对此存在争议。有学者认为伪造、变造金融机构经营许可证或者批准文件的行为主体可以是一般主体，任何单位和个人都可实施。但对于转让行为而言，只有具有合法金融机构经营许可证或批准文件的单位或个人才能实施。转让的行为主体一般情况下是许可证或者批准文件的合法持有者，但是也存在行为人捡拾、盗窃等方式获得许可证或批准文件后，将文件转让的情况。

本罪的主观方面是故意，且是直接故意。伪造、变造、转让的行为状态，只有处于直接故意的情况下才可成立。行为人明知自己伪造、变造、转让金融机构经营许可证或批准文件的行为会违反国家相关规定的，而依旧故意转让。本罪的主观目的可以有多种多样，不论是非法牟利的目的，还是为了帮助他人的目的，均不影响本罪的成立。

本罪的客体是国家对金融机构经营许可证的管理制度。

本罪的客观方面表现为伪造、变造、转让商业银行、证券交易所、期货交易所、证券公司、期货经纪公司、保险公司或者其他金融机构的经营许可证或者批准文件的行为。对于该处的伪造、变造的含义可以参照本书对伪造、变造国家有价证券罪中伪造、变造的含义。对于该处的"转让"，本书认为是指出售、出借、出租、赠与等有偿或者无偿的方式，转让给其他单位或个人。根据法律规定，《金融机构法人许可证》和《金融机构营业许可证》由中国人民银行总行统一设计和印制，金融机构应将《金融机构法人许可证》或《金融机构营业许可证》正本放置在营业场所的显著位置，并妥善存放、保管许可证副本，以备查验。许可证禁止伪造、涂改、出租、出借、转让、出卖，未经中国人民银行批准不得复印。任何其他单位和个人无权印制、转让。本罪的客观方面主要表现为以下几种行为：（1）具有擅自设立金融机构想法的单位或个人，伪造、变造商业银行、证券交易所、期货交易所、证券公司、期货经纪公司、保险公司或者其他金融机构的经营许可证或者批准文件；（2）虽自身不具有擅自设立金融机构的想法，但为他人伪造、变造商业银行、证券交易所、期货交易所、证券公司、期货经纪公司、保险公司或者其他金融机构的经营许可证或者批准文件；（3）具有金融机构经营许可证或批准文件的单位或个人，将其转让给他人。

二、立案标准

《立案追诉标准（二）》第25条规定："伪造、变造、转让商业银行、证券交易所、期货交易所、证券公司、期货公司、保险公司或者其他金融机构的经营许可证或者批准文件的，应予立案追诉"。

三、司法认定

本罪与擅自设立金融机构罪的关系。本罪与擅自设立金融机构罪经常交织在一起，行为人通过伪造、变造金融机构经营许可证、批准文件，随之设立金融机构。对于生活中，如果行为人伪造、变造、转让金融机构经营许可证、批准文件的目的就是设立金融机构，则二者之间是牵连犯，按照对牵连犯的规定定罪处罚。如果行为人为他人设立金融机构伪造、变造、转让金融机构经营许可证、批准文件，则可能同时构成两罪，以想象竞合犯的处罚原则进行惩处。如果行为人不知对方擅自设立金融机构的目的，伪造、变造、转让金融机构经营许可证、批准文件的，以本罪处罚。

四、刑事责任

本罪与擅自设立金融机构罪具有相同的量刑标准，犯本罪的处3年以下有期徒刑或者拘役，并处或者单处2万元以上20万元以下罚金；情节严重的，处3年以上10年以下有期徒刑，并处5万元以上50万元以下罚金。单位犯本罪的，对单位判处罚金，并对其直接负责的主管人员和其他直接责任人员，依照自然人的规定处罚。

五、案例解析

王某某伪造金融机构经营许可证、伪造企业印章案

【案情经过】2013年9月20日，被告人王某某为了从事银行汇票业务，向他人购买了福建省将乐县农村信用合作联社的企业资料复印件（包括金融许可证、开户许可证、机构信用代码证、税务登记证、组织机构代码证、企业法人营业执照、法定代表人余继生身份证复印件等）及伪造的将乐县农村信用合作联社的公章、财务专用章及余继生印等3枚印章。王某某将伪造的企业印章加盖在将乐县农村信用合作联社的金融许可证等企业资料复印件上，并利用伪造的企业印章分别于2013年9月27日在中国光大银行股份有限公司重庆分行开立账户，户名：将乐县农村信用合作联社，帐号：394＊＊＊＊＊＊＊＊＊＊8754，于2013年10月16日在中国邮政储蓄银行广州体育西支行开立账户，户名：将乐县农村信用合作联社，账号：9440＊＊＊＊＊＊＊＊＊＊9196。期间，王某某利用伪造的企业印章帮助中国光大银行股份有限公司重庆分行开展银行汇票等业务来消减该行的信贷规模。后王某某分别于2013年11月26日和2013年11月28日，使用伪造的企业印章在中国邮政储蓄银行广州体育西支行及中国光大银行股份有限公司重庆分行将将乐县农村信用合作联社的账户进行撤销。经鉴定，将乐县农村信用合作联社的企业资料复印件上的"将乐县农村信

用合作联社""将乐县农村信用合作联社财务专用章"及"余继生印"印文与将乐县农村信用合作联社相对应的样本印文均不是同一枚印章所盖。

2013年12月26日，被告人王某某主动到将乐县公安局投案，如实供述了自己的犯罪事实。福建省将乐县人民检察院以将检诉刑诉（2015）52号起诉书指控被告人王某某犯伪造金融机构经营许可证罪、伪造企业印章罪，于2015年6月3日向福建省将乐县人民法院提起公诉。福建省将乐县人民法院于2015年7月17日作出（2015）将刑初字第75号刑事判决书，判决王某某犯伪造金融机构经营许可证罪、伪造企业印章罪。

【判决理由】被告人王某某违反国家金融管理法规，利用伪造的将乐县农村信用合作联社的金融许可证等企业资料，开设对公账户，其行为已构成伪造金融机构经营许可证罪；被告人王某某扰乱社会管理秩序，利用自己伪造的将乐县农村信用合作联社的企业印章，帮助他人及自己办理银行业务，其行为已构成伪造企业印章罪。公诉机关指控的犯罪事实及罪名成立。被告人王某某在判决宣告以前一人犯有数罪，应当数罪并罚。案发后被告人自动投案，如实供述自己的罪行，是自首，予以从轻处罚。对于王某某的辩护人邱某某、邓某某提出的被告人王某某具有自首的情节，系初犯、偶犯，予以从轻处罚的辩护意见法院予以采纳。被告人王某某伪造的企业印章有用于伪造金融机构的金融许可证等企业资料来开设对公账户，但其主要还是用于帮助他人及自己办理银行业务。故对于王某某的辩护人邱某某、邓某某提出的被告人王某某伪造企业印章是手段，伪造金融机构经营许可证是目的，属牵连犯，应当采用吸收原则，以伪造金融机构经营许可证罪处罚的辩护意见法院不予采纳。鉴于被告人王某某犯罪情节较轻、有悔罪表现、没有再犯罪的危险、宣告缓刑对所居住社区没有重大不良影响，可以宣告缓刑。依照《中华人民共和国刑法》第174第1款、第2款，第280条第2款，第69条，第67条第1款及第72条第1款、第3款的规定做出判决。

第二节　虚假出资、抽逃出资罪

一、概念与犯罪构成

（一）概　念

虚假出资、抽逃出资罪在我国是市场经济不断发展的产物。1979年之前，我国处于计划经济时期，不存在公司注册资本的问题，也就不存在虚假出资、抽逃出资的问题，1979年刑法因此没有规定本罪。随着改革开放的不断推进，我国出现了大量民营企业、中外合资企业等各类型企业，这一时期出现了一些公司利用虚假手段进行公司注册，或者在完成公司注册后抽逃资金，进行扰乱市场经济秩序的活动。1993年《公司法》颁布，其中第208条对虚假出资进行了规定："公司的发起人、股东未交付货币、实物或者未转移财产权，虚假出资，欺骗债权人和社会公众的，责令改正，处以虚假出资金额百分之五以上百分之十以下的罚款。构成犯罪的，依法追究刑事责任。"第209条对抽逃出资进行了规定："公司的发起人、股东在公司成立后，抽逃其出资的，责令改正，处以所抽逃出资金额百分之五以上百分之十以下的罚款。构成犯罪的，依法追究刑事责任。"上述规定弥补了法律上对虚假出资、抽逃出资行为没有惩罚的缺憾。然而，对于公司法上规定的刑事责任，却没有相关的刑事法律法规与之衔接。1995年，全国人大常委会通过《关于惩治违反公司法的犯罪的决定》，其中第2条规定："公司发起人、股东违反公司法的规定未交付货币、实物或者未转移财产权，虚假出资，或者在公司成立后又抽逃其出资，数额巨大、后果严重或者有其他严重情节的，处五年以下有期徒刑或者拘役，可以并处虚假出资金额或者抽逃出资金额百分之十以下罚金。单位犯前款罪的，对单位判处虚假出资金额或者抽逃出资金额百分之十以下罚金，并对直接负责的主管人员和其他直接责任人员，依照前款的规定，处五年以下有期徒刑或者拘役。"至此，虚假出资、抽逃出资的行为有了刑法规制。1997年刑法修订时，虚假出资、抽逃出资罪被写入第159条。

随着公司法的修改，本罪的适用对象和适用条件发生了重大变化。全国人民代表大会常务委员会2014年做出《关于〈中华人民共和国刑法〉第一百五十八条、第一百五十九条的解释》，公司法修改后，《刑法》第158～159条的规定只适用于依法实行注册资本实缴登记制的公司。

这里沿用通常用法，直接摘取法条内容的描述来进行定义。虚假出资、抽逃出资罪，是指公司发起人、股东违反公司法的规定未交付货币、实物或者未转移财产权，或者在公司成立后又抽逃其出资，数额巨大、后果严重或者有其他严重情节的行为。

（二）犯罪构成

本罪的主体是特殊主体，即公司发起人或者股东，既可以是自然人，也可以是单位。

本罪的主观方面只能由故意构成，即故意未交付货币、实物或者未转移财产权、虚假出资，或抽逃出资。对由于某种过失造成虚假出资的，不应作为犯罪处理。例如对非货币出资的评估出现一些误差造成的虚假出资等。这是因为货币以外的财产价值不能自我表现，且经常在变动中，有些工业产权和非专利技术本身的使用价值和经济效益具有很大的不确定性，由于种种原因造成评估误差较难避免，只要不是故意的，都不能追究刑事责任。

本罪侵犯的客体是国家公司资本管理制度。为了稳定公司的注册资本及其正常运作，国家特地通过公司法对我国有限责任公司和股份有限公司的出资方式、额度、转移出资或抽回股本的原则作了规定，以实现国家对公司法规定的各类公司的监督管理。公司股东或发起人虚假出资，会在事实上使公司的注册资本大大低于其登记注册的资本甚或陷于虚无，从而使公司成为在事实上没有权利能力或责任能力的空壳公司；而擅自抽逃公司出资或股本的行为，实质上是对其他股东的擅自单方解约，这种单方解约的当然后果也是注册资本的减少，并易导致公司因难以正常运营而终止。由于公司是当前我国市场经济条件下的主要商事主体，因而公司的注册资本、股本及其设立与终止是否稳定，对稳定市场经济条件下的交易秩序极为重要。

本罪的客观方面表现为违反公司法的规定，未交付货币、实物或者未转移财产权，虚假出资，或者在公司成立后又抽逃其出资，数额巨大、后果严重或者有其他严重情节的行为。具体地表现为以下三方面：一是必须是违反公司法有关出资规定的行为。公司本身的特有性质，决定了公司的发起人、股东出资的多少，直接关系到股东在公司中所享受的权利和承担义务的大小。而是否能按照公司法的规定真实地足额地出资则又直接关系到公司能否正常地运转、公司承担责任的能力以及债权人和社会公众的利益。因此，公司法对股份有限公司的发起人、有限责任公司的股东的出资方式和履行出资义务都作了明确规定。二是必须有虚假出资或抽逃出资的行为。包括违反公司法的规定未交付货币、实物或者未转移财产权，虚假出资的行为；违反公司法规定，在公司成立后又抽逃其出资的行为。三是必须是数额巨大、后果严重或者有其他严重情节的行为。"数额巨大、后果严重或者有其他严重情节"是划清本罪与非罪的主要界限。行为人虚假出资或者抽逃出资如果数额不大、后果不严重，也没有其他严重情节的，就不能构成本罪。

二、立案标准

《立案追诉标准（二）》第4条规定："公司发起人、股东违反公司法的规定未交付货币、实物或者未转移财产权，虚假出资，或者在公司成立后又抽逃其出资，涉嫌下列情形之一的，应予立案追诉：（一）超过法定出资期限，有限责任公司股东虚假出资数额在三十万元以上并占其应缴出资数额百分之六十以上的，股份有限公司发起人、股东虚假出资数额在三百万元以上并占其应缴出资数额百分之三十以上的；（二）有限责任公司股东抽逃出资数额在三十万元以上并占其实缴出资数额百分之六十以上的，股份有限公司发起人、股东抽逃出资数额在三百万元以上并占其实缴出资数额百分之三十以上的；（三）造成公司、股东、债权人的直接经济损失累计数额在十万元以上的；（四）虽未达到上述数额标准，但具有下列情形之一的：1.致使公司资不抵债或者无法正常经营的；2.公司发起人、股东合谋虚假出资、抽逃出资的；3.两年内因虚假出资、抽逃出资受过行政处罚二次以上，又虚假出资、抽逃出资的；4.利用虚假出资、抽逃出资所得资金进行违法活动的。（五）其他后果严重或者有其他严重情节的情形。"

三、司法认定

（一）虚假出资、抽逃出资罪与虚报注册资本罪的认定

二者都是违反公司法的行为，并且都有虚假出资欺诈行为，二者的区别主要在于：（1）犯罪主体不同。本罪的犯罪主体是公司的发起人、股东；而虚报注册资本罪的犯罪主体是申请公司登记的人。（2）诈欺的对象不同。本罪诈欺的对象主要是本公司的其他股东或发起人、认股人；而虚报注册资本罪的诈欺对象主要是公司登记主管部门。（3）行为方式不尽相同。本罪的行为方式除有虚假出资外，还包括抽逃出资行为；而虚报注册资本罪者，没有抽逃出资行为。（4）行为发生的时间不同，本罪行为既可能发生在公司成立之前，也可能发生于成立之后；而虚报注册资本罪的行为只能发生在公司登记过程之中、成立之前。

（二）虚假出资、抽逃出资罪与诈骗罪的认定

本罪是公司发起人、股东违反公司法规定的出资义务，未出资或抽逃出资而欺骗其他股东、债权人和社会公众、虚假或抽逃出资数额巨大、后果严重、情节严重的欺骗行为。诈骗罪是以非法占有为目的，采取虚构事实或隐瞒事实真相的方法，骗取数额较大的公私财物的行为。二罪在隐瞒事实真相、骗取他人方面有相似之处，但二者在犯罪特征上有本质的不同。（1）在客体方面，本罪侵害的客体是公司或债权人的权益及公司财产管理制度。而诈骗罪侵害的客体是公私财产所有权。（2）在犯罪对象上，本罪只是行为人自己应缴纳的资产份额，具有特定性；诈骗罪则是公

私财物，具有不特定性。（3）在客观方面，本罪行为人的欺骗行为是为了使他人相信自己已履行法定出资义务，因此并不表现为非法占有的直接目的；而诈骗罪的诈骗行为在于让财物所有人或占有人"自愿"将财物交给行为人，表现出非法占有的目的。（4）在主体方面，本罪为特殊主体，即公司发起人、股东；而诈骗罪为一般主体。（5）在主观方面两罪虽同为故意，但其动机和目的有所不同。

四、刑事责任

根据《刑法》第159条，犯虚假出资、抽逃出资罪的，处5年以下有期徒刑或者拘役，并处或者单处虚假出资金额或者抽逃出资金额2%以上10%以下罚金。单位犯本罪的，对单位判处罚金，并对其直接负责的主管人员和其他直接责任人员，处5年以下有期徒刑或者拘役。

五、案例解析

被告单位某公司、被告人陈某等抽逃出资案

【案情经过】2011年1月初，为注册成立金坛市汇众农村小额贷款股份有限公司（以下简称：汇众公司），被告单位（法定代表人陈某）及江苏某钢管有限公司（法定代表人干某鸿，已被判决）、被告人姜某、戴某、江某集体商议决定以借款形式注资，待公司成立后抽资还款。2011年1月19日、20日，被告人陈某将从林某处借来的1.5亿元按出资比例分别转入各股东账户，各股东再将资金转入汇众公司账户用于注册成立汇众公司（公司实缴出资额为1.5亿元）。2011年1月底，汇众公司以伪造22家企业向其借款的形式将该公司账户内资金1.3亿元转出用于归还林某的借款。2013年12月，公安人员在侦办干某鸿挪用资金案过程中对被告人陈某、姜某、戴某、江某进行调查，四人均如实供述了自己抽逃出资的事实。在本案立案后，被告人陈某、姜某、戴某、江某先后于2015年2月9日、2016年5月30日、5月31日主动到公安机关投案。

【判决理由及结果】被告单位北京奇能投资有限公司、被告人姜某、戴某、江某作为金坛市汇众农村小额贷款股份有限公司股东，在公司成立后又抽逃出资，数额巨大，其行为已构成抽逃出资罪，属共同犯罪。被告人陈某作为被告单位北京奇能投资有限公司直接负责的主管人员，亦应以抽逃出资罪承担刑事责任。本案中，被告单位、被告人姜某、戴某、江某及江苏某钢管有限公司作为小额贷款公司股东，在自己未实际出资的情况下集体商议借资注册后抽资还款，并在公司注册后将1.3亿元假借他人借款名义转出归还之前的借款，其行为破坏了国家对公司的管理制度，干扰了正常的经济秩序的运行，已符合抽逃出资罪的构成要件。作为共同犯罪整体，各被告人均应对抽逃公司1.3亿元资金承担责任，其主观上是否有损害公司利益的故意，客观上是否损害了他人利益，均不影响本案定性，但结合四被告人的辩解可以在量刑时适当予以考虑。根据各被告人在犯罪中的地位和作用，本案不宜区分主从犯，但考虑到具体借资、还款等事项由被告人陈某负责，被告人姜某、戴某、江某的作用相对较小，故在量刑时对该三人可以从轻处罚。作为被告单位法定代表人的被告人陈某及被告人姜某、戴某、江某犯罪后均能主动到公安机关投案，并如实供述所犯罪行，对被告单位及四被告人均应认定有自首情节，依法可以从轻处罚。在本案审理期间，被告单位及被告人姜某、戴某、江某能预缴罚金，有悔罪表现，均可酌情从轻处罚。根据被告单位及四被告人的犯罪情节、认罪态度和悔罪表现，对被告单位、被告人陈某、姜某、戴某、江某均予以从轻处罚，并可对被告人陈某、姜某、戴某、江某宣告缓刑。依照《中华人民共和国刑法》第159条，第30条，第25条第1款，第67条第1款，第52条，第53条，第72条第1款，第3款，第72条第2款、第3款以及全国人民代表大会常务委员会《关于〈中华人民共和国刑法〉第158条、第159条的解释》之规定，法院判决：一、被告单位犯抽逃出资罪，判处罚金200万元；二、被告人陈某犯抽逃出资罪，判处有期徒刑1年，缓刑1年6个月；三、被告人姜某犯抽逃出资罪，判处拘役6个月，缓刑8个月，并处罚金26万元；四、被告人戴某犯抽逃出资罪，判处拘役6个月，缓刑8个月，并处罚金26万元；五、被告人江某犯抽逃出资罪，判处拘役6个月，缓刑8个月，并处罚金26万元。

第三节　吸收客户资金不入账罪

一、概念与犯罪构成

（一）概　念

金融市场持续高速发展的另一面是与之相配套的法律规范不够健全，随之而来的是各种方式的金融犯罪得不到应有的规制。近年来，金融犯罪的手段不断翻新，现实生活中存在银行或者其他金融机构的工作人员对于吸收客户资金不入账，而将资金用于非法拆借、发放贷款等一系列牟利活动的犯罪手法。这种由金融机构内部生发出来的犯罪，严重损害了金融秩序，对其处罚刻不容缓。1979年刑法对吸收客户资金不入账罪没有加以规制，迟至1997年刑法修改时，才将本罪纳入其中，并命名为用账外客户资金非法拆借、发放贷款罪，具体规定为："银行或者其他金融机构的工作人员以牟利为目的，采取吸收客户资金不入账的方式，将资金用于非法拆借、发放贷款，造成重大损失的，处五年以下有期徒刑或者拘役，并处二万元以上二十万元以下罚金；造成特别重大损失的，处五年以上有期徒刑，并处五万元以上五十万元以下罚金。单位犯前款罪的，对单位判处罚金，并对其直接负责的主管人员和其他直接责任人员，依照前款的规定处罚。"1999年国务院颁布的《金融违法行为处罚办法》对于金融机构从事账外经营行为规定了行政处罚。但由于刑法对于此罪的构成需要"以牟利为目的""将资金用于非法拆借、发放贷款"以及需要"造成重大损失"的后果，因此实践中对于该罪的定罪上存在较大难度，但该罪的多发性以及危害性有不得不加大对于该罪的惩处。2006年，《中华人民共和国刑法修正案（六）》对此做出了修改，删除了本案的犯罪目的以及不入账后行为人对于资金的用途，并加上了数额巨大的危害后果。修改后，本罪的构成较修改前更为容易。同时2007年最高人民法院、最高人民检察院发布《关于执行〈中华人民共和国刑法〉确定罪名的补充规定（三）》将原罪名修改为吸收客户资金不入账罪。现行《刑法》第187条规定："银行或者其他金融机构的工作人员吸收客户资金不入账，数额巨大或者造成重大损失的，处五年以下有期徒刑或者拘役，并处二万元以上二十万元以下罚金；数额特别巨大或者造成特别重大损失的，处五年以上有期徒刑，并处五万元以上五十万元以下罚金。单位犯前款罪的，对单位判处罚金，并对其直接负责的主管人员和其他直接责任人员，依照前款的规定处罚。"

根据刑法规定，吸收客户资金不入账罪是指银行或者其他金融机构的工作人员吸收客户资金不入账，数额巨大或者造成重大损失的行为。

（二）犯罪构成

本罪的主体为特殊主体，包括银行或其他金融机构，这些金融机构的工作人员亦能构成本罪。但是需要说明的是，这里的银行等金融机构是指本身即具有吸收客户资金资质的金融机构。在合法吸收客户资金的基础上，不将资金入账。

本罪的主观方面是故意。对此有学者持有异议，认为本罪的危害后果包括数额巨大和造成重大损失，对于数额巨大的方面，行为人只能是故意，而造成重大损失方面可以是间接故意和过失。"因为只有过失犯罪和间接故意犯罪才以结果发生为构成要件，因此，在以结果发生—造成重大损失—为构成要件时，主观方面只可能是过失或间接故意。这里的过失是指行为人对损害结果—造成重大损失—应当预见而没有预见，或已经预见但轻信能够避免的心理态度。这里的间接故意是指行为人明知自己的行为可能造成重大损失，但对重大损失的发生采取放任的心理态度。"❶ 但也

---

❶ 胡启忠、石奎：《修正金融刑法适用研究：立法、理论、实务》，法律出版社2013年版，第148～149页。

有学者认为本罪只能由故意构成。❶ 本书认为本罪行为人的故意并不是对于发生的数额巨大或者造成重大损失的危害结果的希望或者放任，而是行为人明知自己不入账的行为是违反国家法律法规，破坏国家存款管理秩序，但仍然希望或放任结果的发生。本罪的对于危害结果的规定是区分罪与非罪的标准，与主观方面没有关系。

本罪的客体是国家的存款管理秩序。对于本罪的客体，在《刑法修正案（六）》颁布以前学者较多的阐述，例如经常出现的几个观点，本罪的客体是国家对金融资金拆借管理规定，国家金融管理制度和存款管理制度，国家对金融机构发放贷款的监管制度以及金融机构的声誉等一系列观点。但这些观点对于修改后的吸收客户资金不入账罪均不适用。

本罪的客观方面是吸收客户资金不入账，数额巨大或者造成重大损失的行为。根据《全国法院审理金融犯罪案件工作座谈会纪要》的规定，"吸收客户资金不入账"是指不记入金融机构的法定存款账目，以逃避国家金融监管，至于是否记入法定账目以外设立的账目，不影响该罪成立。不入账的方式可以是吸收的客户资金全部不入账，也可以是吸入的客户资金部分不入账。《金融违法行为处罚办法》规定了四类金融机构从事账外经营活动的行为："（一）办理存款、贷款等业务不按照会计制度记账、登记，或者不在会计报表中反映；（二）将存款与贷款等不同业务在同一账户内轧差处理；（三）经营收入未列入会计账册；（四）其他方式的账外经营行为。"对于"数额巨大或者造成重大损失"的理解，可以参照《立案追诉标准（二）》的规定。

二、立案标准

《立案追诉标准（二）》第43条规定："银行或者其他金融机构及其工作人员吸收客户资金不入账，涉嫌下列情形之一的，应予立案追诉：（一）吸收客户资金不入账，数额在一百万元以上的；（二）吸收客户资

---

❶　薛瑞麟主编：《金融犯罪再研究》，中国政法大学出版社2007年版，第180～182页。

金不入账，造成直接经济损失数额在二十万元以上的"。

三、司法认定

吸收客户资金不入账罪与非法吸收公众存款罪的区别：两罪之间存在某种关联。实践中，吸收客户资金不入账罪的资金可能来源于非法吸收公众存款的行为。如果在先的吸收公众存款的行为已经构成犯罪，之后的吸收客户资金不入账也已达到数额巨大或者造成重大损失的后果，则二者形成牵连犯，根据两罪所涉嫌的金额进行量刑，择一重罪处罚。非法吸收公众存款罪不需要起刑点，因此可能存在非法吸收公众存款达到刑事处罚标准，但吸收客户资金不入账罪没有达到入刑标准，则按照非法吸收公众存款罪处罚。

二者在其他很多方面也存在区别：首先，行为方式上，吸收客户资金不入账罪既有吸收的行为，又有不入账的行为，而非法吸收公众存款罪只有吸收资金的行为；其次，资金来源不同，吸收客户资金不入账罪的资金来源可以是合法的，也可以是非法的，而非法吸收公众罪的资金来源只能是非法的；再次，犯罪主体不同，吸收客户资金不入账罪的犯罪主体是特殊主体，即银行等金融机构及其工作人员，而非法吸收公众存款罪的犯罪主体是一般主体；最后，犯罪构成的条件不同，吸收客户资金不入账罪需要达到数额巨大或者造成重大损失的后果，而非法吸收公众存款罪则只需要扰乱金融秩序即可。

四、刑事责任

根据《刑法》第187条，犯吸收客户资金不入账罪数额巨大或者造成重大损失的，处5年以下有期徒刑或者拘役，并处2万元以上20万元以下罚金；数额特别巨大或者造成特别重大损失的，处5年以上有期徒刑，并处5万元以上50万元以下罚金。单位犯本罪的，对单位判处罚金，并对其直接负责的主管人员和其他直接责任人员，依照对自然人的规定处罚。

五、案例解析

何某甲犯吸收客户资金不入账罪案

【案情经过】2008年6月～2012年7月，被告人何某甲在担任中国银行常州永宁路分理处主任、常州西横街支行行长、常州青山桥支行行长期间，采用以银行名义与客户签订《转贷借款协议》《理财协议》的手段，以15%～18%的年利率吸收客户资金，共向冯某、姚某丙、陈某等人吸收资金1218.45万元，再将资金以年利率25%等转贷给他人，从中赚取利差。至案发，共造成冯某、姚某丙、陈某等人590余万元资金未能归还。

江苏省常州市天宁区人民法院审理江苏省常州市天宁区人民检察院指控被告人何某甲犯吸收客户资金不入账罪一案，于2015年10月23日做出(2015)天刑二初字第81号刑事判决，判决何某甲构成吸收客户资金不入账罪。后江苏省常州市中级人民法院做出(2015)常刑二终字第107号之二刑事裁定书，维持原判。

【判决理由】被告人何某甲作为银行工作人员，吸收客户资金不入账，数额巨大且造成重大损失，其行为已构成吸收客户资金不入账罪。依照《中华人民共和国刑法》第187条第1款、第64条之规定，以被告人何某甲犯吸收客户资金不入账罪，判处有期徒刑2年6个月，并处罚金人民币5万元；对被告人何某甲未退出的赃款，应继续予以追缴并发还相应的被害人。

第四节　高利转贷罪

一、概念与犯罪构成

(一) 概　念

随着经济的高速发展，各行各业对于资金的需求越来越强烈，然而受各种因素的影响，国家的信贷长期供需处于不平衡的状态，社会对于资金的需求远远大于金融机构所贷出的资金。这样就催生了一部分违法分子利用各种手段套取金融机构的贷款后，以高出银行贷款的利息转贷给其他人，严重破坏了正常的金融秩序的行为。然而遗憾的是，直至1997年刑法才开始对高利转贷的行为作出刑法规制。1996年中国人民银行的《贷款通则》第一次提到高利转贷的行为，其中第71条规定借款人套取贷款相互借贷牟取非法收入的，由贷款人对其部分或全部贷款加收利息；情节特别严重的，由贷款人停止支付借款人尚未使用的贷款，并提前收回部分或全部贷款。1997年《刑法》第175条规定："以转贷牟利为目的，套取金融机构信贷资金高利转贷他人，违法所得数额较大的，处三年以下有期徒刑或者拘役，并处违法所得一倍以上五倍以下罚金；数额巨大的，处三年以上七年以下有期徒刑，并处违法所得一倍以上五倍以下罚金。单位犯前款罪的，对单位判处罚金，并对其直接负责的主管人员和其他直接责任人员，处3年以下有期徒刑或者拘役。"现行刑法对1997年的规定沿袭了下来，未做修改。

根据刑法规定，高利转贷罪是指以转贷牟利为目的，套取金融机构信贷资金高利转贷他人，违法所得数额较大的行为。

(二) 犯罪构成

本罪的主体是一般主体，包括年满16周岁具有刑事责任能力的自然人和单位。有学者认为，本罪的主体是特殊主体，必须是已经从金融机构套取信贷资金的个人、单位，而其他个人和单位不能构成本罪。❶ 本书不赞成这种观点，高利转贷罪的行为并未将套取金融机构信贷资金的行为排除在外，而且转贷他人的前提是套取金融机构信贷资金。有学者认为本罪的单位主体必须是无贷款业务的单位，"因为有贷款业务的金融机构贷进贷出都是自己的正常业务，高利率贷出是行政违法，不是犯罪"❷。本书认为该种观点是值得商榷的，金融机构及其工作人员可事先与他人约定，以他人名义借贷，随后利用他人名义高利转贷，这种情况下是不影响成立高利转贷罪的。

本罪的主观方面是故意，且为直接故意，本罪是目的犯，必须以牟利为目的。行为人明知自己高利转贷的行为危害正常金融秩序，仍积极追求牟利目的的实现。如果行为人没有牟利目的，低于贷款利率或者与贷款利率相同转贷他人，则不能认为具有牟利的目的。在具有牟利目的后，行为人的动机不影响本罪的成立。同时要注意，行为人的故意应该是伴随着高利转贷行为一直存在。如果贷款之前有高利转贷的目的，取得贷款之后没有用于高利转贷，则不成立本罪；如果贷款之前没有高利转贷的故意，在取得贷款后萌生高利转贷的念头并转出，也不构成本罪。

本罪的客体是为国家信贷资金管理制度。

本罪的客观方面表现为套取金融机构信贷资金高利转贷他人，违法所得数额较大的行为。这里的"套取"是指编造与真实情况不同的事实，如借款人本人的生产经营状况、财务状况、贷款的用途等正常申请贷款所需要的材料，骗取本不应获取的贷款。"高利转贷"是指高于行为人从银行贷款的利率。"数额较大"应指行为人获得的利差数额较大，具体标准可参照《立案追诉标准（二）》的规定。

---

❶ 王新：《金融刑法导论》，北京大学出版社1998年版，第126页。
❷ 胡启忠：《金融犯罪论》，西南财经大学出版社2001年版，第217页。

二、立案标准

《立案追诉标准（二）》第26条规定："以转贷牟利为目的，套取金融机构信贷资金高利转贷他人，涉嫌下列情形之一的，应予立案追诉：（一）高利转贷，违法所得数额在十万元以上的；（二）虽未达到上述数额标准，但两年内因高利转贷受过行政处罚二次以上，又高利转贷的。"

三、司法认定

对于"高利"的标准，学界的观点存在较大差异。有学者认为高利是指高于中国人民银行规定的贷款利率的上限，平于或者低于上限者，不能构成本罪。[1] 另有学者认为，"高利转贷他人，是指行为人以比金融机构贷款利率高出许多的利率将套取的金融机构的信贷资金转贷他人，从中获取不法利益"[2]，"民间贷款的利率可以适当高于银行的利率，但最高不超过银行同类贷款利率的4倍；不允许计复利。既然，在同类贷款利率4倍以下的借贷，连违法都不算，而把利率4倍以下，只是所得较大认定为犯罪，有悖公平"。[3] 本书认为高利转贷罪的高利只需要高于银行贷款利率就可以了，至于高于多少不影响本罪成立。本罪所要求的利率不能与民间贷款利率相比较。本罪所侵犯的是国家信贷资金管理制度，每笔贷款应该有专门的用途，贷款的用途是金融机构批准贷款的重要因素，行为人改变资金用途已经侵犯了国家的信贷资金管理制度。同时《立案追诉标准（二）》中明确达到指定数额后，应立案追诉，并没有以指定的利率为立案标准。综上，本罪的转贷利率只要高于金融机构的同期贷款利率即为高利。

---

[1] 陈泽宪主编：《新刑法单位犯罪的认定与处理》，中国检察出版社1998年版，第262页。
[2] 郎胜、陈小云、刘焰主编：《金融从业的禁区——金融犯罪刑事法律解读》，中国长安出版社2006年版，第63页。
[3] 李永升主编：《金融犯罪研究》，中国检察出版社2010年版，第153页。

四、刑事责任

根据《刑法》第175条，犯高利转贷罪违法所得数额较大的，处3年以下有期徒刑或拘役，并处违法所得1倍以上5倍以下罚金；数额巨大的，处3年以上7年以下有期徒刑，并处违法所得1倍以上5倍以下罚金。单位犯前款罪的，对单位判处罚金，并对其直接负责的主管人员和其他直接责任人员，处3年以下有期徒刑或者拘役。2008年，上海市检察院发布《关于本市办理部分刑事犯罪案件标准的意见》，对上海地区犯本罪数额巨大的标准作出规定："个人高利转贷，违法所得数额在50万元以上的；单位高利转贷，违法所得数额在100万元以上的，属于'数额巨大'。"

五、案例解析

广某、温某高利转贷罪案

【案情经过】2005年以来，聂某荣等人相继成立某及广东誉峰担保有限公司、广州市沣盈贸易有限公司、广州市盈珀贸易有限公司、广州晋财贸易有限公司、广州市纳图贸易有限公司、广州市思兆贸易有限公司、广州市盈银贸易有限责任公司、广州市迅盈贸易有限责任公司、广州市沣盈贸易有限公司等公司（以下简称"沣盈公司"，即被告单位），由被告人温某及同案人曾某杰、陈某迁、聂某珍、容某嫦分别担任被告单位执行董事、总经理、财务总监、出纳、会计。

2012年4～12月，被告人温某及同案人曾某杰、陈某迁、聂某珍、容某嫦等人为被告单位获取非法利益，套取银行信贷资金后高利转贷给他人，并由同案人聂某珍制作收款申请单、付款申请单，交由被告人温某及同案人曾某杰、陈某迁签名后，操作被告单位内部账户的资金变动，并制作出纳帐，同案人容某嫦根据相关凭证制作会计账。被告单位某高利转贷违法所得共计1 090 983元。

广州市荔湾区人民检察院以穗荔检公刑诉[2014]1039号起诉书指控被告单位某及被告人温某犯高利转贷罪，于2014年11月4日向广州市荔湾区人民法院提起公诉，法院于2014年12月18日作出（2014）穗荔法刑初字第1034号刑事判决书，判决被告人温某犯高利转贷罪，被告单位某犯高利转贷罪。

（一）关于本案是否构成单位犯罪的问题

根据查明的事实，聂某荣等人成立被告单位，并由被告人温某、曾某杰、陈某迁、聂某珍、容某嫦分别担任被告单位执行董事、总经理、财务总监、出纳、会计，被告人温某及同案人为被告单位获取非法利益，以转贷牟利为目的，套取银行信贷资金后高利转贷给他人，违法所得数额巨大，被告单位构成单位犯罪。

（二）关于高利转贷犯罪违法所得数额的计算问题

高利转贷罪的违法所得，是指将银行信贷资金以高于银行贷款利率转贷他人后所获取的利息差额部分的数额。

第一宗高利转贷犯罪中，被告单位从兴业银行广州花城支行获取信贷资金1500万元后，以日利率4‰、贷款期限10日转贷给章某，获取利息60万元，其从兴业银行广州花城支行贷款的年利率为8.528%，需支付银行利息为35 533元，故违法所得为564 467元。第二宗高利转贷犯罪中，聂某荣从招商银行广州分行获取信贷资金500万元后，以日利率5.5‰、贷款期限10日转贷给清远市好来登国际酒店有限公司，获取利息275 000元，其从招商银行广州分行贷款中400万元年利率为7.572%，100万元年利率为8.203%，需支付银行利息为10 692元，故违法所得为264 308元。第三宗高利转贷犯罪中，沣盈公司从中国工商银行广州同福中路支行获取信贷资金1450万元后，转贷给珠海市庭佑化妆配件公司，五日获取利息275 500元，其从中国工商银行广州同福中路支行贷款的年利率为6.6%，需支付银行利息为13 292元，故违法所得为262 208元。以上共计违法所得1 090 983元。

审理法院认为，被告单位无视国家法律，以转贷牟利为目的，套取金融机构信贷资金高利转贷给他人，违法所得数额巨大，被告人温某作为直接责任人员，其行为均已构成高利转贷罪，依法应予以惩处。公诉机关指控被告单位及被告人温某犯高利转贷罪的罪名成立，法院予以支持。被告人温某犯罪后自动投案，如实供述自己的罪行，是自首，依法可以从轻处罚。根据被告人温某的犯罪情节及悔罪表现，依法可以适用缓刑。依照《刑法》第175条第2款、第52条、第53条、67条第1款、第72条第1款、第73条第2～3款、第64条之规定做出判决。

第五节　合同诈骗罪

一、概念与犯罪构成

（一）概　念

合同广泛运用于现代经济生活，在人们交易过程中发挥着不可替代的作用。然而在实际生活中，往往存在违法分子利用签订或者履行合同的机会，欺诈对方当事人，骗取财物。1985年最高人民法院、最高人民检察院联合发布的《关于当前办理经济犯罪案件中具体应用法律的若干问题的解答（试行）》规定："个人明知自己并无履行合同的实际能力或担保，以骗取财物为目的，采取欺诈手段与其他单位、经济组织或个人签订合同，骗取财物数额较大的，应以诈骗罪追究刑事责任。"1996年最高人民法院发布《关于审理诈骗案件具体应用法律的若干问题的解释》，其中第2条规定了6种以非法占有为目的，利用经济合同进行诈骗的情形："（一）明知没有履行合同的能力或者有效的担保，采取下列欺骗手段与他人签订合同，骗取财物数额较大并造成较大损失的：1.虚构主体；2.冒用他人名义；3.使用伪造、变造或者无效的单据、介绍信、印章或者其他证明文件的；4.隐瞒真相，使用明知不能兑现的票据或者其他结算凭证作为合同履行担保的；5.隐瞒真相，使用明知不符合担保条件的抵押物、债权文书等作为合同履行担保的；6.使用其他欺骗手段使对方交付款、物的。（二）合同签订后携带对方当事人交付的货物、货款、预付款或者定金、保证金等担保合同履行的财产逃跑的。（三）挥霍对方当事人交付的货物、货款、预付款或者定金、保证金等担保合同履行的财产，致使上述款物无法返还的。（四）使用对方当事人交付的货物、货款、预付款或者定金、保证金等担保合同履行的财产进行违法犯罪活动，致使上述款物无法返还的。（五）隐匿合同货物、货款、预付款或者定金、保证金等担保合同履行的财产，拒不返还的。（六）合同签订后，以支付部分货款，开始履行合同为诱饵，骗取全部货物后，在合同规定的期限内或者双方另行约定的付款期限内，无正当理由拒不支付其余货款的。"直至1997年刑法修改，才将合同诈骗罪正式纳入刑法中。《刑法》第224条规定："有下列情形之一，以非法占有为目的，在签订、履行合同过程中，骗取对方当事人财物，数额较大的，处三年以下有期徒刑或者拘役，并处或者单处罚金；数额巨大或者有其他严重情节的，处三年以上十年以下有期徒刑，并处罚金；数额特别巨大或者有其他特别严重情节的，处十年以上有期徒刑或者无期徒刑，并处罚金或者没收财产：（一）以虚构的单位或者冒用他人名义签订合同的；（二）以伪造、变造、作废的票据或者其他虚假的产权证明作担保的；（三）没有实际履行能力，以先履行小额合同或者部分履行合同的方法，诱骗对方当事人继续签订和履行合同的；（四）收受对方当事人给付的货物、货款、预付款或者担保财产后逃匿的；（五）以其他方法骗取对方当事人财物的。"现行刑法一直沿用该项规定。

（二）犯罪构成

本罪的犯罪主体是一般主体，包括年满16周岁具有刑事责任能力的自然人和单位。

本罪的主观方面是故意，且为直接故意，并具有非法占有的目的。该诈骗的故意应该存在于合同签订或履行过程中以及合同签订之前。如果签订合同，并且对方交付财物之后才产生非法占有的故意，进行诈骗活动的，不成立本罪。行为人如果在签订合同之前存在非法占有的故意，但签订或履行合同时，并未进行诈骗行为，此时也不构成本罪。

本罪的客体是复杂客体，"国家对经济合同的管理秩序和公私财物所有权"❶。

本罪的客观方面表现为在签订、履行合同过程中，骗取对方当事人财物，数额较大的行为。第一，本罪应该发生在签订、履行合同过程中；第二，实施了骗取对方财物的行为，合同诈骗的行为可具体可表现在五种情形："（一）以虚构的单位或者冒用他人名义签订合同的；（二）以伪造、变造、作废的票据或者其他虚假的产权证明作担保的；（三）没有实际履行能力，以先履行小额合同或者部分履行合同的方法，诱骗对方当事人继续签订和履行合同的；（四）收受对方当事人给付的货物、货款、预付款或者担保财产后逃匿的；（五）以其他方法骗取对方当事人财物的。"第三，骗取的数额较大，可参照《立案追诉标准（二）》的规定。

二、立案标准

《立案追诉标准的规定（二）》第77条规定："以非法占有为目的，在签订、履行合同过程中，骗取对方当事人财物，数额在二万元以上的，应予立案追诉。"

三、司法认定

此处重点分析本罪与一般经济合同纠纷的界限。

实践中在打击合同诈骗罪的同时，应防止打击面的扩大，将一般的经济合同纠纷当作刑事犯罪处罚。合同诈骗罪与一般经济合同纠纷最重要的区别在于是否有非法占有的目的。因此只有对非法占有目的有了清楚的认识，才可对合同诈骗罪与一般经济合同纠纷加以区分。首先，考察行为人是否运用了明显的欺诈手法，如虚构主体、冒充他人名义、使用的文件系伪造等方面。如果存在这类欺诈手法，一般认为具有非法占有目的。其次，行为人是否具有履行合同的能力，如果所签订的合同明显超出行为人

---

❶　高铭暄、马克昌主编：《刑法学》，北京大学出版社2011年第五版，第450页。

的履行能力，可认为是非法占有目的。再次，行为人履行合同的情况，如果行为人积极履行合同或者履行了合同的主要内容，一般不认为是合同诈骗；如果行为人没有履行或者只是履行一小部分义务，可认为是非法占有的目的。最后，行为人没有履行合同是因为虽然想积极履行但客观上不能，还是有履行能力但不履行。

四、刑事责任

根据《刑法》第224条，犯合同诈骗罪数额较大的，处3年以下有期徒刑或者拘役，并处或者单处罚金；数额巨大或者有其他严重情节的，处3年以上10年以下有期徒刑，并处罚金；数额特别巨大或者有其他特别严重情节的，处10年以上有期徒刑或者无期徒刑，并处罚金或者没收财产。单位犯本罪的，对单位判处罚金，并对其直接负责的主管人员和其他直接责任人员，依照自然人的规定处罚。

五、案例解析

章某合同诈骗案

【案情经过】2014年9月至2015年7月间，被告人章某以上海信丽货运代理有限公司（以下简称信丽公司）的名义，承接上海捷恩国际货运有限公司（以下简称捷恩公司）、帕特纳国际物流（上海）有限公司（以下简称帕特纳公司）、上海巴士悦信物流发展有限公司（以下简称巴士悦信公司）、上海华震国际物流有限公司（以下简称华震公司）、上海存安国际货运代理有限公司（以下简称存安公司）、上海衍翊国际货运代理有限公司（以下简称衍翊公司）、宁波佳优达国际货运代理有限公司（以下简称佳优达公司）及上海艾格国际物流有限公司（以下简称艾格公司）的运输业务后，多次以高于该八家单位运费的价格将运输业务转托上海展锐货运运输有限公司（以下简称展锐公司）、上海杰成货运代理有限公司（以下简称杰成公司）及上海金雕物流有限公司（以下简称金雕公司）承运，骗取上述3家被害单位运费共计2281109元。具体分述如下：

2015年8月27日，被告人章某被公安人员抓获归案。上海市虹口区人民检察院以沪虹检航金刑诉〔2015〕10号起诉书指控被告人章某犯合同诈骗罪，于2016年1月4日向上海市虹口区人民法院提起公诉。该院于2016年3月25日作出（2016）沪0109刑初35号刑事判决书，判决章某犯合同诈骗罪。

被告人章某以非法占有为目的，在签订、履行合同过程中，没有实际履行能力，以先履行小额合同或者部分履行合同的方法，诱骗对方当事人继续签订和履行合同，骗取对方当事人运费，数额特别巨大，其行为已构成合同诈骗罪。关于被告人章某提出因杰成公司未开具发票致其未能抵扣的税款应从犯罪数额中剔除的辩解，法院认为涉及被告人章某的税款抵扣与否与该案认定的犯罪数额并无关联，并不影响该案犯罪金额的认定。被告人章某到案后能如实供述自己的罪行，因而可从轻处罚。为维护社会秩序和国家对合同的管理秩序，保护公司财产不受侵犯，法院依照《刑法》第224条第（3）项、第67条第3款及第64条之规定做出判决。

第三编 法院对集资型犯罪的
倾向性判决

本编着眼于分析、总结司法实践中法院对集资型犯罪的判决倾向。通过梳理大量的非法集资案例，在判决中总结法院在对集资型犯罪定罪量刑时的考虑因素，以期能够对实际的司法活动有所助益。

第十一章　此罪与彼罪的认定

　　集资型犯罪如前所述共有4个类别：准备类集资型犯罪、行动类集资型犯罪、完结类集资型犯罪、其他类集资型犯罪。前文中对各个类别犯罪的特点以及独立罪名的犯罪特点都有论述，并结合个案进行分析，已经明确了罪与非罪、此罪与彼罪的区分与界别。深究集资型犯罪的特点，为便于在司法实务中做出更好的区分，有必要在比较之中进一步明确不同集资型犯罪的特质。司法实践中集资型犯罪的案件多如牛毛，多种集资型犯罪交叉出现导致犯罪认定上出现疑难。本章立足于司法实践，并结合集资型犯罪各罪的特点，认为容易混淆的罪名主要集中在以下13个集资型犯罪之中：虚报注册资本罪，擅自设立金融机构罪，提供虚假证明文件罪，虚假广告罪，出具证明文件重大失实罪，非法吸收公众存款罪，集资诈骗罪，组织、领导传销活动罪，贷款诈骗罪，非法经营罪，高利转贷罪，合同诈骗罪，诈骗罪。该13个罪部分罪名之间存在法条竞合关系，如集资诈骗罪、合同诈骗罪、贷款诈骗罪、诈骗罪；部分罪名之间在行为关联上有紧密的延续性，如擅自设立金融机构罪、非法吸收公众存款罪、集资诈骗罪；部分罪名之间规制的罪名构成牵连关系，如虚报注册资本罪、擅自提供虚假证明文件罪、虚假广告罪。出具证明文件重大失实罪明显在集资型犯罪中具有手段行为的属性，而非法经营罪、高利转贷罪、合同诈骗罪、集资诈骗罪等罪名则具有目的行为的属性，前者与后者主体同一时在认定犯罪时出现混乱。总之，即便是理论上十分清晰的界限，在司法实务中也会出现难以准确定罪的问题，如非法吸收公众存款罪与集资诈骗罪之间理论上一致认同两罪的主要差异在于主观目的，前者不要求主观目的，后者要求"以非法占有为目的"，但是主观目的是主观因素，心理事实需要求助客观行为才能认定，而认定的因素缺乏统一标准，从而导致司法实践中对该两罪的认定出现认识不一，导致司法认识困难甚至司法不公的情况出现。

比较以往的司法案例在认定不同集资型犯罪时考虑的因素，总结法院在判决时倾向考量的认罪因素、区别因素有哪些，可以为司法机关和辩护人提供便利。

第一节　非法吸收公众存款罪与集资诈骗罪

一、郭某某犯集资诈骗罪，刘某某、赵某某等犯非法吸收公众存款罪案[※]

2011年2月25日，被告人郭某某从陈某某、赵某某处受让大洋公司95%的股权，并担任该公司法定代表人，后开办维多利亚KTV。在经营资金不足的情况下，被告人郭某某经人介绍认识了田某、杜某、雷某某，经商议后由田某等三人帮助他向社会公众集资。2011年3月，被告人郭某某授权田某等人以半年期限支付6%～24%不等的高息为诱饵面向社会公众宣传集资。被告人郭某某在获得集资款项后，除将部分资金款用于维多利亚KTV装修和给业务员提成、返还被害群众外，其余资金被其个人占有。在集资期间，被告人郭某某聘用刘某某等人作为公司财务人员，负责与业务员之间进行集资款的交接，并将所收集资款再转交他本人支配，被告人刘某某除担任财务人员外，还按照被告人郭某某的指示在部分投资合同上代郭签名、给部分人员发放工资，被告人郭某某给刘某某购买奥迪牌

※　(2014)西中刑二初字第00039号。

轿车一辆。2011年3月，被告人韩某经雷某某、杜某介绍到大洋公司担任融资业务员；2011年5～6月，被告人赵某某、唐某某分别经雷某某介绍到大洋公司担任融资业务员，在雷某某等三人离开后，赵某某、唐某某负责招揽业务；2011年5月，经被告人唐某某介绍，被告人察某到大洋公司担任出纳，在担任出纳期间，被告人察某曾向社会公众进行过投资宣传；被告人周某、王某亦作为大洋公司融资业务员向社会公众进行投资宣传。经统计，截至2015年4月15日，共有958人向公安机关报案，合同金额共计8459.4736万元，被害群众实际交纳投资款7524.9361万元，除向部分群众返还133.194万元外，共给被害群众实际造成损失7391.7421万元。

　　西安市中级人民法院认为，被告人郭某某以非法占有为目的，以虚假承诺的高息为诱饵，骗取社会公众集资款，数额特别巨大，其行为已构成集资诈骗罪；被告人刘某某、赵某某、唐某某、察某、韩某、周某未经有关部门批准，向社会不特定人群变相吸收公众存款，数额巨大，其行为均已构成非法吸收公众存款罪。被告人郭某某及其辩护人提出，郭某某不构成集资诈骗罪，本案应以非法吸收公众存款罪定罪处罚。

　　法院认为：本案被害群众实际投入金额达7500余万元，有证据证明被告人郭某某用于维多利亚KTV项目上的仅有1571万元，被告人郭某某在整个集资过程中，无完整的财务账证，不能提供完整的集资款收取及返还记录，其所称向被害群众返还2000万元左右没有证据支持。《最高人民法院关于审理非法集资刑事案件具体应用法律若干问题的解释》第4条规定，"集资后不用于生产经营活动或者用于生产经营活动与筹集资金规模明显不成比例，致使集资款不能返还的"，应以集资诈骗罪定罪处罚，故其辩解及其辩护人的辩护理由均不能成立，法院不予采纳。法院认定郭某某不成立非法吸收公众存款罪而是构成集资诈骗罪，但是并未对其余六名同案犯不构成集资诈骗罪作出说明，在认定行为人罪名时有"先入为主"倒果为因的逻辑缺陷，导致"以为是何种罪便以某罪的罪状说明案件中行为人的行为特点"。

二、刘某某集资诈骗罪、王某某非法吸收公众存款罪案※

2010年3月，被告人刘某某以361万元的价格购买了本溪市神力水厂，除自筹70余万元外，均通过向他人借款的方式取得。2012年7月，上述财产经辽宁省本溪市中级人民法院裁定执行给了刘某某的债权人。2011年5月，刘某某以168万元的价格向于某甲购买了溪湖区某某小区一处商业用房，同年8月又以1620万元的价格，通过拍卖方式购得某某农贸大厅一处房产。刘某某通过向他人借款的方式购得某某小区上述房产后，自2011年10月起，先后在上述资产上设立了1220万元的抵押，上述房产又先后被江苏省徐州市中级人民法院等单位查封。2011年11月，刘某某又与东港市鑫兴炉料厂签订购买该厂的协议，但刘某某未履约亦未实际经营该厂。被告人刘某某于2010年3月至2012年4月间，以非法占有为目的，以"购买、修缮矿泉水厂及生产设备""购买、装修农贸市场""购买东港市鑫兴炉料加工厂及生产建设"为由，虚构借款用途，采取支付高额利息为诱饵，与被害人签订"借款合同"等方式，骗取被害人171人集资款1400余万元，返还被害人200余万元，尚有1190余万元未返还，被其占为己有。在被告人刘某某非法集资过程中，被告人王某某为获得高额提成款，违反国家金融管理法律规定，未经有关部门依法批准，以给付高额利息为诱饵，帮助刘某某向社会不特定对象22人非法吸收资金共计340余万元。

法院判决，对刘某某以集资诈骗罪论处，作为从犯的王某某以较轻的罪名非法吸收公众存款罪论处，并未以集资诈骗罪论处。

【案例评析】

上述两个案件中，法院对于主犯均以行为人存在2010年《最高人民法院关于审理非法集资刑事案件具体应用法律若干问题的解释》第4条中的8种情况之一，即"（一）集资后不用于生产经营活动或者用于生产经营活动与筹集资金规模明显不成比例，致使集资款不能返还的；（二）

※ （2014）本刑二初字第00003号。

肆意挥霍集资款，致使集资款不能返还的；（三）携带集资款逃匿的；（四）将集资款用于违法犯罪活动的；（五）抽逃、转移资金、隐匿财产，逃避返还资金的；（六）隐匿、销毁账目，或者搞假破产、假倒闭，逃避返还资金的；（七）拒不交代资金去向，逃避返还资金的；（八）其他可以认定非法占有目的的情形"，于是认定被告人具有"以非法占有为目的"而以集资诈骗罪论处。法院判决时，对于主犯如郭某某、刘某某通常是以集资诈骗罪论处，对于从犯则会以非法吸收公众存款罪论处。法院的判决遵循了"重者恒重原则"，对严重犯罪的当然处以严厉的刑罚，通过重罪名、重刑罚判处；而对于同样行为之中的轻罪行则以轻罪名、轻刑罚判处。而量刑部分并非无据可循，鉴于非法吸收公众存款罪与集资诈骗罪之间理论区分只有主观目的这一差异，而主观的认定又极具变通性，通过司法解释中列举可以有效归类。司法解释对非法占有目的的划分为判决提供了合理依据。

此外，根据共同犯罪理论，共犯的成立要求行为人在主观与客观上达到统一，如果行为人主观目的不同，即便成立共同犯罪，也只能在共犯犯意之内成立共犯。故而法院的判决并非有误，而是对共犯理论的贯彻。非法吸收公众存款的行为人具有"非法占有目的"时，便超出了非法吸收公众存款罪的范围，进入集资诈骗罪的范畴之中。

第二节　非法吸收公众存款罪与擅自设立金融机构罪

一、被告人时某某、钱某某擅自设立金融机构案※

2011年1月～2015年3月，被告人时某某、钱某某私自刻制"中国民生银行西洋代办站"印章，在石家庄市正定新区西洋社区非法办理储蓄存款业务，并将公众存款存入个人账户购买银行理财产品等，变相非法吸收

※　（2015）正刑初字第00294号。

公众存款共计8 408 794.68元。2015年5～8月,被告人时某某、钱某某将全部存款8 408 794.68元及存款利息退还给存款人。法院认为,被告人时某某、钱某某变相吸收公众存款,数额巨大,其行为已构成非法吸收公众存款罪。案发后,被告人时某某、钱某某积极退还存款人的存款及利息,可从轻处罚;二被告人能够如实供述其犯罪事实,当庭表示自愿认罪,酌情可从轻处罚。最终两被告人均被判处非法吸收公众存款罪,而非擅自设立金融机构罪。

该案最初以擅自设立金融机构罪逮捕两行为人,但提起公诉时罪名已经变更为非法吸收公众存款罪,判决中所认定的案件事实为:时某某、钱某某私自刻制"中国民生银行西洋代办站"印章,在石家庄市正定新区西洋社区非法办理储蓄存款业务,并将公众存款存入个人账户购买银行理财产品等。该事实也表明行为人是吸收公众存款,且只存在私制印章的行为并没有证据显示当事人设立了金融机构。擅自设立金融机构与吸收公众存款行为之间存在牵连关系,一般而言前行为是后行为的前提,但并非所有的吸收存款行为都需要通过设立金融机构的方式实现,如该案只是通过伪造印章或其他行为只要可以达到吸收存款的目的即可成立非法吸收公众存款罪。

二、何某甲擅自设立金融机构罪 ※

2013年8月,被告人何某甲与广州中吉新能源科技有限公司(以下简称"中吉公司")董事长何某乙、台湾金门县"议长"王某及台湾的退伍士官张某乙认识后,共同商议成立"台湾金门银行"。同年8月21日,何某乙、王某、张某乙在厦门签署备忘录,约定成立"台湾金门银行"的筹备事宜。被告人何某甲被任命为厦门筹委会负责人。2013年8月26日,中吉公司聘任被告人何某甲为集团主席助理兼"台湾金门银行"行长,负责"台湾金门银行"筹备工作。2013年9月22日,中吉公司在厦门佰翔酒店

※ (2015)思刑初字第180号。

召开"台湾金门银行筹备委员会启动仪式暨新闻发布会"，对外宣称"台湾金门银行筹备委员会"在厦门成立，正式启动"台湾金门银行"的筹建工作。被告人何某甲等人在该筹委会未经国家有关主管部门批准成立的情况下，设立"台湾金门银行筹备委员会"办公室，加挂"台湾金门银行筹备委员会"铜牌，设计印刷"台湾金门银行"的有关标识、宣传手册，以"台湾金门银行筹备委员会""台湾金门银行筹备委员会秘书处"等名义招募入股金，积极开展设立"台湾金门银行"的一系列金融活动，后又设立"台湾金门银行筹备委员会"的办公场所。在筹备过程中，被告人何某甲担任"台湾金门银行筹备委员会秘书长"，使用"台湾金门银行筹备委员会秘书处"的印章，以每50万元获得"台湾金门银行"0.1%股份的条件对外募集入股金，并以"台湾金门银行筹备委员会秘书处"的名义向投资者出具股东出资证明书。

　　法院认为，被告人何某甲未经国家有关主管部门批准，擅自设立商业银行，其行为已构成擅自设立金融机构罪。辩护人提出被告人何某甲系未遂的辩护意见与事实不符，不予采纳。鉴于被告人何某甲犯罪以后自动投案，如实供述自己的罪行，系自首，本院决定对其依法从轻处罚。法院最终认定何某犯非法设立金融机构罪而不是非法吸收公众存款罪。

　　该案中法院认为行为人只存在设立行为而没有吸收行为，而判决文书中"以'台湾金门银行筹备委员会''台湾金门银行筹备委员会秘书处'等名义招募入股金，积极开展设立'台湾金门银行'的一系列金融活动"，"使用'台湾金门银行筹备委员会秘书处'的印章，以每50万元获得'台湾金门银行'0.1%股份的条件对外募集入股金，并以'台湾金门银行筹备委员会秘书处'的名义向投资者出具股东出资证明书"的事实表明行为人至少有向公众集资的目的，只不过被告人被查处时尚未吸收存款，故而以擅自设立金融机构罪定罪。

　　【案例评析】

　　两个案件中显露出司法实践追诉此种行为的倾向在于：（1）为将犯

罪消灭于"萌芽"，司法机关介入时会以较轻的罪名如擅自设立金融机构罪追诉，而当行为人的行为已经出现"吸收存款"时，则最终会以非法吸收公众存款罪论处。（2）行为人在实施非法行为时主要表现的行为对其行为定性有重大影响。如后案中行为人表现出的是设立金融机构的行为，尽管可以合理推定或预测其将会实施吸收公众存款行为，但就其当前阶段违法行为的属性而言，其只能以擅自设立金融机构罪论处。这一倾向性的判决与刑法理论上两罪的界别也有重大相关，两罪之间存在牵连关系，如无吸收存款的实际行为，当以擅自设立金融机构罪论处，否则便以非法吸收公众存款罪论处，而不能数罪并罚。

第三节　非法吸收公众存款罪与合同诈骗罪

一、李某合同诈骗罪案※

2005年7月21日，被告人李某大学毕业后被招商银行股份有限公司西安太白路支行招为合同制员工；2008年1月，李某任太白路支行低柜理财岗位；2009年2月，升为贵宾理财岗位。2012年1月～2013年4月，李某在任贵宾理财岗位期间，以银行有一种高息且低风险的银行内部理财产品、炒黄金白银的理财产品、给亲戚朋友做收益高的理财产品、内部资金拆借业务、全权代理理财、朋友餐厅装修用款等名义，诱骗客户与其个人签订"委托理财协议"或借款合同，先后骗取张某等23名被害群众共计828.6万元。其中，以理财方式骗取资金555.6万元，以个人借款名义骗取资金273万元。案发后，除向被害人返还本金及利息96.45万元外，剩余732.15万元全部被李某个人以购买"重庆时时彩"而亏空。原审法院认为，被告人李某利用其本人系银行理财人员的身份，对其理财客户隐瞒事实真相，以银行有一种高息、低风险的银行内部理财产品、炒黄金白银

※　（2014）陕刑二终字第00091号。

的理财产品、给亲戚朋友做收益高的理财产品、内部资金拆借业务、全权代理理财、朋友餐厅装修用款等名义欺骗理财客户，与理财客户签订所谓的委托理财协议和借款合同，先后骗取23名客户资金828.6万元，并造成732.15万元的损失，其行为已构成合同诈骗罪，应依法惩处。判决被告人李某犯合同诈骗罪，判处无期徒刑，剥夺政治权利终身，并处没收个人全部财产。

宣判后，被告人李某不服，提出上诉。李某提出，一审判决定性不准，应该定性为非法吸收公众存款罪；一审判决没有认定其具有自首情节错误；一审判决对涉案金额认定不清，定性为"挥霍"属适用法律不当；一审量刑过重。

陕西省高级人民法院认为，上诉人李某虚构银行内部理财产品、内部资金拆借业务，以代理理财名义签订理财协议，或假借他人高息用款名义与他人签订借款协议，骗取他人财物828.6万元予以占有后，用于个人炒期货或购买地下彩票，案发后造成732.15万元实际损失，其行为已构成合同诈骗罪。对上诉人李某及其辩护人提出，本案为非法吸收公众存款一节，经查，上诉人李某虚构银行内部理财产品、资金拆借业务与他人签订理财协议，虚构朋友用钱的事实，假借他人名义与他人签订借款协议，从23人手中骗取828万余元，后将所骗取的大部分资金用于自己炒期货或购买彩票赌博交易，占有客户资金后肆意挥霍，其既有虚构事实、隐瞒真相的行为，又将骗取的钱财用于个人肆意挥霍行为，故符合合同诈骗罪构成要件，原判定性准确。对上诉人李某提出的"一审判决对李某购买'重庆时时彩'定性为'挥霍'，属定性不当"的意见，法院认为，上诉人李某任意处置他人财产购买地下彩票"重庆时时彩"，从其作案过程看，上诉人李某并没有及时弥补受害人损失的意愿，而是将所有资金用于彩票赌博，致使其所持数张某银行卡最后结余不到3000元，原判认定"挥霍"并无不当。对上诉人李某提出的"李某具有自首情节，原判对其量刑过重"的理由及意见，法院认为，公安机关根据被害人举报，已经掌握其违法事实，在立案侦查后将李某抓获，李某没有自动投案的行为，其自首情节不能成立，原判根据其犯罪事实及诈骗数额对其量刑是适当的。综上，上诉人李某的上诉理由均不能成立。原审判决认定事实清楚，证据确实、充分，定罪准确、量刑适当。审判程序合法。依据《中华人民共和国刑事诉讼法》第225条第1款第（1）项之规定，裁定：驳回上诉，维持原判。

【案例评析】

该案中法院认为行为人李某犯合同诈骗罪，依据是行为人"虚构银行内部理财产品、资金拆借业务与他人签订理财协议，虚构朋友用钱的事实假借他人名义与他人签订借款协议，从23人手中骗取828万余元"，"后将所骗取的大部分资金用于自己炒期货或购买彩票赌博交易，占有客户资金后肆意挥霍"。行为人既有虚构事实、隐瞒真相的行为，又将骗取的钱财用于个人肆意挥霍行为，故符合合同诈骗罪构成要件。且对于上诉人李某及其辩护人认为的李某购买"重庆时时彩"定性为"挥霍"，属定性不当的辩护意见，法院认为李某任意处置他人财产购买地下彩票"重庆时时彩"，从其作案过程看，李某并没有及时弥补受害人损失的意愿，而是将所有资金用于彩票赌博，致使其所持数张某银行卡最后结余不到3000元，原判认定"挥霍"并无不当"。判决中的种种事实显示，行为人是"骗"而不是仅仅吸收公众存款，行为人骗取钱款的手段是虚构种种事实以使被害人与其签订理财、借款协议，行为人没有非法吸收公众存款罪所规范的行为事实，只是表面上汇聚了资金。

二、田某某、石某某犯非法吸收公众存款罪案※

田某某通过挂靠贵州东方巨龙建筑工程有限责任公司任项目经理，在思南县范围内从事建筑业。从2008年5月～2011年，田某某、石某某以月息3%～10%向27人借款共计774.38万元，用于偿还到期借款本息和贵州双江生态农业发展有限公司生产经营。从2011年起，部分债权人向公安

※　（2014）铜中刑终字第61号。

机关控告田某某非法吸收公众存款，并向思南县人民法院提起民事诉讼，进入执行程序后实际分配实现债权共计541 742元。田某某、石某某在公安机关传唤后接受讯问时，如实供述了非法吸收公众存款的犯罪事实。原判认为：田某某、石某某变相吸收公众存款，扰乱金融秩序，数额巨大，应当以非法吸收公众存款罪追究其刑事责任。在共同犯罪中，田某某负责通过熟人介绍引荐不认识的出借人以高利息回报获取借款，是主犯。石某某对田某某所借款负责保管并且按照其指使支付所得借款，起辅助、次要作用，系从犯，应当从轻、减轻处罚。根据被告人的犯罪性质、作用、认罪态度及对社会的危害程度等情节，判处：（1）被告人田某某犯非法吸收公众存款罪，判处有期徒刑3年，并处罚金50 000元。（2）被告人石某某犯非法吸收公众存款罪，判处有期徒刑1年，缓刑2年，并处罚金20 000元。（3）被告人田某某、石某某犯罪所得依法予以追缴，发还被害人。

宣判后，被告人田某某不服，提出上诉，请求撤销贵州省思南县人民法院（2013）思刑初字第123号刑事判决，改判田某某缓刑。理由是：（1）田某某借款并未公开传播，借款的对象都是朋友，该案是民间借贷关系，且借来的钱是用于正常的生产经营，不构成非法吸收公众存款罪；（2）本案中借款人存在一定过错，且田某某的房产经评估足以支付借款本金，应当对田某某减轻处罚。

铜仁市中级人民法院经审理查明：原判认定上诉人田某某、原审被告人石某某2008～2011年以3%～10%的月息向27人借款700余万元的事实清楚，且认定事实的证据已经原审当庭质证、认证，法院予以认定。关于上诉人田某某提出本案系民间借贷，不构成非法吸收公众存款罪的上诉理由，经查，非法吸收公众存款罪是指非法吸收公众存款或者变相吸收公众存款，扰乱金融秩序的行为。本罪主观上表现为故意。客观上表现为行为人采取提高存款利率或变相提高利率的方式吸收公众存款，侵犯国家金融管理制度的行为。公众是指社会不特定对象。该案中，上诉人田某某在资金紧缺，明知不能偿还借款的情况下，仍然高利借贷，以债还息，甚至将贵州双江生态农业发展有限公司的注册资金抽出用于偿还高利，其行为已不再是为了正常的生产经营，主观上对其后无法如期归还借款能够预见，并明知在其无法归还借款后会造成一定的社会不良后果，但其却放任这种结果发生，主观上是故意。客观上，田某某为不得从事吸收公众存款业务的个人，但其以提高利率、预先支付部分高利及将利息另写为一张借条的方式，通过他人口口相传吸引社会不特定对象向其借款的行为，侵犯了国家金融管理制度，并造成一定的社会不良后果，上诉人田某某的行为已构成非法吸收公众存款罪，应当以非法吸收公众存款罪追究其刑事责任。故田某某提出的其借款并未公开传播，借款的对象都是朋友，本案是民间借贷关系，借来的钱是用于正常的生产经营，不构成非法吸收公众存款罪的上诉理由不能成立，依法不予支持。

铜仁市中级人民认为：上诉人田某某非法吸收公众存款700余万元属于数额巨大，依法应在3年以上10年以下有期徒刑量刑。原审通过对田某某的厂房进行评估，在量刑时已考虑田某某的财产尚能偿还大部分借款本金，对田某某已经从轻处罚。在本案中，田某某以提高利率的方式吸引他人向其提供借款，并向他人承诺自己能够如期归还利息及本金，借款人基于趋利的本性及相信田某某有能力还款才将钱借给田某某，借款人并未强迫田某某向其借款，故借款人不存在过错。田某某提出的借款人存在过错，其房产经评估足以支付借款本金，要求减轻处罚的上诉理由不能成立，依法不予支持。综上，原审认定事实正确，证据确实充分，判决结果并无不当，据此，依照《中华人民共和国刑事诉讼法》第225条第1款第（1）项之规定，裁定：驳回上诉，维持原判。

【案例评析】

该案中行为人田某某、原审被告人石某某2008～2011年以3%～10%的月息向27人借款700余万元，该事实被法院认定为是非法吸收公众存款行为，而行为人认为"借款并未公开传播，借款的对象都是朋友，本案是民间借贷关系，且借来的钱是用于正常的生产经营，不构成非法吸收公众存款罪"；但法院认为"田某某在资金紧缺，明知不能偿还借款的情况下，仍然高利借贷，以债还息，甚至将贵州双江生态农业发展有限公司的注册资金抽出用于偿还高利，其行为已不再是为了正常的生产经营，主观上对其后无法如期归还借款能够预见，并明知在其无法归还借款后会造成一定的社会不良后果，但其却放任这种结果发生，主观上是故意"。该理论严格意义上已经偏离了非法吸收公众存款罪的认罪路径而流向集资诈骗罪的规制范围。似乎也印证了司法机关最初是以合同诈骗罪拘留田某某而不是以非法吸收公众存款罪规制的原因。由法院认定的事实上可以证明行为人确实存在吸收公众存款行为：高息"3%～10%的月息"、巨额"借款700余万元"、涉众"27人"，且其借款并未全部用于企业经营，最终也并未能归还所借的钱款事实上已经成立非法吸收公众存款罪，不存在合同诈骗罪成立的空间。借款合同只是行为人吸收存款的一个手段行为，并不能阻止实然犯罪的成立。

两个案件中表露法院的判决具有很大的偏向性：综合考察行为人的犯罪行为，对于出现频率高的、危害性重的行为予以重视，质言之以重行为作为入罪量刑的决定因素。前案中行为人主要在"骗"，通过虚构各种事实骗取被害人的信任然后获得当事人的钱款，骗得的钱款是骗取行为的必然结果。而在后案中行为人主要的目的是钱款，其实施的手段是许诺高额回报，通过"拆东墙，补西墙"的方式实现资金回笼，行为人没有"非法占有为目的"，主观上只是暂时借用，而非骗取被害人的钱款，有骗的行为但没有骗的故意，骗只是手段。非法吸收公众存款罪与合同诈骗罪理论上不存在较大的区分困境，其在刑法分则中的位置差异较大以及它们保护的法益也不同。但行为人在实际的犯罪行为中往往会不经意、无故意地实施了两个罪名所规制的行为，造成司法归罪上的困境，其实只要掌握两罪的实质，不难处理司法困境。值得一提的是，后案中行为人提出其行为是"民间借贷"纠纷而不是非法吸收公众存款，倘若行为人的行为属于民间借贷，则行为人与被害人之间签订的合同便没有"骗"的因素，但此种情况下已经不是刑事法律规制的范围而应当由民事法律规范。

第四节　集资诈骗罪、合同诈骗罪、诈骗罪

一、吕某集资诈骗罪案※

2007年5月，被告人吕某与南京克松商贸有限公司（以下简称克松公司）法定代表人陈某约定，吕某借用该公司的名义对外开展业务活动，所产生的债权债务一概由吕某承担。2007年9月7日，被告人吕某以克松公司的名义与北京博庭科技发展中心签订《软件定制合作协议》，要求该中心更改《飞狐交易师证券分析决策系统》的软件名称、软件图标和启动界面，在此基础上制作出100套名为《赚钱就好》的软件，吕某向该中心支付软件定制费59000元。2009年，被告人吕某因个人经营证券造成亏空而外负巨额债务。2009年初～2012年4月，被告人吕某通过域名为www.zqjh88.com的网站等途径，向社会公开宣传其研发出"炒股只赚不赔"的《赚钱就好》软件，承诺给付月息5%的高额回报，先后用克松公司、世界华人最富投资有限公司的名义，以委托炒股协议、合作理财协议及借款合同的形式吸收社会公众张某乙、岳某夏等180余人资金共计50 818 000元。被告人吕某将上述款项用于支付高额利息、偿还个人债务以及填补期货交易的长期亏损，造成共计35 216 700元无法偿还。江苏省南京市中级人民法院认为，被告人吕某以非法占有为目的，使用诈骗方法非法集资，骗取他人财物，数额特别巨大并且给人民利益造成特别重大损失，其行为已构成集资诈骗罪。根据被告人犯罪事实、性质、情节和对社会的危害程度，以集资诈骗罪判处被告人吕某无期徒刑，剥夺政治权利终身，并处没收个人全部财产；责令被告人吕某退赔犯罪所得，发还被害人。

上诉人吕某上诉称：（1）原判采信张某甲的证言不完整，与事实不符。"赚钱软件"并非只换了"飞狐"外壳，还新增赚钱通道一、赚钱通道二、赚钱通道三、赚钱金线、赚钱银线等多项功能。（2）原判采信孙

※　（2014）苏刑二终字第0001号。

某的证言只是其个人预断，不能作为定案依据。（3）原判采信第8项证据内容与www.zqjh88.com的网站原文有出入。（4）在赚钱网从没有回报的说法，因此原判认定"被告人吕某通过域名为www.zqjh88.com的网站等途径，向社会公开宣传其研发出'炒股只赚不赔'的《赚钱就好》软件，承诺给付月息5%的高额回报"的事实与实际不符。（5）其没有欺骗被害人，没有非法占有想法，不构成集资诈骗罪，构成非法吸收公众存款罪。辩护人的辩护意见：（1）原审判决认定吕某集资诈骗罪事实清楚、证据充分，定罪准确。（2）吕某系初犯、主观恶性不深；坦白、认罪态度好；被害人对造成巨额损失负有一定责任等从轻量刑情节，建议对吕某从轻处罚。

江苏省高级人民法院经审理查明，上诉人吕某对原审判决认定其自2009年至案发，以支付月息5%的高额回报为诱饵，吸引他人与其签订委托炒股协议、合作理财协议及借款合同，先后从张某乙、岳某夏等180余人处非法集资50 818 000元，并将上述款项用于支付高额利息、偿还个人债务以及填补期货交易的长期亏损，造成共35 216 700元无法偿还的事实不持异议，其供述得到张某乙、岳某夏等人陈述、委托炒股协议、合作理财协议、借款合同等证据的印证，事实清楚，证据充分，本院予以确认。关于上诉人吕某针对原审判决提出的上诉理由，法院认为：第一，关于上诉人吕某上诉称：（1）证人张某甲的证言不完整，与事实不符。"赚钱软件"并非只换了"飞狐"外壳，还新增了"赚钱通道一、二、三、赚钱金线、赚钱银线"等多项功能。（2）证人孙某证言证实不存在"只赢不亏的软件"是其预断，不能作为定案依据的上诉理由。经查：证人张某甲作为软件制作人员、孙某作为证券经营专业人员，其证言分别证实《赚钱就好》软件具备和实际运用的功效，该证言内容得到吕某本人用《赚钱就好》软件炒股同样发生亏损的事实的佐证，可以作为定案依据。故该上诉理由不能成立，本院不予采信。第二，关于上诉人吕某上诉称原判决采信第8项证据引用内容不全面，与www.zqjh88.com网站原文有出入的上诉理由。经查：虽然该网站在宣传"炒股只赚不赔""保证百万资本在五年炒成千万"等内容前标注有"专炒强势股、超级强势股"文字,但被害人陈述证实吕某向他们宣传的是"其研发出一套炒股只赚不赔的《赚钱就好》软件",并保证月息5%的收益,才将资金交给吕某委托其炒股。被害人陈述与吕某供述相印证。因此不影响吕某欺骗宣传的认定。故该上诉理由不能成立,法院不予采信。第三,关于上诉人吕某称其没有欺骗被害人、没有非法占有故意,其行为不构成集资诈骗罪,构成非法吸收公众存款罪的上诉理由及辩解。经查:上诉人吕某虚构"炒股只赚不赔、支付月息5%的高额回报"的事实,隐瞒了负有巨额债务、无偿还能力的真相,欺骗社会公众与其签订委托炒股协议、委托理财协议进行非法集资,将非法集资款主要用于归还前期非法集资本息、偿还个人债务,最终造成3 500万元损失无法偿还,其行为符合《最高人民法院关于审理非法集资刑事案件具体应用法律若干问题的解释》第4条第2款第(1)项的规定,依法应认定吕某具有非法占有目的,其行为构成集资诈骗罪。故该上诉理由不能成立,法院不予采信。法院认为,上诉人吕某以非法占有为目的,使用诈骗方法非法集资,数额特别巨大,并且给人民利益造成特别重大损失,其行为已构成集资诈骗罪。原审判决认定吕某犯集资诈骗罪的事实清楚,证据确实、充分,定性准确。关于辩护人提出吕某具有初犯、主观恶性不深、认罪坦白等从轻量刑情节,建议从轻处罚的辩护意见。经查,上诉人吕某虽对其非法集资金额、损失等事实予以供认,但否认其为非法集资而实施的欺骗手段,不能认定其坦白、认罪好;且吕某非法集资造成特别巨大损失。原判综合考虑各量刑情节对其量刑适当,故该辩护意见不能成立,法院不予采纳。据此,依照《中华人民共和国刑事诉讼法》第225条第(1)款第1项之规定,裁定:驳回上诉,维持原判。

二、李某某集资诈骗罪案[※]

2011年3月～2012年3月,被告人李某某假借中华慈善总会、中国社

※ (2015)高刑终字第83号。

会福利基金会、山西省慈善总会的名义，通过网络、新闻发布会、推介会等途径向社会公开宣传，以投资慈善快乐行投币设备能够每月获取投资额4%～8%的高额回报为诱饵，以北京×××国际文化传媒有限公司（以下简称×××公司）、北京×××国际投资有限公司（以下简称×××公司）的名义与被害人签订《慈善快乐行购机合同》《投资分红协议书》《认领协议书》《设备委托租赁协议》等合同，骗取300余名被害人共计4800余万元，至案发给被害人造成实际损失共计3200余万元。被告人李某某于2013年5月31日被查获归案。

李某某上诉称，其没有非法占有的目的，没有非法占有的行为，一审判决认定事实不符，其无罪。李某某的辩护人提出的辩护意见为：李某某不具有"以非法占有为目的"的主观故意，没有实施诈骗行为，且不是个人行为。李某某不构成集资诈骗罪，可能构成非法吸收公共存款罪。

李某某所提上诉理由及其指定辩护人所提辩护意见，法院认为，上诉人李某某擅自以中华慈善总会名义召开"慈善快乐行"新闻发布会、隐瞒中国社会福利基金会"爱基金"设立及运行的真实情况、混淆山西省慈善总会出具红头文件支持的本意，虚构"慈善快乐行"集资活动是由中国社会福利基金会"爱基金"参与主办，山西省慈善总会出具红头文件支持的国家、政府项目的事实，并以高额回报为诱饵骗取投资人巨额钱款。在案证据证实，"慈善快乐行"项目的启始源于李某某，对外召集发布新闻发布会、启动仪式、网络宣传、发放宣传册等均由李某某策划、运作、管控，涉案的×××公司、×××公司法定代表人均是李某某或是由其实际控制由其亲属担任。虽涉案部分财务账册已被李某某损毁，但在案证据证实，所骗取的绝大部分资金均打入李某某及其亲属名下的个人银行卡账户中，并由李某某个人掌控，足以证明李某某主观上具有非法占有他人钱款的目的，客观上实施了非法占有他人钱款的行为，并且实际造成巨额赃款无法追回，李某某的行为符合集资诈骗罪的犯罪构成。李某某所提上诉理由及其指定辩护人所提辩护意见，缺乏事实和法律依据，不予采纳。

高级人民法院认为，上诉人李某某以非法占有为目的，使用诈骗方法非法集资，数额特别巨大，其行为已构成集资诈骗罪，依法应予惩处。一审法院根据李某某犯罪的事实，犯罪的性质、情节及对于社会的危害程度，依法对其所作的判决，事实清楚，证据确实、充分，定罪正确，量刑适当，审判程序合法。据此，法院裁定：驳回李某某的上诉，维持原判。

三、徐某某集资诈骗罪案※

2009年~2011年10月，被告人徐某某明知自己没有还款能力，却以银行转贷、付企业工程款等需要资金为名，以高息回报为诱饵，骗取37名社会不特定人员借款，大部分用于偿还债务、支付高利息、投资期货等，除以还本付息名义归还部分款项外，实际骗得6161.33万元。法院认为，被告人徐某某以非法占有为目的，采用虚构事实、隐瞒真相等诈骗方法非法集资，数额特别巨大，且造成特别重大损失，其行为已构成集资诈骗罪。被告人徐某某犯罪以后自动投案，如实供述罪行，系自首，依法可予从轻处罚。判决被告人徐某某犯集资诈骗罪，判处无期徒刑，剥夺政治权利终身，并处没收个人全部财产；被告人徐某某的犯罪所得，继续追缴发还给被害人。

【案例评析】

上述三个案件中最终均以集资诈骗罪追究行为人的刑事责任而并未以合同诈骗罪规制原因何在？三个案件起始是以合同诈骗罪为由拘留或逮捕，但在起诉时无一例外地以集资诈骗罪追究了当事人的责任。行为人的犯罪事实也确实存在合同诈骗之处，可见两个罪名之间存在细微的法条竞合或者想象竞合关系。两个罪名的共同之处是"以非法占有为目的"和"骗"，该两个质的相同之处是"骗"。"骗"的内涵之中便隐含了骗取即非法占有被害人财物的臆想，故而此类犯罪之中要求行为人具有超主观罪过因素"以非法占有为目的"。理论上两个罪名在刑法分则中的位置不

※　（2013）浙绍刑初字第9号。

同，它们保护的主要法益存在差异，集资诈骗罪重在维护经济秩序，而合同诈骗罪则重在维护合同关系。原本很容易区分的两个罪名在实践中出现混淆的原因无外乎它们均具有诈骗罪的特点，但又分别具有自己的一些特性，而这些特性是分别两个罪名的实质。在实践中的区分不难看出，就像上述三个案件中所作的判决，严格按照的是集资诈骗罪的罪状因素如果其符合该罪便已经不用再考虑另罪的犯罪构成。集资诈骗罪的成立也并不一定会借助于"合同""协议"，众多的集资案件中行为人与被害人之间似乎并没有"一纸合同"；集资人为便于隐藏证据等目的会不使用可以证明其集资事实的书面明证。不可否认的是，相当部分的集资诈骗犯罪中行为人通过与被害人签订合同（如买卖返购合同、养殖合同等）获得被害人的信任，而合同内容根本没有现实可履行性，最终导致被害人钱款无寻。此类情况中存在行为人使用合同诈骗的手法，但其目的还是骗得钱款，合同"可有可无"。详言之，合同具有"一对一"的性质，即便是格式合同，其在执行时也必然体现"一对一"的特性，一次行为的受骗对象只能是一个人，而集资诈骗罪中的合同并非如此。集资诈骗罪的"涉众"特性要求其面对的对象是众多的社会不特定群体，必然使用一种"格式合同"，且诈骗的对象不是"一"而是"众"，这正是集资诈骗罪与合同诈骗罪最大的区分之处。

四、徐某某合同诈骗罪案[※]

被告人徐某某于2012年1月～5月，向北京××电器有限公司法定代表人魏某某隐瞒其与妻子名下的房产及工厂已经抵押的事实，将已抵押的房产及工厂作为担保，先后与北京××电器有限公司签订借款合同，出具借条，以经营需周转资金和设立公司需注册资金为名，骗取该公司3500万元，后逃逸。案发前，徐某某归还北京××电器有限公司145万元。一审法院认为，被告人徐某某以非法占有为目的，在签订、履行合同

※　（2014）高刑终字第310号。

过程中，骗取对方当事人财物，其行为已构成合同诈骗罪。徐某某所犯合同诈骗罪数额特别巨大，情节特别严重，依法应予惩处。故依法判决：（1）被告人徐某某犯合同诈骗罪，判处无期徒刑，剥夺政治权利终身，并处没收个人全部财产。（2）扣押在案的35 000元及冻结在案的20587.49及利息发还被害单位北京××电器有限公司。（3）责令被告人徐某某退赔其他犯罪所得，发还被害单位北京××电器有限公司。

徐某某所提上诉理由为：向××公司借款属实，但借款合同所附担保条款根本不成立，飞达起重工具厂获得借款与不成立的担保约定无关。且获得借款后，徐某某全部用来还了银行贷款、其他借款及企业的经营，这些钱并未被我据为个人所有，用于挥霍。本案的借款，是一种典型的民间高利贷行为，是一种民事法律关系。徐某某没有采取任何欺骗的方法，一审判决证据不足，行为不构成犯罪。请求二审法院撤销一审判决，改判无罪。

二审法院判决认定徐某某所犯合同诈骗罪的事实清楚，证据确实、充分。对于上诉人徐某某所提的上诉理由及辩护意见，经查，2011年12月～2012年1月，上诉人徐某某在已无法归还其此前所欠银行及他人的数千万元巨额贷款和借款的情况下，明知其根本不可能具有与本案被害单位北京××电器有限公司签订并履行"借款合同"的能力，为骗取被害单位的巨额资金，其隐瞒将把借款用于偿还其所欠巨额债务的真实意图并采取抵押其个人及家庭名下财产（飞达起重工具厂和房产）的方式，以急需经营周转资金为名，诱骗被害单位签订并履行了借款合同，向其支付了借款2000万元。徐某某并未将该款用于合同承诺用途，而是用于归还个人此前所欠部分贷款或借款。此前及此后，即2012年1月11日起徐某某重复将用于抵押向××公司借款的前述房产等家庭财产分别又多次抵押给多家银行等金融机构并贷得巨款。同年5月，徐某某隐瞒前述事实，虚构其设立公司需注册资金的事实，又以重复抵押前述房产等家庭财产及部分履行此前借款合同支付利息等方式，出具借条，以"借"为名骗取了××公司1500万元，徐某某仍未将该款用于借款承诺所用，而是偿还了其他债务。上诉人徐某某明知其采取重复抵押方式借贷确系违法，且所抵押财产已根本不可能担保履行还款义务，其在本案中的行为必定会使被害单位遭受巨额财产损失，仍不计后果，一再为之；且现有证据已证实，案发前后，有关司法机关已将涉案相关抵押财产依不同债权人或被害人申请，查封、冻结竟分别达9或10次之多；另经房地产评估或房产依法拍卖成交结果证实，上述抵押担保财产肯定不足抵押款项。当本案的部分"借款"借期已过，而徐某某却拒不归还欠款，故被害单位察觉被徐某某所骗，指派魏某某一再向徐某某追讨被骗款项时，徐某某采取一拖再拖等手段仍拒不归还所骗巨款并逃逸，直至其因被举报涉嫌犯合同诈骗罪被公安机关抓获归案。前述事实，证据确实、充分，且徐某某所作有罪供述亦与在案其他证据可相互印证，足以证实上诉人徐某某主观上具有明知其根本不可能履行借款合同归还全款，继而非法占有被害单位巨额资金的犯罪故意，且在客观上积极实施了虚构事实，隐瞒真相，以签订并部分履行借款合同等方式诈骗被害单位巨额资金并逃逸的行为，其行为依法已构成合同诈骗罪，且犯罪数额特别巨大，并已使被害单位遭受重大财产损失，犯罪情节及危害后果特别严重，应予依法惩处。一审法院对徐某某所作定罪量刑之判决，确属正确。上诉人徐某某不具有法定或酌定从轻处罚情节。上诉人徐某某所提前述上诉理由及辩护意见，均无新的证据佐证证实，亦无新的法律依据，不能成立。最终二审法院判决驳回徐某某的上诉，维持原判。

【案例评析】

本案中徐某某的行为属于"一对一"的诈骗取财行为，不具备集资诈骗罪所要求的涉众特质，但暗合了诈骗罪的相关犯罪属性。与诈骗罪不同的是，合同诈骗罪要求在诈骗手段牵涉"合同"，即在签订、履行合同过程中骗取被害人的财产。本案中行为人徐某某"在客观上积极实施了虚构事实，隐瞒真相，以签订并部分履行借款合同等方式诈骗被害单位巨额资金并逃逸的行为，其行为依法已构成合同诈骗罪"。认定合同诈骗罪与普通的民间借贷或者高利贷行为的不同之处在于行为人是否具有"非法占有目的"，简言之行为人有无返还的意愿、有无返还的能力。行为人意在谋财属于合同诈骗毋庸置疑；当行为人知晓其自有财物或经济实力已经难以维继借贷时还再次借贷乃至重复、恶意抵押财物以为担保，可以推定认为其主观上存在诈骗故意，成立合同诈骗罪。

五、高某某合同诈骗罪案[※]

2011年3月16日，永久公司实际控制人被告人高某某指使其女高某玉，用伪造的永久公司与上海中马电磁线有限公司签订的510.5万元漆包线销售合同（合同编号n20110314）、财务报表等资料和工行签订银行承兑协议（编号：12032820-2011[承兑协议]00248号），约定由工行为永久公司办理一份票面金额为500万元的承兑汇票；永久公司按承兑金额的30%作为履约保证金存入工行指定的保证金专户。傅某乙、李某安、林某甲、林某乙、陈某甲、徐某等6户家庭分别根据其等早先与工行签订的2009年抵字222号、2009年抵字223号、2009年抵字224号、2009年抵字248号、2010年抵字424号、2010年抵字425号最高额抵押合同在房产担保最高余额内为承兑协议提供担保。高某某取得承兑汇票后通过他人将汇票贴现，并将所得款项用于归还保证金、借款等用途。承兑汇票到期后，高某某未按约定偿还兑付资金，工行遂从永久公司保证金账户扣划150万元，并向乐清市人民法院提起民事诉讼，要求永久公司偿还垫付款3 496 189.15元及利息，傅某乙等6户担保家庭各自承担抵押担保责任。

关于控辩双方争议焦点，主要在以下三个方面：

第一，关于6户担保家庭系受高某某所骗在空白担保合同上签字的事实认定。经查，虽然除了李某安外，其余5户担保人均称，当时系受高某某所骗，在银行提供的时间、金额、期限均系空白的担保合同上签字，但上述5户担保人中林某乙系原浙江宏驰电器的法人代表，林某甲系昊诚电器有限公司的管理人员，陈某甲系苍南广丰房地产开发有限公司的管理人

[※] （2014）浙温刑初字第107号。

员，徐某具有大专文化程度，傅某乙系在做会计的女儿傅某甲的陪同下去签的合同，以上述担保人的见识和阅历，在高某某无任何利益给付或者承诺的情况下，拿着自己的房产证去银行为其签订空白担保合同不符常理。而且根据高某某的供述，因为其在工行有熟人，房产证通过其永久公司贷款能比一般个人贷款贷的更多，故本案的6户担保人中，有部分人是主动上门要求借用其永久公司名义帮忙贷款的，而其在担保合同签订前后也出借了25万～105万元不等金额的借款给6户担保人或担保人的近亲属，作为房产担保所得。高某某关于借款的供述能得到证人林某乙、陈某甲、徐某、傅某乙等担保人证言的印证，能够证实众担保人和被告人高某某在担保合同签订上确实存在某种利益交换，故应当认定众担保人在担保合同上签字系真实意思表示，公诉机关指控6户担保家庭系受高某某所骗在空白担保合同上签字的意见与查明事实不符，不予采信。

第二，关于高某某事后在未告知众担保人的情况下，以众担保人的房产为担保向银行申请承兑汇票的行为性质认定。经查，众担保人和工行签订的是最高额抵押合同，根据该抵押合同约定，担保人系在最高限额内，以其房产对一定期间内永久公司在工行连续发生的债务（包括所有贷款、承兑、信用证等类型债务）做担保，银行或者高某某无义务在新债务发生时通知担保人或者事先取得担保人的同意。而且众担保人在签订担保合同时应当预见，高某某会以其等房产为担保向银行申请贷款或者承兑汇票，故在众担保人已经对自己财产权利作出处分的情况下，高某某事后未告知众担保人具体申请承兑汇票相关事项的行为不属于隐瞒真相、骗取担保的行为。

第三，关于被告人高某某非法占有目的的认定。对于银行的票据承兑款，高某某已经提供了6户担保人的财产担保，不存在非法占有目的。而对于6户担保人的担保财产，现有证据也无法认定其有非法占有目的。首先，从高某某的财务状况分析，在案证据中，能认定高某某财务状况恶化时点的证据只有高某某本人关于其系2010年的4月8日开始知道自己资不抵债的供述，而傅某乙、李某安、林某甲、林某乙等4户担保人签订最高额抵押合同的时间系在2009年8月，当时高某某的财务状况尚未达到资不抵债，不属于无偿还能力，此前提不存在，当然就无法以此推定其有非法占有目的；而陈某甲、徐某2户担保人签订担保合同的时间虽然是在2010年8月4日，晚于高某某明知自己已资不抵债的时点，但资不抵债并不必然得出不具备偿还能力的结论，尚需综合债务是否到期以及企业营利能力等因素进行判断，而现有证据未能涉及以上内容，亦无法就当时财务状况推定其有非法占有目的。其次，高某某在担保合同签订前后，已经出借不等金额的借款给众担保人，排除了其意图非法占有与借款金额相当部分的担保财产价值；至于担保财产价值超出借款金额部分的差额，其本质上应属于高某某以借用他人房产证形式进行的民间融资，如该融资行为可能构成犯罪，也应在担保人承担完毕对永久公司债务（包括本案中的票据债务以及另外的信用证债务等）的担保责任，从而确定最终具体犯罪金额后，在非法集资类犯罪中进行评价，而不应在合同犯罪中评价。最后，从承兑款资金去向来看，虽然高某某将票据贴现后所得的承兑款用于偿还个人债务，但其已对该债务的性质提供合理解释，辩称该个人债务系之前为垫付6个房产证在工行的抵押贷款而借的债务。经查，高某某的供述和工行贷款经办人陈某乙的证言证实，高某某在申请承兑汇票之前已经以6户担保人的房产证为担保在工行贷款，但工行在贷款到期后以没有流动资金贷款额度为由拒绝以流动资金形式续贷，后高某某无奈之下只得通过骗取票据承兑形式以继续获取银行信贷资金，故其辩称将票据贴现后所得款项用于偿还之前为了银行还贷而临时周转的个人债务也是符合常理，如其对担保财产有非法占有目的，直接拒还上期贷款即可，无需费此周折。综上，公诉机关指控高某某有非法占有目的缺少足够证据，亦无法排除既有事实导致对非法占有目的的形成的合理怀疑，故不予认定。

法院最终判定被告人高某某犯骗取票据承兑罪，判处有期徒刑4年，并处罚金10万元；与其原犯集资诈骗罪、合同诈骗罪被判处的无期徒刑，剥夺政治权利终身，并处没收个人全部财产并罚，决定执行无期徒刑，剥夺政治权利终身，并处没收个人全部财产。

【案例评析】

该案中所涉对于"非法占有目的"的认定中详细而具体地论证了行为人高某某"对于银行的票据承兑款，高某某已经提供了6户担保人的财产担保，不存在非法占有目的。而对于6户担保人的担保财产，现有证据也无法认定其有非法占有目的"。以现有证据无法排除合理怀疑而否定高某某存在合同犯罪的可能，认为该行为属于民间借贷纠纷。法院认定过程从三个方面：自有资金可能负债的时间节点、担保前向担保人出借钱款、合理解释借款的去向从而排除了非法占有目的。合同诈骗罪、诈骗罪和集资诈骗罪均要求超主观罪过因素，而非法占有目的丧失也排除了其他犯罪的可能，纳入民事纠纷之中。法院的判决理论为辩护人选择辩护方向提供了可能视角，通过提供合理怀疑因素进而排除非法占有可能，实现无罪辩护。

六、李某诈骗罪案※

2010年9月～2012年2月，被告人李某为了偿还个人债务，虚构银行工作人员身份，编造银行客户贷款审批过程中急需周转资金等虚假事由，先后骗得徒某、王某某、栾某、王某、窦某某、廖某某等人796万元。江苏省南京市中级人民法院判决认为，被告人李某以非法占有为目的，虚构事实，隐瞒真相，骗取他人钱款，数额特别巨大，其行为已构成诈骗罪。依照《中华人民共和国刑法》第266条、第52条、第53条、第64条之规定，以诈骗罪判处被告人李某有期徒刑15年，并处罚金100万元。责令被告人李某退赔各被害人的经济损失。

上诉人李某及其辩护人提出的上诉理由和辩护意见认为，李某主观上没有非法占有的目的；王某某、栾某赠予李某210万元；一审判决认定事实错误，定性错误，量刑过重。请求改判。

※ （2014）苏刑二终字第0013号。

　　江苏省高级人民法院审理查明：上诉人李某对原审判决认定其自2010年9月～2012年2月间，冒用中信银行信贷员身份，编造银行客户贷款审批过程中临时周转事由，先后骗取徒某、王某某、栾某、王某、窦某某、廖某某等人的借款，用于偿还个人债务及消费，造成796万元无法归还的事实不持异议。关于上诉人李某及其辩护人对本案事实部分提出的上诉理由及辩护意见，法院审查评判认为：（1）上诉人李某及其辩护人提出李某没有非法占有目的，经查，被害人徒某、廖某某等人的陈述、证人滕某、吴某、姜某某、曹某、杜某某、万某某等人的证言，均能够证明李某虚构了银行工作人员的身份和多处房产，并以客户急需周转资金为由向外借款，且能够相互印证。另有银行交易记录、借款合同等证据佐证。本案现有证据能够认定上诉人李某明知无偿还能力，仍然虚构银行工作人员的身份和资产，以银行客户需要资金周转为由向他人大量借款，并将所得借款用于偿还巨额债务和挥霍消费，依法应当认定李某具有非法占有的目的，其行为构成诈骗罪。故此上诉理由及辩护意见不能成立，本院不予采信。（2）上诉人李某及辩护人提出王某某、栾某赠予李某210万元，经查，被害人王某某、栾某陈述李某以客户需要资金周转为由借款，该陈述与证人王某的证言相印证，且有转账支票、李某的供述等证据佐证。上诉人李某及辩护人提出王某某、栾某赠予李某210万元无其他证据印证。故此上诉理由和辩护意见不能成立，法院不予采信。最终法院判定：驳回上诉，维持原判。

【案例评析】

　　该案中行为人李某"以非法占有为目的，虚构事实，隐瞒真相，骗取他人钱款，数额特别巨大"仅就此论述而言，行为人可能触犯集资诈骗罪、合同诈骗罪、诈骗罪，法院最终以诈骗罪追究行为人的法律责任，为何？行为人存在非法占有目的已不需论述，行为人骗取被害人钱款过程中虚构银行人员身份和编造银行客户贷款审批过程中急需周转资金等虚假事由，致使被害人"以假为真"。行为人骗取每一个被害人时，并未"在签订合同或履行过程中"骗，而是通过虚构的事情博取被害人信任进而实现诈骗犯罪。行为人没有宣传、没有公开，是利用现有的"客户资源"完成犯罪，不存在集资诈骗罪成立的可能，只有"诈骗"这一个单一犯罪要素只能以诈骗罪归罪。司法实践中辩护人可以通过排除合同诈骗罪或集资诈骗罪的犯罪因素的方式，"做减法"实现罪轻辩护。

七、王某诈骗罪案※

2014年3～7月，被告人王某虚构"武汉市旺远物流有限公司"，以该公司入股分红的形式骗取了被害人杨某8万元；2014年5～7月期间，被告人王某采用上述同样的方式骗取了被害人李某6万元；2014年7月，被告人王某采用同样的方式骗取了被害人张某甲20万元；2014年8月19日，被告人王某采用同样的方式骗取了被害人刘某25万元。综上，被告人王某共计骗取59万元，被告人王某的行为已构成诈骗罪，判处被告人王某有期徒刑12年6个月，并处罚金20 000元。

上诉人王某的上诉理由：原审认定的犯罪数额不准，给予被害人的分红应从中扣除；被害人张某甲的陈述不应作为证据使用；其行为应构成集资诈骗罪。

对于上诉人的上述理由，法院认为：（1）上诉人王某以非法占有为目的，虚构成立"武汉市旺远物流有限公司"，并以入股分红利诱被害人投资，分红的目的实为骗取被害人的信任，掩盖诈骗犯罪行为，继续实施诈骗，且分红均在诈骗既遂之后给予，根据相关法律规定，该分红不应从犯罪数额中扣除，一审认定上诉人王某诈骗数额59万元正确。故其该上诉理由不能成立。（2）被害人张某甲的陈述系公安机关依法调取，其来源、收集程序合法。该证据可以与上诉人王某的供述相互印证，亦能得到其他3名被害人陈述及银行交易明细等证据的佐证，并经一审法院开庭举证、质证，客观真实，二审予以确认。故其该上诉理由也不能成立。

※　（2015）鄂武汉中刑终字第00628号。

（3）诈骗罪和集资诈骗罪都是以非法占有为目的，主观上都是为了骗取他人财物，二罪的主要区别在于侵犯的客体与对象不同。集资诈骗罪不仅侵犯了他人的财产所有权，同时还侵犯了国家金融管理制度，侵犯的是双重客体；集资诈骗罪的实施方式是向社会不特定的对象进行广泛宣传，侵害对象是不特定的社会公众，而诈骗罪侵害的对象是明确特定的。根据法律规定，未向社会公开宣传，在亲友内部针对特定对象实施诈骗的，不属于集资诈骗。综观本案，上诉人王某诈骗对象均是通过武汉晚报车友会认识的车友，对象明确特定，并没有广泛传递，而且其侵犯的也仅是被害人的财产所有权，并没有对国家金融管理秩序造成危害。一审认定其行为构成诈骗罪正确。故其该上诉理由亦不能成立。最终法院裁定：驳回上诉，维持原判。

【案例评析】

该案中罪名焦点在于集资诈骗罪与诈骗罪的区分，理论上认为前者是后者的特殊罪名，两个罪名之间存在法条竞合。换句话说，成立集资诈骗罪的犯罪行为都有成立诈骗罪的可能，但是特殊法条优于一般法条原则，符合集资诈骗罪的案件应当适用该罪规制相关犯罪行为。集资诈骗罪的犯罪构成要比诈骗罪细致，它规制的法律关系更为具体，保护的是双重法益而非诈骗罪所保护的单一法益。况且集资诈骗罪涉众性、公开性、对象不特定性等特点也容易在司法实践中区分两个罪名。

上述七个案件之中有的认定为集资诈骗罪、有的认定为合同诈骗罪、有的认定为诈骗罪，司法机关认定时结合案件的实际情况，并且使罪名理论界分在判决中得到体现，不同罪名的不同罪状特征、保护的法益、行为方式、行为特性在案件中有所体现。辩护人或者司法人员在实际的司法实践中要以理论为根基，结合案件的特点实现罪名与犯罪事实弥合。

第五节　非法经营罪、组织、领导传销活动罪、非法吸收公众存款罪

一、葛某菲,白某霞非法吸收公众存款罪案※

2010年8月，新加坡人江某恩与彭某威等人在未经依法核准的情况下，到深圳市以WHC公司（全称WhiteHouse Capital Limited，中文音译名某斯公司）私募股权投资为名，在中国发展代理商，吸引客户在WHC公司交易平台注册基金会员账号和密码，通过申购该公司发行的虚拟电子美元为标的物的白宫基金，吸收资金。根据该公司的经营模式，买受人购买一单白宫基金最低人民币14 000元，分为3个月期限（月息5%）和一年期限（月息8.33%）。交纳资金后，WHC公司按7∶1的比例兑换成虚拟电子美元，存入会员账户内。该公司经营模式为一级一级发展人员投资白宫基金，上线人员可以按照不同的级数得到推广提成。2010年8月，被告人葛某菲在WHC公司行政人员陈某婷的介绍下被发展成为WHC公司会员。后被告人葛某菲在明知WHC公司在中国经营模式不合法的情况下，利用其具有金融专业知识的背景，以天津某斯股权投资基金管理有限公司投资咨询副总监、高级培训师的名义，先后在深圳市、太原市等地通过亲友介绍、口口相传，以及参加WHC公司"WHPE咨询研讨会"讲课方式，宣传白宫基金股权投资项目，鼓动与会人员购买并带动他人投资白宫基金，发展下线会员，吸收客户资金。被告人白某霞系被告人葛某菲的妻子，其在明知WHC公司网站账户无法实际赎回电子美元，WHC公司在中国经营模式可能不合法的情况下，仍然协助被告人葛某菲宣传白宫基金，鼓动他人购买，并为投资者提供注册账户、兑换电子币及收取款项等服务。2010年8月～2011年，被告人葛某菲、白某霞通过上述亲友介绍、讲课宣讲、邀请他人出席WHC公司会议和宣传活动等方式发展了琚某、杨

※　（2014）深中法刑二终字第865号。

某东、郎某、叶某、吴某良等会员，再通过直接下线人员及被告人葛某菲的助理李某、周某英等人在研讨会后接待、咨询、发展会员，共计吸收资金约为人民币300万元。被告人葛某菲自述获取WHC公司提成佣金共计人民币22.6万元电子币。此外，被告人葛某菲、白某霞还将个人银行账户提供给WHC公司使用，做为WHC公司对外接收客户资金的渠道之一，再将客户资金转入WHC公司指定账户，并可获取1%的汇率提成。2011年3月，WHC公司部分涉案人员被山东警方以涉嫌非法经营查处。2012年8月17日，被告人葛某菲被四川省成都市公安局温江区分局民警在本市抓获归案。2013年7月4日，被告人白某霞在办案民警的通知下自动前往派出所接受调查。

原判认为，被告人葛某菲、白某霞无视国家法律，违反国家规定，在未经国家有关主管部门批准下，伙同他人为WHC公司非法经营白宫基金股权项目，扰乱市场秩序，情节严重，其二人的行为均已构成非法经营罪，应依法予以惩罚。被告人葛某菲、白某霞在共同非法经营犯罪中，均起次要作用，是从犯，应当从轻处罚。二被告人虽对行为性质有所辩解，但基本能够如实供述非法经营的相关事实，被告人白某霞主动投案，有自首情节，可对二被告人从轻处罚。综合二被告人的犯罪事实、情节以及社会危害性，依照《中华人民共和国刑法》的相关规定，判决：被告人葛某菲犯非法经营罪，判处有期徒刑2年6个月，并处罚金人民币30万元；被告人白某霞犯非法经营罪，判处有期徒刑1年6个月，并处罚金人民币30万元。

宣判后，原审被告人葛某菲上诉提出：其不构成非法经营罪；原审判决认定上诉人宣传、鼓动、带动他人购买WHC公司白宫基金的股权投资项目没有证据支持；原审判决更正公诉机关的定性程序不合法；假设上诉人构成非法经营犯罪，原审法院的量刑明显过重。原审被告人白某霞上诉提出：原审判决根据其他法院的刑事判决结果来直接定性本案，没有法律依据，其不构成非法经营罪；原审认定其在明知WHC公司网站已经无法赎回资金的情况下，仍然鼓动他人购买及发展下线不属实；其从未协助被告人葛某菲宣传白宫基金；即使原审判决对上诉人的定罪无误，该判决对上诉人的量刑亦明显过重。请求撤销原审判决，依法改判或将本案发回原审法院重审。

法院认为，上诉人葛某菲、白某霞无视国家法律，违反国家规定，未经国家有关主管部门批准，伙同他人为WHC公司非法经营白宫基金股权项目，扰乱市场秩序，情节严重，其二人的行为均已构成非法经营罪。葛某菲、白某霞在共同非法经营犯罪中，均起次要作用，是从犯，应当从轻处罚。二人虽对行为性质有所辩解，但基本能够如实供述非法经营的相关事实，被告人白某霞主动投案，有自首情节，可对二人从轻处罚。关于上诉人葛某菲、白某霞提出其二人的行为不构成非法经营罪的上诉意见，据现已查明的事实，葛某菲、白某霞等人所称的白宫基金未经国家有关主管部门的批准，采用发展下线的方式吸取投资人的小额资金，并且团伙成员在广东、山东多地采取讲课等方式吸引投资人，非法经营白宫基金股权项目，其行为已构成非法经营罪，原审判决对本案的定性准确。故上诉人葛某菲、白某霞的该点上诉意见与查明事实不符，不予采纳。关于上诉人葛某菲提出其没有宣传、鼓动、带动他人购买白金基金的行为；上诉人白某霞提出其没有协助葛某菲宣传白宫基金的行为。现有证据显示，二人上述行为有其二人本人供述、证人叶某等人的证言可以证实葛某菲、白某霞有实施上述行为，故二人的该点上诉意见与事实不符，不予采纳。关于上诉人葛某菲认为原审判决更正公诉机关的定性程序不合法的上诉意见，由于原审判决认定的事实、采信的证据都经过控辩双方庭审质证，在指控的罪名与审理认定的罪名不一致的情况下，法庭依据审理认定的罪名作出有罪判决并无不当。鉴于上诉人葛某菲在二审审理期间主动认罪，且主动缴纳原审判决所判处的部分罚金，认罪悔罪态度较好，对其适用缓刑对所居住社区没有重大不良影响，法院决定对其适用缓刑。综上，二审法院最终判决：维持一审判决葛某菲的定罪部分对白某霞的定罪及量刑以及对赃款的追缴部分；撤销一审判决中对葛某菲的量刑部分，改判葛某菲犯非法经营罪，判处有期徒刑2年6个月，缓刑3年，并处罚金人民币30万元。

【案例评析】

该案司法机关以非法吸收公众存款罪拘留行为人，在起诉时罪名调整为非法经营罪，其实行为人的行为特征具有组织、领导传销活动罪的特性。如判决书中所述，"被告人葛某菲、白某霞通过上述亲友介绍、讲课宣讲、邀请他人出席WHC公司会议和宣传活动等方式发展了琚某、杨某东、郎某、叶某、吴某良等会员，再通过直接下线人员及被告人葛某菲的助理李某、周某英等人在研讨会后接待、咨询、发展会员，共计吸收资金约为人民币300万元"。但是法院认为该行为中的凸显的行为是"违反国家规定，未经国家有关主管部门批准，伙同他人为WHC公司非法经营白宫基金股权项目，扰乱市场秩序"，故而将其纳入非法经营罪的规制中。行为人所从事的行为侵犯了经营准入秩序，在行为过程中存在吸收公众存款的行为，也事实上符合"缴纳会费式"传销行为的特性，但行为人存在牟利目的，吸收存款和缴纳会费是经营的结果附随行为。换言之，行为人正是想通过此种方式实现其犯罪目的，法院以非法经营罪判处符合刑法理论。此案的提示在于正确区分手段行为与目的行为的差异，行为人的主行为对其犯罪定性起决定作用。

二、王某某、孙某某非法吸收公众存款罪案[※]

2011年5月，以被告人王某某为法人代表、被告人孙某某为总经理的唐山恒盛房地产开发有限公司在乐亭县金融街东延开发"盛世景湾"建筑项目，在没有取得任何土地开发及商品房预售许可等手续的情况下，2011年9月～2011年12月，以预售房屋暂借款的形式吸收公众存款共计2865.8382万元。河北省乐亭县人民法院认为，被告人王某某、孙某某非法吸收公众存款，数额巨大，构成非法吸收公众存款罪。一审判决被告人王某某犯非法吸收公众存款罪，判处有期徒刑7年，并处罚金30万元；

※ （2013）唐刑终字第246号。

被告人孙某某犯非法吸收公众存款罪，判处有期徒刑7年，并处罚金30万元。

宣判后，原审被告人王某某、孙某某以一审法院认定事实不清，证据不足，其行为不构成非法吸收公众存款罪为主要理由提出上诉。

二审法院认为，上诉人王某某、孙某某犯非法吸收公众存款罪的事实清楚，证据确实充分，适用法律正确，量刑适当，审判程序合法。关于上诉人王某某、孙某某所提一审法院认定事实不清，证据不足，其行为不构成非法吸收公众存款罪的上诉理由，经查，唐山恒盛房地产开发有限公司法人代表王某某、总经理孙某某未经政府有关部门批准，在没有取得土地开发及商品房预售许可等手续及不具有房产销售真实内容的情况下，通过乐亭县电视台、乐亭广播影视等途径向社会公开宣传销售房屋，并以向内部员工借款转为认购房优惠政策的形式向本案被害人杨某乙、包某某等188人吸收资金，且数额巨大的事实。上述证据客观真实，来源合法，足以认定，一审法院依据上述证据依法判定上诉人王某某、孙某某构成非法吸收公众存款罪，并予以处罚，并无不当。关于上诉人孙某某的辩护人在二审期间所提交的证据，经查，该部分证据不足以证明上诉人王某某、孙某某在乐亭县金融街东延开发"盛世景湾"建筑项目中已经取得合法手续，并在已具有房产销售真实内容的情况下销售房屋。故上诉人王某某、孙某某所提上诉理由，理由不足，法院不予支持。关于唐山市人民检察院检察员在二审庭审中所提上诉人王某某、孙某某应以非法经营罪定罪处罚的意见，经查，理据不足，法院不予支持。依照《中华人民共和国刑事诉讼法》第225条第1款第（1）项、第233条之规定，裁定：驳回上诉人王某某、孙某某的上诉，维持原判。

【案例评析】

该案是典型的非法吸收公众存款犯罪案件，司法机关没有证据证明行为人非法占有了吸收的存款，现有的证据只能证实行为人通过预售房屋暂借款的形式吸收公众存款，该行为看似也符合"经营"，但行为人并无经营事实，只是以吸储为最终目的，在司法认定或辩护时应当考虑行为人最终的犯罪结果指向何处。在认定案件时不能主观臆测而应以证据论定。

三、刘某某非法经营案、非法吸收公众存款案※

被告人刘某某从2011年开始，在河北省燕郊镇进行所谓的"资本运作"，这个资本运作模式的最高级别是C3，往下排是C2级、C1级，而后是B3、B2、B1、A2、A1共8级，到C3级就出局。加入该组织，每人需交纳申购费48 930元，交了申购费的就有资格共同参与理财，否则就没有资格参与互助理财。刘某某在河北燕郊发展下线马某甲，马某甲发展下线王某甲，王某甲发展武某甲。马某甲交给刘某某申购费40 000元，在退出"资本运作"时，刘某某给马某甲写下借条39 300元；田某甲发展下线李某甲、屈某某。田某甲交纳刘某某申购费40 000元，在退出"资本运作"时，刘某某给田某甲写借条34 350元；张某甲交刘某某申购费28 930元，在退出"资本运作"时，刘某某给张某甲写借条19 696元；王某甲交给刘某某申购费20 000元，王某甲退出"资本运作"时，刘某某给王某甲写借条20 000元；武某甲交刘某某申购费49 800元，在退出"资本运作"时，刘某某给其写借条2张，金额40 000元；王某乙将购买刘某某半个点的48 930元申购费交刘某某，之后又交10 000元，在王某乙退出"资本运作"时，刘某某给王某乙写借条58 000元；张某乙交刘某某申购费30 000元，在退出"资本运作"时，刘某某给其写借条30 000元；屈某某分两次交刘某某申购费30 000元，在退出"资本运作"时，刘某某给其写借条30 000元。刘某某在河北燕郊进行资本运作时，直接或间接发展下线马某甲等8人，分别收取其交纳的申购费。在8人要求退出"资本运作"时，刘某某分别给他们写下借条，借条金额共计271 346元。被告人刘某某系商都县农村信用合作联社员工，2010年4月因形成不良贷款，商都县联社根据《商都县农村信用社合作联社2010年不良贷款考核办法》（商

※ （2015）乌刑终字第18号。

农信发（2010）20号）文件精神，决定对其做出停职离岗专门进行贷款清收的决定。2002～2012年，被告人刘某某在未经有关部门批准的情况下，以信用社职工的身份，以年底归还银行贷款或个人用钱为由，以1分至5分不等的月息，承诺到期还本付息或者随时还本付息，向商都县不特定居民借款。被告人刘某某、被告人景某夫妻共同非法吸收公众存款有20人，本金共计981 350元，利息17 800元。综上所述，刘某某以个人名义和与其丈夫景某共同名义共吸收公众存款本金3 549 850元，产生利息156 004元。在审理过程中被害人景某乙向法庭提出申请，对刘某某借款50 000元未还的行为表示谅解；任某某、张某己向法庭提出申请，对刘某某、景某借款30 000元和190 000元共计220 000元未还的行为表示谅解；被害人任某某、曾某某、李某某、刘某辛、李某丁、赵某丁向法庭提出申请，对景某借款共计250 000元未还得行为表示谅解，要求自行解决，不需要法院裁决。以上8人共谅解52万元。景某于2013年12月26日向法庭退赃款30万元，法院按7.8%比例返还受害人。

　　原审认为：（1）起诉书指控被告人刘某某在河北燕郊地区非法以"资本运作"模式进行传销活动的行为，在过去的司法实践中，对传销类案件多数按非法经营罪处理，但是在《刑法修正案（七）》规范了罪名后，必须以组织、领导传销活动罪来处理。根据《公安机关管辖的刑事案件立案起诉标准》的规定和《关于办理组织领导传销活动刑事案件适用法律若干问题意见》规定，传销组织层级必须在3级以上人数在30人以上的，才能对组织者、领导者追究刑事责任。结合本案事实，刘某某供述，其在合肥发展下线29人，在燕郊发展下线40人，但卷内只有5位传销人员的询问笔录，经公安机关补充侦查，结论是无法查找。就目前在案证据，无法认定被告人刘某某犯组织、领导传销活动罪。认定其犯非法经营罪的行为与法律规定不相符合。根据《中华人民共和国刑事诉讼法》第195条第3款之规定，证据不足，指控被告人犯非法经营罪不能成立。辩护人辩护意见成立，予以采纳。2.被告人刘某某未经金融主管机关批准，违反金融法规，以信用社职工的身份，以年底归还银行贷款或个人用钱为由，以

1分至5分不等的月息，承诺到期还本付息或随时还本付息，向商都不特定居民100多人借款，数额巨大，至今不能归还，严重扰乱金融秩序和社会秩序，其行为已构成非法吸收公众存款罪。公诉机关指控成立。被告人刘某某辩称是借亲属和朋友的款，是民间借贷且都用于归还信用社贷款。经查，被告人向100多位民众借款，其中虽有亲属和朋友，但为数极少，大多数人出借款时并不认识刘某某本人，是刘某某以高息为诱饵，以随时可以还本付息的承诺，使民众口口相传，将自己的血汗钱交到刘某某手中，再被追要借款时，刘某某以自己破产为由通知众人到法院起诉她本人。可见被告人的行为已超出民间借贷的范畴，其辩解无事实依据，不予采纳。辩护人提出起诉书指控被告人犯非法吸收公众存款罪，事实不清，证据不足，该意见无相关事实和法律依据，不予采纳。被告人刘某某将非法吸收公众存款用于日常开支、做生意、在非法吸收公众存款期间进行买房买地等活动，因此对其非法吸收公众存款犯罪所得的一切财物应依法追缴并返还受害人。故根据《中华人民共和国刑法》第176条、第64条、第52条、第53条之规定，判决：被告人刘某某犯非法吸收公众存款罪，判处有期徒刑7年，并处罚金40万元；犯罪所得的财物依法予以追缴，并返还被害人（兑现时将已从法院按比例领取部分扣除）。

一审宣判后，被告人刘某某不服向本院提出上诉称：（1）一审判决认定其向他人借款构成非法吸收公众存款罪是错误的，因为都是向亲戚、朋友进行借贷，并提供相应担保。（2）一审判决认定上诉人非法吸收公众存款罪的数额不准确，不应包括利息。（3）归还过被害人部分借款，但没有收回借条。上诉人刘某某的同案犯景某的辩护人向法庭提供了被害人张某乙、鲁某书写的收条，证实景某曾归还过被害人张某乙5000元借款，上诉人刘某某归还过被害人鲁某5000元借款。

经审理查明，一审判决认定事实清楚，证据确实充分，二审法院予以确认。另查明，景某曾归还过被害人张某乙5000元借款，上诉人刘某某归还过被害人鲁某5000元借款。有被害人张某乙、鲁某书写的收条证实上诉人刘某某及景某归还其借款的数额。法院认为，上诉人刘某某虽有以"资本运作"模式进行传销活动的行为，但不构成组织、领导传销活动罪的立案标准，也不具备非法经营罪的构成要件，一审判决认定上诉人刘某某不构成非法经营罪的定性是准确的，予以确认。上诉人未经金融主管机关批准，违反金融法规，向商都100多名不特定居民借款，明知没有归还能力，承诺到期还本付息或随时还本付息，严重扰乱金融管理秩序，造成上百万元借款未能偿还，其行为已构成非法吸收公众存款罪。借贷中虽有亲属和朋友，但极为少数，而且有担保的借贷也是极少几起，因此上诉人提出其借贷行为不构成犯罪，只是民间借贷的上诉理由不能成立；一审判决认定上诉人借贷数额时已将借条中本金和利息分开计算了，其他借条因没有明确利息，双方又说不清楚是否有利息，因此无法分开计算。上诉人提出向部分被害人归还过借款，二查只查明上诉人刘某某、景某向被害人张某乙、鲁某归还了部分借款，其他的因没有提供证据证实，不予认定，但非法吸收公众存款的数额以行为人所吸收的资金全额计算，上诉人归还借款的事实并不影响本案认定非法吸收公众存款的数额，因此上诉人提出非法吸收公众存款数额计算错误的上诉理由也不能成立；二审法院认为一审判决认定事实清楚，证据确实、充分，定性准确，量刑适当，程序合法，依照《中华人民共和国刑事诉讼法》第225条第1款第（1）项之规定，裁定：驳回上诉，维持原判。

【案例评析】

该案中行为人存在两个行为，两个行为之间形成了有效的对比。尽管行为人传销行为最终因证据不足没有被认定为犯罪，然而传销行为的特性能够在否定其成罪时得到认证；并且传销行为过程中虽也涉及吸收存款或者关涉经营活动，但传销典型的行为特性（缴纳会费、层级性、拉人头等方式）不同于常规的吸收存款行为和经营行为，以传销行为入罪应当紧扣刑法中对其罪状的描述。对于非法吸收公众存款罪而言，该案中并无争议之处，应当注意的是区分非法吸收公众存款与民间借贷（高利贷）之间的差异，防止罪与非罪的混乱。

四、鲁某等非法吸收公众存款案[※]

2011年7月，被告人许某某经他人介绍后，伙同胡某甲（另案处理）共同在网络上注册投资"美国迅驰集团基金"，并获得融资资格，该"美国迅驰集团基金"未经国家有关部门批准，且以高额回报及发展下线给予相应提成为诱饵吸引不特定人员参与投资。后许某某介绍被告人鲁某作为其下线注册投资"美国迅驰集团基金"，并为鲁某提供了该项目的宣传资料。被告人鲁某获得融资资格后作为融资代理人，在焦作市为"美国迅驰集团基金"吸收投资，并吸引被告人冯某甲、宰某某投资该"基金"成为其下级融资代理人。在焦作融资期间，被告人鲁某租赁办公地点，采取推介会、发放宣传资料和口头宣传等方式，面向社会不特定群众公开宣传，承诺投资"美国迅驰集团基金"名下基金、股票收益为月息13%~33%，且投资后再介绍他人投资可获得相应的提成，被告人许某某受鲁某邀请，作为上级融资代理人伙同胡某甲到焦作市，为鲁某吸引群众投资而面向社会不特定群众宣传"美国迅驰集团基金"。被告人宰某某、冯某甲亦租赁办公地点，采取发放宣传资料和口头宣传等方式，面向社会不特定群众公开宣传，吸引群众投资"美国迅驰集团基金"。2011年7月~2012年3月，被告人鲁某直接或间接吸收176人资金528.92万元；被告人宰某某直接或间接吸收89人资金254.52万元；被告人冯某甲直接或间接吸收60人资金182.6万元；被告人冯某乙帮助被告人宰某某吸收23人资金81.8万元；被告人张某甲在鲁某以"美国迅驰集团基金"名义融资期间，积极帮助鲁某做宣传，将吸收的部分资金存入银行，并在迅驰网站无法登陆、投入的资金无法收回时，帮助鲁某欺骗、威胁投资群众。上述资金除活动返利及提成外，剩余资金经环迅支付平台转入北京时代视点文化发展中心、北京优客联赢文化传媒有限公司、北京达通瑞智信息咨询有限公司、北京恒鑫鼎铭国际投资咨询有限公司等公司账户，后又转入分布于全国各地的

[※]　（2014）焦刑二终字第11号。

200余个个人银行账户。原审法院认为，被告人鲁某、许某某、宰某某、冯某甲作为虚构的、且未经国家有关部门批准的"美国迅驰集团基金"的融资代理人，采取推介会、发放宣传资料、口头宣传等形式，利用公开面向社会不特定群众承诺到期还本、支付高额利息等手段，吸引群众投资该"基金"，违法变相吸收公众存款，扰乱金融秩序，其中被告人鲁某直接或间接吸收176人资金528.92万元，数额巨大；被告人宰某某直接或间接吸收89人资金254.52万元，数额巨大；被告人冯某甲直接或间接吸收60人资金182.6万元，数额巨大；被告人许某某作为鲁某的项目融资上级代理人，应对其项目融资下级代理人鲁某的行为承担责任，且其在被告人鲁某在焦作市融资期间进行项目宣传提供帮助和支持，是被告人鲁某犯罪行为的共犯；被告人冯某乙帮助被告人宰某某吸收23人资金81.8万元；被告人张某甲在被告人鲁某以"美国迅驰集团基金"名义融资期间，积极提供相应帮助。6名被告人的行为均已构成非法吸收公众存款罪。本案被告人的行为符合《中华人民共和国刑法》及最高人民法院《关于审理非法集资刑事案件具体应用法律若干问题的解释》中关于非法吸收公众存款罪的犯罪构成及该犯罪表现形式、犯罪特征的规定，应认定为非法吸收公众存款罪。综合各被告人在犯罪中的地位作用、本案的社会危害性等情节，对被告人鲁某依照《中华人民共和国刑法》相关规定判决：被告人鲁某犯非法吸收公众存款罪，判处有期徒刑4年，并处罚金200 000元；被告人许某某犯非法吸收公众存款罪，判处有期徒刑3年零6个月，并处罚金200 000元；被告人宰某某犯非法吸收公众存款罪，判处有期徒刑3年，并处罚金100 000元；被告人冯某甲犯非法吸收公众存款罪，判处有期徒刑3年，并处罚金70 000元；被告人张某甲犯非法吸收公众存款罪，判处有期徒刑1年零6个月，并处罚金50 000元；被告人冯某乙犯非法吸收公众存款罪，判处有期徒刑1年零6个月，并处罚金50 000元。

原审被告人鲁某上诉认为原判量刑过重。其辩护人认为原判认定事实不清，证据不足，原判量刑过重等，请求对鲁某在3年以下有期徒刑量刑并适用缓刑或发回重审。原审被告人许某某上诉认为其处于从犯地位，犯罪情节相对较轻，量刑过重，请求减轻处罚。其辩护人认为许某某的行为不构成非法吸收公众存款罪，请求撤销一审判决，宣告许某某无罪。原审被告人宰某某上诉认为原判认定案件事实主观臆断，定性错误，适用法律不得，判决显失公正，请求改判无罪。

二审法院认为，上诉人鲁某、许某某、宰某某以及原审被告人冯某甲、张某甲、冯某乙采取推介会、发放宣传资料、口头宣传等形式，面向社会不特定群众承诺到期还本、支付高额利息，违法变相吸收公众存款，扰乱金融秩序，其行为符合非法吸收公众存款罪的犯罪特征、犯罪构成及表现形式，应当认定为非法吸收公众存款罪。针对上诉人的上诉理由及其辩护人的辩护意见，经查：第一，原判认定的事实无误；第二，原判适用法律正确，对各上诉人均在幅度内予以量刑，并无不当。因此，各上诉人上诉的理由及其辩护人的辩护意见不能成立，法院不予采纳。原判认定上诉人鲁某、许某某、宰某某以及原审被告人冯某甲、张某甲、冯某乙犯非法吸收公众存款罪的事实清楚，定罪准确，量刑适当，审判程序合法。依照《中华人民共和国刑事诉讼法》第222条、第225条第（1）项之规定，裁定：驳回上诉，维持原判。

【案例评析】

该案中6个行为人最初以非法吸收公众存款罪拘留或逮捕，但在检察机关提起公诉时前3个行为人的罪名是组织、领导传销活动罪，另外3人起诉罪名是非法经营罪，而法院的判决是非法吸收公众存款罪。司法机关"绕了一圈"的犯罪惩治过程表现了非法经营罪、非法吸收公众存款罪、组织、领导传销活动罪之间存在难解难分的关系。司法认定时应以理论为先导，使刑法中罪名的罪状指导司法决断，准确地认定犯罪的行为特征。

第十二章　犯罪主体认定：单位犯罪还是自然人犯罪

集资型犯罪的特性使然，行为人独立犯罪时其能够骗得款项较少难以满足其犯罪需求，更多的集资型犯罪人通过建立公司等法人或非法人组织、借助单位之名从事非法集资活动。刑法中对单位犯罪有着特殊的规定，单罚或者并罚；并罚时对自然人的处罚力度与独立的自然人犯罪时有较大差异，明确集资型犯罪的犯罪主体尤为重要。

第一节　复合主体犯罪：单位与自然人"共犯"

以刘某某集资诈骗案❶为例。

2008年7月7日，黑龙江英德威投资有限责任公司（以下简称黑龙江英德威）成立，法定代表人洪某。该公司以创建全国连锁幼儿园为由，面向社会公众宣传，以高回报为诱饵，非法吸收公众存款。2008年7月左右，被告人刘某某认识了洪某，并被任命为黑龙江英德威招商部总经理，后刘某某返回河北省保定市开始非法吸收公众存款，并成立了保定市新市区英德威幼儿教育信息咨询服务部（以下简称保定英德威），所吸收存款汇给黑龙江英德威。2009年春天，被告人郑某某开始跟随刘某

---

❶ （2014）豫法刑一终字第73号。

某从事该业务。2009年7月，洪某因黑龙江英德威资金链断裂，通知刘某某停止在保定吸收公众存款。2009年6月，被告人郑某某看到英德威项目不错，开始到祖籍地河南省济源市以建设黑龙江英德威济源市连锁国际幼儿园为由吸收公众存款，范某某、李某某加入后开始在济源吸收公众存款。经司法会计鉴定，2010年1月19日～2010年10月26日，共吸收公众存款4 259 749元。2010年10月26日，刘某某因非法吸收公众存款被保定市公安局取保候审。郑某某知情后，二人在明知非法吸收公众存款系犯罪的情况下，仍和范某某、李某某继续在济源市吸收公众存款直至案发。经司法会计鉴定，2010年10月27日～2012年10月19日共骗取集资款6 722 275元（群众报损数额）。另查明，黑龙江英德威自始至终未向济源投资。2010年1月19日～2012年10月19日，被告人范某某向36人吸收存款2 311 393元。被告人李某某向46人吸收存款2 059 094元。经司法会计鉴定，显示去向的资金为7 785 857.40元。包括返还济源群众、返还保定群众、平时生活支出等。根据上述事实和证据，济源中级人民法院依照《中华人民共和国刑法》相关规定，认定被告人刘某某犯非法吸收公众存款罪，判处有期徒刑8年6个月，并处罚金40万元；犯集资诈骗罪，判处无期徒刑，剥夺政治权利终身，并处没收个人全部财产。与刘某某所犯非法吸收公众存款罪判处有期徒刑5年，并处罚金40万元合并，决定执行无期徒刑，剥夺政治权利终身，并处没收个人全部财产。被告人郑某某犯非法吸收公众存款罪，判处有期徒刑8年6个月，并处罚金40万元；犯集资诈骗罪，判处无期徒刑，剥夺政治权利终身，并处没收个人全部财产。决定执行无期徒刑，剥夺政治权利终身，并处没收个人全部财产。被告人范某某犯非法吸收公众存款罪，判处有期徒刑7年6个月，并处罚金35万元。被告人李某某犯非法吸收公众存款罪，判处有期徒刑7年，并处罚金30万元。扣押的赃款25万元，三菱、长安轿车各一辆，依法由检察机关发还受害人。追缴被告人刘某某、郑某某、范某某、李某某涉案资产及违法所得发还被害人。

上诉人刘某某上诉及辩护人辩护称：系单位犯罪，原判认定构成集资诈骗罪事实不清，证据不足。上诉人郑某某上诉及辩护人辩护称：系单位犯罪，从犯，原判认定犯罪数额错误，不构成集资诈骗罪。上诉人范某某上诉及辩护人辩护称：系单位犯罪，从犯，原判认定犯罪数额错误，有自首情节，构成立功，量刑重。上诉人李某某上诉及辩护人辩护称：原判认定构成非法吸收公众存款罪证据不足，系从犯，认定介绍人数、犯罪数额错误，构成立功。

经法院审理查明的事实、证据与一审相同，且经一审法院当庭举证、质证，查证属实，予以确认。关于上诉人刘某某、郑某某、范某某上诉及辩护人辩护称"刘某某系单位犯罪"的理由，经查，刘某某、郑某某明知黑龙江英德威已于2009年9月停止非法吸收公众存款，在刘某某于2010年9月30日被刑事拘留后，二人明知其行为系犯罪的情况下，仍在济源非法吸收公众存款且未交给黑龙江英德威，济源亦没有成立英德威有限责任公司，其行为不属于单位犯罪。范某某、李某某为刘某某非法吸收公众存款的行为亦不属于单位犯罪。关于上诉人刘某某上诉及辩护人辩护称"原判认定构成集资诈骗罪事实不清，证据不足"、上诉人郑某某上诉及辩护人辩护称"原判认定犯罪数额错误，不构成集资诈骗罪"、上诉人范某某与李某某上诉及辩护人称"原判认定构成非法吸收公众存款罪事实不清，证据不足"的理由，经查，黑龙江英德威没有在济源投资，刘某某等人也未在济源市审批注册公司，刘某某、郑某某、范某某、李某某虚构事实，隐瞒真相，欺骗公众投资，刘某某、郑某某并将骗取的部分钱款据为己有，不仅有证人证言证实，亦有刘某某、郑某某、范某某、李某某的供述证实，且与司法会计鉴定相吻合，事实清楚，证据确实充分，足以认定刘某某、郑某某构成非法吸收公众存款罪、集资诈骗罪，范某某、李某某构成非法吸收公众存款罪。关于上诉人郑某某、范某某、李某某上诉及辩护人辩护称"系从犯"的理由，经查，范某某、李某某是刘某某、郑某某实施犯罪的主要介绍人、宣传者，被害人和刘某某、郑某某并不认识，经二人介绍吸收的款项交给郑某某等人后，三人按比例获取利益，三人在犯罪中均起主要作用，均系主犯。

二审法院最终认为，原审判决认定事实清楚，证据确实、充分，定罪准确，量刑适当，审判程序合法。上诉人刘某某、郑某某、范某某、李某某的上诉理由及其辩护人的辩护意见，不予采纳。依照《中华人民共和国刑事诉讼法》第225条第1款第（1）项之规定，裁定：驳回上诉，维持原判。

【案例评析】

该案中行为人成立有限公司后以从事犯罪活动为主业，且没有从事单位经营活动，根据相关司法解释和刑法理论，此种行为不属于单位犯罪。行为人只是利用了单位名义，欲盖弥彰，通过单位造成假象，给被害人造成不易受骗的心理暗示，手段和行为不能掩盖其真实的犯罪目的。故而，对于单位犯罪还是自然人犯罪的区分之处在于：（1）是否经过单位集体决议，即单位的犯罪行为是单位经过法定程序而做出的，而非单位内部个别主体的自我行为；（2）单位集体意志之后的行为由单位的主要负责人或相关责任人员实施，负责的主体只能是由单位任命的执行单位犯罪决意的责任人员；（3）利用单位名义、设立单位后以犯罪为主业的，表象上属于单位犯罪实质为自然人犯罪。

第二节　单一主体犯罪：单位犯罪与自然人犯罪

一、单位犯自然人作为犯罪主体：段某某非法吸收公众存款案※

2010年3月，被告人段某某在濮阳市中原路成立濮阳市亿鑫贸易有限公司，并任该公司法定代表人。该公司经营范围为销售汽车、纸制品、塑料制品电子器材、汽车租赁。2012年4月，段某某又成立濮阳市亿鑫贸易有限公司黄河路分公司。2011年9月～2012年9月，段某某在未经金融监管机构批准、依法无资格从事吸收公众存款的情况下，以投资安阳亿银光伏科技有限公司为名，以高息为诱饵，通过口口相传或熟人介绍的方式，

※　（2015）华区刑初字第12号。

面向社会公众非法吸收存款，非法吸收被害人80余人存款共计1545.7万元。段某某将上述吸收资金中980万元用于其投资的安阳亿银光伏科技有限公司支付货款、购买设备等。案发前返还被害人本息200余万元。另查明，2013年1月28日，濮阳市工商局向濮阳市公安局孟轲分局移送濮阳市亿鑫贸易有限公司涉嫌非法吸收公众存款的材料，濮阳市公安局孟轲分局于2013年3月15日受案。被告人段某某于2013年3月18日主动到该局说明了其吸收存款的事实，该局于次日立案，并对段某某采取取保候审的强制措施。又查明，濮阳市公安局孟轲分局于2014年3月12日对安阳市亿银光伏科技有限公司进行查封，2014年4月18日将被告人段某某在中国工商银行的账户的存款90.2238万元予以冻结。还查明，在该案审理过程中，部分被害人要求被告人段某某尽快还钱，对其吸收存款的行为予以谅解，不要求追究其刑事责任。

法院认为：被告人段某某未经金融主管部门批准，承诺在一定期限内还本付息，向社会不特定的多数人吸收存款，数额巨大，其行为扰乱了我国正常的金融管理秩序，已犯有非法吸收公众存款罪。段某某案发后主动到公安机关说明情况，如实供述了其非法吸收公众存款的犯罪事实，系自首，可以从轻处罚。公诉机关指控段某某犯非法吸收公众存款罪的事实清楚，证据确实充分，指控罪名成立，予以支持。段某某辩护人辩护认为该案系单位犯罪，经查，濮阳市亿鑫贸易有限公司虽然有汽车销售业务，但其主要业务为吸收客户存款，公司没有按其经营范围内的事项进行合法的经营活动。根据《最高人民法院关于审理单位犯罪案件具体应用法律有关问题的解释》第2条的规定，个人为进行违法犯罪活动而设立的公司、企业、事业单位实施犯罪的，或者公司、企业、事业单位设立后，以实施犯罪为主要活动的，不以单位犯罪论处。段某某设立公司后，以非法吸收公众存款为主要活动，其行为符合该规定，应不以单位犯罪论处。故对以上辩护意见不予采纳。段某某辩护人另辩护认为公诉机关指控数额中有公司员工及被告人亲属的款项，应予扣除，经查，指控数额中没有被告人直系亲属的款项，将公司员工的存款扣除在非法吸收的数额之外则无法律依据，故对上述辩解意见不予采纳。对段某某辩护人关于返还被害人管先讲部分本息应予体现且段某某系初犯、偶犯，应从轻处罚的辩护意见予以采纳。段某某将吸收存款的大部分用于其正常的经营活动，可酌情从轻处罚。依照《中华人民共和国刑法》《最高人民法院关于适用〈中华人民共和国刑事诉讼法〉的解释》相关规定，判决：被告人段某某犯非法吸收公众存款罪，判处有期徒刑4年，并处罚金15万元；查封的安阳市亿银光伏科技有限公司东西两个车间及车间内设备及冻结的段某某在中国工商银行的存款90.2238万元存款由查封、冻结机关濮阳市公安局孟轲分局负责处理；被告人段某某违法所得，依法予以追缴。

【案例评析】

非法吸收公众存款罪的犯罪主体既可以是单位又可以是自然人，因为"个人为进行违法犯罪活动而设立的公司、企业、事业单位实施犯罪的，或者公司、企业、事业单位设立后，以实施犯罪为主要活动的，不以单位犯罪论处。段某某设立公司后，以非法吸收公众存款为主要活动，其行为符合该规定，应不以单位犯罪论处"，所以该案中的行为主体是自然人而非单位。在辨别犯罪主体是单位还是自热人时需紧扣上节提到的对单位犯罪主体的认定要点。此外，对于涉众性集资行为的犯罪主体而言，在认定时首先认为其为自然人犯罪，只有符合相关规定时，才以单位犯罪处理。关于主体的辩护思路，应根据犯罪事实偏向单位犯罪，尽管集资型犯罪中单位犯罪的处罚种类较多，然而单位犯罪中对自然人的处罚偏轻，有利于被告人。

二、非单位犯：胡某某、赵某某贷款诈骗罪案[※]

浙江省杭州市中级人民法院审理杭州市人民检察院指控被告人胡某某犯集资诈骗罪、贷款诈骗罪、被告人赵某某犯集资诈骗罪、贷款诈骗

[※] （2014）浙刑二终字第50号。

一案，于2014年4月3日作出（2014）浙杭刑初字第34号刑事判决。胡某某、赵某某均不服，分别提出上诉。

原判认定：（1）集资诈骗部分。被告人胡某某、赵某某夫妇共同开办、经营建德市建明五金电器工具厂（以下简称"建明电器厂"），2010年7月变更为建德市建明电器有限公司（以下简称"建明公司"）。经营期间，两被告人不顾自身经济实力，通过连续向银行贷款、高息民间借贷等方式新建厂房、扩大公司规模、维持公司经营。自2007年开始，建明电器厂在市场竞争中经济效益低下，至2010年底建明公司连年亏损已无效益产生，而胡某某、赵某某以高息民间借贷归还银行贷款、获取贷款后再归还借款本息的方式进行资金周转，导致欠下巨额债务，且两人并无其他收入来源。胡某某、赵某某隐瞒自身经济状况和偿还能力，以公司需要资金周转生产经营、周转银行贷款、新建厂房等为名，以承诺支付月息2分至1角8分不等的高额利息为诱饵，先后以公司或个人的名义向被害人盛某、吴某等不特定公众非法集资，集资款项除少部分用于生产经营外，余款用于归还前期债务和支付高额利息。截至2012年5月，两被告人累计非法集资1900万余元，事后以归还部分本金或支付利息的名义共归还900余万元，保证人代为归还50万元，至案发前造成被害人经济损失共计900余万元。（2）贷款诈骗部分。2012年2月17日，被告人胡某某、赵某某在建明公司债务无力偿还的情况下，通过虚构公司购买原材料的贷款用途，提供虚假的购销合同、伪造的借款人和保证人资产证明文件等手段，骗取浙江民泰商业银行杭州建德支行贷款100万元，并在收到贷款后全部用于偿还前期债务，后仅支付利息34 375元，造成浙江民泰商业银行杭州建德支行损失965 625元。2012年7月，被告人胡某某、赵某某因资金链无以为继、无法归还集资款和到期银行贷款而外出逃匿、变更手机号码等。

原审根据上述事实和相关法律规定，判决认定：（1）被告人胡某某犯集资诈骗罪，判处无期徒刑，剥夺政治权利终身，并处没收个人全部财产；犯贷款诈骗罪，判处有期徒刑10年，并处罚金5万元。决定执行无期徒刑，剥夺政治权利终身，并处没收个人全部财产。（2）被告人赵某某犯集资诈骗罪，判处有期徒刑10年，并处罚金5万元；犯贷款诈骗罪，判处有期徒刑7年，并处罚金3万元。决定执行有期徒刑15年，并处罚金8万元。

被告人胡某某上诉及其二审辩护人提出：（1）胡某某向被害人借款时具有偿还能力，所借款项用于公司生产经营，并未个人挥霍，主观上不具有非法占有所借资金的故意，客观上向被害人借款时，未使用诈骗手段，胡某某的行为应构成非法吸收公众存款罪；（2）胡某某向部分被害人的借款，已经法院民事审理并作出生效的民事裁判，部分款项有其他单位和个人担保，向李某乙的借款系转让抵押的款项，应从犯罪数额中扣除；（3）胡某某向浙江民泰商业银行杭州建德支行贷款时具有偿还能力，其并未虚构或伪造贷款资料，并有其他单位和个人为其提供担保，银行工作人员对其公司经营状况及提交的贷款资料进行了审查，胡某某的行为不构成贷款诈骗罪；（4）胡某某向被害人的借款，系其作为建明公司法定代表人的职务行为，本案系单位犯罪。被告人赵某某上诉及其二审辩护人提出：（1）赵某某只出面经手部分借款，主观上不具有非法占有所借资金的故意，客观上被害人对公司经营状况和借款用途知情，赵某某并未使用诈骗手段，其借款行为系民间借贷行为，即使构成犯罪也应构成非法吸收公众存款罪；（2）本案部分借款已经法院民事审理并作出生效裁判，部分借款有其他单位和个人担保，原审对犯罪数额的认定不清，证据不充分；（3）其与胡某某向浙江民泰商业银行杭州建德支行贷款时，具有偿还能力，贷款手续合法，赵某某没有贷款诈骗的故意，没有实施伪造虚假文件和合同的犯罪行为，不构成贷款诈骗罪；（4）本案非法集资行为系单位行为，不应认定为个人犯罪。

经审理查明，原判认定被告人胡某某、赵某某集资诈骗、贷款诈骗的事实，有被害人盛某等人的证言，公安机关提取的工商登记资料、金融机构的贷款资料等证据证实。两被告人均有供述在案，所供能相互印证且与前述证据反映的情况相符。关于上诉理由及辩护意见，经查：（1）自2007年，两被告人经营的企业出现经营困难，导致连年亏损，而向银行的贷款及社会的借款却大幅增加，两被告人以高息个人借款归还银行贷款，贷款后再归还借款本息的方式维持资金周转，而两人的经营收益及名下资产根本不可能归还借款本息，两被告人明显没有偿还能力。胡某某、赵某某隐瞒自身真实经济状况和偿还能力，以公司需要资金周转等为名，以高额利息为诱饵，先后向社会不特定公众非法集资，所借资金主要用于归还前期债务及支付高额利息，造成30余名被害人经济损失900余万元，两被告人非法占有的主观故意和集资诈骗的客观手段均明显。胡某某、赵某某及其辩护人提出的相关意见，与查明的事实和法律规定不符，不予采纳。（2）本案两被告人非法集资数额及已归还钱款数额，均有被害人陈述、证人证言、借款凭证、银行业务凭证及被告人供述等证据证实，部分已经民事审理的借款，经查明系两被告人产生非法占有故意后的借款，应当计入集资诈骗犯罪数额，上诉人及其辩护人就本案犯罪数额提出的异议，亦与查明的事实和法律规定不符，不予采纳。（3）2012年2月，两被告人在背负巨额债务的情况下，隐瞒自身真实经济状况和偿还能力，并采用虚构贷款用途、提供虚假的购销合同和伪造的借款人及保证人资产证明文件的手段，向浙江民泰银行杭州建德支行申请贷款，骗取该行贷款100万元，事后将贷款用于归还前债，仅支付利息3万余元，造成被害单位损失96万余元。胡某某、赵某某主观上均具有非法占有贷款的共同故意，客观上实施了虚构贷款用途、准备虚假贷款材料的行为。两被告人及其辩护人就贷款诈骗罪主观故意和客观行为提出的异议与查明的事实和法律规定不符，不予采纳。（4）胡某某、赵某某虽系建明电器厂及建明公司股东，但两被告人向被害人的借款，大部分以其个人名义借入，部分以公司名义借入的款项，也以被告人个人为保证人，两人经营公司也并未有实际的公司运作，企业财产及个人财产混同，企业债务和个人债务混同，非法集资所得款项主要用于偿还前期债务，并用于两人个人生活支出。一审认定个人犯罪正确。两被告人及其辩护人提出本案系单位犯罪的意见和理由，与查明的事实和法律规定不符，不予采纳。该案事实清楚，证据确实、充分。法院认为，被告人胡某某、赵某某以非法占有为目的，使用诈骗方法非法集资，骗取社会公众钱款，数额特别巨大，其行为已构成集资诈骗罪；两人还以非法占有为目的，诈骗银行贷款，其行为还构成贷款诈骗罪，数额巨大，应依法予以并罚，但原判认定贷款诈骗数额特别巨大有误，应予纠正。两被告人及其二审辩护人就本案定性提出的异议均不能成立，不予采纳。原判定罪及适用法律正确。对赵某某集资诈骗罪量刑适当。审判程序合法。鉴于两被告人归案后认罪态度好等本案的具体情况，原判量刑不当，法院决定对两被告人的量刑进行改判。依照《中华人民共和国刑法》《中华人民共和国刑事诉讼法》的相关规定，判决认为：撤销浙江省杭州市中级人民法院（2014）浙杭刑初字第34号刑事判决中对被告人胡某某的量刑部分和被告人赵某某贷款诈骗罪的量刑及决定刑部分，维持其余部分；被告人胡某某犯集资诈骗罪，判处有期徒刑14年，并处罚金100万元；犯贷款诈骗罪，判处有期徒刑8年，并处罚金5万元。决定执行有期徒刑17年，并处罚金105万元；被告人赵某某犯贷款诈骗罪，判处有期徒刑5年，并处罚金3万元，与原判集资诈骗罪判处的有期徒刑10年，并处罚金5万元并罚，决定执行有期徒刑12年，并处罚金8万元。

【案例评析】

贷款诈骗罪的犯罪主体只能是自然人而不能是单位，理论上一般认为单位从事贷款诈骗行为的依照合同诈骗罪处理。该案中，法院认为行为人虚构贷款项目骗取贷款的行为属于自然人犯罪而非借由合同诈骗罪规制此一行为。细究而言，法院对行为人贷款诈骗部分的犯罪行为判决并未失当：行为人虽然是单位的主要责任人，但其虚构贷款材料这一事项时其自行决定的并未体现单位意志无从借由合同诈骗罪以规制单位的行为。并且，行为人虚构材料骗取贷款虽然也符合自然人为犯罪主体的合同诈骗罪但行为人虚构材料的目的是骗取贷款，贷款诈骗罪距离行为人的犯罪属性要比合同诈骗罪更近。该案的启示在于，司法认定或为被告人辩护应当以案件的真实情况为依准而不能固囿于刑法理论之中，以合理的理论为支撑，最大限度维护被告人利益。

第十三章 主犯与从犯的区分、
认定、刑罚

绝大多数集资型犯罪案件中是多个行为人共同犯罪，当然也存在独立犯罪的情形。共同犯罪必然关涉不同犯罪人的处罚问题，如主犯与从犯的划分、主犯与从犯的刑罚量如何平衡、犯罪数额的分配等。正确区分共同犯罪中主犯与从犯对于认定当事人的刑事责任至关重要，也是罪责刑相应原则的重要体现。

第一节 主犯的认定与刑罚

以孙某某金融凭证诈骗罪案[1]为例。

重庆市第五中级人民法院审理重庆市人民检察院第五分院指控被告人孙某某犯金融凭证诈骗罪、挪用资金罪、对非国家工作人员行贿罪，被告人梁某犯挪用资金罪、非国家工作人员受贿罪，被告人周某某犯挪用资金罪一案，于2013年9月29日作出（2013）渝五中法刑初字第00002号刑事判决。宣判后，原审被告人孙某某、梁某不服，提出上诉。重庆市高级人民法院受理后，经依法组成合议庭，公开开庭进行了审理。

重庆市第五中级人民法院判决认定：（1）被告人孙某某与被告人梁

---

[1] （2014）渝高法刑终字第00009号。

某系朋友关系，梁某系重庆飞驶特人力资源管理有限公司派遣至交通银行股份有限公司重庆市分行（以下均简称交通银行重庆分行）工作的劳务派遣制员工，具体工作为交通银行重庆分行人民路支行（以下均简称交通银行人民路支行）综合柜员。2010年年初，被告人孙某某以支付工程保证金为名，承诺支付高额的利息和中介费，通过资金中介黄某某、龙某某等人联系资金供其使用，但要求在指定的交通银行人民路支行开立存折账户和存款，并在指定的该行柜台查询账户、打印对账单。随后，孙某某告知被告人梁某其需要资金做生意，请求梁某利用存款客户进行查询账户输入密码之机，将存款客户账户中的资金转账至孙某某账户中以供其使用，且不在存折上记录转账情况，承诺使用后将归还资金并给予梁某好处费。梁某表示同意。2010年3月，资金中介黄某某、龙某某、周某等人为被告人孙某某招揽钟某某在交通银行人民路支行开立存折账户并存款1000万元。同月10日，梁某将钟某某账户已存款的信息通知孙某某。孙某某随即在"个人转账凭条"上伪造钟某某签名后，将该"个人转账凭条"和其本人的银行卡交给被告人梁某，并获知了梁某的柜台号。之后，孙某某通过龙某某等人要求钟某某到指定的梁某工作柜台查询账户。当日下午，钟某某前往交通银行人民路支行梁某所在柜台办理账户查询业务，梁某利用钟某某查询账户输入密码之机，违规将钟某某账户中的1000万元转账至孙某某所提供的银行卡账户中，并将孙某某的银行卡交还给孙某某。孙某某遂将该1000万元陆续予以支取。同月12日，孙某某转账20万元好处费给梁某。2011年3月，孙某某从他人处借款后向钟某某账户内归还1000万元，但因此背负数百万元的债务。（2）2011年5月，被告人周某某经他人介绍与被告人孙某某结识。同年5月23日，孙某某成立重庆安能农业开发有限公司并担任法定代表人，该公司自成立后既未开展过任何经营活动，也无任何资产。孙某某在其本人没有正常稳定的经济来源，且身负巨额债务的情况下，仍以支付虚构的工程项目保证金为由，让周某某联系资金，明确告知周某某存款客户必须在其指定的交通银行人民路支行开立存折账户并存款，在该行其所指定的柜台查询账户并打印对账单后，即可支付高息和中介费；孙某某通过银行内部人员的操作将存款客户在银行账户内的资金挪出使用。周某某明知挪用银行存款系违规操作且资金会被孙某某使用，仍以支付高息为诱饵，积极联系资金中介何某某、谢某、谭某等人招揽存款客户。同年8月，周某某通过资金中介何某某、谢某等人，联系了宋某在交通银行人民路支行开立存折账户并存款800万元。同月26日，孙某某从周某某处获知宋某开户及存款的有关信息后，安排周某某陪同宋某等人前往指定的交通银行人民路支行被告人梁某所在柜台办理账户查询及打印对账单业务。同时，孙某某将其伪造宋某签名的"个人转账凭条"交给梁某，由梁某按照挪用钟某某存款的方式，违规将宋某账户内存款800万元转账至孙某某账户。周某某在得知孙某某已获取该800万元后，向孙某某提出借款50万元，孙某某遂将该800万元中的50万元借给周某某。2011年9月27～28日，被告人周某某再次通过资金中介谢某、谭某、余某某等人联系了刘某、曹某、姚某分别在交通银行人民路支行开立存折账户并存款400万元、60万元、600万元，并按照被告人孙某某的安排，陪同刘某、曹某、姚某前往指定的交通银行人民路支行被告人梁某所在柜台办理账户查询及打印对账单业务。孙某某从周某某处获知相关开户及存款信息后，将伪造刘某、曹某、姚某签名的"个人转账凭条"交给梁某，梁某遂违规将该三笔存款共计1060万元转账至孙某某账户中。同年9月30日，孙某某转账30万元好处费给梁某。同年10月，周某某获得重庆安能农业开发有限公司49%的股份。孙某某获得以上共计1860万元的资金后，通过转账、取现等方式予以支取。2011年10月26日，交通银行重庆分行向公安机关报案称经调查发现被告人梁某在为客户办理查询业务时，未经客户同意，擅自将客户在银行的存款1860万元转账给他人，并将梁某移送公安机关处理。梁某在接受讯问时，如实供述了公安机关尚未掌握的其收受贿赂的事实。同日，公安机关经讯问梁某，发现被告人孙某某有重大作案嫌疑，遂于当日将孙某某捉获归案。公安机关经侦查发现被告人周某某有重大作案嫌疑，遂于同月30日传唤周某某到案。

重庆市第五中级人民法院认为，被告人孙某某使用伪造的银行结算凭证，进行诈骗活动，骗取银行资金1860万元，数额特别巨大，其行为已构成金融凭证诈骗罪；利用被告人梁某的商业银行工作人员职务便利，与梁某共同挪用银行资金1000万元，从事营利活动，数额巨大，其行为构成挪用资金罪；为获取不正当利益，向梁某行贿50万元，数额巨大，其行为还构成向非国家工作人员行贿罪，依法应予数罪并罚。鉴于孙某某归案后能如实供述其罪行，依法可从轻处罚。被告人梁某身为商业银行工作人员，利用其职务上的便利，伙同他人挪用本单位资金2860万元进行营利活动，数额巨大，其行为已构成挪用资金罪，且在挪用1860万元中系主犯；同时还利用职务上的便利，非法收受他人钱款50万元，为他人谋取利益，数额巨大，其行为还构成非国家工作人员受贿罪，依法应予数罪并罚。梁某归案后能如实供述其罪行，依法可对其犯挪用资金罪从轻处罚。梁某归案后主动供述司法机关尚未掌握的收受他人贿赂的犯罪事实，系自首，依法可对其犯非国家工作人员受贿罪减轻处罚。被告人周某某伙同他人，利用商业银行工作人员职务上的便利，挪用银行资金1860万元进行营利活动，数额巨大，其行为已构成挪用资金罪，依法应予处罚。鉴于周某某在共同挪用资金犯罪中，起帮助作用，系从犯，依法可减轻处罚。三被告人的犯罪行为，给被害单位交通银行重庆分行造成的经济损失，应依法予以退赔，并承担连带责任。依照《中华人民共和国刑法》相关规定，作出判决。

上诉人孙某某及其辩护人提出，孙某某的行为属牵连犯罪，只构成一罪，不能同时构成挪用资金罪和金融凭证诈骗罪，孙某某的行为仅成立票据诈骗罪。且到期欠款均已归还，主观恶性不大，认罪态度好，大量赃款已追回，原判量刑过重。

针对上诉人孙某某及其辩护人所提的上诉理由和辩护意见，二审法院综合评判认为：（1）2010年3月上诉人孙某某通过上诉人梁某将客户存入银行的1000万元挪出使用，但该款已于案发前全部归还，可不认定具有非法占有目的，以挪用资金罪定性；但2011年8～9月，孙某某通过相同的方式将客户存入银行的1860万元挪出使用，至案发时仍未归还。

根据上诉人孙某某、梁某、原审被告人周某某的供述，结合证人雷某某、龙某某等证言和在案相关书证证实，孙某某在明知其没有正当稳定的经济来源、没有实际投资任何工程项目、其经营公司无任何资产，且在偿还挪用的1000万元后身负巨额债务的情况下，仍然将非法获取的1860万元银行存款用于其个人消费或用于无任何担保的高风险借贷，据此应当认定，孙某某对该1860万元具有非法占有的目的。孙某某通过伪造存款客户签名的银行结算凭证"个人转账凭条"实施诈骗行为，骗取银行存款，数额特别巨大，符合金融凭证诈骗罪的犯罪构成要件，已构成金融凭证诈骗罪。且金融凭证诈骗并非挪用资金的通常手段行为，故不属于刑法意义上的牵连犯，而应当数罪并罚。另经查，2010年3月和2011年8、9月，孙某某在梁某配合下，通过伪造存款客户签名的"个人转账凭条"从银行转账2860万元到其个人账户供其使用，该"个人转账凭条"属于银行金融凭证而非票据，孙某某的犯罪行为不构成票据诈骗罪。故前述上诉理由及辩护意见均不能成立，不予采纳。（2）根据在案"扣押物品、文件清单""资金发还情况说明"以及"冻结存款通知书"等书证，结合上诉人孙某某的供述可以证明，孙某某所获取的1860万元，案发后公安机关追回1061.54万，已经发还被害单位交通银行重庆分行。另扣押、冻结了部分涉案资金、查封了购买的房屋等，但仍有数百万元不能归还。一审法院对孙某某、梁某的定罪量刑已经充分考虑二人在本案中的具体犯罪事实、性质、情节和对于社会的危害程度，量刑适当。故前述上诉理由及辩护意见均不能成立，不予采纳。法院认为，上诉人孙某某使用伪造的银行结算凭证，进行诈骗活动，骗取银行资金1860万元，数额特别巨大，其行为构成金融凭证诈骗罪。最终法院对孙某某上诉部分维持原判。

【案例评析】

共同犯罪中的主犯可能是：（1）犯意发起者；（2）实行行为主力；（3）在犯罪中起主导作用。该案中孙某某是主犯，他主导了犯罪活动，通过贿赂等手段使其想实现的犯罪目的一步一步摆脱障碍最终达到犯罪目的。认定主犯应当主要考察某个行为人在犯罪活动中是否具有支配力，如果有则该成员为主犯，否则便是从犯或者胁从犯。

第二节　从犯的认定与刑罚

一、周某某、张某等票据诈骗罪，周某某虚假出资、抽逃出资罪[※]

江苏省扬州市中级人民法院审理江苏省扬州市人民检察院指控原审被告人周某某、张某、何某某、沈某某犯票据诈骗罪，原审被告人周某某犯抽逃出资罪，原审被告人何某某犯伪造公司印章罪一案，于2014年5月26日作出（2013）扬刑二初字第0008号刑事判决。原审被告人周某某、张某、沈某某不服，提出上诉。经依法组成合议庭，于2014年9月16日公开开庭审理了本案，现已审理终结。

原审判决认定：（1）票据诈骗事实。2012年6月，被告人周某某结识被告人张某，要求张某为其经营的泰州市金江鹅业有限公司（以下简称"金江鹅业公司"）养鹅项目"融资"。期间，被告人周某某得知被告人何某某同样有资金需求。同年9月中旬，被告人周某某、张某、何某某在泰州国源大酒店计议相关"融资"事项，约定由何某某找银主开户存款，张某乘隙私刻银主印章，周某某提供相关费用，共同通过盖假印章冒领转账支票的形式使用储户资金。商定后，被告人何某某委托被告人沈某某找银主，并介绍沈某某认识周某某，沈某某表示能帮助周某某引资10至20亿元。同年9月28日，被告人沈某某明知周某某等人需要使用银主资金，却向贵州国创能源控股（集团）有限公司董事田某谎称银行要完成存贷比任务，要求田某在中国农业银行股份有限公司扬州浦头支行（以下简称扬州浦头支行）开户并存入5000万元，承诺银行可通过第三方支付24.5

※　（2014）苏刑二终字第0027号。

万元的资金回报，田某同意并强调在10月10日左右需抽回资金。9月28日下午，田某在扬州浦头支行开设上海灵控电气有限公司（以下简称上海灵控公司）账户。期间，被告人张某偷盖该公司一套印章，并交由郭某（另案处理）找人刻制。9月29日，在资金回报款24.5万元到账后，田某通知上海乾灏投资管理中心将5000万元转账至上海灵控公司浦头支行账户。随后，被告人张某使用刻制的假印章购买了上海灵控公司的转账支票一本备用。同年10月6日，被告人周某某、何某某、沈某某等人在扬州华美达酒店见面，周某某问沈某某银主是否同意动用上述5000万元，沈某某称到10月10日直接可以转账使用。10月10日上午，被告人周某某、张某使用假印章、支票与周某某妻子李某甲共同将4999万元转账至金江鹅业公司账户。10月10～22日，为让田某延期抽回资金，被告人沈某某本人及让周某某、何某某分别汇至田某指定的雷某账户共计155万元。10月24日，被告人沈某某要求田某再存入上海灵控公司扬州浦头支行账户3000万元，承诺给付350万元的资金回报，在被告人周某某将350万元汇至雷某账户后，田某通知上海乾灏投资管理中心转账3000万元至上海灵控公司账户。当日下午，周某某派人从张某处取回假印章和转账支票，和李某甲将3000万元转账至金江鹅业公司账户。后沈某某仍让周某某汇延期利息至田某指定的雷某账户共计800万元。上述7999万元由被告人何某某非法占有800余万元，被告人张某非法占有100万元，被告人沈某某非法占有300余万元，均用于消费、归还债务等，余款由被告人周某某用于归还工程款、个人债务、借款给他人使用及支付利息等。被告人周某某在公安机关立案前，已归还上海灵控公司1000万元。案外人徐某甲自愿退出周某某的赃款150万元已归还被害单位。（2）伪造公司印章事实。2012年12月4日，被告人何某某为进行非法融资活动，私刻中国农业银行股份有限公司黄山昱城支行公章、业务专用章各1枚。后被公安机关抓获时，侦查人员在其包内查获上述2枚印章并依法扣押。

原审人民法院判决认为，被告人周某某以非法占有为目的，使用伪造的支票骗取银行存款，数额特别巨大，其行为构成票据诈骗罪。被告人张某、何某某、沈某某事前与被告人周某某通谋，明知被告人周某某骗取银行存款而积极帮助其实施，与被告人周某某构成共同犯罪，应当以票据诈骗罪追究其刑事责任。被告人何某某伪造公司印章，其行为构成伪造公司印章罪。被告人何某某犯有数罪，应当数罪并罚。被告人周某某、张某、何某某、沈某某在共同犯罪过程中相互配合，均起主要作用，均系主犯。被告人何某某在假释考验期限内犯新罪，应当撤销假释，将前罪未执行的刑罚和后罪判处的刑罚实行数罪并罚。公诉机关指控被告人周某某犯抽逃出资罪一节，因遇国家法律修改，其抽逃出资的行为现不构成犯罪。依照《中华人民共和国刑法》《最高人民法院、最高人民检察院关于办理诈骗刑事案件具体应用法律若干问题的解释》相关规定，以被告人周某某犯票据诈骗罪判处无期徒刑，并处罚金50万元，剥夺政治权利终身。以被告人张某犯票据诈骗罪判处有期徒刑15年，并处罚金40万元。以被告人何某某犯票据诈骗罪判处有期徒刑11年，并处罚金20元；以被告人何某某犯伪造公司印章罪判处有期徒刑1年；其在假释考验期内犯新罪，应当撤销假释，将前罪没有执行的刑罚和后罪判处的刑罚实行数罪并罚，决定执行有期徒刑16年，并处罚金20万元，剥夺政治权利10年。以被告人沈某某犯票据诈骗罪判处有期徒刑11年，并处罚金20万元。

上诉人周某某的主要上诉理由及当庭辩解为：（1）其未和张某、何某某事前商谈过通过私刻资金方印章的方式进行融资，其理解的两套印章模式是资金方同意用另一套印章转出；张某、何某某、沈某某均对其有所隐瞒和欺骗，张某、沈某某向其隐瞒真实身份，张某与何某某告诉其两套印章模式是正常融资方式，沈某某告诉其资金方的资金可以动用。（2）其主观上一直认为涉案行为属正常融资，其融资的目的也是投资鹅业养殖加工项目，且具有相应偿还能力，不具有非法占有故意。（3）田某、郭某均涉嫌犯罪，在未追究二人刑事责任的情况下亦不应认定其构成犯罪。综上，原判事实不清，证据不足，二审应改判其无罪。上诉人周某某辩护人提出的主要辩护意见为：该案在侦查、起诉、审判中司法机关没有依法履行法定职责，程序严重缺失，导致案件事实不清，证据不足；周某某主观上没有犯罪的故意，没有实施伪造票据的行为；本案应当中止审理、退回补充侦查，或宣告周某某无罪。上诉人张某的主要上诉理由及当庭辩解为：（1）其不知道周某某具有诈骗故意，其使用虚假票据帮助周某某融资的行为不具有非法占有故意。（2）在票据诈骗共同犯罪中认定其为主犯不当。（3）原判对其量刑过重。上诉人张某辩护人的主要辩护意见为：1.2012年9月中旬，张某与周某某、何某某在国源大酒店商谈的是在资金方及涉案银行同意并默许下使用两套印章模式进行违规借贷，而非以非法占有为目的的诈骗行为，因此张某不具有票据诈骗主观故意。（2）资金方对被告人通过假的公司印鉴章将其存入银行的资金转出的行为明知并默许，因此资金方不是本案被害人。而涉案银行在被告人转账过程中没有尽到谨慎的核查义务，被告人使用随意私刻的印鉴章便能轻易将巨额资金转出，银行难辞其咎。（3）原判认定张某在共同犯罪中系主犯的证据不足，原判量刑过重。上诉人沈某某的主要上诉理由及当庭辩解为：其是应何某某要求让资金方将资金存入银行完成银行存贷比任务，并不知道周某某等人使用两套印章模式将存入的资金转出，不能认定其与周某某等人共同构成票据诈骗罪。原审被告人何某某的当庭主要辩解为：其于2012年9月中旬在泰州国源大酒店与周某某、张某商谈的并非是使用虚假印章将资金方存入银行的资金转出，而是让资金方将资金存入银行后周某某向银行贷款。检察员发表的主要出庭意见为：原判事实清楚，证据确实充分，足以认定周某某、张某、沈某某、何某某犯票据诈骗罪；何某某犯伪造公司印章罪。各上诉人、原审被告人的上诉理由、当庭辩解及辩护人的辩护意见均不能成立。原判定性准确，量刑适当，审判程序合法，建议二审法院驳回上诉，维持原判。

　　法院经审理认为，原判认定该案的事实清楚，证据确实、充分，对于上诉人的上诉意见认为：（1）根据扬州市江都区公安局补充侦查报告及所附证据，侦查机关经补充侦查进一步查明了上诉人周某某、张某与原审被告人何某某预谋的情况及上诉人沈某某对周某某等人转出资金的行为、方式是否明知的事实；田某是否同意其存入上海灵控公司在扬州浦头支行账户的资金被他人动用的事实；上海灵控公司账户8000万元资金的转入、转出过程；金江鹅业公司的具体情况、上诉人周某某的还款能力及转入金江鹅业公司账户的7999万元资金的具体去向等。侦查机关补充调取了相关书证、调查了证人证言及被告人供述等证据，并在此基础上重新将案件移送起诉，符合法律规定。上诉人周某某辩护人的该辩护意见与事实和法律不符，不能成立，不予采纳。（2）上诉人及原审被告人供述、证人证言及相关书证等在卷证据证实，上诉人周某某在明知上诉人张某不是上海灵控公司人员、张某通过私刻上海灵控公司印章从银行骗购了上海灵控公司的转账支票的情况下，指使上诉人张某或其本人冒充上海灵控公司人员，使用事先准备好的假章和支票将上海灵控公司存入扬州浦头支行的资金共计7999万元转入金江鹅业公司账户，给银行造成巨额财产损失。上述行为属于法律规定的使用伪造的金融票据骗取银行存款的行为，已构成票据诈骗罪。上诉人周某某及其辩护人提出的上述辩解及辩护意见与事实和法律不符，不能成立，不予采纳。（3）证人田某、周某甲、王某的证言及相关书证证实，田某系贵州国创能源控股（集体）有限公司董事，在上海乾灏投资管理中心负责资金运作。2012年9月15日，上海灵控公司与上海乾灏投资管理中心签订短期拆借资金协议；2012年9月29日和10月24日，上海乾灏投资管理中心分别转款5000万元和3000万元至上海灵控公司在扬州浦头支行的账户。涉案资金来源清楚。此外，该案的核心问题是审查确认上诉人周某某等人的行为是否构成票据诈骗罪，在卷证据证实上诉人周某某等人使用伪造的银行转账支票骗取银行存款，已符合票据诈骗犯罪构成要件，依法构成票据诈骗罪。至于本案证人是否可能涉嫌其他犯罪可由司法机关依照法定程序依法处理，并不影响对上诉人周某某等人票据诈骗罪的认定。上诉人周某某及其辩护人的该辩解和辩护意见与事实和法律不符，不能成立，不予采纳。（4）上诉人周某某将所骗取资金全部用于支付他人利息或好处费、归还个人巨额债务以及借贷给他人使用等，并未用于其鹅业养殖项目或其他生产经营活动。金江鹅业公司系上诉人周某某向他人借资注册成立，公司成立后仅进行了少许基础设施建设，2010年下半年公司建设即已停工，至本案案发金江鹅业公司尚未运营，更无任何收益，不具有偿还能力。因此，上诉人周某某及其辩护人的该辩解和辩护意见与事实和法律不符，不能成立，不予采纳。（5）上诉人张某与周某某等人分工合作，私刻上海灵控公司印章后冒充上海灵控公司人员使用私刻的印章从银行骗购转账支票，帮助周某某将上海灵控公司存入扬州浦头支行的巨额资金转账至上诉人周某某的金江鹅业公司账户给周某某使用，从中非法获利100万元。在实施上述行为过程中，上诉人张某对上诉人周某某是否具有相应偿还能力既未进行任何考察核实也不关心，对银行资金被骗取的后果持放任态度，其行为已构成票据诈骗罪。在共同犯罪中，上诉人张某所实施的私刻印章、伪造上海灵控公司银行转账支票等行为对资金从银行非法转出起直接主要作用，不应认定为从犯。上诉人张某及其辩护人的该辩解和辩护意见与事实和法律不符，不能成立，不予采纳。（6）根据上诉人周某某、原审被告人何某某、上诉人沈某某的供述以及证人田某、唐某、陈某甲等人的证言，上诉人沈某某明知上诉人周某某要融资，而对田某谎称银行要完成存贷比任务，要田将资金存入扬州浦头支行；田某将5000万元资金存入扬州浦头支行后，上诉人沈某某在明知田某强调该资金不能被动用、10月10日左右即需要抽回的情况下，告诉上诉人周某某可直接将资金转出；上诉人沈某某明知上海灵控公司的5000万元资金已被上诉人周某某等人转出，仍要求田某继续将3000万元存入扬州浦头支行，后亦被周某某等人转走。此外，上诉人周某某供述，10月8日，何某某已将两套印章的模式告诉了沈某某；上诉人沈某某供述，其对周某某的资金情况并不了解，之所以同意周某某等人动用上海灵控公司账户的资金是因为钱取出后大家都有好处，其以为周某某等人搞两套印章模式将资金取出是和银行勾结好的。综上，上诉人沈某某明知上诉人周某某欲转走储户存入银行的资金而积极帮助其寻找资金方，致田某将资金存入银行后被周某某等人使用票据诈骗的方式骗出。其上述行为与上诉人周某某等人的行为共同构成票据诈骗罪。上诉人沈某某的该辩解与事实和法律不符，不能成立，不予采纳。（7）上诉人周某某、张某的供述、证人郭某的证言证实，上诉人周某某、张某与原审被告人何某某商谈的是使用两套印章将资金从银行转出的模式；上诉人周某某等人亦采取了使用私刻的印章、伪造的转账支票将资金从银行骗出而非贷款的方式。因此，原审被告人何某某的该辩解与事实不符，不能成立，不予采纳。

法院认为，上诉人周某某以非法占有为目的，使用伪造的银行转账支票骗取银行存款，数额特别巨大，其行为已构成票据诈骗罪。上诉人张某、沈某某及原审被告人何某某明知上诉人周某某骗取银行存款而积极帮助其实施，其行为亦构成票据诈骗罪，且系共同犯罪。原审被告人何某某伪造公司印章，其行为构成伪造公司印章罪。原审被告人何某某犯有数罪，应当数罪并罚。原审被告人何某某在假释考验期内犯新罪，应当撤销假释，将前罪未执行的刑罚与后罪所判刑罚实行数罪并罚。原判依据各上诉人、原审被告人的犯罪事实分别予以定罪量刑并无不当。上诉人张某及其辩护人提出原判量刑过重的辩解和辩护意见不能成立，不予采纳。江苏省人民检察院出庭履行职务检察员关于本案定罪量刑的意见与事实和法律相符，予以采纳。原审人民法院判决认定的事实清楚，证据确实、充分，定罪准确，量刑适当，审判程序合法。依照《中华人民共和国刑事诉讼法》的规定，裁定：驳回上诉，维持原判。

【案例评析】

案件对主犯从犯的认定依据是"作用大小"，而这一标准过于模糊较难认定。如何区分作用大小？本书以为主犯与从犯的作用区别是是否事实上支配了犯罪过程。对犯罪过程、犯罪结果支配力大的作用大，是主犯；反之是从犯。对于主犯或从犯的犯罪数额以其实际支配的犯罪数额为准：主犯支配犯罪过程对犯罪总数额负责；从犯支配其参与行为的犯罪数额，仅对该部分数额负责。就从犯与主犯的量刑是分开的，但主犯刑罚重于从犯刑罚是常态。

第十四章　P2P网络借贷案件的司法认定

　　P2P网络借贷是互联网时代下新型的集资型犯罪模式，网络借贷案件不同于普通的集资型犯罪案件的特点之一在于借助互联网平台。通过P2P借贷平台实施集资型犯罪的是升级版集资型犯罪，只是借助的工具不同，在本质上与其他犯罪手段是等值的，同样可以借助相关的罪名予以规制。

第一节　缪某某、王某某集资诈骗罪案[※]

　　江苏省如皋市人民法院审理江苏省如皋市人民检察院指控原审被告人缪某某、王某某犯集资诈骗罪一案，于2015年6月2日作出（2014）皋刑二初字第00063号刑事判决。原审被告人缪某某、王某某不服，提出上诉。经依法组成合议庭，于2015年9月15日公开开庭审理了本案。

　　二审法院经审理查明：上诉人缪某某于2010年8月在南通工商行政管理局港闸分局注册设立南通优易电子科技有限公司（以下简称优易公司），注册资本50万元，股东缪某某、王某某各占50%，住所地为南通市外环北路650号，上诉人缪某某任公司法定代表人。2012年7月，上诉人缪某某在如皋软件园委托南通新优势网络科技公司设计P2P借贷中介平台网站，以优易公司名义开设优易网第三方在线借贷平台（以下简称"优易网"网站），网址为www.ac××××.com。2012年8月，上诉人

　　※　（2015）通刑二终字第00074号。

缪某某将优易公司变更注册登记，注册资本增至100万元，股东变更为缪某某、蔡某甲分别占25%和75%，法定代表人为蔡某甲；2012年11月，上诉人缪某某又将优易公司注册资本增至1000万元，股东人数、出资比例、法定代表人未变。优易公司从初始成立至两次增资、变更注册，所有手续均系上诉人缪某某通过支付手续费的方式委托他人代办，上诉人缪某某、王某某及名义法定代表人蔡某甲均未实际出资，实际经营人为上诉人缪某某。2012年8月18日～12月21日，上诉人缪某某在如皋市经济××区××商贸城××号楼×××室内，在未取得行政主管机关颁发从事经营性互联网信息服务许可证和从事金融业务许可证的情况下，以"优易网"网站从事经营性中介服务为名，编造优易公司系香港亿丰国际集团投资发展有限公司旗下成员，谎称亿丰商贸城商户需要借款，在"优易网"网站上发布"秒标"，承诺即时还本付息，公开利诱投资人；通过拍摄亿丰商贸城内商户的门面照片及汽车照片发布在网站上，以高额利息为诱饵，发布虚假的"借款标"，伪称"借款者是优易网信用推荐客户，若发生逾期由本站风险理赔金赔付本金及利息"，诱使网民冯某等45名被害人通过直接转账、支付宝、国付宝等方式从线上或线下转入优易公司银行账户投资款25 500 000余元。上诉人缪某某除了将上述所骗被害人投资款（3 780 000元）通过线下以月息3%或免息借贷给周某甲、翁某乙等人之外（该款项均已归还），并没有按照其向投资人承诺的系供借款人亿丰商贸城商户使用的用途，而是将绝大部分所骗资金通过两上诉人控制的个人或南通市驰丰贸易有限公司（以下简称"驰丰公司"）的账户转账至南通三羊投资理财有限公司配资投资期货（配资的日利率为万分之十八）、炒股。截止2012年12月21日，上诉人缪某某因配资炒期货、炒股共计亏损12 593 730元。2012年12月20日，上诉人缪某某将期货市场账户内余额548 127.27元提出，并于2012年12月21日，因没有款项用于被害人提某，在网上发布亿丰商贸城停电的虚假信息，关闭"优易网"网站客服、电话等联系方式，伙同上诉人王某某以及蔡某甲携带余款540 000余元逃匿。上诉人缪某某在逃匿途中，毁弃存储"优易网"第三方借贷平台交易信息的电脑硬盘，图谋逃避返还资金的责任。上诉人王某某明知被告人缪某某开设的"优易网"网站采用的系集资诈骗的运行模式，仍应缪某某的雇佣和要求，担任"优易网"网站客服和会计，并提供其担任法定代表人的驰丰公司以及个人的银行账户作为洗钱工具，为上诉人缪某某开设的"优易网"网站进行资金转账，承担网站客服、资金的收与转、返款以及记账等网站运行工作。经南通爱德信司法会计鉴定所司法鉴定，上诉人缪某某、王某某共同向冯某等45名投资人共计骗取投资款25 508 001.10元，剔除向投资人返还款10 270 013.16元，实际骗得投资人15 237 987.94元。上诉人缪某某逃匿以后，以宋某甲的名义继续通过杭州乾腾投资管理有限公司配资投资期货，2013年1月9日~4月10日，共计亏损200 000余元。案发后，如皋市公安局从上诉人缪某某处扣押2900元、从范某（杭州××投资管理有限公司员工）处追缴10 649元；从被告人王某某处扣押7300元，上述款项均暂存于如皋市公安局。如皋市公安局依法对优易公司工商银行账户（11×××51）冻结。如皋市人民检察院于2014年2月8日对上述账户依法冻结（账户余额47 801.67元）。一审中，如皋市人民法院于2015年1月26日依法冻结上述银行账户（账户余额47 326.15元）。

法院认为：上诉人缪某某勾结上诉人王某某以非法占有为目的，采用虚构事实、隐瞒真相的方法，以高息为诱饵，利用架设的虚假P2P"优易网"第三方在线借贷平台向不特定的多数人非法集资，实际骗得45名被害人投资款共计15 237 987.94元，其行为均已构成集资诈骗罪。关于上诉人缪某某、上诉人王某某的辩护人提出上诉人缪某某、王某某不具有非法占有的目的，其行为均不构成集资诈骗罪，上诉人王某某提出其行为仅构成非法吸收公众存款罪的上诉理由、辩护意见，经查：（1）上诉人缪某某以优易公司名义开设"优易网"第三方在线借贷平台的融资行为属于集资诈骗活动，且主观上具有非法占有的目的。主要表现在：第一，两上诉人实际控制、占有、处分募集的资金。上诉人缪某某利用网络虚拟空间"点对点"交易而非"面对面"交易所具有的隐蔽性特点，名义上是优易公司的优易网作为网络第三方借贷平台进行借贷中介服务，实际上是两上诉人等人隐身在幕后操控，所募集的资金即便由优易公司账户收取，亦是通过中间账户转入两上诉人控制的个人银行账户占有、支配，并没有用于向投资人承诺的用途，即没有在借、贷双方之间从事其所承诺的居间中介服务的经营活动。因此，上诉人缪某某开设的"优易网"第三方在线借贷平台其实是一个打着P2P网络借贷中介平台旗号的假P2P网络借贷中介服务平台。第二，客观行为违法，并采用虚构事实、隐瞒真相的诈骗手段。具体表现在：一是上诉人缪某某借助优易公司的名义开设优易网第三方在线借贷平台的行为违法。优易公司本身就不具备从事经营性互联网借贷信息服务或者融资的资质。该公司作为从事经营性互联网信息服务中介的经营主体，并未依法获得电信主管部门的经营许可；作为从事融资的经营主体，亦无行政主管机关授权的经营许可，故上诉人缪某某借助优易公司的外壳开设优易网第三方在线借贷平台，打着从事经营性互联网信息中介服务的名义向社会不特定的多数人行非法集资之实，属于进行非法集资活动。二是上诉人缪某某虚构借款人、借款标以及优易公司属香港亿丰国际集团投资发展有限公司旗下成员单位的事实，伪称借款人是"优易网信用推荐客户，若发生逾期由本站风险理赔金赔付本金及利息"，隐瞒所募集的资金并非向投资人承诺的应交由借款人使用的用途，亦即并非真实的中介交易，实系两上诉人实际占有、支配的事实真相，并将优易公司的注册资本增资至1000万元来夸大公司实力，以增强欺骗性。三是上诉人缪某某以高息为诱饵，不断募集投资人（被害人）的投资款，放大利诱性；采用"拆东墙补西墙"（以后债还前债）的方式维持资金链的运作，用返还利息的方式骗取投资人的信任，引诱更多资金流入。四是上诉人缪某某在采用虚构事实、隐瞒真相骗得投资人的投资款并采用线上操作、线下肆意处置的方式，致骗取的绝大部分资金被其非法占有用于投资期货、炒股，最终导致无力偿还投资人的投资本金和约定利息之后，伙同上诉人王某某携带余款与优易公司的名义法定代表人蔡某甲逃匿，并毁弃存储优易网第三方在线借贷平台交易信息的电脑硬盘以逃避返还资金。上诉人缪某某的上述行为，足以表明其开设的优易网网站其实就是一个集资诈骗网站，主观上具有非法占有的目的。直言之，一旦投资人（被害人）将投资款汇入上诉人缪某某、王某某控制的账户之后，集资诈骗行为即为既遂，除法律特别规定返还的利息可不计入犯罪数额外，其余数额均为实际犯罪所得。

（2）上诉人王某某构成上诉人缪某某非法集资型犯罪的共犯。在案证据表明，上诉人王某某作为在亿丰商贸城经营驰丰公司的法定代表人，受上诉人缪某某所雇佣，承担优易网网站的客服和会计，负责资金的收与转、返款以及记账等网站运行工作，对优易公司变更注册公司资本、股东和法定代表人、夸大公司实力以增强欺骗性，对开设的优易网网站采用虚构借款人、借款标、优易公司属香港亿丰国际集团投资发展有限公司旗下成员单位以及对所募集的资金并没用于向投资人承诺的应交由借款人使用的用途均是清楚的，对优易网网站用高利引诱以骗取投资人资金，并采用"拆东墙补西墙"来维系网站以达骗取更多投资人资金流入的运行模式亦是明知的。因此，上诉人王某某应当明知优易网网站作为虚假的P2P第三方在线借贷平台其实是诈骗网站，其帮助上诉人缪某某在优易网网站上从事非法集资的诈骗活动，构成集资诈骗的共犯。综上，原判决认定上诉人缪某某、王某某犯集资诈骗罪的事实清楚，证据确实、充分，定罪正确，量刑适当，审判程序合法。上诉人缪某某、上诉人王某某及其辩护人所诉上诉理由、辩护意见均不能成立，不予采纳；据此，依照《中华人民共和国刑事诉讼法》《中华人民共和国刑法》的相关规定，判决：上诉人缪某某犯集资诈骗罪，判处有期徒刑13年，并处罚金20万元；上诉人王某某犯集资诈骗罪，判处有期徒刑7年，并处罚金10万元。

第二节　厉某某、李某某集资诈骗罪，谢某某、陈某甲等非法吸收公众存款罪案※

2013年年底，被告人厉某某、李某某背负高额债务无力偿还，遂于

※　（2015）通刑二终字第00074号。

2013年11月14日注册成立浙江君茂投资管理有限公司（以下简称君茂公司），并在互联网上开设名为"君茂财富"的所谓"P2P网络借贷平台"（以下简称线上平台，网址为www.junmcf.com），后通过伪造房屋他项权证、机动车登记证等，以各类虚假的"借款标"吸引客户，以保本并支付20%～22%年利率和奖励为诱饵向社会公开吸收资金，所得款项主要用于归还个人债务等。至案发时二被告人通过线上平台吸收了800余名不特定人员资金共计6800余万元，造成其中266名被害人共计1740万余元的损失。自2013年，被告人厉某某、李某某陆续向被告人谢某某高息借款共计1000余万元，后无力偿还。被告人谢某某遂于2014年6月下旬建议被告人李某某、厉某某在本市拱墅区潮王路225号红石中央大厦开设君茂公司线下部门（以下简称线下平台），以虚构的债权转让为名向社会公开吸收资金。为顺利开设线下平台，被告人谢某某先后亲自或通过他人帮助厉某某、李某某完成办公地点寻址和装修、介绍业务员、制作业务宣传单等筹备工作。被告人李某某、厉某某雇用了被告人陈某甲、毛某甲等人为君茂公司线下部门的业务主管，通过发放宣传单页、口头介绍等方式，以保本并支付15%～22%年利息和奖励为诱饵，向社会公开办理吸收资金业务。2014年7～12月，被告人李某某、厉某某通过君茂公司线下平台吸收资金共计2100余万元，其中被告人陈某甲所在业务部门吸收客户资金1600余万元，被告人毛某甲所在业务部门吸收客户资金215万元。该钱款主要用于归还被告人厉某某、李某某欠被告人谢某某等人的借款本息等。至案发时，造成贺某等180余名被害人共计1458万余元的损失。综上，被告人厉某某、李某某通过君茂公司线上、线下平台共吸收不特定人员资金共计8900万余元，除退还本息、支付君茂公司运营成本外，用于归还个人借款本息共计3000余万元，支付工程费用950余万元，至案发前造成被害人损失共计3100万余元。被告人谢某某通过君茂公司线下平台参与吸收不特定人员资金共计2100余万元，至案发时，造成贺某等180余名被害人共计1458万余元的损失。2014年12月2日，君茂公司资金链断裂，被告人厉某某、李某某切断与他人联系后潜逃。2014年12月11日，公安机关在珠海拱北出入境边防检查站抓获准备逃往澳门的被告人李某某。2014年12月20日，被告人厉某某向公安机关投案。2015年1月15日，被告人陈某甲、毛某甲经公安机关电话通知到案。2015年1月26日，被告人谢某某被公安机关传唤归案。案发后，公安机关从被告人李某某处扣押6600元、港币2000元、美元100元，从毛某丙处扣押谢某某的笔记本电脑一台，从宓某处扣押君茂公司的现金16 148.5元、电脑兼容机2套，从陈某乙处扣押君茂公司的现金16 000元，从章某乙处扣押君茂公司的房租押金47 500元；并冻结被告人厉某某、李某某、谢某某以及君茂公司、毛某乙、王某某的银行账户存款共计50万余元。另，被告人陈某甲、毛某甲分别退出违法所得3万元、2万元。另查明，公安机关冻结被告人谢某某分别转给钱某乙、翁某丙、苏某甲的银行存款4 780 979.71元、5600.27元、936.28元。

关于被告人李某某提出其对君茂公司实行的非法集资业务不知情，也未参与的辩解。经查，被告人李某某作为被告人厉某某的特殊关系人及君茂公司的法定代表人，负责君茂公司所有事务的具体管理，吸收公众资金提供给厉某某使用，该事实得到被告人厉某某及君茂公司所有员工的证实，被告人李某某在侦查阶段亦曾予以多次供认，其当庭所作辩解明显与查明事实不符，不予采纳。

关于被告人谢某某及其辩护人提出谢某某并未建议、帮助君茂公司线下平台成立的意见。经查，被告人厉某某、李某某的供述及证人王某甲、周某丙、马某甲的证言均证实在厉某某、李某某无法偿还谢某某借款本息情况下，谢某某建议成立君茂公司线下平台用于更广泛地吸收公众资金，以便用于归还谢的借款本息；证人周某丙、虞某甲还证实谢某某在君茂公司线下平台的筹办和经营过程具有一定决定权；证人毛某乙证明其受谢某某要求为君茂公司在选址、装修、宣传单页设计和印刷、合同修改等方面提供咨询或帮助，并为谢某某向陈某甲、毛某甲打听君茂公司业务情况；从谢某某家中的笔记本电脑上发现一QQ账号登陆和使用痕迹，而该账户邮箱曾发送与君茂公司相关文件给李某某；证人章某乙、马某乙、朱某乙亦证明谢某某对君茂公司选址、装修、宣传单页设计均有不同程度的参与。其中章某乙作为房屋出租人，证明在李某某出面租赁红石中央大厦作为办公场所时，谢某某在场提供意见，并找来装修师傅决定装修事宜，还催促李某某"抓紧装修，早点开业"，该证言反映谢某某在君茂公司线下平台筹备上的主动性和积极性，更印证了被告人厉某某、李某某及其他证人所证相关内容的真实性。谢某某辩护人以厉某某、李某某、王某甲、周某丙、马某甲、虞某甲等人与本案有利害关系为由，提出他们可能存在作伪证诬陷谢某某的意见明显不能成立。上述证据足以认定，被告人谢某某建议厉某某、李某某成立君茂公司线下平台并积极地亲自或通过毛某乙在公司筹备的各方面提供帮助的事实，被告人谢某某及其辩护人的相关意见，不予采纳。本案事实清楚，证据确实、充分，足以认定。

法院认为，被告人厉某某、李某某以非法占有为目的，虚构所谓的"借款标"、债权转让吸引社会公众投资，并以网站及发宣传单页形式向社会公开宣传，向社会不特定人员非法集资，数额特别巨大，其行为均已构成集资诈骗罪；被告人谢某某、陈某甲、毛某甲非法吸收不特定社会公众存款，数额巨大，其行为均已构成非法吸收公众存款罪。公诉机关指控罪名成立。对各被告人及其辩护人所提之定性、量刑意见，辨析如下：
（1）关于被告人厉某某及其辩护人、被告人李某某的辩护人提出厉、李二人并无非法占有目的，仅构成非法吸收公众存款的意见。经查，第一，被告人厉某某在君茂公司成立前已欠有大量外债，明显资不抵债，李某某对厉的恶劣经济状况也十分清楚。二人为了还债而成立君茂公司以20%左右的利息专门用于吸收公众资金，不仅无经营盈利，且需额外支付高额利息，同时二人还向谢某某等人大量地高息借款，造成债务越滚越多，资金缺口越来越大，厉某某、李某某的经济能力根本无法弥补所造成的损失。第二，厉某某、李某某二人伪造借款及抵押合同、房屋他项权证、机动车登记证等材料，提供虚假的"借款标"、债权转让用于吸收公众资金，客观上采取了诈骗手段。第三，全案吸收资金主要用于归还厉某某个人的欠款本息；虽有部分用于工程费用，但所投钱款在集资总额占比明显较小，致使经营的工程项目对外欠下诸多材料款、人工费未支付，不足以产生足够利润返还集资款。综上，被告人厉某某、李某某主观上的非法占有目的显然可见，客观上采用诈骗手段吸收公众资金，其行为已构成集资诈骗罪。（2）关于被告人谢某某及其辩护人提出被告人谢某某行为不构成犯罪的意见。经查，君茂公司虽然以P2P借贷业务为名，但该公司实际吸收公众资金纳为已用，与仅作为借贷信息中介角色的合法P2P网络借贷平台存在明显不同，实质上从事非法集资行为，而谢某某明知厉某某、李某某在吸引公众资金后用于归还欠其的借款，即对该种非法集资模式心知肚明，仍提出犯意、提供帮助，谢某某的行为明显已构成犯罪。但鉴于谢某某以追回欠款为目的，同时并无证据证明谢某某对厉某某、李某某资不抵债的实际经济状况及非法集资过程中采取诈骗手段等事实知情，故仅认定谢某某的行为构成非法吸收公众存款罪。（3）关于被告人陈某甲、毛某甲及其辩护人所提陈、毛二人具有自首情节的意见。经查，被告人毛某甲等君茂公司工作人员在厉某某、李某某失联后主动前往派出所报案，并非主动投案，之后陈某甲、毛某甲再经公安机关电话通知到案，故被告人陈某甲、毛某甲的行为不符合自首的条件。被告人陈某甲、毛某甲及其辩护人的相关意见于法无据，不能成立。（4）被告人厉某某案发后自动投案，对自己的主要犯罪事实予以如实供述，系自首；在集资诈骗犯罪中，厉某某欠债而亟需资金系诱因，李某某和厉某某共同参与伪造证明"借款标"、债权存在的合同、抵押物证件等材料，李某某主要负责君茂公司的具体操作、管理，吸收资金全部打入李某某的个人银行账户后再支出，最终资金主要归厉某某使用，故厉、李二人在共同犯罪中均起到主要作用，但从起因和获利角度看厉某某地位略高于李某某，量刑时酌情予以考量；被告人陈某甲、毛某甲作为君茂公司线下平台的业务主管，根据公司要求办理吸收资金业务，在厉某某、李某某利用君茂公司为平台进行的非法集资活动中起次要作用，系从犯，且已退出各自违法所得3万元、2万元，依法对被告人陈某甲、毛某甲予以减轻处罚并适用缓刑。综上，对于被告人厉某某、李某某、谢某某及其辩护人所提的定性意见，以及被告人陈某甲、毛某甲及其辩护人所提陈、毛二人构成自首的意见，均不予采纳；对被告人厉某某、李某某、陈某甲、毛某甲的辩护人分别提出的其他量刑意见，依法予以采纳。除公安机关查封、冻结的被告人厉某某、李某某、谢某某以及浙江君茂投资管理有限公司的财物应予追缴外，另冻结的钱某乙、苏某甲、翁某丙等人的银行存款因来源于本案犯罪所得的赃款，亦应予以追缴；其中翁某丙银行账户内事后自己存入的244 399.73元因与本案无关，不应追缴。据此，依照《中华人民共和国刑法》相关规定，判决：被告人厉某某犯集资诈骗罪，判处有期徒刑14年，并处罚金200 000元；被告人李某某犯集资诈骗罪，判处有期徒刑12年6个月，并处罚金200 000元。被告人谢某某犯非法吸收公众存款罪，判处有期徒刑5年，并处罚金100 000元；被告人陈某甲犯非法吸收公众存款罪，判处有期徒刑2年，缓刑2年，并处罚金30 000元。被告人毛某甲犯非法吸收公众存款罪，判处有期徒刑1年6个月，缓刑1年6个月，并处罚金20 000元；并责令被告人厉某某、李某某、谢某某、陈某甲、毛某甲以各自参与额为限退赔违法所得31 991 072.35元，按损失比例返还各被害人。

【案例评析】

两例P2P网络借贷的集资型犯罪案件与普通集资型犯罪案件在判决认定上并未出现差异。法院的判决中将P2P视为民间借贷的升级版，质言之，网络借贷中的集资型犯罪只不过是借助了网络这一平台和新型的金融工具，在犯罪形式上新但在犯罪本质上、犯罪构成上与一般的集资型犯罪相同。网络借贷中证据收集较为困难，对于新型犯罪手段也不常见于司法判例之中，需要司法人员准确认定，避免罪与非罪、此罪与彼罪的混乱。

附　录

重点规范性文件节录

一、法　　律

1. 中华人民共和国刑法（相关部分）

（1979年7月1日第五届全国人民代表大会第二次会议通过 1997年3月14日第八届全国人民代表大会第五次会议修订 根据1999年12月25日《中华人民共和国刑法修正案》、2001年8月31日《中华人民共和国刑法修正案（二）》、2001年12月29日《中华人民共和国刑法修正案（三）》、2002年12月28日《中华人民共和国刑法修正案（四）》、2005年2月28日《中华人民共和国刑法修正案（五）》、2006年6月29日《中华人民共和国刑法修正案（六）》、2009年2月28日《中华人民共和国刑法修正案（七）》、2011年2月25日《中华人民共和国刑法修正案（八）》、2015年8月29日《中华人民共和国刑法修正案（九）》修正）

第二编　分　　则

第三章　破坏社会主义市场经济秩序罪

第三节　妨害对公司、企业的管理秩序罪

第一百五十八条【虚报注册资本罪】申请公司登记使用虚假证明文件或者采取其他欺诈手段虚报注册资本，欺骗公司登记主管部门，取得公司登记，虚报注册资本数额巨大、后果严重或者有其他严重情节的，处三年以下有期徒刑或者拘役，并处或者单处虚报注册资本金额百分之一以上百分之五以下罚金。

单位犯前款罪的，对单位判处罚金，并对其直接负责的主管人员和其他直接责任人员，处三年以下有期徒刑或者拘役。

第一百五十九条【虚假出资、抽逃出资罪】公司发起人、股东违反公司法的规定未交付货币、实物或者未转移财产权，虚假出资，或者在公司成立后又抽逃其出资，数额巨大、后果严重或者有其他严重情节的，处五年以下有期徒刑或者拘役，并处或者单处虚假出资金额或者抽逃出资金额百分之二以上百分之十以下罚金。

单位犯前款罪的，对单位判处罚金，并对其直接负责的主管人员和其他直接责任人员，处五年以下有期徒刑或者拘役。

第一百六十条【欺诈发行股票、债券罪】在招股说明书、认股书、公司、企业债券募集办法中隐瞒重要事实或者编造重大虚假内容，发行股票或者公司、企业债券，数额巨大、后果严重或者有其他严重情节的，处五年以下有期徒刑或者拘役，并处或者单处非法募集资金金额百分之一以上百分之五以下罚金。

单位犯前款罪的，对单位判处罚金，并对其直接负责的主管人员和其他直接责任人员，处五年以下有期徒刑或者拘役。

第四节　破坏金融管理秩序罪

第一百七十四条【擅自设立金融机构罪】未经国家有关主管部门批准，擅自设立商业银行、证券交易所、期货交易所、证券公司、期货经纪公司、保险公司或者其他金融机构的，处三年以下有期徒刑或者拘役，并处或者单处二万元以上二十万元以下罚金；情节严重的，处三年以上十年以下有期徒刑，并处五万元以上五十万元以下罚金。

【伪造、变造、转让金融机构经营许可证、批准文件罪】伪造、变造、转让商业银行、证券交易所、期货交易所、证券公司、期货经纪公司、保险公司或者其他金融机构的经营许可证或者批准文件的，依照前款的规定处罚。

单位犯前两款罪的，对单位判处罚金，并对其直接负责的主管人员和其他直接责任人员，依照第一款的规定处罚。

第一百七十五条【高利转贷罪】以转贷牟利为目的，套取金融机构信贷资金高利转贷他人，违法所得数额较大的，处三年以下有期徒刑或者拘役，并处违法所得一倍以上五倍以下罚金；数额巨大的，处三年以上七年以下有期徒刑，并处违法所得一倍以上五倍以下罚金。

单位犯前款罪的，对单位判处罚金，并对其直接负责的主管人员和其他直接责任人员，处三年以下有期徒刑或者拘役。

第一百七十六条【非法吸收公众存款罪】非法吸收公众存款或者变相吸收公众存款，扰乱金融秩序的，处三年以下有期徒刑或者拘役，并处或者单处二万元以上二十万元以下罚金；数额巨大或者有其他严重情节的，处三年以上十年以下有期徒刑，并处五万元以上五十万元以下罚金。

单位犯前款罪的，对单位判处罚金，并对其直接负责的主管人员和其他直接责任人员，依照前款的规定处罚。

第一百七十八条【伪造、变造国家有价证券罪】伪造、变造国库券或者国家发行的其他有价证券，数额较大的，处三年以下有期徒刑或者拘役，并处或者单处二万元以上二十万元以下罚金；数额巨大的，处三年以上十年以下有期徒刑，并处五万元以上五十万元以下罚金；数额特别巨大的，处十年以上有期徒刑或者无期徒刑，并处五万元以上五十万元以下罚金或者没收财产。

【伪造、变造股票、公司、企业债券罪】伪造、变造股票或者公司、企业债券，数额较大的，处三年以下有期徒刑或者拘役，并处或者单处一万元以上十万元以下罚金；数额巨大的，处三年以上十年以下有期徒刑，并处二万元以上二十万元以下罚金。

单位犯前两款罪的，对单位判处罚金，并对其直接负责的主管人员和其他直接责任人员，依照前两款的规定处罚。

第一百七十九条【擅自发行股票、公司、企业债券罪】未经国家有关主管部门批准，擅自发行股票或者公司、企业债券，数额巨大、后果严重或者有其他严重情节的，处五年以下有期徒刑或者拘役，并处或者单处非法募集资金金额百分之一以上百分之五以下罚金。

单位犯前款罪的，对单位判处罚金，并对其直接负责的主管人员和其他直接责任人员，处五年以下有期徒刑或者拘役。

第一百八十一条【编造并传播证券、期货交易虚假信息罪】编造并且传播影响证券、期货交易的虚假信息，扰乱证券、期货交易市场，造成严重后果的，处五年以下有期徒刑或者拘役，并处或者单处一万元以上十万元以下罚金。

【诱骗投资者买卖证券、期货合约罪】证券交易所、期货交易所、证券公司、期货经纪公司的从业人员，证券业协会、期货业协会或者证券期货监督管理部门的工作人员，故意提供虚假信息或者伪造、变造、销毁交易记录，诱骗投资者买卖证券、期货合约，造成严重后果的，处五年以下有期徒刑或者拘役，并处或者单处一万元以上十万元以下罚金；情节特别恶劣的，处五年以上十年以下有期徒刑，并处二万元以上二十万元以下罚金。

单位犯前两款罪的，对单位判处罚金，并对其直接负责的主管人员和其他直接责任人员，处五年以下有期徒刑或者拘役。

第一百八十七条【吸收客户资金不入账罪】银行或者其他金融机构的工作人员吸收客户资金不入账，数额巨大或者造成重大损失的，处五年以下有期徒刑或者拘役，并处二万元以上二十万元以下罚金；数额特别巨大或者造成特别重大损失的，处五年以上有期徒刑，并处五万元以上五十万元以下罚金。

单位犯前款罪的，对单位判处罚金，并对其直接负责的主管人员和其他直接责任人员，依照前款的规定处罚。

第一百八十八条【违规出具金融票证罪】银行或者其他金融机构的工作人员违反规定，为他人出具信用证或者其他保函、票据、存单、资信证明，情节严重的，处五年以下有期徒刑或者拘役；情节特别严重的，处五年以上有期徒刑。

单位犯前款罪的，对单位判处罚金，并对其直接负责的主管人员和其他直接责任人员，依照前款的规定处罚。

第一百九十一条【洗钱罪】明知是毒品犯罪、黑社会性质的组织犯罪、恐怖活动犯罪、走私犯罪、贪污贿赂犯罪、破坏金融管理秩序犯罪、金融诈骗犯罪的所得及其产生的收益，为掩饰、隐瞒其来源和性质，有下列行为之一的，没收实施以上犯罪的所得及其产生的收益，处五年以下有期徒刑或者拘役，并处或者单处洗钱数额百分之五以上百分之二十以下罚金；情节严重的，处五年以上十年以下有期徒刑，并处洗钱数额百分之五以上百分之二十以下罚金：

（一）提供资金账户的；

（二）协助将财产转换为现金、金融票据、有价证券的；

（三）通过转账或者其他结算方式协助资金转移的；

（四）协助将资金汇往境外的；

（五）以其他方法掩饰、隐瞒犯罪所得及其收益的来源和性质的。

单位犯前款罪的，对单位判处罚金，并对其直接负责的主管人员和其他直接责任人员，处五年以下有期徒刑或者拘役；情节严重的，处五年以上十年以下有期徒刑。

第五节　金融诈骗罪

第一百九十二条【集资诈骗罪】以非法占有为目的，使用诈骗方法非法集资，数额较大的，处五年以下有期徒刑或者拘役，并处二万元以上二十万元以下罚金；数额巨大或者有其他严重情节的，处五年以上十年以下有期徒刑，并处五万元以上五十万元以下罚金；数额特别巨大或者有其他特别严重情节的，处十年以上有期徒刑或者无期徒刑，并处五万元以上五十万元以下罚金或者没收财产。

第一百九十三条【贷款诈骗罪】有下列情形之一，以非法占有为目的，诈骗银行或者其他金融机构的贷款，数额较大的，处五年以下有期徒刑或者拘役，并处二万元以上二十万元以下罚金；数额巨大或者有其他严重情节的，处五年以上十年以下有期徒刑，并处五万元以上五十万元以下罚金；数额特别巨大或者有其他特别严重情节的，处十年以上有期徒刑或者无期徒刑，并处五万元以上五十万元以下罚金或者没收财产：

（一）编造引进资金、项目等虚假理由的；

（二）使用虚假的经济合同的；

（三）使用虚假的证明文件的；

（四）使用虚假的产权证明作担保或者超出抵押物价值重复担保的；

（五）以其他方法诈骗贷款的。

第一百九十四条【票据诈骗罪】有下列情形之一，进行金融票据诈骗活动，数额较大的，处五年以下有期徒刑或者拘役，并处二万元以上二十万元以下罚金；数额巨大或者有其他严重情节的，处五年以上十年以下有期徒刑，并处五万元以上五十万元以下罚金；数额特别巨大或者有其他特别严重情节的，处十年以上有期徒刑或者无期徒刑，并处五万元以上五十万元以下罚金或者没收财产：

（一）明知是伪造、变造的汇票、本票、支票而使用的；

（二）明知是作废的汇票、本票、支票而使用的；

（三）冒用他人的汇票、本票、支票的；

（四）签发空头支票或者与其预留印鉴不符的支票，骗取财物的；

（五）汇票、本票的出票人签发无资金保证的汇票、本票或者在出票时作虚假记载，骗取财物的。

【金融凭证诈骗罪】使用伪造、变造的委托收款凭证、汇款凭证、银行存单等其他银行结算凭证的，依照前款的规定处罚。

第一百九十七条【有价证券诈骗罪】使用伪造、变造的国库券或者国家发行的其他有价证券，进行诈骗活动，数额较大的，处五年以下有期徒刑或者拘役，并处二万元以上二十万元以下罚金；数额巨大或者有其他严重情节的，处五年以上十年以下有期徒刑，并处五万元以上五十万元以下罚金；数额特别巨大或者有其他特别严重情节的，处十年以上有期徒刑或者无期徒刑，并处五万元以上五十万元以下罚金或者没收财产。

第一百九十九条（根据《中华人民共和国刑法修正案（九）》删去本条内容）

第二百条【单位犯金融诈骗罪的处罚规定】单位犯本节第一百九十二条、第一百九十四条、第一百九十五条规定之罪的，对单位判处罚金，并对其直接负责的主管人员和其他直接责任人员，处五年以下有期徒刑或者拘役，可以并处罚金；数额巨大或者有其他严重情节的，处五年以上十年以下有期徒刑，并处罚金；数额特别巨大或者有其他特别严重情节的，处十年以上有期徒刑或者无期徒刑，并处罚金。

第八节　扰乱市场秩序罪

第二百二十二条【虚假广告罪】广告主、广告经营者、广告发布者违反国家规定，利用广告对商品或者服务作虚假宣传，情节严重的，处二年以下有期徒刑或者拘役，并处或者单处罚金。

第二百二十四条【合同诈骗罪】有下列情形之一，以非法占有为目的，在签订、履行合同过程中，骗取对方当事人财物，数额较大的，处三年以下有期徒刑或者拘役，并处或者单处罚金；数额巨大或者有其他严重情节的，处三年以上十年以下有期徒刑，并处罚金；数额特别巨大或者有其他特别严重情节的，处十年以上有期徒刑或者无期徒刑，并处罚金或者没收财产：

（一）以虚构的单位或者冒用他人名义签订合同的；

（二）以伪造、变造、作废的票据或者其他虚假的产权证明作担保的；

（三）没有实际履行能力，以先履行小额合同或者部分履行合同的方法，诱骗对方当事人继续签订和履行合同的；

（四）收受对方当事人给付的货物、货款、预付款或者担保财产后逃匿的；

（五）以其他方法骗取对方当事人财物的。

第二百二十四条之一【组织、领导传销活动罪】组织、领导以推销商品、提供服务等经营活动为名，要求参加者以缴纳费用或者购买商品、服务等方式获得加入资格，并按照一定顺序组成层级，直接或者间接以发展人员的数量作为计酬或者返利依据，引诱、胁迫参加者继续发展他人参加，骗取财物，扰乱经济社会秩序的传销活动的，处五年以下有期徒刑或者拘役，并处罚金；情节严重的，处五年以上有期徒刑，并处罚金。

第二百二十五条【非法经营罪】违反国家规定，有下列非法经营行为之一，扰乱市场秩序，情节严重的，处五年以下有期徒刑或者拘役，并处或者单处违法所得一倍以上五倍以下罚金；情节特别严重的，处五年以上有期徒刑，并处违法所得一倍以上五倍以下罚金或者没收财产：

（一）未经许可经营法律、行政法规规定的专营、专卖物品或者其他限制买卖的物品的；

（二）买卖进出口许可证、进出口原产地证明以及其他法律、行政法规规定的经营许可证或者批准文件的；

（三）未经国家有关主管部门批准非法经营证券、期货、保险业务的，或者非法从事资金支付结算业务的；

（四）其他严重扰乱市场秩序的非法经营行为。

第二百二十九条【提供虚假证明文件罪】承担资产评估、验资、验证、会计、审计、法律服务等职责的中介组织的人员故意提供虚假证明文件，情节严重的，处五年以下有期徒刑或者拘役，并处罚金。

前款规定的人员，索取他人财物或者非法收受他人财物，犯前款罪的，处五年以上十年以下有期徒刑，并处罚金。

【出具证明文件重大失实罪】第一款规定的人员，严重不负责任，出具的证明文件有重大失实，造成严重后果的，处三年以下有期徒刑或者拘役，并处或者单处罚金。

第二百三十一条【单位犯扰乱市场秩序罪的处罚规定】单位犯本节第二百二十一条至第二百三十条规定之罪的，对单位判处罚金，并对其直接负责的主管人员和其他直接责任人员，依照本节各该条的规定处罚。

第五章　侵犯财产罪

第二百六十六条【诈骗罪】诈骗公私财物，数额较大的，处三年以下有期徒刑、拘役或者管制，并处或者单处罚金；数额巨大或者有其他严重情节的，处三年以上十年以下有期徒刑，并处罚金；数额特别巨大或者有其他特别严重情节的，处十年以上有期徒刑或者无期徒刑，并处罚金或者没收财产。本法另有规定的，依照规定。

二、司法解释

1. 最高人民法院关于审理非法集资刑事案件具体应用法律若干问题的解释

（2010年12月13日法释[2010]18号）

为依法惩治非法吸收公众存款、集资诈骗等非法集资犯罪活动，根据刑法有关规定，现就审理此类刑事案件具体应用法律的若干问题解释如下：

第一条　违反国家金融管理法律规定，向社会公众（包括单位和个人）吸收资金的行为，同时具备下列四个条件的，除刑法另有规定的以外，应当认定为刑法第一百七十六条规定的"非法吸收公众存款或者变相吸收公众存款"：

（一）未经有关部门依法批准或者借用合法经营的形式吸收资金；

（二）通过媒体、推介会、传单、手机短信等途径向社会公开宣传；

（三）承诺在一定期限内以货币、实物、股权等方式还本付息或者给付回报；

（四）向社会公众即社会不特定对象吸收资金。

未向社会公开宣传，在亲友或者单位内部针对特定对象吸收资金的，不属于非法吸收或者变相吸收公众存款。

第二条　实施下列行为之一，符合本解释第一条第一款规定的条件的，应当依照刑法第一百七十六条的规定，以非法吸收公众存款罪定罪处罚：

（一）不具有房产销售的真实内容或者不以房产销售为主要目的，以返本销售、售后包租、约定回购、销售房产份额等方式非法吸收资金的；

（二）以转让林权并代为管护等方式非法吸收资金的；

（三）以代种植（养殖）、租种植（养殖）、联合种植（养殖）等方式非法吸收资金的；

（四）不具有销售商品、提供服务的真实内容或者不以销售商品、提供服务为主要目的，以商品回购、寄存代售等方式非法吸收资金的；

（五）不具有发行股票、债券的真实内容，以虚假转让股权、发售虚构债券等方式非法吸收资金的；

（六）不具有募集基金的真实内容，以假借境外基金、发售虚构基金等方式非法吸收资金的；

（七）不具有销售保险的真实内容，以假冒保险公司、伪造保险单据等方式非法吸收资金的；

（八）以投资入股的方式非法吸收资金的；

（九）以委托理财的方式非法吸收资金的；

（十）利用民间"会"、"社"等组织非法吸收资金的；

（十一）其他非法吸收资金的行为。

第三条　非法吸收或者变相吸收公众存款，具有下列情形之一的，应当依法追究刑事责任：

（一）个人非法吸收或者变相吸收公众存款，数额在20万元以上的，单位非法吸收或者变相吸收公众存款，数额在100万元以上的；

（二）个人非法吸收或者变相吸收公众存款对象30人以上的，单位非法吸收或者变相吸收公众存款对象150人以上的；

（三）个人非法吸收或者变相吸收公众存款，给存款人造成直接经济损失数额在10万元以上的，单位非法吸收或者变相吸收公众存款，给存款人造成直接经济损失数额在50万元以上的；

（四）造成恶劣社会影响或者其他严重后果的。

具有下列情形之一的，属于刑法第一百七十六条规定的"数额巨大或者有其他严重情节"：

（一）个人非法吸收或者变相吸收公众存款，数额在100万元以上的，单位非法吸收或者变相吸收公众存款，数额在500万元以上的；

（二）个人非法吸收或者变相吸收公众存款对象100人以上的，单位非法吸收或者变相吸收公众存款对象500人以上的；

（三）个人非法吸收或者变相吸收公众存款，给存款人造成直接经济损失数额在50万元以上的，单位非法吸收或者变相吸收公众存款，给存款人造成直接经济损失数额在250万元以上的；

（四）造成特别恶劣社会影响或者其他特别严重后果的。

非法吸收或者变相吸收公众存款的数额，以行为人所吸收的资金全额计算。案发前后已归还的数额，可以作为量刑情节酌情考虑。

非法吸收或者变相吸收公众存款，主要用于正常的生产经营活动，能够及时清退所吸收资金，可以免予刑事处罚；情节显著轻微的，不作为犯罪处理。

第四条　以非法占有为目的，使用诈骗方法实施本解释第二条规定所列行为的，应当依照刑法第一百九十二条的规定，以集资诈骗罪定罪处罚。

使用诈骗方法非法集资，具有下列情形之一的，可以认定为"以非法占有为目的"：

（一）集资后不用于生产经营活动或者用于生产经营活动与筹集资金规模明显不成比例，致使集资款不能返还的；

（二）肆意挥霍集资款，致使集资款不能返还的；

（三）携带集资款逃匿的；

（四）将集资款用于违法犯罪活动的；

（五）抽逃、转移资金、隐匿财产，逃避返还资金的；

（六）隐匿、销毁账目，或者搞假破产、假倒闭，逃避返还资金的；

（七）拒不交代资金去向，逃避返还资金的；

（八）其他可以认定非法占有目的的情形。

集资诈骗罪中的非法占有目的，应当区分情形进行具体认定。行为人部分非法集资行为具有非法占有目的的，对该部分非法集资行为所涉集资款以集资诈骗罪定罪处罚；非法集资共同犯罪中部分行为人具有非法占有目的，其他行为人没有非法占有集资款的共同故意和行为的，对具有非法占有目的的行为人以集资诈骗罪定罪处罚。

第五条　个人进行集资诈骗，数额在10万元以上的，应当认定为"数额较大"；数额在30万元以上的，应当认定为"数额巨大"；数额在100万元以上的，应当认定为"数额特别巨大"。

单位进行集资诈骗，数额在50万元以上的，应当认定为"数额较大"；数额在150万元以上的，应当认定为"数额巨大"；数额在500万元以上的，应当认定为"数额特别巨大"。

集资诈骗的数额以行为人实际骗取的数额计算，案发前已归还的数额应予扣除。行为人为实施集资诈骗活动而支付的广告费、中介费、手续费、回扣，或者用于行贿、赠与等费用，不予扣除。行为人为实施集资诈骗活动而支付的利息，除本金未归还可予折抵本金以外，应当计入诈骗数额。

第六条　未经国家有关主管部门批准，向社会不特定对象发行、以转让股权等方式变相发行股票或者公司、企业债券，或者向特定对象发行、变相发行股票或者公司、企业债券累计超过200人的，应当认定为刑法第一百七十九条规定的"擅自发行股票、公司、企业债券"。构成犯罪的，以擅自发行股票、公司、企业债券罪定罪处罚。

第七条　违反国家规定，未经依法核准擅自发行基金份额募集基金，情节严重的，依照刑法第二百二十五条的规定，以非法经营罪定罪处罚。

第八条　广告经营者、广告发布者违反国家规定，利用广告为非法集资活动相关的商品或者服务作虚假宣传，具有下列情形之一的，依照刑法第二百二十二条的规定，以虚假广告罪定罪处罚：

（一）违法所得数额在10万元以上的；

（二）造成严重危害后果或者恶劣社会影响的；

（三）二年内利用广告作虚假宣传，受过行政处罚二次以上的；

（四）其他情节严重的情形。

明知他人从事欺诈发行股票、债券，非法吸收公众存款，擅自发行股票、债券，集资诈骗或者组织、领导传销活动等集资犯罪活动，为其提供广告等宣传的，以相关犯罪的共犯论处。

第九条　此前发布的司法解释与本解释不一致的，以本解释为准。

2. 最高人民检察院、公安部关于印发《最高人民检察院、公安部关于公安机关管辖的刑事案件立案追诉标准的规定（二）》的通知

（2010年5月7日　公通字　2010　23号）

第五条　欺诈发行股票、债券案（刑法第一百六十条）在招股说明书、认股书、公司、企业债券募集办法中隐瞒重要事实或者编造重大虚假内容，发行股票或者公司、企业债券，涉嫌下列情形之一的，应予立案追诉：

（一）发行数额在五百万元以上的；

（二）伪造、变造国家机关公文、有效证明文件或者相关凭证、单据的；

（三）利用募集的资金进行违法活动的；

（四）转移或者隐瞒所募集资金的；

（五）其他后果严重或者有其他严重情节的情形。

第二十四条　擅自设立金融机构案（刑法第一百七十四条第一款）未经国家有关主管部门批准，擅自设立金融机构，涉嫌下列情形之一的，应予立案追诉：

（一）擅自设立商业银行、证券交易所、期货交易所、证券公司、期货公司、保险公司或者其他金融机构的；

（二）擅自设立商业银行、证券交易所、期货交易所、证券公司、期

货公司、保险公司或者其他金融机构筹备组织的。

第二十八条　非法吸收公众存款案（刑法第一百七十六条）非法吸收公众存款或者变相吸收公众存款，扰乱金融秩序，涉嫌下列情形之一的，应予立案追诉：

（一）个人非法吸收或者变相吸收公众存款数额在二十万元以上的，单位非法吸收或者变相吸收公众存款数额在一百万元以上的；

（二）个人非法吸收或者变相吸收公众存款三十户以上的，单位非法吸收或者变相吸收公众存款一百五十户以上的；

（三）个人非法吸收或者变相吸收公众存款给存款人造成直接经济损失数额在十万元以上的，单位非法吸收或者变相吸收公众存款给存款人造成直接经济损失数额在五十万元以上的；

（四）造成恶劣社会影响的；

（五）其他扰乱金融秩序情节严重的情形。

第三十三条　伪造、变造股票、公司、企业债券案（刑法第一百七十八条第二款）伪造、变造股票或者公司、企业债券，总面额在五千元以上的，应予立案追诉。

第三十四条　擅自发行股票、公司、企业债券案（刑法第一百七十九条）未经国家有关主管部门批准，擅自发行股票或者公司、企业债券，涉嫌下列情形之一的，应予立案追诉：

（一）发行数额在五十万元以上的；

（二）虽未达到上述数额标准，但擅自发行致使三十人以上的投资者购买了股票或者公司、企业债券的；

（三）不能及时清偿或者清退的；

（四）其他后果严重或者有其他严重情节的情形。

第三十八条　诱骗投资者买卖证券、期货合约案（刑法第一百八十一条第二款）证券交易所、期货交易所、证券公司、期货公司的从业人员，证券业协会、期货业协会或者证券期货监督管理部门的工作人员，故意提供虚假信息或者伪造、变造、销毁交易记录，诱骗投资者买卖证券、期货合约，涉嫌下列情形之一的，应予立案追诉：

（一）获利或者避免损失数额累计在五万元以上的；

（二）造成投资者直接经济损失数额在五万元以上的；

（三）致使交易价格和交易量异常波动的；

（四）其他造成严重后果的情形。

第四十三条吸收客户资金不入账案（刑法第一百八十七条）　银行或者其他金融机构及其工作人员吸收客户资金不入账，涉嫌下列情形之一的，应予立案追诉：

（一）吸收客户资金不入账，数额在一百万元以上的；

（二）吸收客户资金不入账，造成直接经济损失数额在二十万元以上的。

第四十八条洗钱案（刑法第一百九十一条）　明知是毒品犯罪、黑社会性质的组织犯罪、恐怖活动犯罪、走私犯罪、贪污贿赂犯罪、破坏金融管理秩序犯罪、金融诈骗犯罪的所得及其产生的收益，为掩饰、隐瞒其来源和性质，涉嫌下列情形之一的，应予立案追诉：

（一）提供资金账户的；

（二）协助将财产转换为现金、金融票据、有价证券的；

（三）通过转账或者其他结算方式协助资金转移的；

（四）协助将资金汇往境外的；

（五）以其他方法掩饰、隐瞒犯罪所得及其收益的来源和性质的。

第四十九条集资诈骗案（刑法第一百九十二条）　以非法占有为目的，使用诈骗方法非法集资，涉嫌下列情形之一的，应予立案追诉：

（一）个人集资诈骗，数额在十万元以上的；

（二）单位集资诈骗，数额在五十万元以上的。

第五十条贷款诈骗案（刑法第一百九十三条）　以非法占有为目的，诈骗银行或者其他金融机构的贷款，数额在二万元以上的，应予立案追诉。

第五十一条票据诈骗案（刑法第一百九十四条第一款）　进行金融票

据诈骗活动，涉嫌下列情形之一的，应予立案追诉：

（一）个人进行金融票据诈骗，数额在一万元以上的；

（二）单位进行金融票据诈骗，数额在十万元以上的。

第五十二条 金融凭证诈骗案（刑法第一百九十四条第二款） 使用伪造、变造的委托收款凭证、汇款凭证、银行存单等其他银行结算凭证进行诈骗活动，涉嫌下列情形之一的，应予立案追诉：

（一）个人进行金融凭证诈骗，数额在一万元以上的；

（二）单位进行金融凭证诈骗，数额在十万元以上的。

第五十三条 信用证诈骗案（刑法第一百九十五条） 进行信用证诈骗活动，涉嫌下列情形之一的，应予立案追诉：

（一）使用伪造、变造的信用证或者附随的单据、文件的；

（二）使用作废的信用证的；

（三）骗取信用证的；

（四）以其他方法进行信用证诈骗活动的。

第五十五条 有价证券诈骗案（刑法第一百九十七条） 使用伪造、变造的国库券或者国家发行的其他有价证券进行诈骗活动，数额在一万元以上的，应予立案追诉。

第五十六条 保险诈骗案（刑法第一百九十八条） 进行保险诈骗活动，涉嫌下列情形之一的，应予立案追诉：

（一）个人进行保险诈骗，数额在一万元以上的；

（二）单位进行保险诈骗，数额在五万元以上的。

第七十五条 虚假广告案（刑法第二百二十二条） 广告主、广告经营者、广告发布者违反国家规定，利用广告对商品或者服务作虚假宣传，涉嫌下列情形之一的，应予立案追诉：

（一）违法所得数额在十万元以上的；

（二）给单个消费者造成直接经济损失数额在五万元以上的，或者给多个消费者造成直接经济损失数额累计在二十万元以上的；

（三）假借预防、控制突发事件的名义，利用广告作虚假宣传，致使多人上当受骗，违法所得数额在三万元以上的；

（四）虽未达到上述数额标准，但两年内因利用广告作虚假宣传，受过行政处罚二次以上，又利用广告作虚假宣传的；

（五）造成人身伤残的；

（六）其他情节严重的情形。

第七十七条合同诈骗案（刑法第二百二十四条）　以非法占有为目的，在签订、履行合同过程中，骗取对方当事人财物，数额在二万元以上的，应予立案追诉。

第七十八条组织、领导传销活动案（刑法第二百二十四条之一）组织、领导以推销商品、提供服务等经营活动为名，要求参加者以缴纳费用或者购买商品、服务等方式获得加入资格，并按照一定顺序组成层级，直接或者间接以发展人员的数量作为计酬或者返利依据，引诱、胁迫参加者继续发展他人参加，骗取财物，扰乱经济社会秩序的传销活动，涉嫌组织、领导的传销活动人员在三十人以上且层级在三级以上的，对组织者、领导者，应予立案追诉。

本条所指的传销活动的组织者、领导者，是指在传销活动中起组织、领导作用的发起人、决策人、操纵人，以及在传销活动中担负策划、指挥、布置、协调等重要职责，或者在传销活动实施中起到关键作用的人员。

第七十九条非法经营案（刑法第二百二十五条）　违反国家规定，进行非法经营活动，扰乱市场秩序，涉嫌下列情形之一的，应予立案追诉：

…………

（三）未经国家有关主管部门批准，非法经营证券、期货、保险业务，或者非法从事资金支付结算业务，具有下列情形之一的：

1.非法经营证券、期货、保险业务，数额在三十万元以上的；

2.非法从事资金支付结算业务，数额在二百万元以上的；

3.违反国家规定，使用销售点终端机具（POS机）等方法，以虚构交易、虚开价格、现金退货等方式向信用卡持卡人直接支付现金，数额在一百万元以上的，或者造成金融机构资金二十万元以上逾期未还的，或者造成金融机构经济损失十万元以上的；

4.违法所得数额在五万元以上的。

…………

3. 最高人民法院关于非法集资刑事案件性质认定问题的通知

（法[2011]262号）

各省、自治区、直辖市高级人民法院，解放军军事法院，新疆维吾尔自治区高级人民法院生产建设兵团分院：

为依法、准确、及时审理非法集资刑事案件，现就非法集资性质认定的有关问题通知如下：

一、行政部门对于非法集资的性质认定，不是非法集资案件进入刑事程序的必经程序。行政部门未对非法集资作出性质认定的，不影响非法集资刑事案件的审判。

二、人民法院应当依照刑法和最高人民法院《关于审理非法集资刑事案件具体应用法律若干问题的解释》等有关规定认定案件事实的性质，并认定相关行为是否构成犯罪。

三、对于案情复杂、性质认定疑难的案件，人民法院可以在有关部门关于是否符合行业技术标准的行政认定意见的基础上，根据案件事实和法律规定作出性质认定。

四、非法集资刑事案件的审判工作涉及领域广、专业性强，人民法院在审理此类案件当中要注意加强与有关行政主(监)管部门以及公安机关、人民检察院的配合。审判工作中遇到重大问题难以解决的，请及时报告最高人民法院。

4. 最高人民法院、最高人民检察院、公安部关于办理非法集资刑事案件适用法律若干问题的意见

（公通字[2014]16号）

各省、自治区、直辖市高级人民法院，人民检察院，公安厅、局，解放军军事法院、军事检察院，新疆维吾尔自治区高级人民法院生产建设兵团分院，新疆生产建设兵团人民检察院、公安局：

为解决近年来公安机关、人民检察院、人民法院在办理非法集资刑事案件中遇到的问题，依法惩治非法吸收公众存款、集资诈骗等犯罪，根据刑法、刑事诉讼法的规定，结合司法实践，现就办理非法集资刑事案件适用法律问题提出以下意见：

一、关于行政认定的问题

行政部门对于非法集资的性质认定，不是非法集资刑事案件进入刑事诉讼程序的必经程序。行政部门未对非法集资作出性质认定的，不影响非法集资刑事案件的侦查、起诉和审判。

公安机关、人民检察院、人民法院应当依法认定案件事实的性质，对于案情复杂、性质认定疑难的案件，可参考有关部门的认定意见，根据案件事实和法律规定作出性质认定。

二、关于"向社会公开宣传"的认定问题

《最高人民法院关于审理非法集资刑事案件具体应用法律若干问题的解释》第一条第一款第二项中的"向社会公开宣传"，包括以各种途径向社会公众传播吸收资金的信息，以及明知吸收资金的信息向社会公众扩散而予以放任等情形。

三、关于"社会公众"的认定问题

下列情形不属于《最高人民法院关于审理非法集资刑事案件具体应用法律若干问题的解释》第一条第二款规定的"针对特定对象吸收资金"的行为，应当认定为向社会公众吸收资金：

（一）在向亲友或者单位内部人员吸收资金的过程中，明知亲友或者单位内部人员向不特定对象吸收资金而予以放任的；

（二）以吸收资金为目的，将社会人员吸收为单位内部人员，并向其吸收资金的。

四、关于共同犯罪的处理问题

为他人向社会公众非法吸收资金提供帮助，从中收取代理费、好处费、返点费、佣金、提成等费用，构成非法集资共同犯罪的，应当依法追究刑事责任。能够及时退缴上述费用的，可依法从轻处罚；其中情节轻微的，可以免除处罚；情节显著轻微、危害不大的，不作为犯罪处理。

五、关于涉案财物的追缴和处置问题

向社会公众非法吸收的资金属于违法所得。以吸收的资金向集资参与人支付的利息、分红等回报，以及向帮助吸收资金人员支付的代理费、好处费、返点费、佣金、提成等费用，应当依法追缴。集资参与人本金尚未归还的，所支付的回报可予折抵本金。

将非法吸收的资金及其转换财物用于清偿债务或者转让给他人，有下列情形之一的，应当依法追缴：

（一）他人明知是上述资金及财物而收取的；

（二）他人无偿取得上述资金及财物的；

（三）他人以明显低于市场的价格取得上述资金及财物的；

（四）他人取得上述资金及财物系源于非法债务或者违法犯罪活动的；

（五）其他依法应当追缴的情形。

查封、扣押、冻结的易贬值及保管、养护成本较高的涉案财物，可以在诉讼终结前依照有关规定变卖、拍卖。所得价款由查封、扣押、冻结机关予以保管，待诉讼终结后一并处置。

查封、扣押、冻结的涉案财物，一般应在诉讼终结后，返还集资参与人。涉案财物不足全部返还的，按照集资参与人的集资额比例返还。

六、关于证据的收集问题

办理非法集资刑事案件中，确因客观条件的限制无法逐一收集集资参与人的言词证据的，可结合已收集的集资参与人的言词证据和依法收集并查证属实的书面合同、银行账户交易记录、会计凭证及会计账簿、资金收付凭证、审计报告、互联网电子数据等证据，综合认定非法集资对象人数和吸收资金数额等犯罪事实。

七、关于涉及民事案件的处理问题

对于公安机关、人民检察院、人民法院正在侦查、起诉、审理的非法集资刑事案件，有关单位或者个人就同一事实向人民法院提起民事诉讼或者申请执行涉案财物的，人民法院应当不予受理，并将有关材料移送公安机关或者检察机关。

人民法院在审理民事案件或者执行过程中，发现有非法集资犯罪嫌疑的，应当裁定驳回起诉或者中止执行，并及时将有关材料移送公安机关或者检察机关。

公安机关、人民检察院、人民法院在侦查、起诉、审理非法集资刑事案件中，发现与人民法院正在审理的民事案件属同一事实，或者被申请执行的财物属于涉案财物的，应当及时通报相关人民法院。人民法院经审查认为确属涉嫌犯罪的，依照前款规定处理。

八、关于跨区域案件的处理问题

跨区域非法集资刑事案件，在查清犯罪事实的基础上，可以由不同地区的公安机关、人民检察院、人民法院分别处理。

对于分别处理的跨区域非法集资刑事案件，应当按照统一制定的方案处置涉案财物。

国家机关工作人员违反规定处置涉案财物，构成渎职等犯罪的，应当依法追究刑事责任。

参考文献

[1] 处置非法集资部际联席会议.打击非法集资典型案例汇编[M].北京：中国金融出版社，2012.

[2] 刘媛媛.现代刑法中的危险问题研究[M].北京：法律出版社，2013.

[3] 卢勤忠.非法集资型犯罪刑法理论与实务[M].上海：上海人民出版社，2014.

[4] 李道平.公共关系论[M].北京：经济科学出版社，2004.

[5] 魏东，白宗钊.非法集资型犯罪司法审判与刑法解释[M].北京：法律出版社，2013.

[6] 胡启忠，等.金融犯罪论[M].成都：西南财经大学出版社，2001.

[7] 刘宪权.金融犯罪刑法学专论[M].北京：北京大学出版社，2010.

[8] 舒慧明.中国金融刑法学[M].北京：中国人民公安大学出版社，1998.

[9] 李永升.金融犯罪研究[M].北京：中国检察出版社，2010.

[10] 薛波.元照英美法词典：缩印版[M].北京：北京大学出版社，2013.

[11] 孟德斯鸠.论法的精神：上册[M].张雁深，译.北京：商务印书馆，1961.

[12] 贝卡利亚.论犯罪与刑罚[M].黄风,译.北京:中国大百科全书出版社1993.

[13] 张明楷.刑法学[M].5版.北京：法律出版社，2016.

[14] 张明楷.刑法学[M].4版.北京：法律出版社，2011.

[15] 张明楷.诈骗罪与金融诈骗罪研究[M].北京：清华大学出版社，2006.

[16] 郭建安.犯罪被害人学[M].北京：北京大学出版社，1997.

[17] 刘军.刑法学中的被害人研究[M].济南：山东人民出版社，2010.

[18] 高铭暄，马克昌.刑法学[M].5版.北京：北京大学出版社，2011.

[19] 薛瑞麟.金融犯罪研究[M].北京：中国人民大学出版社，2000.

[20] 张明楷.刑法学：下[M].北京：法律出版社，1997.

[21] 屈学武.金融刑法学研究[M].北京：中国检察出版社，2004.

[22] 郎胜.关于惩治破坏金融秩序犯罪的决定的讲话[M].北京：法律出版社，1995.

[23] 郎胜，陈小云，刘焰.金融从业的禁区：金融犯罪刑事法律解读[M].北京：中国长安出版社，2006.

[24] 苏惠渔.刑法学[M].北京：中国政法大学出版社，1999.

[25] 张军.破坏金融管理秩序罪[M].北京：中国人民公安大学出版社，2003.

[26] 周道鸾，等.刑法的修改与适用[M].北京：人民法院出版社，1997.

[27] 马克昌.经济犯罪新论[M].武汉：武汉大学出版社，1998.

[28] 周振想.金融犯罪的理论与实务[M].北京：中国人民公安大学出版社，1998.

[29] 胡启忠，石奎.修正金融刑法适用研究：立法、理论、实务[M].北京：法律出版社，2013.

[30] 高铭暄.新型经济犯罪研究[M].北京：中国方正出版社，2000.

[31] 曲新久.金融与金融犯罪[M].北京：中信出版社，2003.

[32] 陈泽宪.新刑法单位犯罪的认定与处理[M].北京：中国检察出版社，1998.

[33] 赵秉志.中国刑法实用[M].郑州：河南人民出版社，2001.

[34] 张志勇.诈骗罪研究[M].北京：中国检察出版社，2008.

[35] 马克昌.经济犯罪新论：破坏社会主义经济秩序罪研究[M].武汉：武

汉大学出版社，1998.

[36] 王新著.金融刑法导论[M].北京：北京大学出版社，1998.

[37] 刘宪权.中国刑法理论前沿问题研究[M].北京：人民出版社，2005.

[38] 薛瑞麟.金融犯罪再研究[M].北京：中国政法大学出版社，2007.

[39] 李健，李辰辰.非法吸收公众存款罪之辨析：兼评《最高人民法院关于审理非法集资案件具体应用法律若干问题的解释》[J].法治研究，2012.

[40] 最高人民法院出台司法解释，明确非法集资法律界定及适用[N].人民法院报，2011-01-05.

[41] 靳立新.非法集资背后的金融难题[J].中国社会导刊，2006（20）.

[42] 黎宏.我国犯罪构成体系不必重构[J].法学研究，2006（1）.

[43] 陈兴良.构成要件：犯罪论体系核心概念的反拨与再造[J].法学研究，2011（2）.

[44] 阮方民.论单位犯罪的概念和构成[M]//刑法论丛：第2卷.北京：法律出版社，1999.

[45] 龙宗智.推定的界限及适用[J].法学研究，2008（1）.

[46] 裴苍龄.再论推定[J].法学研究，2006（3）.

[47] 刘权.P2P网络借贷犯罪及其刑法治理研究[J].中国人民公安大学学报（社会科学版），2014（6）.

[48] 沈霞.P2P网路借贷的法律监管探究[D].上海：华东政法大学，2012-04-15.

[49] 刘媛媛.刑法谦抑性及其边界[J].理论探索，2011（5）.

[50] 陈晨.P2P网贷平台存在非法集资刑事风险[N].检察日报，2015-08-26（3）.

[51] 何旭东.虚报注册资本罪探究：以王某、虞某虚报注册资本罪为视角[D].重庆：西南政法大学，2011-09-30.

[52] 魏静华，齐星.虚报注册资本罪诸问题浅探[J].天津市政法管理干部学

院学报，2009.

[53] 赵旭东.认缴资本制下的股东有限责任：兼论虚报资本、虚假出资和抽逃出资行为的认定[J].法律适用，2014（11）.

[54] 夏静娴，魏琼.对我国虚报注册资本罪的再解读：以新《公司法》为视角[J].特区经济，2010（12）.

[55] 万海福，王延祥，谢思军.公证员出具公证书重大失实行为如何认定[N].检察日报，2009-02-02（3）.

[56] 姜志刚.洗钱犯罪比较研究[J].现代法学，1999（1）.

[57] 黄庭生等.擅自设立金融机构罪几个问题[M]//新千年刑法热点问题研究与适用：下.中国检查出版社，2001.